FEDERALISM AND DECENTRALIZATION
FÉDÉRALISME ET DÉCENTRALISATION

INTERNATIONAL ASSOCIATION
OF CONSTITUTIONAL LAW

ASSOCIATION INTERNATIONALE
DE DROIT CONSTITUTIONNEL

FEDERALISM AND DECENTRALIZATION

FÉDÉRALISME ET DÉCENTRALISATION

Constitutional Problems
of Territorial Decentralization
in Federal and Centralized States

Problèmes constitutionnels
de la décentralisation territoriale
dans les états fédéraux et centraux

Routledge
Taylor & Francis Group
LONDON AND NEW YORK

ÉDITIONS UNIVERSITAIRES FRIBOURG SUISSE 1987

First published 1987 by Westview Press

Published 2018 by Routledge
52 Vanderbilt Avenue, New York, NY 10017
2 Park Square, Milton Park, Abingdon, Oxon OX14 4RN

Routledge is an imprint of the Taylor & Francis Group, an informa business

ISBN 13: 978-0-367-00705-8 (hbk)

List of Authors – Liste d'auteurs

P.W.C. Akkermans, Professor, Erasmus University Rotterdam, The Netherlands

Abdelfattah Amor, Professeur, Université de Tunis, Tunisie

Fletcher N. Baldwin jr., Professor, University of Florida, United States of America

Lidija Basta, Research Fellow, Institute of Comparative Law, Yougoslavia

Yadh Ben Achour, Professeur, Université de Tunis, Tunisie

Alfons Benedikter, Landeshauptmann-Stellvertreter, South Tyrol, Italy

Michael Bothe, Professor, University of Frankfurt, Federal Republic of Germany

John W. Bridge, Professor, University of Exeter, United Kingdom

C. Lloyd Brown-John, Professor, University of Windsor, Canada

Dheba Chele Dhedonga, Chef de Travaux, Université de Kinshasa, Zaïre

Louis Favoreu, Professeur, Université d'Aix-Marseille, France

Thomas Fleiner-Gerster, Professeur, Université de Fribourg, Suisse

David FOULKES, Professor, University of Cardiff, United Kingdom

Louis HENKIN, Professor, Columbia University, United States of America

Yoïchi HIGUCHI, Professeur, Université de Tokyo, Japon

Suna KILI, Professor, Bogazici University, Instanbul, Turkey

Ivan KRISTAN, Professor, University of Liubljana, Yougoslavia

François LUCHAIRE, Professeur, Université de Paris I, France

Antoine N. MESSARRA, Professeur, Université St. Joseph, Liban

Paul J. MISHKIN, Professor, University of California, Berkeley, United States of America

Tore MODEEN, Professor, Faculty of Law, Helsinki, Finland

Pavle NIKOLIĆ, Professeur, Université de Belgrade, Yougoslavie

Theo OEHLINGER, Professeur, Université de Vienne, Autriche

Abiola OJO, Professor, University of Lagos, Nigeria

Loïc PHILIP, Professeur, Université d'Aix-Marseille, France

Peter SALADIN, Professeur, Université de Berne, Suisse

Cheryl SAUNDERS, Senior Lecturer, Melbourne University, Australia

Christian STARCK, Professor, University of Göttingen, Federal Republic of Germany

Witold ZAKRZEWSKI, Professeur, Université Jagellonne de Cracovie, Pologne

Sylwester ZAWADZKI, Professor, Minister of Justice, University of Warsaw, Poland

Youyu ZHANG, Professeur, Président de la Société des Juristes de Chine, Chine

Table of Contents – Table des matières

SECTION III

AUTONOMY OF DECENTRALIZED UNITS
L'AUTONOMIE DES UNITÉS DÉCENTRALISÉES

NATIONAL REPORTS / RAPPORTS NATIONAUX

EXCERPT FROM THE DISCUSSION / EXTRAIT DE LA DISCUSSION

SUMMARY OF THE DISCUSSION / RÉSUMÉ DE LA DISCUSSION

SECTION IV

EXTERNAL POWER OF DECENTRALIZED UNITS
LE POUVOIR EXTÉRIEUR DES UNITÉS DÉCENTRALISÉES

GENERAL REPORT / RAPPORT GÉNÉRAL

NATIONAL REPORTS / RAPPORTS NATIONAUX

Preface

During the last century and at the beginning of this one the main issue for most European States was national unification. Since about 1950, national unity has been a vital problem particularly for former colonial States. It is not surprising, therefore, that all constitutionalists have been ardently defending, and today still defend, the concept of the one indivisible State sovereignty.

Today, the position of the State as supreme sovereign authority is being increasingly questioned. In many countries, the growing need for greater regional independence is reducing the powers of the central government which were previously unlimited. Furthermore, the integration of States into regional and supranational communities is weakening sovereignty towards the exterior. The renewed influence of religions and ideologies spreading beyond State boundaries, on the one hand, and the formation of multinational companies on the other, is threatening the independence of both political parties and the economy. Finally, the increasing awareness of the need to create a basis of confidence to ensure our survival has brought about a «softening» of the once rigid and inflexible concept of sovereignty.

But even regarding internal affairs, the traditional notion of sovereignty is being threatened. Linguistic, historical, religious and ideological minorities are questioning the authority of the State.

The modern Welfare State has centralizing tendencies and taxes the various regions heavily and often indiscriminately. The inhabitants of border regions, in particular, are increasingly refusing to pay these taxes to the central government, if the latter spends the money on the infrastructure of the central region only whilst disregarding the needs of the peripheral regions. The neglected areas, therefore, claim a right of co-determination and decentralization in administrative and economic matters.

States comprising various ethnic minority groups must face the fact that the patriotic feelings of these groups are rooted in their own tradition and that they do not consider the central State to be their «fatherland». Indeed, these groups are claiming autonomy and independence regarding the education of their children in order to safeguard the survival of their culture in modern industrial society. The pressure they exert with a view to obtaining self-determination is steadily increasing. As the majority of States can no longer deal with these particular questions alone, problems concerning minority groups have become the source of important international conflicts. Thus, from the League of Nations until the Camp David Agreement, public international law has been attempting to clarify the notions of autonomy and self-determination.

Our century has clearly demonstrated in what crimes an abuse of sovereignty can culminate. These crimes have greatly contributed to diminishing not only the credibility of legal sovereignty but also the moral authority of the State.

Must constitutional law therefore stand down? By no means. Rather, it should, to a greater degree than previously, devote itself to questions relating to the internal structure of the State. Once the will to decentralize is apparent, the constitutionalist must devise realistic and feasible methods of creating regional units or of ensuring a better functioning of existing ones.

The feudal State of the Middle Ages was a structured State: The individual was integrated into the hierarchy of the fief system. The King could give orders only to his Earls and, therefore, had no direct authority over the citizens. The latter were vassals of their lords to whom they owed allegiance. In 1830, however, King Louis Philippe called himself, for the first time, «King of the French» as opposed to «King of France». Thus, he became the King of each citizen, to whom he could give direct orders. Although, this rational individualism furthered freedom for the individual, it also promoted unlimited State power.

In order to bring back the State to «human» dimensions and to restricted sovereignty, it is necessary to operate a vertical separation of powers in the modern sense. The wealth of means devised by the States to decentralize powers offers numerous possibilities and experiences from which to learn. The prime object of this conference, therefore, is a productive exchange of experiences made in matters of decentralization, be it by scientists from Europe, America or Asia, from either federalist or unitarian countries, from socialist, liberal or Welfare States and, finally, from countries with a parliamentary, republican or presidential government system. We shall not, however, be dealing with questions of constitutional decentralization only. We shall also try to work out general principles of territorial decentralization applicable to countries in a variety of different situations. On which level, for instance, must decentralization be decided upon? On the constitutional, the legal or on the administrative level? To what extent must the decentralization of functions be linked with a decentralization of compentences in financial matters? How to reconcile decentralization with the principle of equality of rights and with the equal application of fundamental rights, in particular?

How do the different governmental systems affect decentralization, e.g. the French presidential system, the American republican constitution and the British parliamentary democracy? Is there a qualitative difference between pure decentralization in a unitarian State and the decentralization instituted by the creation of a federal State?

What is the position of the local authorities regarding decentralized territorial units: are they at an advantage or at a disadvantage? Can fundamental criteria be found for the concept of autonomy as defined in public international law and in consitutional law?

It is a great honour for the Institute of Federalism to have been chosen by the International Association of Constitutional Law and by the Committee of the Swiss Association of International Constitutional Law, to organize this first Round Table Conference. The totally unexpected number of applications, of which we unfortunately had to refuse many, demonstrates the present interest in the chosen subject. It also illustrates the quality of our General Reporters and of the Presidents of the various sections whose renown qualities guarantee a high scientific standard of debates. I would like to thank them warmly for their considerable preparatory work. I would also like to thank the staff of the Institute of Federalism as well as the Council of the Institute, its President, the Swiss National Research Fund, the University Council, the Rectorate and the Administrator of the University and the Swiss Academy of Humanities who have all greatly supported us.

This conference marks the official opening of the Institute of Federalism. The contributions made by well-known scientists from all over the world who are gathered here today, will serve as a basis for our work concerning federalism. Although the main purpose of the Institute is to study Swiss federalism, by organizing this international conference we wish to demonstrate that we remain open to questions arising from comparative law and to the fundamental problems facing all States where federalism, centralization and decentralization are concerned.

Inaugural Speech by Thomas FLEINER-GERSTER
December 1984

Préface

Au siècle dernier et au début de celui-ci, la plupart des Etats européens étaient confrontés à des problèmes d'unification nationale. Aux alentours de 1950, l'unité nationale est aussi devenue une «question de vie ou de mort» pour les anciens pays coloniaux. Il n'est donc pas étonnant que, dans les théories du droit constitutionnel, tous les constitutionnalistes aient défendu et défendent aujourd'hui encore avec véhémence le concept d'une souveraineté étatique une et indivisible.

Actuellement, la position de l'Etat en tant qu'autorité souveraine suprême est de plus en plus remise en question. Dans de nombreux Etats, les pouvoirs du gouvernement central, jusqu'alors illimités, sont amoindris par le besoin croissant d'accorder une plus grande indépendance aux régions. L'intégration des Etats dans des communautés régionales et supranationales affaiblit la souveraineté de l'Etat face à l'extérieur. Le renouveau de l'influence des religions et des idéologies qui se manifeste même au-delà des frontières étatiques d'une part, et la formation de sociétés multinationales d'autre part, menace l'indépendance des partis politiques et de l'économie. Enfin, la conscience accrue que la survie de l'humanité dépendra de la création d'un climat de confiance requiert une plus grande flexibilité face au concept de souveraineté étroit et rigide de jadis. La théorie de souveraineté se trouve cependant aussi ébranlée dans le domaine interne des Etats. Les minorités linguistiques, historiques, régionales, religieuses et idéologiques remettent en question l'autorité étatique. En effet, bien que «l'Etat Providence» moderne soit de tendance centralisatrice, il impose de lourdes charges fiscales aux régions les plus diverses.

Les habitants des régions limitrophes notamment, refusent de plus en plus de payer des impôts au gouvernement central si ces fonds ne sont utilisés que pour l'amélioration de l'infrastructure du centre et si les autres régions ne peuvent en bénéficier aussi.

Notre symposium doit servir à faire fructifier ces expériences, qu'elles soient proposées par des scientifiques européens, américains ou asiatiques provenant d'Etats unitaires ou fédératifs, de pays à économie libérale, sociale ou socialiste et, enfin, de pays à système gouvernemental parlementaire, républicain ou présidentiel.

Nous n'allons cependant pas nous borner uniquement à des questions de décentralisation constitutionnelle. Nous tâcherons plutôt d'élaborer également des principes généraux de décentralisation territoriale à l'intention de pays se trouvant dans des situations des plus diverses. A quel niveau faut-il, par exemple, décider la décentralisation? Au niveau constitutionnel, légal ou administratif? La décentralisation des tâches doit-elle être accompagnée d'une décentralisation des compétences en matière financière? Comment concilier la décentralisation avec l'égalité des droits, en particulier avec le principe de l'application égale des droits fondamentaux? Quelle est l'influence des divers systèmes gouvernementaux sur la décentralisation, par exemple la démocratie parlementaire de Grande-Bretagne, le système présidentiel français et la constitution républicaine des USA? Y a-t-il une différence qualitative entre la décentralisation dans un Etat unitaire et celle basée sur la création d'un Etat fédératif? Quelle est la position des communes envers les unités territoriales décentralisées: est-elle favorable ou défavorable? Peut-on définir des critères fondamentaux applicables à la notion de l'autonomie dans le sens du droit des gens et du droit constitutionnel?

C'est un honneur tout particulier pour notre Institut du Fédéralisme que d'avoir été choisi par l'Association Internationale de Droit Constitutionnel et le Comité de l'Association Suisse de Droit Constitutionnel International pour mettre sur pied cette première table ronde. Le fait qu'il y a eu tant d'inscriptions, nombre absolument imprévu, et que malheureusement nous avons dû en refuser beaucoup, démontre l'actualité de ces problèmes. Il témoigne aussi de la qualité des rapporteurs généraux et des présidents des diverses sections qui, de par leur notoriété, assurent un haut niveau scientifique des débats. J'aimerais les remercier très chaleureusement de leur travail considérable de préparation. Je voudrais également remercier tous les collaborateurs de l'Institut qui ont contribué à la réussite de cette conférence ainsi que le Conseil de l'Institut et son Président, le Fonds National Suisse, le Conseil de l'Université, le Rectorat et l'administrateur de l'Université et enfin la Société Suisse des Sciences Humaines.

C'est avec cette conférence que l'Institut du Fédéralisme inaugure son activité. Les rapports des scientifiques de renom, venus du monde entier et rassemblés ici, créeront la base de nos travaux dans le domaine du fédéralisme. Bien que l'Institut ait pour vocation première l'étude du fédéralisme suisse, nous voudrions démontrer par cette conférence internationale que nous restons ouverts aux questions de droit comparé et aux problèmes fondamentaux qui se posent dans tous les Etats en matière de fédéralisme, de centralisation et de décentralisation.

En conséquence, ces régions revendiquent le droit à la participation et une décentralisation dans le domaine de l'administration et de la politique économique.

Les Etats comportant diverses ethnies doivent accepter le fait que le sentiment patriotique de ces minorités n'est pas ressenti envers l'Etat central, mais bien envers les ethnies concernées. Celles-ci revendiquent l'autonomie et l'indépendance dans le maintien de leur culture et pour l'éducation de leurs enfants afin de préserver leurs traditions dans la société industrielle moderne. La pression exercée par ces minorités et ces groupes ethniques au nom de l'autodétermination ne cesse de croître.

Les Etats ne pouvant plus résoudre ces problèmes à eux seuls, les questions de minorités sont devenues la source d'importants conflits «internationalisés». Ainsi, depuis la période de la Société des Nations jusqu'à l'accord de Camp David, le droit des gens s'est efforcé de clarifier la notion d'autonomie et d'autodétermination.

Notre siècle a démontré clairement à quels crimes peut mener un abus de souveraineté. Ces crimes ont contribué à diminuer non seulement la crédibilité de la souveraineté juridique mais également l'autorité morale de l'Etat.

Le droit constitutionnel doit-il alors démissionner? En aucun cas. Certes, il devra se pencher davantage qu'auparavant sur la structure interne de l'Etat. Car, si la volonté de décentraliser est présente, le constitutionnaliste doit pouvoir proposer des moyens concrets de créer des unités régionales ou de mieux prendre en considération celles déjà existantes.

L'Etat féodal du Moyen-Age fut un Etat structuré: l'individu y était intégré dans un système hiérarchique de fiefs. Le roi ne pouvait donner des ordres qu'à ses comtes; il n'avait donc aucune autorité directe sur les citoyens. Ceux-ci étaient les vassaux de leurs suzerains, auxquels ils devaient obéir. Cependant, en 1830 pour la première fois, le roi Louis-Philippe s'est fait appeler «Roi des Français» et non «Roi de France», devenant ainsi le roi de chaque citoyen auquel il pouvait désormais donner des ordres directs. Si cet individualisme rationnel a fait progresser la liberté individuelle, il a cependant aussi ouvert la voie à un pouvoir étatique absolu.

Afin de rendre à l'Etat une dimension «humaine» et de lui conférer une autorité restreinte, il faut structurer cet Etat selon la notion moderne de la séparation verticale des pouvoirs. La variété des solutions apportées par les Etats aux problèmes de décentralisation du pouvoir étatique offre de nombreuses possibilités et expériences qui demandent à être approfondies.

Discours inaugural de Thomas FLEINER-GERSTER
Décembre 1984

SECTION I

DECISION OF DECENTRALIZATION

LA DÉCISION DE LA DÉCENTRALISATION

La décision de la décentralisation

Yoïchi HIGUCHI

I. Remarque préliminaire [1]

Il peut sembler à première vue étrange qu'un constitutionnaliste originaire d'un pays unitaire, c'est-à-dire non fédératif, assume ici le rôle de rapporteur général pour le premier sujet de cette Table Ronde sur la décentralisation territoriale. En fait, ce n'est nullement paradoxal, mais cela reflète exactement l'état dans lequel se trouvent actuellement les problèmes qui se posent en matière de décentralisation.

Certes, le critère juridique qui sépare un Etat fédératif d'un Etat unitaire, plus ou moins décentralisé, est encore loin aujourd'hui de perdre son importance. C'est même une des principales préoccupations de cette Table Ronde que de définir efficacement ce critère. Mais, au-delà de cette *summa divisio* classique, on se trouve en présence d'une situation convergente qui a des conséquences importantes sur la vie politique et constitutionnelle.

D'une part, la puissance des Etats fédéraux augmente plus ou moins considérablement au détriment des Etats fédérés. Plusieurs facteurs poussent concurremment à cette tendance: les activités, à l'échelon national, des partis politiques auxquels appartient le pouvoir réel, l'interventionnisme économique et social de l'Etat ainsi que l'importance accrue de la diplomatie et de la politique militaire incombant au pouvoir central.

D'autre part, l'aspiration à une décentralisation est de plus en plus répandue même dans les Etats unitaires.

Cette aspiration décentralisatrice est incontestablement une des idées typiques qui caractérisent notre époque, et c'est justement elle qui relativise la distinction entre Etats fédératifs et Etats unitaires. En effet, on ne manque pas d'exemples inspirés de l'idée décentralisatrice, allant de l'instauration de réformes à caractère technique ou administratif, jusqu'à la création de mouvements régionalistes utopistes ou non, discrets ou au contraire très actifs. Je citerai ici en passant, un best-seller japonais vendu à plus de 700 000 exemplaires en un an : il s'agit d'un roman tragicomique du fameux écrivain INOUE Hisashi consacré à un village qui ose faire sécession et se couper de l'Etat nippon [2]. L'auteur y a merveilleusement caricaturé la gloire et l'échec de l'indépendance éphémère. Le succès de ce roman illustre l'inclination profonde que les Japonais conservent pour un certain régionalisme, dans ce pays pourtant uniforme du point de vue de la langue, de la religion et de la culture en général.

Pourquoi donc cette aspiration décentralisatrice plus ou moins universelle ? Elle traduit, d'une part, l'effort fait pour contrebalancer l'hypertrophie de plus en plus accrue des pouvoirs de l'Etat et, d'autre part, la nécessité d'une désintoxication contre la maladie de la bureaucratisation qui domine non seulement l'appareil de l'Etat, mais toute vie de la société contemporaine.

Il s'agit donc d'abord de l'hypertrophie des pouvoirs de l'Etat qui s'aggrave, tant dans les Etats unitaires que dans les Etats fédératifs. L'Etat moderne qui refuse en principe l'existence des corps intermédiaires était, déjà dans la phase dite de « l'Etat gendarme », beaucoup plus monopolisateur des pouvoirs que ne l'a jamais été le type d'Etat qui l'a précédé. En effet celui-ci, en raison de sa structure corporative, n'était pas aussi « absolu » que son nom ne le laisse entendre. Il serait banal de signaler que l'Etat contemporain, surtout après la seconde guerre mondiale, renforce encore cette tendance. Il faut mentionner les deux aspects essentiels de l'Etat d'aujourd'hui : le Welfare State qui est omniprésent dans la vie économique et sociale, d'une part, et si j'ose dire, le Warfare State, d'autre part, tellement monopolisateur d'une formidable force contraignante que nul ne peut aujourd'hui s'opposer efficacement à l'Etat comme le faisaient les citoyens révolutionnaires des 18ème et 19ème siècles.

Ensuite, le problème de la bureaucratisation de la société elle-même. On est en présence d'une bureaucratisation semblable à celle que Max WEBER avait prophétisée comme l'aboutissement fatal du 20ème siècle, tant dans la société capitaliste, que dans la société socialiste. Or, cette bureaucratisation est aujourd'hui accompagnée d'une technique d'information extrêmement sophistiquée et pénètre dans la vie de tout homme, de l'appareil politique de l'Etat aux associations sportives, en passant par les sociétés industrielles géantes ou les grandes centrales syndicales. A l'encontre de cette techno-bureaucratie en quelque sorte asphyxiante, on a de plus en plus soif de relations humaines « faites main » (« Small is beautiful »). Voilà le sens le plus profond de la valorisation de toutes les formes de décentralisation qui voudraient s'attacher à la diversité et à la pluralité des valeurs. Ainsi, le sujet de notre réunion scientifique, c'est-à-dire la décentralisation territoriale, n'est autre chose que le reflet de cette aspiration au droit à la différence sur les institutions [3].

II. But et fonction de la décentralisation

Afin de préciser l'objet de notre travail, je voudrais signaler les deux éléments qui, à mon avis, constitueraient une décentralisation digne de ce nom.

D'abord, *l'élément de séparation des pouvoirs*, c'est-à-dire l'existence, pour une autorité territorialement délimitée, de quelques compétences qui ne se réduiraient pas à des mesures de pure exécution des règles imposées par l'Etat. Il faut donc faire attention lorsque l'on parle d'une «libre administration locale» ou d'une «local self administration», le terme «administration» étant plurivoque. On ne doit pas entendre par là une administration dans un sens trop restrictif, mais au contraire dans un sens plus extensif permettant l'existence d'une compétence de *décider* de soi-même dans des limites, certes, tracées à des degrés plus ou moins étendus par l'Etat.

Ensuite, *l'élément démocratique*, c'est-à-dire l'autonomie des citoyens composant un territoire délimité. Cette autonomie peut être organisée de diverses manière, mais il faut y inclure un organe élu régulièrement par les citoyens et soumis ainsi à leur influence. En outre, on peut organiser, dans le cadre de l'autonomie locale, un système plus ou moins inspiré de l'idée de démocratie directe [4, 5].

Etant ainsi entendue, la décentralisation a une histoire qui remonte à des époques précédant l'avènement du constitutionnalisme moderne. Selon le *Littré*, cité dans le beau livre de Messieurs François et Yves Luchaire [6], le terme de décentralisation était, il y a plus d'un siècle (1866), un néologisme. Il signifiait à l'époque une «destruction» de la centralisation menée par l'Etat-nation parachevant le monopole des pouvoirs sur son territoire, par la négation radicale des corps intermédiaires. En ce sens, la décentralisation correspond à une certaine étape du développement du constitutionnalisme moderne et on ne doit pas la confondre avec telle ou telle dispersion des pouvoirs qu'on peut trouver éventuellement à travers toutes les phases de l'histoire précédant la naissance de l'Etat-nation.

Mais, ce serait une autre erreur que de minimiser la force d'une tradition féodale ou du souvenir d'un passé lointain s'attachant à la langue, à la religion et, plus généralement, à la manière de vivre. En effet, ces éléments d'origine historique lointaine contribuent souvent très efficacement au développement de la décentralisation dans le cadre de l'Etat moderne, tout en changeant le caractère originel pour l'adapter à ce nouveau cadre.

En tenant compte de l'importance et du poids de l'histoire qui définissent dans une plus ou moins large mesure leur but et leur fonction réelle, on peut discerner quatre catégories de décentralisation.

Premièrement, des Etats fédérés dans l'Etat fédératif, les premiers préexistant plus ou moins durablement au second. On peut citer comme exemple les *Länder* allemands ainsi que les *cantons* suisses, en y ajoutant les *States* américains, bien qu'ils n'aient eu qu'une relativement brève histoire avant de se constituer en «United States».

Deuxièmement, toujours le cas fédéral où des unités fédérées possédaient leur propre identité sociale et culturelle, mais ne disposaient pas, avant la constitution de l'Etat fédératif, de l'existence politique en tant qu'Etats. On peut songer aux Républiques fédérées en Union soviétique. On pourrait aussi se reporter, comme exemple particulier, au cas de la province Aland où les Finlandais ont accepté d'appliquer exceptionnellement le principe fédéral pour résoudre le conflit avec la Suède [7].

Troisièmement, des collectivités locales de base, soit dans un pays fédératif, soit dans un pays unitaire, qui bénéficient d'une plus ou moins longue tradition d'autonomie. En effet, même dans un pays unitaire comme la France, la commune ou la ville garde depuis le Moyen-Age une autonomie prestigieuse. Au Royaume-Uni aussi, la franchise médiévale de la ville a laissé une trace très importante dans le pays dont la structure n'est pourtant pas fédérative, mais unitaire.

Quatrièmement, des collectivités locales créées par l'Etat-nation moderne pour leur faire exercer des fonctions propres ainsi que des fonctions déléguées. Le modèle en est le département français créé par la Révolution. On peut citer ici le système des départements japonais, car le pouvoir unificateur de la Restauration de 1867 l'a organisé en abolissant la seigneurie féodale.

Pour la *première* catégorie susmentionnée, il s'agit de parler moins du but et de la fonction de la décentralisation, que de la raison de l'unification, c'est-à-dire de la raison pour laquelle les Etats décident de s'unir dans un Etat fédéral. On pourrait confirmer à ce propos la volonté de voir augmenter leur influence dans la société internationale, ainsi que d'obtenir un marché unifié nécessaire au développement économique.

Il faut d'ailleurs noter que, quand il s'agit du fédéralisme, une décision de l'établir peut traduire les deux orientations opposées. L'une est un effort unificateur vers la construction d'un pouvoir central, comme le cas des *Federalists* américains lors de l'élaboration de la Constitution fédérale: la prise de position des indépendantistes québécois se trouve justement à l'encontre de ce qu'ils considèrent comme ce type de fédéralisme [8]. L'autre n'est, au contraire, qu'une étape vers la décentralisation, et c'est principalement de la décision pour le fédéralisme située dans ce contexte que nous traiterons aujourd'hui. Il faut être en tous cas conscient de ce qu'une «décision» pour le fédéralisme peut être prise dans des contextes variés.

En ce qui concerne la *deuxième* catégorie de décentralisation, c'est essentiellement la protection des minorités qui est recherchée comme but principal. On pourrait constater que le but est mieux atteint pour préserver une diversité culturelle entre les nations composant l'Etat fédéral que pour garantir une égalité de l'influence politique entre eux.

Quant à la *troisième* catégorie, elle vise avant tout à faire régler par les habitants eux-mêmes leurs propres affaires. Dans cette «*grassroots democracy*» on voit, avec James Bryce, la meilleure école de démocratie et la meilleure garantie de son succès.

Enfin, dans la *quatrième* catégorie de décentralisation, on perçoit un souci d'efficacité du système administratif qui ferait s'harmoniser la nécessité de l'unité de l'Etat aux intérêts locaux.

Il serait inutile de dire que pareille correspondance entre les quatre catégories de décentralisation et leurs buts principaux n'est absolument pas stricte et que plusieurs buts peuvent appartenir à un même type de décentralisation. Il vaudrait mieux de toute façon nous rappeler, qu'au-delà des buts plus ou moins concrets il y a, à travers toutes les catégories de décentralisation, une sympathie profonde pour la diversité dans une société de plus en plus uniformisatrice.

III. Contenu de la décentralisation

Quels sont les pouvoirs donnés aux collectivités territoriales créées par la décision de décentralisation ? Il s'agit soit de compétences auto-administratives des unités territoriales elles-mêmes, soit de compétences par lesquelles elles participent, à un certain degré, à la formation de la volonté de l'Etat fédéral ou unitaire.

D'abord, le problème des compétences des unités territoriales elles-mêmes. Quand il s'agit d'Etats fédérés dans un Etat fédéral, ils se munissent normalement du pouvoir concernant la révision de leur propre Constitution, du pouvoir de légiférer sur les matières qui leurs sont dévolues, du pouvoir de s'administrer et du pouvoir judiciaire concernant les affaires appartenant à leur juridiction.

Il conviendrait de citer à ce propos un article fameux, le 10ème amendement (1791) de la Constitution des Etats-Unis qui n'était autre que la formulation explicite d'un principe alors unanimement accepté: «Les pouvoirs qui ne sont pas délégués aux Etats-Unis par la Constitution ou qui ne sont pas refusés par elle aux Etats, sont réservés aux Etats respectivement ou au peuple». Il faut aussi bien sûr signaler que ce principe est de plus en plus largement détourné, surtout par l'intermédiaire de l'interprétation extensive du paragraphe 8 alinéa 3 de l'article premier qui fait entrer, dans les compétences du Congrès fédéral, les affaires concernant le commerce *inter-state*, et que les United States élargissent ainsi leurs compétences au détriment des States.

Il n'en reste pas moins important de confirmer que les Etats fédérés gardent en mains le pouvoir de révision constitutionnelle, ainsi que les pouvoirs législatif, administratif et judiciaire.

L'Etat plus ou moins décentralisé mais non fédératif ne permet au contraire à des collectivités locales que d'avoir un pouvoir administratif et tout au plus un certain pouvoir législatif. Elles n'ont d'ailleurs pas le droit d'avoir une Constitution, ni une institution judiciaire. Elles se soumettent de surcroît à différents systèmes de tutelle de la part de l'Etat.

Passons *ensuite* au problème des compétences par lesquelles les unités territoriales peuvent participer à l'élaboration de la volonté de l'Etat ou, pour le moins être consultées, qu'il s'agisse d'un Etat fédéral ou d'un Etat unitaire.

Les Etats fédérés participent en tant que tels à l'exercice du pouvoir de révision constitutionnelle ou du pouvoir législatif de l'Etat fédéral. Des chambres des Etats fédérés peuvent être appelées à y participer, mais c'est surtout la Chambre haute de l'Etat fédéral qui joue un rôle essentiel à ce sujet. Les Etats fédérés peuvent surtout assurer leur représentativité en tant qu'Etats au sein de l'organe fédéral lorsque celui-ci se compose de membres de leur gouvernement qui y agissent en bloc (R.F.A.), ou lorsque des sièges sont distribués suivant le principe de l'égalité des Etats, indépendamment du nombre des habitants (U.S.A.,Suisse).

Même dans un Etat unitaire, des collectivités locales peuvent aussi concourir à la formation de la volonté de l'Etat. On peut citer à titre d'exemple, les chambres régionales italiennes qui peuvent concourir au processus d'une révision constitutionnelle en demandant de la soumettre au référendum, ou le Sénat français qui, comme organe «assurant la représentation des collectivités territoriales de la République» selon la formule de la Constitution, reflète *de facto* la tendance politique des communes moins peuplées, par l'effet de son système électoral. Mais, les collectivités locales dans l'Etat unitaire ne bénéficient pas d'autant de privilèges que les Etats fédérés dans ce domaine.

Voilà un coup d'oeil tout à fait sommaire sur le contenu de la décision de décentralisation dans l'Etat fédératif d'une part, et dans l'Etat plus ou moins décentralisé mais unitaire d'autre part. Or, deux observations supplémentaires, mais à mon avis très importante, s'imposent à ce sujet.

Première observation: Une formule juridique semble établir des limites plus ou moins étroites à la décentralisation dans les Etats fédératifs aussi bien que dans les Etats unitaires. Il s'agit de la notion de souveraineté. Quand on parle de la souveraineté soit *de* l'Etat, soit *dans* l'Etat, le mot présuppose, de toute façon, une concentration des pouvoirs dans la main de l'Etat-nation.

Dans les Etats non fédératifs, la notion de souveraineté est souvent invoquée comme fondement du caractère unitaire. En France, une liaison en quelque sorte mystique entre l'indivisibilité de la République et la souveraineté nationale ou populaire fournit un appui puissant pour souligner le caractère unitaire de l'Etat. Sous la Constitution de 1958, par exemple, la notion de souveraineté conforte l'interprétation stricte de l'article 2 sur l'indivisibilité de la République, bien que l'interprétation extensive de l'article 72 (qui stipule que « les collectivités territoriales de la République » « s'administrent librement »), en atténue considérablement la portée pour encourager l'orientation décentralisatrice [9]. Au Royaume-Uni, c'est la tradition de la souveraineté parlementaire qui est alléguée comme moyen de s'opposer aux arguments en faveur du fédéralisme [10].

Dans les Etats fédératifs aussi, la notion de souveraineté joue un rôle important pour restreindre la portée du fédéralisme. Selon la formule de Carré de Malberg, « si le critérium de l'Etat est la souveraineté, les collectivités membres d'un Etat fédéral ne sont pas des Etats, car elles ne sont pas souveraines. Tandis que dans les confédérations d'Etats, la souveraineté appartient exclusivement aux Etats confédérés et fait défaut à la confédération, qui n'est même pas un Etat, dans les Etats fédéraux les rôles sont renversés » [11].

La discussion sur le rapport logique du dogme de souveraineté avec la séparation des pouvoirs d'une part, et avec le fédéralisme d'autre part, a déjà fait couler beaucoup d'encre. On peut trouver des arguments dans un passage de l'*Allgemeine Staatslehre* de Georg Jellinek [12]. Tant que l'on continuera à s'attacher à la notion traditionnellement et strictement juridique de souveraineté, on ne pourra que difficilement la concilier avec les notions de séparation des pouvoirs et de fédéralisme puisqu'elles sont contradictoires, la première étant centralisatrice et les deux autres décentralisatrices. Cela nous montre la nécessité d'avoir un autre point de vue et nous amène ainsi à notre deuxième observation.

Deuxième observation: Quand on quitte au contraire le terrain strictement juridique pour procéder à un examen politico-sociologique, on s'aperçoit que la situation est tout à fait différente.

En effet, si l'on prend la « souveraineté » au sens sociologique du mot c'est-à-dire la croyance d'un peuple au fondement légitime du pouvoir, cette souveraineté peut parfaitement être partagée entre un Etat fédéral et des Etats fédérés, voire entre un Etat unitaire décentralisé et des unités territoriales plus ou moins autonomes. Je suis tout à fait d'accord en ce sens avec le bel exposé que notre Collègue et Ami le Professeur Fleiner a développé dans son rapport national [13].

Je voudrais citer à ce propos l'exemple de mon pays, parce que, même dans un pays non fédératif comme le Japon, des collectivités locales qui n'ont juridiquement que peu de moyens pour résister à l'orientation politique de l'Etat [14], exercent quand même un rôle qui est loin d'être négligeable, en se conformant à une certaine idée profonde qu'ont les citoyens de la légitimité.

C'est durant l'époque située entre le milieu des années 1960 et celui des années 1970, années pendant lesquelles un parti dominant, le Parti Libéral-démocrate, consolidait le monopole du pouvoir au niveau de l'Etat, que l'autonomie locale jusqu'alors en sommeil s'est véritablement réveillée et a démontré son identité propre. Nous pouvons examiner ce phénomène sous trois aspects. Il s'agit d'abord des objectifs qu'on a commencé à rechercher dans le cadre de l'autonomie locale, ensuite de la méthode avec laquelle on poursuit ces objectifs et enfin d'une répercussion, sur la vie politique et constitutionnelle en général, de cette résurrection de l'autonomie locale.

D'abord, les objectifs: Les nuisances et la pollution ainsi que la destruction de l'environnement causées par une industrialisation formidable ont suscité des mouvements des habitants intéressés et ont contraint les collectivités locales à prendre les mesures nécessaires à la défense du cadre de vie de la population. La croissance économique rapide, tout en faisant certes s'élever considérablement le niveau de vie des japonais moyens, a tout de même aussi posé de sérieux problèmes sociaux, et les collectivités locales ont dû répondre aux demandes pressantes des couches socialement faibles et inorganisées, en assurant par exemple la gratuité des médicaments pour les personnes âgées.

En effet, les collectivités locales adoptent les règlements départementaux ou municipaux sur les mesures à prendre contre les nuisances et concluent, en s'y conformant, des accords avec les entreprises, avant que le Parlement ne vote une législation en cette matière. L'activité énergique des collectivités locales a aussi contribué à faire évoluer le contenu de la législation parlementaire; on a révisé en 1970 la Loi d'orientation contre les nuisances de 1967, en supprimant la clause dite de «l'harmonie avec le développement économique». Les collectivités locales imposent parfois par leurs règlements, des restrictions plus sévères aux activités des entreprises que celles exigées par les lois parlementaires. Cela a donné lieu à une discussion juridique, certains pensant que les règlements locaux ne pourraient pas limiter le droit de propriété donc les activités économiques, plus sévèrement que les lois, étant donné que les collectivités locales ne peuvent adopter leurs règlements que «dans le cadre de la loi» selon l'expression de l'article 94 de la Constitution. Finalement, les lois votées par le Parlement ont fini par admettre explicitement cette possibilité après la réforme des lois concernées, réalisée sur ce point en 1970.

Les collectivités locales avancent d'abord, et le Parlement et le gouvernement central finissent par les suivre. Cette situation se retrouve aussi dans le développement du système juridique sur la protection de l'environnement et la gratuité des médicaments pour les personnes âgées. Ce sont d'abord les collectivités locales dirigées par l'opposition (au niveau du pouvoir central) qui ont pris les initiatives dans toutes ces matières.

Mais la majorité (au niveau du pouvoir central) n'a naturellement pas voulu voir l'opposition monopoliser le rôle de «tribun» au sens romain du mot, contre tous les maux causés par une croissance économique trop rapide et trop poussée. Ainsi a-t-on vu apparaître, lors de toutes les élections locales, la bannière du «parti des habitants», tandis qu'autrefois les candidats conservateurs soulignaient sans exception leur appartenance à la majorité au niveau central qui aurait d'ailleurs apporté les subventions nécessaires. Cette évolution montre avec éloquence une certaine revalorisation de l'autonomie locale.

Ensuite, la méthode : Il s'agit des mouvements des habitants eux-mêmes. Dans les villes, la nécessité de lutter contre les nuisances engendre une certaine solidarité entre eux, tandis que dans les campagnes, la modernisation de la vie encourage les jeunes à prendre la parole sur les choses publiques.

En dehors du domaine des luttes contre les nuisances ou pour la protection de l'environnement, je citerai ici simplement un exemple concret. Les habitants d'un arrondissement de Tokyo ont demandé, en exerçant leur droit d'initiative (reconnu seulement dans le cadre de l'autonomie locale et inorganisé au niveau national), l'introduction du système de l'élection semi-directe du maire de l'arrondissement, c'est-à-dire du système dans lequel le Conseil de l'arrondissement peut élire son maire «conformément à la volonté des habitants exprimée par le suffrage direct». Ils ont voulu ainsi rétablir *de facto* le système de l'élection directe qu'on avait supprimé en 1952. Finalement, la loi parlementaire a rétabli *de jure* ce système en 1974, justement sous la pression du mouvement des habitants.

Enfin, la signification globale de cette revalorisation considérable de l'autonomie locale: Comme je l'ai déjà suggéré, c'est le rôle de contrepoids indispensable à l'égard de la toute puissance du parti dominant sur le plan national, que les citoyens ont confié aux collectivités locales. On peut parler ici d'une certaine séparation des pouvoirs sinon au sens strictement juridique, du moins au sens sociologique. On a ainsi pu voir presque toutes les grandes préfectures et mairies être occupées par les coalitions de l'opposition: Tokyo, Kyoto, Osaka, Nagoya, Yokohama, Sendaï, Okinawa, etc... En effet, les deux tiers des Japonais ont vécu, jusqu'au tournant de 1978-79, dans des collectivités locales dirigées par l'opposition. C'est depuis la moitié des années 70 que l'alliance locale entre les partis d'opposition a dû affronter une grande crise et s'est finalement disloquée, justement au fur et à mesure que le monopole du pouvoir sur le plan national par le Parti Libéral-démocrate commençait à être ébranlé. Les Japonais ont démontré l'habileté, si l'on peut parler ainsi, de confier le rôle de «tribun» à la gauche dans le cadre de l'autonomie locale, justement durant l'époque de toute puissance d'un parti dominant conservateur.

On peut ajouter ici que même dans le domaine de la diplomatie qui appartient en théorie exclusivement à la souveraineté de l'Etat, les collectivités locales sont parfois apparues comme porteuses du drapeau de la «diplomatie inter-municipale», soit en exerçant leurs compétences légales, soit en assumant certains rôles plus officieusement. Par exemple, le Préfet de Tokyo a même pu prendre des mesures à l'encontre de la grande orientation de la politique extérieure du gouvernement central, en donnant en 1968 un statut légal à l'Institut d'enseignement supérieur spécialement destiné aux ressortissants de la Corée du Nord, ce que le gouvernement voulait empêcher par considération diplomatique à l'égard de la Corée du Sud, la seule avec laquelle il entretînt des relations officielles. Il est aussi à noter que l'initiative des chefs élus de quelques collectivités locales a préparé, dans une certaine mesure, la réouverture des relations diplomatiques avec la Chine, alors qu'elles avaient été bloquées jusqu'en 1972 du fait de l'immobilisme de la diplomatie de l'Etat. En 1983, le Congrès soviéto-japonais des maires des villes situées autour de la Mer du Japon a tenu sa réunion sur le sujet «Rôle des villes dans le développement de la coopération soviéto-japonaise pour la paix et la détente», et les 20 villes japonaises ainsi que les 11 villes soviétiques y ont participé. La tentative d'échanges inter-municipaux contribuera à compenser l'insuffisance de la densité des relations diplomatiques officielles.

IV. La décision de décentralisation doit-elle être prise au niveau constitutionnel, législatif ou administratif?

Dans les Etats fédératifs, c'est nécessairement au niveau constitutionnel que le fédéralisme est organisé en tant qu'institution positive. Il est donc protégé contre l'empiétement éventuel du pouvoir législatif et, *à fortiori*, contre celui du pouvoir administratif. Il ne peut alors être touché que par la procédure de révision constitutionnelle à laquelle les Etats fédérés participent dans une mesure plus ou moins efficace.

Quand la Constitution fédérale a une disposition explicite qui interdit une révision constitutionnelle qui nuirait au principe fédéral (R.F.A., art. 79 al. 3) ou à certains droits reconnus aux Etats membres (U.S.A., art. 5), le fédéralisme a juridiquement une garantie contre le pouvoir de révision constitutionnelle. Même sous une Constitution n'ayant aucune disposition à ce sujet, on peut aboutir à la même conclusion en adoptant la doctrine selon laquelle le pouvoir de révision, c'est-à-dire le pouvoir constituant dérivé, non point originaire, ne pourrait toucher à certains principes fondamentaux d'une Constitution.

La décision de décentralisation dans les pays non fédératifs est prise dans une plus grande mesure au niveau législatif, bien qu'elle ait, en général, pour fondement ultime, une ou plusieurs dispositions constitutionnelles soit draconienne (France, art. 72), soit relativement détaillées (Japon, art. 92-95).

Une décision de décentralisation peut être à la fois l'objet et le critère normatif du contrôle judiciaire ou, plus en général, juridictionnel.

D'abord, comme objet du contrôle juridictionnel, soit de la légalité, soit de la constitutionnalité. Une décision de décentralisation est ainsi soumise à des limites que tracent les cours ou tribunaux au nom d'une loi plus supérieure soit constitutionnelle, soit ordinaire. Les exemples récents les plus connus sont les décisions du Conseil Constitutionnel français du 25 février 1982.

Ensuite, comme critère normatif du contrôle juridictionnel. Une cour constitutionnelle (R.F.A., par exemple) ou une cour suprême (U.S.A., par exemple) dans l'Etat fédéral, exerce surtout des compétences de contrôle très importantes en alléguant le texte constitutionnel, expression solennelle de la décision de décentralisation fédérative. Le contrôle peut fonctionner soit pour assurer la suprématie du droit fédéral sur le droit des Etats membres (*«Bundesrecht bricht Landesrecht»*), soit pour faire respecter aux autorités fédérales les compétences décentralisées au profit des Etats membres.

La signification d'une décision de décentralisation comme critère normatif du contrôle juridictionnel dépend largement de la manière avec laquelle on traite un texte juridique (la Constitution écrite, lorsqu'il s'agit du contrôle de la constitutionnalité) dans lequel la volonté de décentralisation (du constituant, dans ce cas) est exprimée.

Nous sommes en présence, sur ce point, de deux attitudes: l'une délimite le rôle de l'interprète à retrouver la décision qui a déjà été définitivement prise dans le texte constitutionnel tandis que, selon l'autre, une Constitution n'est pas pour autant une oeuvre une fois pour toute close, mais présente plutôt un point de référence, conformément auquel l'interprète devrait parachever la décision du constituant qui demeure ouverte à l'intervention des interprètes [15].

Dans la mesure où l'on penche vers la seconde de ces conceptions de l'interprétation, on doit admettre que la volonté d'un organe juridictionnel qui prononce en dernier ressort une interprétation authentique acquiert un poids plus ou moins déterminant dans le système constitutionnel. Il est donc vrai que le fédéralisme, combiné avec un système de contrôle juridictionnel efficace de la constitutionnalité, tend à renforcer considérablement au nom de la Constitution, l'autorité de l'organe juridictionnel régulateur du mécanisme fédéral, et ceci dans certain cas même au détriment des organes politiques issus du suffrage universel. Mais cela n'est pas étonnant vu que l'idée de décentralisation en général, de fédéralisme en particulier, s'attache avant tout aux valeurs de liberté et de diversité en s'opposant au conformisme, même lorsqu'il est présenté au nom du peuple entier.

V. **Remarque finale**: E pluribus unum

L'idée de décentralisation consiste à réaliser la diversité locale, tout en garantissant une certaine unité de l'Etat. Il n'est pas très facile de naviguer entre Charybde et Scylla [16], c'est-à-dire entre le particularisme trop poussé et l'unitarisme conformiste, et c'est justement la raison pour laquelle nous commencerons ici aujourd'hui notre discussion scientifique sur ce sujet, dans le cadre de la première Table Ronde de notre Association Internationale de Droit Constitutionnel.

Le but du constitutionnalisme que l'espèce humaine a recherché à travers l'histoire moderne n'est autre que la garantie des droits individuels dans le développement des rapports sociaux entre les individus. Il s'agit d'émanciper chaque individu, tout en s'efforçant de réaliser une solidarité non imposée d'en haut, mais entretenue par des hommes et des femmes libres.

Ce ne serait point une comparaison abusive que d'évoquer ce parallèle: décentraliser, c'est faire s'épanouir l'individualité des unités locales composant un Etat, tout en cherchant à établir une solidarité entre elles. Or, l'effort pour faire marcher ce tandem émancipation-solidarité au niveau des individus d'abord et des localités ensuite, nous amènerait à un troisième palier pour introduire aussi ce tandem entre Etats.

En effet, une paix internationale digne de ce nom ne doit pas être une situation où domine un conformisme imposé par les plus forts, mais celle où la diversité est garantie parmi les peuples qui se solidarisent. On voit ainsi dans un triple effort pour concilier l'émancipation et la solidarité, la décentralisation jouer un rôle de pierre angulaire.

Une remarque encore pour terminer: le rapporteur est conscient d'avoir développé ici une version assez idyllique, si l'on peut dire, de la décentralisation. Il faut certainement aussi tenir compte de l'autre aspect. En effet, au moins dans la mesure où l'on s'attache à la valeur de la liberté, surtout de la liberté individuelle, on ne doit jamais être indifférent au fait que celui qui est le plus proche peut devenir le plus oppressif.

Du point de vue de la protection des droits, une décentralisation n'en assure pas automatiquement la condition favorable. Tout au contraire, comme l'expérience américaine nous le montre [17], une «nationalisation» et une «internationalisation» concernant la garantie des droits peuvent engendrer des résistances de la part de particularismes décentralisateurs qui voudraient faire demeurer ce problème comme affaire exclusivement intérieure à une unité constitutive de l'Etat fédéral. Inversement, le pouvoir centralisé a historiquement pu apporter un appui puissant aux efforts des individus pour se libérer de liens communautaires qui les enfermaient dans un monde traditionnel et clos.

Il est très important à ce propos de bien discerner deux situations différentes. Dans un contexte social où la notion de l'individu – il s'agit bien sûr du fondement même du constitutionnalisme moderne – s'est déjà suffisamment – ou éventuellement trop – enracinée, toutes formes de décentralisation peuvent fonctionner comme une sorte de tête de pont pour construire une solidarité sociale en comblant un grand vide creusé entre ces individus et l'Etat de plus en plus centralisateur. Dans un contexte où bien des particularismes, surtout territoriaux, enferment encore l'individu dans une communauté au sens traditionaliste du mot (*Gemeinschaft* à l'opposé d'une *Gesellschaft*), le symbole de la décentralisation servira très probablement à une survie de ce type de domination.

Et, de toute façon, il ne faut pas oublier qu'une décentralisation a nécessairement une limite du point de vue de la protection des individus tant qu'elle reste territoriale [18]. En effet, il y aura toujours, dans une collectivité territorialement délimitée, un danger d'oppression de la minorité par la majorité. Même dans une collectivité organisée justement pour la protection d'une minorité, on envisagera une possibilité sérieuse d'oppression de la part de la majorité au sein de cette minorité.

Tout en confirmant l'existence de ce problème majeur, ce rapport a souligné, afin de provoquer une discussion animée, l'aspect positif de la décentralisation territoriale, laquelle est en réalité beaucoup plus compliquée.

Notes

1 L'auteur tient à exprimer ses remerciements à ses collègues qui ont bien voulu l'aider à rédiger ce rapport en lui adressant leurs rapports nationaux: à MM. John W. Bridge (Grande-Bretagne), David Foulkes (Grande-Bretagne), Thomas Fleiner-Gerster (Suisse), Tore Modeen (Finlande), Witold Zakrzewski (Pologne), ainsi qu'à Mme Suna Kili (Turquie).

2 *Kirikiri-jin* (en japonais), Tokyo, Shinchosha, 1981 (v. *Time,* Aug. 1, 1983, p. 85 f).

3 Le rapport polonais présenté par M. Zakrzewski signale, en parlant de « tensions croissantes entre les principes démocratiques du régime et les réalités de la pratique bureaucratisée », une étroite liaison entre le problème de la décentralisation et l'idée de l'autogestion sociale.

4 Au Japon par exemple, l'élément de la démocratie directe est largement introduit dans les institutions locales, tandis qu'il est refusé sur le plan national: élection du Préfet et du Maire au suffrage direct des habitants, ratification populaire d'une loi dont le champ d'application est limité à une collectivité locale; initiative populaire pour l'établissement, la révision ou l'abrogation d'un règlement local et de surcroît, initiative et vote populaire définitif pour la dissolution d'une assemblée locale et pour la révocation (« recall ») d'un Préfet, du Maire ou d'un élu de l'assemblée locale, etc... (v. T. Fukase et Y. Higuchi, *Le constitutionnalisme et ses problèmes au Japon : une approche comparative*, Paris, P.U.F., 1984, p. 265-266).

5 Ce que je qualifie d'« élément de séparation des pouvoirs » semble correspondre à « a move towards decentralisation » selon les termes du rapport présenté par M. Bridge, tandis que « l'élément démocratique » correspond lui à la « democratization of local affairs ». Une correspondance se retrouverait entre le premier élément et ce que le

rapport de Mme Suna KILI appelle «doctrinaire or pragmatic commitment to decentralization» d'une part, et entre le second élément et ce qu'elle nomme «conviction» pour les «popularly elected local government bodies» d'autre part.

[6] François et Yves LUCHAIRE, *Le droit de la décentralisation*, Paris, P.U.F., 1983.

[7] v. le rapport finlandais présenté par M. MODEEN.

[8] Le fédéralisme canadien occupe une place particulière dans la première catégorie de décentralisation. D'une part, le symbole de fédéralisme demeure ici revendiqué par ceux qui s'orientent à une tendance unificatrice. D'autre part, une province francophone qu'est le Québec exige un statut qui n'est pas comme les autres dans le fédéralisme à deux langues. Il faut consulter l'ouvrage fondamental: Gil Rémillard, *Le fédéralisme canadien*, Montréal, Edition Québec/Amérique, tome I (2ème éd.) 1983, tome II 1985.

[9] v. à ce propos l'analyse détaillée faite par M. Louis FAVOREU: Décentralisation et Constitution, in *Revue du droit public*, 1982, p. 1259 et s.; v. aussi F. LUCHAIRE, Les fondements constitutionnels de la décentralisation, in *Revue du droit public*, 1982, p. 1543 et s.

[10] v. le rapport présenté par M. FOULKES.

[11] Raymond CARRE DE MALBERG, *Contribution à la théorie générale de l'Etat*, tome 1, Paris Sirey, 1920, p. 123.

[12] Georg JELLINEK, *Allgemeine Staatslehre*, 3. Aufl., S. 496 ff.

[13] Le rapport est intitulé:«Problème de la souveraineté intérieure et extérieure». M. FLEINER traite du problème dans le but de signaler «le hiatus entre la doctrine de souveraineté abstraite et indivisible, et le fédéralisme politique dans sa réalité». Le problème pourrait et devrait être aussi examiné *mutatis mutandis*, même lorsqu'il s'agit d'une décentralisation dans des pays unitaires. v. aussi Th. FLEINER, *Allgemeine Staatslehre*, Berlin, Springer, 1980, S. 182 ff.

[14] Sur l'autonomie locale au Japon, v. T. FUKASE et Y. HIGUCHI, *Le constitutionnalisme et ses problèmes au Japon: une approche comparative*, Paris, P.U.F., 1984, p. 262-266, p. 222-224.

[15] v. sur ce problème, Konrad HESSE, *Grundzüge des Verfassungsrechts der Bundesrepublik Deutschland*, Heidelberg, Müller, 13. Aufl., 1982, S. 19 ff.

[16] L'auteur doit cette expression à Peter SALADIN, Lebendiger Föderalismus, in *Zeitschrift für schweizerisches Recht*, 1978, S. 407 ff.

[17] v. le rapport général sur le sujet de la Section VI présenté par M. HENKIN.

[18] Il faut être sensible en ce sens, au problème que M. Antoine MESSARRA voudrait régler par l'idée de «fédéralisme personnel».

Decisions on Decentralization in the Netherlands

P.W.C. Akkermans

1. Summary

A tradition of centralization came to predominate in The Netherlands after 1814, following a long history of decentralization. Since about 1970 work has been going on which is aimed at a reorganization of the governmental model for The Netherlands. At the same time, there has been a debate on whether it is possible and desirable to decentralize central government tasks within the existing model. The Constitution and other laws permit both. That, despite this, little or nothing has been done in this area is to be attributed more to political and governmental problems than to legal obstacles.

2. Historical survey

In the 16th century the Dutch provinces rose in revolt against their Spanish rulers. An important motive was resistance to the attempts of various governors over the years to impose centralization and uniformity. When foreign monarchs refused to accept sovereignty over the country, the provinces claimed it for themselves, in 1588. Peace was made in 1648. The Republic of the United Netherlands, which then attained its formal frontiers, actually consisted of seven republics. The activities of the confederation were limited to external affairs and the matters associated with them: international relations, the navy, the army, the finances needed for these things, the administration of areas not belonging to the provinces and the supervision of trading companies. The organ for these tasks was the States General (Staten Generaal), in which the provinces were represented and had an equal voice. Under the Treaty, unanimity was required for war and peace and the making of new alliances. The same requirement was soon extended to the fixing of the provinces' financial contributions. In the 18th century the confederation went into decline. This provided fuel for the criticisms from the lower levels of society, but the strength was lacking to react with the necessary reforms. The impulse for reform was provided by the French Revolution. French revolutionary armies entered the country in January 1795. A national assembly was elected which was to decide on the constitutional structure of The Netherlands. A division soon arose in this assembly between the federalists, who – because they feared dominance by the province of Holland – wanted to retain the old federal structure, and the unitarians, who wanted to replace it with a completely different system. Between the two were the moderates. Various constitutions were drawn up, some with federal, others with centralist characteristics. In 1813 independence was regained. Under the Constitution of 1814 The Netherlands was henceforth to be a unitary state. The strong centralization of authority of the French period was not restored: provinces and municipalities were given their own governmental responsibilities and only the administration of justice remained centralized. As regards the composition and organization of the provinces and municipalities the Constitution drew in part on the situation which had existed in the Republic of the United Netherlands. The provincial councils were to be composed in principle of representatives of the cities, the nobility and/or the countryside. How that principle would be applied in each province was to be regulated by the king. The Constitution did not lay down uniform rules as regards the further organization of the provincial councils. They were allowed to determine this for themselves, though the approval of the king was required. The municipal councils also had the right to determine their own composition and powers, subject, again, to approval by the king. The Constitution contained further rules concerning the powers of the provincial councils: they were charged with implementing the laws and orders relating to some specified subjects and also a number of matters imposed on them by the king. The councils were empowered to decide on all matters relating to normal, internal government. They could pass the necessary bylaws for this purpose, subject to the king's approval. The provinces were not, however, given any financial elbowroom by the Constitution.

The territory of a province was often also divided up in another way: into water control boards. These were concerned solely with matters relating to water-drainage, damming, water supplies, etc. Originally the water control boards had been organizations of landowners who had joined together to protect their lands from flooding. The Constitution of 1814 referred to water control as one of first national concerns. It nonetheless gave supervision of, and authority over, all the water control boards to the provinces. Works for controlling the sea or rivers, however, were entrusted to the central government.

The revised Constitution of 1848 brought radical changes. For example, local governments were deprived of the right to determine their own organization. The task of regulating the composition, organization and powers of provincial and municipal authorities was given to the legislature. The municipalities came to be governed by a council elected directly by all persons entitled to vote, while the chairman of this council was henceforth to be appointed by the king.

The provincial councils were also to be elected directly. Since 1814 they had chosen from their midst an executive to look after day-to-day matters. An official appointed by the king, the King's Commissioner, was charged with supervising the council and carrying out the king's commands. The provinces were given their own financial means. A similar arrangement was made for the municipalities. Basically, this constitutional picture has remained valid to the present day.

3. Forms of decentralization

Provincial and municipal governments have two kinds of powers: those concerned with the regulation and management of their own housekeeping, which is left to them, and those concerned with cooperation in the implementation of legislation from above, which is required of them. The term "autonomy" is applied to the first category and "co-government" (medebewind) to the second. One could conceive of a system of decentralization in which one had only autonomy or only co-government. The Dutch system has both and assumes the existence of a clear dividing line between them. At first sight, it appears easy to draw that line. There is the freedom to act as opposed to the obligation to cooperate, the council's own housekeeping as opposed to the implementation of measures decided upon by a higher authority. The difficulty, however, is that two criteria are employed which are not necessarily mutually exclusive. Moreover, the concept of a council's "own housekeeping" cannot be defined in a clear-cut manner.

3.1 Autonomy: own housekeeping

The term "own housekeeping" is not defined in the Constitution, the Provinces Act or the Municipalities Act. When it was first used in the Constitution of 1814 its meaning was almost self-evident. It was assumed at that time that the state, the provinces and the municipalities each had their own – as it were, natural – sphere of operation, their own housekeeping. The theory based on this is known in the literature as the theory of the three circles. The principal propositions in this theory are:

- each public body has its own housekeeping, whose content is immutable;
- the boundaries between the three circles have been drawn once and for all;
- a given "interest" (belang) can be looked after by only one of the circles;
- which of the three circles should look after an "interest" is determined by its nature;
- one circle must not encroach upon the housekeeping of another.

Remnants of the theory of the three circles are still to be found in existing legislation. In the Municipalities Act, for example, it is forbidden that municipal bylaws should encroach upon state or provincial "interests". Understandably, the theory of the three circles became untenable. With the emergence of the many new governmental tasks it was rarely possible to indicate precisely to which circle they belonged. The concept of a housekeeping's "interest" was not clear enough for that. Consequently, the three circle theory is no longer adhered to. In the literature the question usually posed is which circle can look after which "interest" most effectively.

3.2 Co-government

The concept of co-government also seems clear, yet is anything but. It is almost never the case that a province or municipality has no policy room of its own whatsoever in implementing decisions from above. On the contrary, in fact. Over the years a great many acts have been passed in which provinces and municipalities are given mandates, for example to pass by-laws, without any indication of what policy they should follow. This has meant that even the most fervent adherents of the three circle theory have had to admit defeat. As in the case of the concept of autonomy, the doctrine now is that co-government should be regarded as a variant of decentralization arising from technical factors relating to legislation. There are no grounds for assuming that differences in terms of legal consequences exist between autonomy and co-government. Though there were various differences originally, little remains of these at the present time.

4. Realization of decentralization

Since about 1970 attempts have been made to bring about decentralization in The Netherlands chiefly along two lines. The first of these involved changing the country's governmental model, with the idea that it would be possible at the same time to redistribute the powers of the public bodies. The second involved bringing about decentralization within the existing model, a search being made for central government tasks especially which could be taken over by lower levels of government.

4.1 Reorganization of the governmental structure

The Netherlands had many small municipalities. As the tasks of government increased these were no longer able to function satisfactorily. From the standpoint of effectiveness and efficiency and from that of democracy, many of them ceased to be capable of dealing with the full scope of local government. In addition to this, the advances in communications and transportation meant that the municipalities were less and less the areas in which people lived and worked. The increase in scale in people's lives had to be reflected in the distribution of the municipalities. The Netherlands is a small country; the existence of a large number of small municipalities was found to be more of a disadvantage than an advantage in terms of the attempt to make good use of scarce space. As the tasks of the welfare state multiplied, a need arose for increasing specialization at the municipal level. Moreover, large differences in facilities provided by municipalities were not considered acceptable: many existing and new government facilities required a broader base than the municipalities could provide. These considerations, concerned chiefly with effectiveness, all pointed towards larger units of local government. There were also democratic considerations. It is not unusual for a person to live in one municipality, work in another and use a third for recreational purposes, whereas he can exercise his right to vote only in and for the municipality in which he resides. An increase in scale was necessary. The current view taken in The Netherlands is that an acceptable minimum of facilities can be offered by a municipality with 10,000 inhabitants. This view is being put into practice in the redistribution of municipalities. The planners, however, went even further. For efficient, effective and democratic government, more was needed. Plans appeared on the drawing board for the creation of a fourth level of government, located between the provinces and the municipalities.

The draughtsmen were civil servants employed by the central government. Powerful lobbies of municipalities and provinces endeavoured to influence these plans. For whatever reason, those that were produced were not too sound. The proposal, for example, to create 44 regions (gewesten) to serve as a level of government intermediate between the provinces and the municipalities was unrealistic from the very beginning. In 1975 the Dutch government changed course. The idea of regions was abandoned and changes in the distribution of the provinces were contemplated: 24 small provinces were to replace the 11 then in existence. That number, 24, was also later found to have been chosen more or less at random. Some years later, 17 was the number which the government wanted to arrive at. At the present time one new province is created and all the other plans concerning this type of decentralization are cancelled.

In 1975 there were not only ideas of territorial changes in the country's governmental structure. The relations between the different levels of government were also to be changed. What the proposed changes amounted to was a large-scale transfer of tasks and powers from the municipalities to the provinces. Another route was also to be taken: a study was announced of possibilities for transferring central government tasks and powers to the provinces and municipalities.

Sceptics wondered whether such a redistribution of territory and tasks, whose purpose was said to be a decentralization of tasks and powers, might not end in large-scale centralization. The grounds for this scepticism are clear: the transfer of powers from municipalities to provinces is centralization, while the central government has as yet shown little enthusiasm for shedding tasks and powers in favour of the provinces. Not surprisingly, therefore, the decentralization of central government tasks has become one of the chief areas of debate as regards the reorganization of the country's governmental structure.

4.2 Decentralization of central government tasks

In the eyes of its advocates, the chief advantages of decentralization were:

- involvement of citizens and opportunities for them to exert democratic influence;
- the tailoring of policies and facilities to needs;
- effective policies which take account of the local situation and conditions.

There are also, of course, good arguments for centralization, the most important of them being the endeavour to achieve a certain equality in the level of facilities. Despite the intensive debate on decentralization, a great deal has been centralized in The Netherlands in the past years and this has been for somewhat less noble reasons:

- need for political profiling at the central government level;
- bureaucratic expansionism and passion for regulation;
- protection of the positions of interest organizations operating on a national scale.

It has therefore been asserted that the crisis in which the welfare state finds itself in The Netherlands is partly a centralization crisis. As a result of far-reaching centralization one sees that:

- municipalities, provinces and departments are interwoven in all sorts of ways and are therefore occupied more with each other than with tackling social problems directly;
- the costs of the machinery of government and of decision-making are reaching high levels;
- insufficient account is taken of the local situation and needs, because this information is not available at the central level, with the result that government funds are being spent inefficiently;
- overloading (in the civil service and the political sphere) is occuring at the central level;
- creativity in lower levels of government is stifled because there is insufficient room for initiatives and experiments.

Despite such strong criticisms, at the present time decision-making on decentralization in The Netherlands has been slowed to a trickle. A major reason for this was that changes cost too much money. Advocates of decentralization dispute this; they believe that it is possible for lower levels of government to carry out tasks much more profitably and efficiently than the central government.

5. Decentralization within municipalities

In a number of large municipalities in The Netherlands the call for smaller units has become stronger and stronger over the years. The argument behind it is that the distance between the governors and the governed has become too great. Rotterdam was the first of the big cities in The Netherlands to introduce municipal decentralization on a large scale. Sub-municipal councils were set up through elections in which both Dutch and foreign residents could participate. The councils exercise a number of powers which were previously exercised by the municipal council. Critics of the system point out that only unimportant powers have been transferred. In addition, the sub-municipalities do not have much money at their disposal. It has become a common feature of the elections for Rotterdam's sub-municipal councils that action groups do their very best to keep the voters at home, their view being that to vote means to agree to a form of deception. The Rotterdam experiment has prompted other cities to transfer more concrete powers to sub-municipal councils.

6. Constitution and decentralization

One aspect which has not yet been discussed is the development of constitutional law in The Netherlands.

On February 17, 1983 a new Constitution finally came into force after years of preparation. The seventh chapter of the revised Constitution deals with provinces, municipalities, water control boards and other public bodies. The text has been included as an appendix. In one respect the new provisions bear a strong resemblance to the old: they offer no greater guarantees for the decentralized authorities than the old Constitution did. A proposal was put before Parliament that it should be stated in the Constitution that the organization of government was to be based on the principle of the territorial decentralization of tasks and powers, but this was rejected by the government and a majority of the Second Chamber. The revised Constitution, like its predecessor, does not stand in the way of a diminution of the spheres of operation of decentralized authorities. The extent of their autonomous powers is not laid down in the Constitution. Nor does it define co-government. On the other hand, the Constitution does not oppose decentralization. There are, of course, areas which are treated in it in such a way that it must be assumed that no decentralization is possible there. For example, it provides for a uniformly regulated judiciary in The Netherlands. Similarly, there is little possibility that the provinces will be able to have different education systems, because the Constitution opposes it. The Netherlands is too small for such fragmentation. Decentralization will have to take place chiefly in the executive sphere. There are, however, also possibilities still in the legislative sphere. This does not mean that legislation by lower levels of government could conflict with national laws. Article 120 of the Constitution forbids the judiciary to test whether laws made by parliament are in conflict with the Constitution. This prohibition is so formulated that the judiciary does have the possibility and the task of determining whether legislation by lower levels of government conflicts with the law and the Constitution. In many cases higher levels of government can supervise the legislation made by lower levels.

Legislative unity is thereby guaranteed throughout the country. However, legislative powers can be delegated to lower levels of government and other bodies under the Constitution. This possibility is given expression in the Constitution through the use of certain special terms. Where these occur in a provision, legislative power can be transferred to, for example, a lower level of government. The areas in which legislative power can be delegated are not always the easiest or the simplest. For example, the Constitution makes it possible for lower levels of government to infringe a number of constitutional rights through legislation. The issue of decentralization in The Netherlands is not a legal problem.

6.1 Conclusions

The Dutch Constitution permits decentralization in all sorts of forms. Laws regulating the country's governmental structure can be changed without too much trouble. Despite this, little has been achieved in the field of decentralization. Why? After all, the value and advantages of decentralization are recognized by politicians, administrators and civil servants. A very large number of people regard it as a necessity, and political parties advocate it.

A number of years ago it looked so simple. It was a good thing that the subject of decentralization became divorced from the question of the reorganization of the governmental structure and came to be regarded increasingly as an objective on its own. The endeavours to bring it about were of three kinds:

- proposals were drawn up in a number of departments with self-contained areas;
- an advisory body to the government was asked to make concrete proposals for decentralization;
- the government produced a paper on decentralization and later a decentralization plan.

These three approaches have not led sufficiently to true decentralization:

- the decentralization activities of the departments are progressing with great difficulty;
- the recommendations of the advisory body have had little or no effect, at any rate in the short term;
- the plans of the Ministry of Internal Affairs are not yielding enough concrete decentralization decisions.

But why did it go wrong? There are at least three reasons:

- up to now the decentralization strategy has been chiefly one of persuasion. This is doomed to failure if, despite verbal agreement on a number of issues, deep-seated differences of opinion continue to exist;
- there has been an unnecessary inadequacy in political decision-making. The individual departments continue to reign supreme;
- thus far too little attention has been paid to the concrete possibilities which decentralization affords for eliminating certain bottlenecks.

It is clear that, in The Netherlands, there has been a lack of real political will in the matter of decentralization and of governmental strength to translate political will into action. Above all, however, there has been a failure to understand the issues: there is still no consensus on the answers to the questions why and to what extent in which areas decentralization is necessary or unnecessary.

7. Provinces, municipalities, water control boards and other public bodies

Article 123

1. Provinces and municipalities may be dissolved and new ones established by Act of Parliament.
2. Revisions to provincial and municipal boundaries shall be regulated by Act of Parliament.

Article 124

1. The powers of provinces and municipalities to regulate and administer their own internal affairs shall be delegated to their administrative organs.
2. Provincial and municipal administrative organs may be required by or pursuant to Act of Parliament to provide regulation and administration.

Article 125

1. The provinces and municipalities shall be headed by provincial and municipal councils respectively. Their meetings shall be public except in cases provided for by Act of Parliament.
2. In addition, the administration of a province shall consist of the provincial executive and the King's Commissioner (Commisaris van de Koning); the administration of a municipality shall consist of the municipal executive (College van Burgemeester en Wethouders) and the Burgomaster.
3. King's Commissioners and Burgomasters shall preside over the meetings of provincial councils and municipal councils respectively.

Article 126

The King's Commissioner may also be charged by Act of Parliament with the execution of official instructions to be given by the Government.

Article 127

Provincial and municipal by-laws shall be enacted by the provincial or municipal councils respectively, except in cases specified by Act of Parliament or by them pursuant to an Act of Parliament.

Article 128

Except in cases laid down in Article 123, the powers referred to in Article 124, paragraph 1 may be assigned to bodies other than those specified in Article 125 only by the provincial or municipal councils respectively.

Article 129

1. The members of provincial and municipal councils shall be directly elected by Dutch nationals resident in the province or municipality as the case may be who satisfy the requirements laid down for elections to the Second Chamber of the States General. The same conditions apply to membership.
2. The members shall be elected by proportional representation within the boundaries to be laid down by Act of Parliament.
3. Articles 53, paragraph 2, and 59 shall apply.
4. The duration of provincial and municipal councils shall be four years unless otherwise provided for by Act of Parliament.
5. The positions which may not be held simultaneously with membership shall be specified by Act of Parliament. The Act may also provide that obstacles to membership will arise from family ties or marriage and that the commission of certain acts designated by Act of Parliament may result in loss of membership.
6. The members shall not be bound by a mandate or instructions when casting their votes.

Article 130

The right to elect members of a municipal council and the right to be a member of a municipal council may be granted by Act of Parliament to residents who are not Dutch nationals provided they fulfil at least the requirements applicable to residents who are Dutch nationals.

Article 131

The King's Commissioners and the Burgomasters shall be appointed by Royal Decree.

Article 132

1. Both the organization of provinces and municipalities and the composition and powers of their administrative organs shall be regulated by Act of Parliament.
2. Supervision of the administrative organs shall be regulated by Act of Parliament.
3. Decisions by the administrative organs shall be subject to prior supervision only in cases specified by or pursuant to Act of Parliament.

4. Decisions by the administrative organs may be quashed only by Royal Decree and on the ground that they conflict with the law or the public interest.
5. Provisions in the event of non-compliance in matters of regulation and administration required under Article 124, paragraph 2, shall be regulated by Act of Parliament. Provisions may be made by Act of Parliament notwithstanding Articles 125 and 127 in cases of gross neglect of duty by the administrative organs of a province or municipality.
6. The taxes which may be levied by the administrative organs of provinces and municipalities and their financial relationships with the central government shall be regulated by Act of Parliament.

Article 133

1. Insofar as it is not otherwise provided by or pursuant to Act of Parliament, the establishment or dissolution of water control boards (waterschappen), the regulation of their duties and organization together with the composition of their administrative organs shall be effected by provincial by-law according to rules laid down by Act of Parliament.
2. The legislative and other powers of the administrative organs of water control boards and public access to their meetings shall be regulated by Act of Parliament.
3. Supervision of these administrative organs by provincial and other bodies shall be regulated by Act of Parliament. Decisions by the administrative organs may be quashed only if they conflict with the law or the public interest.

Article 134

1. Public bodies for the professions and trades and other public bodies may be established and dissolved by or pursuant to Act of Parliament.
2. The duties and organization of such bodies, the composition and powers of their administrative organs and public access to their meetings shall be regulated by Act of Parliament. Legislative powers may be granted to their administrative organs by or pursuant to Act of Parliament.
3. Supervision of the administrative organs shall be regulated by Act of Parliament. Decisions by the administrative organs may be quashed only if they are in conflict with the law or the public interest.

Article 135

Rules pertaining to matters in which two or more public bodies are involved shall be laid down by Act of Parliament. These may provide for the establishment of a new public body, in which case Article 134, paragraphs 2 and 3, shall apply.

Article 136

Disputes between public bodies shall be settled by Royal Decree unless they fall within the competence of the judiciary or decisions are referred to other bodies by Act of Parliament.

Bibliography

T. Koopmans, Compendium van het staatsrecht, Deventer 1982. C.W. Van der pot-A.M. Donner, Handboek van het Nederlandse staatsrecht, Zwolle 1983. Raad voor het binnenlands bestuur, De D-trein ontspoord? Brochure over het decentralisatiebeleid, 's-Gravenhage 1984. W.G. Verkruisen, H. Van den brink, Tegen de stroom in. Over gewesten en gemeenten. Deventer 1981.

La décision de décentralisation et le statut des collectivités territoriales

Louis Favoreu

La question à laquelle nous sommes invités à répondre, à travers le thème de «la décision de la décentralisation», est celle de savoir qui a compétence pour décider et mettre en oeuvre la décentralisation dans le cadre de la Constitution.

Cette question a retenu particulièrement l'attention en France à partir du moment où la nouvelle majorité de gauche arrivée au pouvoir en mai-juin 1981, a entrepris une grande réforme de la décentralisation. C'est alors qu'il est apparu que la décision de la décentralisation dépendait d'autorités diverses et que ces autorités devaient respecter un certain nombre de limites inscrites dans la Constitution. Tout d'abord, dans le cadre d'un Etat unitaire comme la France, le statut des collectivités composantes est normalement défini par les autorités *nationales* (législateur ou pouvoir réglementaire) et non par les autorités *locales*. Par ailleurs, les autorités nationales elles-mêmes doivent tenir compte d'un certain nombre de règles constitutionnelles limitant leurs compétences, en sorte que le pouvoir constituant lui-même doit intervenir – lorsque c'est possible – dans la décision de décentralisation.

En définitive, la décision de décentralisation dépendra de la nature des éléments qui composent le statut des collectivités territoriales, c'est-à-dire le régime juridique de ces collectivités. Et c'est la jurisprudence constitutionnelle qui a révélé ces divers éléments et leur place respective à l'occasion des réformes entreprises en 1981-82 par la nouvelle majorité.

I. La décision de décentralisation au niveau constitutionnel

Le statut des collectivités territoriales comporte des éléments constitutionnels qui ne peuvent être modifiés que par le pouvoir constituant et qui sont donc hors de portée des autorités législatives et réglementaires.

Ceci explique qu'en 1981-82, la gauche, ne disposant pas d'une majorité suffisante pour modifier la Constitution, ait dû restreindre la portée de sa réforme [1].

Ces éléments constitutionnels concernent l'existence des catégories de collectivités territoriales, leurs structures, leur représentation au Sénat et le principe de la libre administration.

A) *L'existence des catégories de collectivités territoriales* (article 72 de la Constitution).

L'article 72 de la Constitution dispose, dans son alinéa 1er: «Les collectivités territoriales de la République sont les communes, les départements et les territoires d'outre-mer».

1. Cela signifie qu'est garantie constitutionnellement l'existence de *catégories* de collectivités territoriales, mais non des collectivités territoriales faisant partie de chaque catégorie: on ne peut donc, par une loi ordinaire, supprimer la catégorie des communes ou celle des départements; mais le législateur ordinaire peut supprimer un certain nombre de communes ou de départements, ou bien en créer de nouveaux. Toutefois, il ne pourrait supprimer un tel nombre de communes ou de départements qu'il y aurait disparition progressive de la catégorie.

La question, cependant, pourrait se poser à propos de la catégorie des territoires d'outre-mer. Ceux-ci, en effet, ont vu leur nombre diminuer régulièrement dans la mesure où un certain nombre d'entre eux ont accédé à l'indépendance au cours des dernières années, et d'autres sont susceptibles de suivre la même voie. Il pourrait se faire ainsi que la catégorie disparaisse du fait du changement de statut de tous les territoires d'outre-mer existants. Mais ceci ne serait pas contraire à la Constitution dans la mesure où la vocation de ces collectivités territoriales est de changer de statut ainsi qu'il avait été prévu initialement dans le texte constitutionnel, du moins dans une première période.

2. Il a été admis cependant que si le législateur ordinaire ne pouvait supprimer des catégories existantes, il pouvait créer des catégories nouvelles. Ceci pose alors le problème de la coexistence de deux séries de catégories de collectivités territoriales à «dignité» inégale.

La question de savoir si pouvait être créée une catégorie nouvelle de collectivités territoriales par la loi ordinaire était controversée: pour certains, l'énumération de l'article 72 alinéa 1er était limitative; pour d'autres, en revanche, la phrase suivante de cet alinéa ouvrait cette possibilité. En effet, après avoir énuméré les catégories de collectivités territoriales (voir plus haut), l'alinéa 1er de l'article 72 comporte une deuxième phrase ainsi libellée:«toute autre collectivité territoriale est créée par la loi». Dans une décision de principe du 25 février 1982 [2], le Conseil constitutionnel a effectivement interprété de manière extensive cette phrase, lui faisant signifier, en fait, que «toute autre *catégorie* de collectivités territoriales est créée par la loi».

Le résultat est qu'il y a désormais deux séries de catégories de collectivités territoriales: celles à statut constitutionnel et celles à statut simplement législatif. Les premières sont énumérées par l'article 72 alinéa 1er de la Constitution, les autres sont créées par la loi. L'existence des premières ne peut être remise en cause par le législateur tandis que celle des secondes est à la merci d'une loi ordinaire (c'est-à-dire d'une majorité ordinaire).

B) *Les structures des collectivités territoriales: les conseils élus*

Bien qu'elles soient peu nombreuses et peu détaillées, les dispositions qui, dans la Constitution, sont relatives aux collectivités territoriales, contiennent un certain nombre de règles ou de principes à valeur constitutionnelle déterminant les caractéristiques des structures des collectivités territoriales et notamment de leurs assemblées ou conseils.

1. Il s'agit tout d'abord d'assemblées *élues*. Ceci découle expressément de l'article 72 alinéa 2 de la Constitution selon lequel «les collectivités territoriales s'administrent par des conseils *élus*»; mais aussi – indirectement mais certainement – de l'article 34 dans la mesure où, dans l'énumération des matières réservées à la loi, figure le régime électoral des assemblées locales.

L'élément fondamental de la décentralisation – à savoir l'élection des organes de gestion des collectivités territoriales – est donc constitutionnalisé. Ce qui signifie que la décision de décentralisation ne pourra y toucher que si elle revêt la forme d'une loi constitutionnelle; mais dans ce cas-là on peut se demander si la notion même de décentralisation, telle qu'elle est conçue en France, subsistera car y aurait-il encore décentralisation sans assemblée élue.

2. Il s'agit ensuite d'assemblées *délibérantes*. Cela résulte de la formule déjà citée de l'article 72 selon laquelle «les collectivités territoriales s'administrent librement, par des conseils élus».

En effet, si les conseils des collectivités territoriales n'avaient que des pouvoirs consultatifs, celles-ci ne pourraient «s'administrer». On ne peut s'administrer qu'avec des organes dotés d'un pouvoir délibérant c'est-à-dire d'un pouvoir de décision.

Donc porter atteinte au caractère d'assemblées délibérantes des conseils des collectivités territoriales, ne pourrait être le fait que du pouvoir constituant et non du législateur.

3. Les assemblées ou conseils des collectivités territoriales doivent être élus par les *citoyens* de la circonscription. L'article 3 de la Constitution

réserve expressément le droit de vote aux citoyens :« Sont électeurs, dans les conditions déterminées par la loi, tous les nationaux français majeurs des deux sexes, jouissant de leurs droits civiques et politiques ».

La question a été posée cependant de savoir si cela visait toutes les élections ou bien seulement les élections d'organes ou autorités exerçant la souveraineté nationale, c'est-à-dire les élections des députés et sénateurs et l'élection du président de la République, autrement dit les élections politiques. Le Conseil constitutionnel a tranché cette question dans une décision du 18 novembre 1982 (*Quotas par sexe*, RDP 1983 p. 323) dans laquelle il a jugé que « la qualité de citoyen ouvre le droit de vote et l'éligibilité... pour tout suffrage politique, notamment pour l'élection des conseillers municipaux ».

En France donc, la volonté parfois manifestée par la majorité de gauche de compléter ou de donner un sens plus large à la participation à la gestion des affaires locales par l'extension du droit de vote aux étrangers pour les élections locales, se heurte à l'article 3 de la Constitution, tel qu'interprété par le Conseil constitutionnel.

4. Il découle également de la décision précédente du Conseil constitutionnel que le *droit de vote et l'éligibilité* sont des droits constitutionnellement protégés non seulement pour les élections politiques nationales mais aussi pour les élections politiques locales.

Tout citoyen français a donc droit à être électeur et éligible lors de l'élection des conseils des collectivités territoriales et il ne saurait en être privé que par une loi constitutionnelle.

5. Les assemblées ou conseils élus *peuvent ne pas être uniques au sein d'une collectivité territoriale.*

On pouvait se demander, compte tenu des caractéristiques générales de l'organisation de l'administration décentralisée en France, si l'existence de plusieurs conseils élus au sein d'une collectivité territoriale était compatible avec la Constitution. La question s'est posée à propos des structures des trois plus grandes villes de France – Paris, Lyon et Marseille – au moment de la décentralisation. Il a été imaginé, en effet, à ce moment-là de créer, outre le conseil municipal, des conseils d'arrondissement également élus par la population. L'opposition, ayant contesté cette décision au motif qu'elle portait atteinte au « principe de l'unité communale », le Conseil constitutionnel a, dans une décision du 28 décembre 1982 (RDP 1983 p. 376), estimé « qu'aucun principe ou règle de valeur constitutionnelle n'interdit au législateur d'instituer des divisions administratives au sein des communes ni d'instituer des organes élus autres que le Conseil municipal et le maire ».

6. Les assemblées ou conseils élus *doivent être élus de la même manière selon les catégories.*

Cela signifie que les conseils des collectivités territoriales appartenant à une même catégorie – par exemple les conseils régionaux – doivent être élus selon les mêmes règles. C'est ce qu'a décidé le Conseil constitutionnel, à propos de la Corse, dans sa décision du 25 février 1982 (82-138 DC, G.D. 3e éd. n° 38): la loi sur le statut particulier de la Corse ayant été contestée devant lui au motif que le régime électoral de l'Assemblée de Corse serait différent de celui des autres régions, le juge constitutionnel répond qu'«en l'état actuel de la législation et jusqu'à l'intervention du texte destiné à fixer le régime général des élections aux conseils régionaux rien ne permet de soutenir que le régime applicable à la région de Corse sera dérogatoire au droit commun applicable à l'ensemble des régions».

Le Conseil constitutionnel délivrait ainsi un avertissement au législateur: lorsque le régime général des élections aux conseils régionaux sera établi, soit le régime de la Corse sera aligné sur le régime général, soit le régime général reprendra celui de la Corse. Et l'avertissement a bien été entendu puisque la loi du 10 juillet 1985 qui établit ce régime général, a modifié le régime propre à la Corse (et aux départements d'outre-mer) afin qu'il y ait identité de régime électoral pour toutes les régions [3].

Commentant la décision précitée, MM. LUCHAIRE ont pu écrire (in *Le droit de la décentralisation* p. 85 note 4):«On peut estimer que le principe de l'égalité entre tous les citoyens exige qu'ils participent aux élections dans les mêmes conditions. On peut estimer encore qu'il n'y a pas de rapport entre une différence dans les droits électoraux et le particularisme de la région de Corse».

On peut citer, dans le même sens, la décision du Conseil constitutionnel du 2 décembre 1982 (RDP 1983 p. 377) relative aux départements d'outre-mer: on peut interpréter cette décision, en effet, comme ayant consacré le droit des électeurs des départements d'outre-mer à élire deux assemblées – le conseil régional et le conseil général – tout comme les électeurs des départements métropolitains, contrairement aux prétentions de la majorité gouvernementale qui entendait instituer une assemblée unique.

En revanche, il est possible au législateur d'établir des régimes électoraux différents pour les conseils municipaux des territoires d'outre-mer car, pour eux, la Constitution a expressément autorisé des dérogations au régime général, dans son article 74.

C) *La représentation des collectivités territoriales au Sénat*

L'article 24 de la Constitution dispose: «(Le Sénat) assure la représentation des collectivités territoriales de la République».

1. Cette disposition constitutionnelle est passée longtemps inaperçue car ses conséquences concrètes apparaissaient minces. En fait, celles-ci ont été révélées par la réforme de la décentralisation, lorsqu'avec la

création d'une nouvelle catégorie de collectivités territoriales, les régions, s'est posé le problème de la représentation de celles-ci au Sénat. En effet, jusque-là, les sénateurs étaient élus dans le cadre départemental par les délégués des communes et des départements.

La question a été soulevée devant le juge constitutionnel à propos de la Corse. Les parlementaires de l'opposition soutenaient que la loi portant création de la région de Corse ne pouvait être promulguée avant que n'aient été votées les modifications législatives nécessaires pour assurer la représentation de la région de Corse au Sénat. Dans sa décision, si le Conseil constitutionnel admet que ces modifications peuvent intervenir après la création de la région, il n'en affirme pas moins leur nécessité.

Et le gouvernement a tenu compte de cette décision, lors de l'élaboration du régime général applicable aux régions, en élargissant le collège électoral sénatorial aux délégués des régions ; et la loi du 10 juillet 1985 a été votée en ce sens. On peut se demander toutefois si le vote des délégués régionaux n'aurait pas dû s'exprimer dans le cadre régional, et s'il n'aurait pas été nécessaire de créer, à côté des « sénateurs départementaux », des « sénateurs régionaux ». Mais la question de la constitutionnalité de la loi du 10 juillet 1985 n'a pas été posée au juge constitutionnel.

2. Certains auteurs sont allés plus loin et ont tiré de l'article 24 al. 2 de la Constitution (et de la représentation des collectivités territoriales au Sénat qu'il consacre) la confirmation de la thèse selon laquelle les collectivités territoriales constitueraient des pouvoirs publics constitutionnels aux côtés du président de la République, du Gouvernement et du Parlement.

Ceci reste cependant une opinion isolée et la controverse de l'été 1984 relative au référendum sur le référendum a montré que nombreux étaient ceux qui contestaient aux collectivités territoriales la nature de « pouvoirs publics ».

D) *La libre administration des collectivités territoriales*

Le principe de libre administration des collectivités territoriales a été tiré par le Conseil constitutionnel des articles 34 et 72 de la Constitution : l'article 34 fait référence à la « libre administration des collectivités locales » et l'article 72 al. 2 dispose que les collectivités territoriales « s'administrent librement ».

Dans une première décision du 23 mai 1979 (79-104 DC, Territoire de Nouvelle-Calédonie, G.D. 3e éd. n° 33), le juge constitutionnel a reconnu la valeur constitutionnelle de ce principe et sa supériorité sur la loi. Il a eu ensuite l'occasion de faire respecter ce principe par le législateur dans plusieurs décisions intervenues à propos des lois portant réforme de la décentralisation [4].

Le principe de libre administration a des conséquences qu'il est encore difficile d'évaluer car elles n'ont pas encore été toutes révélées. Mais incontestablement, il constitue la principale limite aux pouvoirs des autorités nationales: celles-ci peuvent, à leur gré, faire varier le degré de décentralisation; mais elles ne peuvent restreindre la libre administration au point de la faire disparaître. Et ceci est valable quelle que soit la taille de la collectivité territoriale: une petite commune a droit à la libre administration. Qui plus est, la libre administration peut être invoquée non seulement dans les rapports entre l'Etat et les collectivités territoriales mais aussi entre les collectivités territoriales elles-mêmes. Ainsi, les compétences des départements ne doivent-elles pas être accrues au détriment de celles des communes: le législateur lui-même l'a rappelé et le Conseil constitutionnel s'est chargé de faire appliquer le principe notamment dans sa décision précitée du 20 janvier 1984.

II. La décision de décentralisation au niveau législatif

La décision de décentralisation revêt le plus souvent la forme législative en France. C'est le législateur (national) qui est normalement habilité à effectuer des réformes décentralisatrices et à aménager le statut des collectivités territoriales: la décision de décentralisation n'est en aucun cas le fait des autorités locales elles-mêmes qui n'ont pas de compétence d'auto-organisation. Et ceci est valable même pour les collectivités territoriales les plus «périphériques», c'est-à-dire celles qui sont en quelque sorte à la marge de la République, à savoir les territoires d'outre-mer.

La compétence législative telle qu'elle est définie par l'article 34 de la Constitution semble se limiter à l'établissement des «principes fondamentaux» et laisser donc au pouvoir réglementaire, c'est-à-dire au Gouvernement, le soin de fixer les autres règles. En réalité, il y a eu une interprétation extensive des dispositions définissant le domaine de la loi et le contenu de celui-ci est très important.

A) *La définition extensive du domaine de la loi en matière de collectivités territoriales*

Le système français se caractérise par une répartition des compétences normatives entre le pouvoir législatif et le pouvoir réglementaire. En fait, cette répartition des compétences normatives a été progressivement transformée par l'interprétation jurisprudentielle et, en définitive, le législateur pose les règles importantes tandis que le pouvoir réglementaire arrête les modalités d'application: ainsi, il n'y a plus lieu de distinguer selon les alinéas de l'article 34, entre les cas où la loi détermine les principes et ceux où elle fixe les règles [5]. Par ailleurs, il y a des matières où la compétence législative est plus étendue que dans d'autres: c'est le cas du secteur des collectivités territoriales [6].

Sans entrer dans les détails, on peut citer les techniques par lesquelles le juge constitutionnel a élargi le domaine de la loi en matière de décentralisation. Tout d'abord, le Conseil constitutionnel utilise conjointement diverses rubriques de l'article 34 pour justifier la compétence législative: l'alinéa 3 selon lequel la loi fixe les règles concernant le régime électoral des assemblées locales, ou l'alinéa 4 selon lequel la loi détermine les principes fondamentaux de la libre administration des collectivités locales, de leurs compétences et de leurs ressources.

Il peut aussi faire appel à l'article 72 al. 2 aux termes duquel «les collectivités territoriales s'administrent librement... dans les conditions fixées par la loi».

Une autre technique consiste également à invoquer d'autres rubriques de l'article 34 ne concernant pas les collectivités territoriales telles que celle relative aux établissements publics en les combinant avec les précédentes [7].

En fait, la compétence législative devient compétence de principe en matière de collectivités territoriales et cela se conçoit car l'intervention du législateur est une garantie pour les collectivités territoriales et la décentralisation. C'est en ce sens qu'il faut interpréter les jurisprudences convergentes du Conseil constitutionnel et du Conseil d'Etat en matière d'élargissement de la compétence législative.

B) *Le contenu du domaine législatif* en matière de collectivités territoriales peut être précisé de manière brève.

Il comporte certainement ce que l'on peut appeler les règles constitutives de chaque catégorie de collectivités territoriales à savoir la composition et le mode d'élection des organes, l'organisation administrative générale de la collectivité (Conseil constitutionnel 19 Nov. 1975, RDP 1976 p. 229). Relèvent également de la loi: la définition des compétences des collectivités territoriales et de leurs organes (Conseil constitutionnel 12 déc. 1967, Rec. 39; Conseil constitutionnel 9 juillet 1970 Rec. 41) et cela, même s'il s'agit d'une compétence consultative exercée avant décision d'un organe de l'Etat (Conseil constitutionnel 20 fév. 1973, Rec. 29); le transfert de compétence d'une collectivité territoriale à l'Etat et d'une collectivité territoriale à une autre collectivité territoriale (Conseil constitutionnel 12 déc. 1967, Rec. 34); la détermination des ressources et charges des collectivités territoriales et de la procédure budgétaire les concernant (Conseil constitutionnel 19 nov. 1975, précitée); le domaine de la tutelle ou du contrôle exercé par l'Etat sur les collectivités territoriales (Conseil constitutionnel 12 mai 1964, Rec. 37) ainsi que les procédés de cette tutelle ou contrôle (Conseil constitutionnel 27 fév. 1969, Rec. 21).

Les règles relatives à la fonction publique territoriale relèvent également de la compétence du législateur: ceci découlait des jurisprudences convergentes du Conseil constitutionnel et du Conseil d'Etat et a été largement confirmé lors de l'adoption des lois du 13 juillet 1983, 26 janvier 1984 et 12 juillet 1984 [8].

III. La décision de décentralisation au niveau réglementaire: règlements nationaux et/ou règlements locaux ?

Dans un Etat unitaire comme la France, les autorités territoriales ou locales ne détiennent qu'un pouvoir normatif subordonné et ne peuvent pas définir elles-mêmes de manière initiale et inconditionnée le statut applicable aux collectivités territoriales dont elles sont les organes. Mais la question pouvait se poser de savoir si, les règles générales ayant été définies par le législateur national, les autorités territoriales n'avaient pas au moins le pouvoir d'édicter elles-mêmes les mesures d'application de ces règles générales.

A) Normalement, la fonction de prendre des règlements d'application des lois revient au Premier ministre en vertu de l'article 21 de la Constitution et il est habituellement admis que le chef du gouvernement exerce cette compétence de manière exclusive. Toutefois, avec la réforme de la décentralisation est apparue l'idée que le pouvoir de décision en ce domaine devait, au moins en ce qui concerne l'exécution des lois, être aussi attribué aux autorités locales, ce qui irait dans le sens justement d'un progrès de la décentralisation. Et les partisans de cette dernière thèse trouvaient le fondement de cette compétence des autorités territoriales dans l'article 72 al. 2 de la Constitution selon lequel les «collectivités territoriales s'administrent librement», car d'après eux, on ne peut s'administrer librement que si l'on peut «réglementer» librement c'est-à-dire poser des règles dans les domaines d'intervention reconnus aux collectivités territoriales [9].

B) Mais le droit positif n'a pas confirmé cette analyse. En effet, la réforme de la décentralisation s'est faite sans recours au pouvoir normatif des autorités territoriales. Non seulement ce sont les lois (nationales) qui ont arrêté les principales dispositions de la réforme (une quinzaine de lois jusqu'ici), mais encore les règlements d'application des lois ont été pris sous forme de décrets c'est-à-dire d'actes pris par le Premier ministre (plusieurs centaines de décrets ont été pris ou le seront). Et ceci a été implicitement reconnu conforme à la Constitution par le Conseil constitutionnel dans une décision du 20 janvier 1984 [10].

Le pouvoir réglementaire local n'est pas totalement exclu: il subsiste mais de manière résiduelle, c'est-à-dire qu'il ne s'exerce que si le pouvoir réglementaire national lui laisse une place. Or ceci est de moins en moins probable car la masse des décrets d'application des lois est telle qu'il restera peu de place pour le pouvoir réglementaire local. C'est ce que l'on peut constater à propos du statut du personnel départemental et régional: auparavant les assemblées départementales et régionales avaient le pouvoir de fixer les règles applicables à leurs agents; aujourd'hui ces règles sont fixées par les lois et règlements nationaux.

* * *

A l'occasion des réformes récentes, la France a montré les limites qu'un Etat unitaire devait respecter dans un processus de décentralisation et les voies qu'il devait suivre pour sa réalisation.

La décentralisation est octroyée par l'Etat aux collectivités territoriales: c'est essentiellement le législateur national qui prend la décision de décentralisation relayé par le pouvoir réglementaire national, et assez paradoxalement dans certains cas cela aboutit à réduire la marge déjà faible du pouvoir normatif des autorités territoriales.

Il est possible cependant qu'à partir des nouveaux pouvoirs donnés par la réforme aux collectivités territoriales, se produise une sorte de «reconquête» du pouvoir normatif par les autorités territoriales, notamment du fait du renforcement de l'autorité des autorités départementales et régionales.

Abréviations

C.C.: Conseil constitutionnel; C.F.P.C.: Centre de formation des personnels communaux; G.D.: Les Grandes décisions du Conseil constitutionnel J.O.: Journal officiel; R.D.P.: Revue du droit public; R.F.D.A.: Revue française de droit administratif

Eléments de bibliographie

Ouvrages

LUCHAIRE F. et LUCHAIRE Y., Le droit de la décentralisation, Paris, P.U.F., 1ère éd., 1983.

Articles

FAVOREU L., Décentralisation et Constitution, R.D.P., 1982, p. 1259 et s. Libertés locales et libertés universitaires, R.D.P., 1984, p. 687 et s.

Divers

La réforme des collectivités territoriales: Principe de libre administration et statut du personnel (1ère rencontre d'Angers, sept. 1983), Cahiers du C.F.P.C., n° 13, octobre 1983.

Notes

1 Voir FAVOREU L., Décentralisation et Constitution, *R.D.P.*, 1982, n° 5, p. 1259.
2 82-138 DC, *Statut de la Corse,* Grandes décisions du Conseil constitutionnel, 3ème éd., 1984, n° 39.
3 Ceci a notamment entraîné les modifications suivantes pour la Corse: alors que les membres de l'Assemblée de Corse étaient élus sur une liste régionale, ils le seront désormais sur deux listes départementales.
4 Décisions 82-137 DC et 138 DC du 25 février 1982 (G.D. 3ème éd., n° 38), 28 déc. 1982 *PLM*, rec. p. 76; 20 janvier 1984, *Fonction publique territoriale*, RDP 1984 p. 687; 18 janvier 1985, Loi Chevènement J.O. 20 janvier 1985 p. 821.
5 Voir *Les grandes décisions du Conseil constitutionnel*, 3ème éd. p. 61 et s.
6 Voir FAVOREU L., R.D.P. 1976 p. 229.
7 Voir par exemple, Conseil constitutionnel 6 oct. 1976, *C.F.P.C.*, R.D.P. 1976 p. 460; 20 janvier 1984, *Fonction publique territoriale*, R.D.P. 1984 p. 687 et s.
8 Voir pour plus de détails, FAVOREU L. Les sources du droit de la fonction publique territoriale, *RFDA* 1985 n° 3, pp. 309 et s.
9 Sur cette controverse, voir «La réforme des collectivités territoriales: principe de libre administration et statut du personnel», *Cahiers du CFPC*, n° 13, oct. 1983.
10 *Fonction publique territoriale,* précitée.

Problèmes de la souveraineté intérieure et extérieure

Thomas FLEINER-GERSTER

La doctrine de la souveraineté absolue et indivisible a conduit la théorie de l'Etat à assimiler dans une large mesure les Etats fédératifs aux Etats unitaires. En effet, si l'on reconnaît la souveraineté de la confédération ou de la ligue, les Etats membres ne peuvent plus être souverains et, par conséquent, ne sauraient être non plus de véritables Etats. Ainsi, la philosophie et théorie du droit n'a pas su définir juridiquement le passage progressif de la ligue des Etats à l'Etat unitaire en passant par l'Etat fédératif. Elle s'est bornée à distinguer celui-ci de celui-là. Ce faisant, elle a toutefois perdu de vue le fait que l'Etat fédératif est, lui aussi, une *fédération*, une *ligue*, une *alliance*. Celle-ci implique une solidarité non seulement entre les Etats membres, mais encore entre l'entité fédérée et ses Etats membres et vice versa. Il s'agit donc d'un véritable «foedus» qui repose sur l'autonomie et la diversité des Etats membres et de la confédération. Dans les pages qui suivent, nous aurons à tenir dûment compte de cette idée.

1. La souveraineté est-elle divisible?

Il n'est guère étonnant que les représentants de la théorie germanique de l'Etat aient été vraiment avares de textes sur l'Etat fédératif et le fédéralisme. «On ne saurait méconnaître le fait qu'aujourd'hui la doctrine allemande du droit public ne dispose d'aucune théorie moderne et bien adaptée à notre époque en ce qui concerne l'Etat fédératif» (cf. U. SCHEUNER, p. 415 ss. – cit.trad. – et K. HESSE, p. 3 ss.). Depuis 1962, date de la parution de l'ouvrage d'ULRICH SCHEUNER, peu de choses ont changé dans ce domaine. La doctrine de la souveraineté, très abstraite et trop éloignée de la réalité, a écarté la théorie de l'Etat d'une approche intérieure et d'une compréhension intime du fédéralisme.

Le fédéralisme s'est pourtant précisément imposé dans un bon nombre de nouvelles constitutions. De même, il est plus vivant que jamais en Amérique latine, aux Etats-Unis, au Canada, en Union soviétique, en République fédérale d'Allemagne, en Autriche et en Suisse. Comment expliquer cet essor de la pensée fédéraliste à l'échelle des Etats? Pourquoi la théorie et la pratique concordent-elles si peu en pareil cas? Nous allons tenter d'approfondir ces questions dans les lignes qui suivent.

Pour la doctrine classique de la souveraineté, un Etat aux structures fédéralistes est inconcevable. En effet, le pouvoir suprême est indivisible. Ou bien ce pouvoir appartient à l'Etat fédérateur, ce qui fait que les membres ne sont plus des Etats, ou bien ledit pouvoir est détenu par les Etats membres, ce qui fait que la confédération n'est pas un Etat, mais tout au plus une fédération d'Etats. L'Etat est une entité indivisible parce que la souveraineté n'est pas divisible. C'est pourquoi, lorsque la constitution fédérale de la Suisse parle à son article 3 de la souveraineté des cantons, il ne faut pas entendre, selon la doctrine de l'Etat qui est dominante en Suisse (p.ex. F. FLEINER/ Z. GIACOMETTI, p. 36 ss.), la notion de «souverain» comme souveraineté au sens classique de cette expression, mais au contraire comme «compétence». La Confédération, Etat fédératif, détient la souveraineté suprême; elle a donc la compétence des compétences et, dans ce cadre, elle a abandonné ou délégué aux cantons certaines souverainetés ou compétences. Par conséquent, il est également erroné que, dans leur constitution, certains cantons se dotent du titre de «République», puisqu'ils ne sont pas des Etats au sens propre du terme.

En rapport avec ce problème, HANS NAWIASKY (1880-1961) a développé une idée particulière sous l'influence de la théorie du droit pur (cf. H. NAWIASKY, p. 144 ss.). Puisque la souveraineté est indivisible, mais que les Etats membres ont manifestement leur propre compétence parallèlement à celle de l'Etat fédéral, cet auteur a créé un super-Etat, qui se situerait donc au-dessus de la Confédération et des cantons dans le système suisse par exemple, et qui s'appelle l'Etat global. Celui-ci est doté de la personnalité juridique et embrasse à ce titre aussi bien les Etats fédérés que l'Etat fédérateur, tout en répartissant les compétences entre ce dernier et ceux-là. Pour NAWIASKY, ni l'Etat global, fiction qui englobe le fédérateur et les fédérés.

2. Le fédéralisme comme idée de l'Etat

a) *Evolution historique des communautés fédérées*

Si nous observons l'évolution historique des premières communautés sédentaires, nous distinguons deux types de communautés: les grandes unions ou fédérations territoriales d'une part, et, d'autre part, les petites communes démocratiques. Les grandes entités territoriales sont nées au Proche ou Moyen-Orient, le plus souvent le long des fleuves (p. ex. la Mésopotamie, l'Egypte, etc.). Ces tribus peuplaient un territoire largement ouvert et difficile à défendre, raison pour laquelle ces populations se sont rassemblées en de grandes unions ou fédérations. Le cours du fleuve favorisait la création du lien. Dans certains cas, une culture de très haut niveau s'y développait (p.ex. les pyramides d'Egypte). Toutefois, de telles communautés dépendaient d'une bureaucratie fort centralisée et organisée de façon très rigide. Ces administrations sécrétaient leur vie propre et étaient entièrement dévouées à leur souverain, en raison du népotisme qui y régnait. Les fonctionnaires n'y examinaient pas si leurs actes étaient bons ou mauvais; le critère décisif était l'ordre du monarque. De la sorte, par exemple, autant que l'histoire peut nous l'apprendre, ce sont bien ces bureaucraties qui pratiquèrent pour la première fois le génocide sur une grande échelle (p.ex. l'extermination des Israélites par les Egyptiens).

En revanche, dans les régions géographiquement reculées, les grandes communautés se formaient difficilement. C'est pourquoi, on vit s'y développer de petites communautés autonomes, très indépendantes dans leur autogestion. Ces micro-communautés pouvaient se défendre elles-mêmes dans une très large mesure, car le relief ou d'autres données géographiques leur étaient propices. Les premières cités grecques, ou encore l'Alliance d'Israël aux temps bibliques sont des exemples caractéristiques de ces petites communautés. Ce n'est pas par hasard qu'est né et s'est développé au sein de telles communautés le sens de la défense et de la sauvegarde de valeurs humaines comme la liberté, la démocratie, la dignité de l'homme. Dans ces régions, une grande bureaucratie ne pouvait naître, car les dimensions modestes permettaient de tout saisir et de contrôler chacun. Cela conduisait cependant quelquefois à un manque de largeur de vues et de générosité, voire à une intolérance envers les concitoyens dont on pressentait qu'ils pourraient devenir dangereux (p. ex. la condamnation à mort de Socrate). La pensée fortement «coopérative» qu'on voit éclore au sein des petites communautés laisse souvent peu de liberté à l'individu.

b) Fédéralisme et liberté

La préférence manifeste de beaucoup d'hommes pour le petit groupe qui leur garantit la sécurité et reste contrôlable a abouti à ce que l'on doive bel et bien tenir compte de ce besoin, sous une forme ou sous une autre, dans l'organisation des communautés. Cette tendance s'est encore renforcée par l'extension de la démocratie, puisque cette sorte de régime donne vraiment au peuple la possibilité d'avoir son mot à dire. En revanche, le peuple ne se soucie guère de savoir si des régimes autoritaires ou totalitaires sont organisés selon des structures fédéralistes ou centralisées puisqu'il n'a rien à dire de toute façon. Pourtant, dans une démocratie, le peuple s'intéresse avant tout à sa participation aux affaires qu'il est à même de saisir.

Bien souvent, les théoriciens de l'Etat s'étonnent du phénomène de l'expansion et de la décentralisation croissante au sein des Etats modernes et contemporains. Cette tendance répond toutefois à un besoin naturel des hommes. A notre époque, la dépendance toujours plus étroite envers la communauté et, partant, la perte de liberté, peuvent tout au plus être compensées par une plus grande autonomie des petits groupes et des communautés restreintes. Lorsque la dépendance augmente, l'être humain tient tout au moins à disposer autant que faire se peut de possibilités réelles de participation et de codécision dans le cadre communautaire. Cependant, cela n'est parfaitement réalisable qu'au sein de petites communautés dont on saisit bien les tenants et les aboutissants. Pour empêcher pourtant qu'une plus grande autonomie politique ne reste lettre morte, il est indispensable d'inclure l'économie dans ce processus. Il importe donc d'éliminer ou d'atténuer les contraintes objectives d'ordre technologique, qui placent l'être humain dans des dépendances toujours nouvelles, parce qu'imprévisibles, si l'on veut pouvoir élargir réellement la marge de manoeuvre dans l'action politique.

c) Fédéralisme et faculté d'adaptation

Une tâche essentielle de toute communauté étatique consiste à régler et adapter en permanence les structures communautaires en fonction de conditions qui sont changeantes. Dès lors, il faudra prendre des décisions pour surmonter, par exemple, une pénurie dans le domaine de l'approvisionnement en énergie; en outre, la communauté ne saurait se désintéresser du sort des chômeurs, des drogués et des enfants sans défense. Plus une communauté est restreinte et plus elle s'adaptera aisément aux circonstances nouvelles et parviendra à une autorégulation, mais à condition toutefois qu'elle y soit disposée et ne soit pas figée dans des structures vieillies. Cependant, les petites communautés manquent fréquemment de personnel qualifié et de ressources financières pour pouvoir s'adapter. C'est pourquoi il est alors nécessaire de trouver des compromis entre des solutions de type fédéraliste et d'autres plus centralisatrices. (A propos du devoir d'autorégulation incombant à l'Etat, cf. E. LANG et K.W. DEUTSCH). A cet égard, les petites communautés présentent également un autre avantage du fait qu'elles sont plus malléables et mieux disposées à apprendre ou à innover que les grandes bureaucraties, qui s'épuisent dans la paperasse et les conflits de compétence.

d) *Fédéralisme et humanité*

Le fait de traiter ensemble des problèmes communs au sein d'un petit groupe permet d'instaurer et de maintenir une administration à visage humain, proche des citoyens, et protège ceux-ci d'une bureaucratie anonyme et coupée des réalités de la vie. Le président ou le maire de la commune ainsi que ses quelques employés communaux ou municipaux sont bien intégrés dans la commune. On les connaît et on peut les contrôler. Ils ne sont donc guère tentés de prendre des décisions aberrantes, absurdes ou naïves. Ils devront, au contraire, justifier à chaque fois leurs décisions face à leurs concitoyens. Il en va tout autrement d'une lointaine bureaucratie. En effet, les fonctionnaires qui la composent ont, le plus souvent, tout intérêt à y faire carrière ainsi qu'à y traiter, voire à y créer des problèmes spécifiques à l'administration. Le citoyen qui n'est pas d'accord avec une décision prise par cette bureaucratie a peu d'influence sur elle, à moins qu'il n'appartienne à l'élite des rares privilégiés dotés d'influence. De surcroît, le bien commun et l'intérêt général sont des données vraiment abstraites pour le fonctionnaire. Puisque le droit administratif qui régit les rapports de service du fonctionnaire lui garantit une carrière toute tracée, empreinte de sécurité et peu dépendante de ses prestations, celui-ci tentera naturellement de faire prévaloir sa propre conception de l'intérêt public. Or, ces vues personnelles sont très souvent utopiques et abstraites, de telle sorte que divers fonctionnaires en arrivent à prendre des décisions tout à fait différentes. Les grandes bureaucraties ne manquent en outre presque jamais de sécréter une existence en vase clos qui leur sert d'auto-justification. Par conséquent, le fonctionnaire devra trouver sa raison d'être dans la bureaucratie à laquelle il appartient. S'il n'a pas suffisamment de tâches à accomplir, il en cherchera d'autres autant que possible, afin d'élargir son champ d'activité. Ce faisant, la bureaucratie a toujours tendance a étendre le pouvoir qu'elle exerce sur les citoyens. La loi de Parkinson, selon laquelle tout agent public cherche à avoir plusieurs subordonnés puisque son prestige au sein de l'administration dépend à la fois du nombre de ceux-ci et des dimensions de son bureau, favorise encore énormément cette vie en vase clos lorsqu'il s'agit de grands Etats.

e) *Fédéralisme et protection des minorités*

Cependant, les solutions fédéralistes permettent avant tout d'intégrer les minorités dans la communauté étatique. Elles peuvent, en effet, s'y développer de façon autonome et même, dans certaines circonstances, élire leur propre gouvernement et décider elles-mêmes de leur sort dans maintes affaires. La protection des minorités ethniques, linguistiques et historiques constitue à coup sûr la principale raison pour laquelle l'idée du fédéralisme cherche à s'imposer aujourd'hui, de manière si véhémente parfois. Dans les anciennes colonies, seules des solutions et des formules fédéralistes ont, dans plus d'un cas permis de créer un Etat, puisqu'en leur temps les puissances colonisatrices n'avaient guère tenu compte des véritables données ethniques et géographiques en traçant les frontières de leurs colonies respectives. Aujourd'hui, les Etats issus des anciennes colonies doivent donc faire face à d'innombrables problèmes de minorités qui sont presque insolubles.

f) Fédéralisme et justice

Des lois différentes dans les divers Etats membres (p.ex. des lois fiscales) provoquent naturellement des inégalités devant la loi entre les citoyens d'un même Etat fédéral. Celui-ci doit également prendre en compte un manque d'égalité face à la loi lorsqu'il confère aux Etats membres l'autonomie leur permettant de décider de l'accomplissement de certaines tâches. En Suisse par exemple, les cantons agricoles adoptent un autre ordre de priorités que les cantons fortement industrialisés. Si la «Landsgemeinde» d'un petit canton helvétique décide de l'affectation des ressources financières, elle préférera certainement subventionner plus fortement les exploitations agricoles plutôt que d'augmenter les bourses d'étude allouées aux étudiants.

Pourtant, si nous partons de l'idée que, parallèlement aux cantons, la Confédération est aussi une communauté fondée sur la solidarité, ce n'est pas uniquement l'intérêt des cantons qui entrera en ligne de compte lors de la répartition des tâches, mais encore l'impératif d'une solution qui soit équitable pour tous les citoyens.

3. Fédéralisme et théorie de la souveraineté

En quoi l'Etat fédératif se distingue-t-il de l'Etat unitaire? La théorie générale de l'Etat, très fortement dominée par la doctrine de la souveraineté, a eu jusqu'à présent grand-peine à distinguer l'Etat fédératif de l'Etat unitaire. La souveraineté indivisible, qui constitue la condition dont dépend le caractère d'Etat, ne permet pas d'opérer une distinction entre ces deux formes d'Etat. Ou bien la souveraineté doit être attribuée au peuple et au territoire de l'Etat membre, ce qui fait que la confédération n'a plus le caractère d'Etat, ou bien le peuple et le territoire de l'Etat membre n'ont pas de souveraineté, ce qui signifie alors qu'ils font précisément partie de l'Etat unitaire qui leur est supérieur.

a) L'idée de participation

Paul Laband (1838-1918) voit seulement dans la consultation des Etats membres une certaine différence par rapport à l'Etat. Les Etats fédérés sont associés à la formation de la volonté au sein de l'Etat fédéral et parce que celui-ci est obligé de consulter les Etats membres dans l'exercice de sa souveraineté, il se distingue par là même d'un Etat unitaire. Pour Georges Burdeau également, l'aspect décisif n'est autre que la participation des Etats membres à la volonté de l'Etat fédérateur.

Ces réflexions ont abouti à conférer, dans certains Etats de type fédéral, un poids certain au droit des Etats membres d'être consultés, voire de participer activement. La constitution de la RFA est celle qui va le plus loin en donnant aux «Länder» un droit de participation directe au parlement fédéral et au «deutsche Bundesrat». Toutefois, les voix des «Länder» de la RFA sont pondérées selon le nombre des habitants qu'elles représentent, bien que la proportionnalité ne soit pas entièrement appliquée. En revanche, le Sénat des Etats-Unis d'Amérique ou le Conseil des Etats en Suisse connaissent une formule de représentation fondée sur le principe de l'égalité des Etats ou des cantons suisses (2 Conseillers aux Etats par canton).

Ce qui est cependant caractéristique de la Chambre des «Länder» en RFA, c'est bien le fait que les représentants des «Länder» y votent selon les instructions de leurs gouvernements respectifs et non point d'après leurs convictions personnelles. Ils représentent donc les opinions de leurs gouvernements. Dans la plupart des parlements des autres Etats fédératifs, les délégués votent selon leurs vues personnelles sans recevoir des instructions de leurs gouvernements fédérés.

b) Légitimation et non pas souveraineté

Celui qui fait l'expérience de la réalité politique au sein d'un Etat fédéral ne peut que s'étonner des conceptions unitaires, théoriques et abstraites. Il y a des Etats fédératifs – et la Suisse en est un – dans lesquels le fédéralisme est une réalité politique vivante et vécue. Malgré toutes les théories possibles et imaginables concernant l'Etat, l'Etat fédéral suisse fait chaque jour l'expérience d'une restriction de sa souveraineté par les cantons. Ceux-ci n'ont pas seulement un réel droit de participation par le biais de la Chambre haute, appelée Conseil des Etats; en effet, le fédéralisme suisse est présent dans chacune des votations populaires, même en cas de référendum législatif où les voix des cantons ne jouent pas de rôle pour l'adoption ou le rejet de la loi en question, car si celle-ci est trop centralisatrice dans sa conception, elle n'a pas de grandes chance de passer le cap de la votation populaire, c'est-à-dire de trouver grâce aux yeux du peuple. L'argument du fédéralisme a déjà «enterré» plus d'une loi. Lorsqu'il s'agit pour l'Etat de se charger d'une nouvelle tâche, celle-ci doit s'accomplir autant que possible dans la «proximité» du peuple, c'est-à-dire être confiée aux Etats membres ou cantons.

Il est manifeste qu'entre la doctrine de la souveraineté et la pratique, c'est-à-dire le fédéralisme politique dans sa réalité, le hiatus est si important qu'il y a forcément quelque chose qui ne joue pas dans la théorie. Le vice de la pensée ne peut donc que tenir à la doctrine même de la souveraineté.

Si un automobiliste vaudois (le Pays de Vaud est un canton de langue française qui fait partie de la Confédération et dont la population a une mentalité très fédéraliste) était arrêté par un policier fédéral sur une route vaudoise, il se sentirait profondément atteint dans son âme de vaudois. Pour lui, il est exclu de confier à un policier fédéral l'exercice de la force publique sur le sol vaudois pour la simple raison que la Confédération a la compétence des compétences ou est détentrice de la souveraineté. En effet, l'automobiliste vaudois rétorquera plutôt que l'éventuel gendarme fédéral n'a pas le droit d'intervenir sur le territoire vaudois parce que le peuple vaudois ne l'a pas chargé d'y accomplir l'une ou l'autre tâche. Sur les autoroutes vaudoises, seuls les gendarmes vaudois sont les représentants de la force publique. Pour cet automobiliste, seul un policier vaudois y est compétent pour procéder à un contrôle. Il ne tire pas son droit souverain de la législation fédérale mais de la constitution et de la législation cantonale.

Cette constitution cantonale trouve à son tour sa légitimation dans un vote positif du peuple. Cependant, personne ne parviendra à faire entrer dans la tête d'un vaudois l'idée selon laquelle la décision populaire vaudoise est légitime parce que la constitution fédérale donne aux cantons le droit d'organiser eux-mêmes la souveraineté en matière de police. En effet, l'idée d'une délégation de la souveraineté au canton lui est totalement étrangère. Le vaudois cherchera plutôt la légitimation de la force publique dans son propre canton, c'est-à-dire dans une décision populaire démocratiquement obtenue.

D'un autre côté, la Confédération n'a le droit d'exercer son pouvoir souverain que dans la mesure où la constitution fédérale l'y autorise. En d'autres termes, la Confédération trouve la légitimation de son pouvoir étatique dans la décision populaire. Il s'agit d'une décision d'un Etat membre (canton), celle-ci n'a pas besoin d'être ensuite légitimée par une décision de l'Etat fédéral (Confédération). La légitimité ou justification réside dans le résultat positif du scrutin populaire. Puisque tout transfert à la Confédération d'un nouveau droit souverain ne peut s'effectuer que par le biais d'une modification de la constitution, il est dès lors légitime qu'un tel transfert du pouvoir cantonal à celui de la Confédération nécessite également la double approbation indispensable aux autres changements de la constitution, à savoir la majorité des suffrages des citoyens et celle des cantons.

L'exemple précédent montre qu'au sein de l'Etat fédératif la légitimité du pouvoir étatique est partagée. En effet, le peuple de l'Etat fédéré se donne à lui-même la légitimité de son pouvoir souverain d'Etat membre; cette justification ne découle pas du pouvoir fédéral. Le préambule de la nouvelle constitution jurassienne exprime avec netteté cette conscience de soi et ce sentiment de sa propre valeur: « Le peuple jurassien s'inspire de la Déclaration des droits de l'homme de 1789, de la Déclaration universelle des Nations unies proclamée en 1948 et de la Convention européenne des droits de l'homme de 1950.

c) *En vertu de ces principes la République et Canton du Jura, issue de l'acte de libre disposition du 23 juin 1974*, favorise la justice sociale, encourage la coopération entre les peuples, joue un rôle actif au sein des communautés dont elle se réclame. »

Aussi contesté que soit ce préambule, il montre fort bien combien la conscience fédéraliste est restée prédominante en Suisse.

Or donc, si nous considérons désormais la souveraineté non plus comme pouvoir suprême découlant du pouvoir de l'Etat, mais partons, en revanche, de l'idée qu'est souverain le peuple qui confère la légitimité à un pouvoir public exercé sur son territoire, nous pouvons parfaitement accepter un partage de la souveraineté entre les Etats fédérés et l'Etat fédéral. Cela implique, toutefois, que la souveraineté populaire de l'Etat membre soit vraiment originelle et ne se déduise point de l'Etat fédéral. Cela est précisément le cas de la Confédération suisse qui, tout au long de son histoire, s'est développée à partir des cantons suisses, ses Etats membres.

Ces réflexions mettent en évidence l'absolue nécessité de faire reposer tout fédéralisme authentique sur la souveraineté populaire. Des hiérarchies et autorités publiques légitimées par la seule grâce de Dieu sont inconcevables dans un véritable système fédéraliste, pas plus que ne le sont les régimes totalitaires qui ne tolèrent pas la moindre opposition des corps constitués qui leur sont subordonnés, bien que ceux-ci jouissent théoriquement d'une autonomie.

Celui qui accepte le phénomène d'une véritable forme fédéraliste de l'Etat aura également de la peine à admettre la doctrine du contrat social comme étant constitutive de la légitimité de l'Etat. En effet, le contrat social présuppose l'existence d'un peuple uni, disposant d'un pouvoir central. De son côté, l'Etat fédératif et fédéraliste a repris à son compte certaines structures héritées de la hiérarchie féodale, tout en les adaptant aux nécessités d'un Etat moderne et rationnel.

4. Divers types d'Etats fédératifs

a) Concurrence entre les Etats fédérés et l'Etat fédéral

La répartition du pouvoir entre les Etats membres et l'Etat fédéral peut être très diverse. Au sein de l'Etat fédéral américain, les pouvoirs ne sont pas seulement répartis verticalement, mais encore horizontalement entre les organes fédéraux et ceux des Etats fédérés. Aux Etats-Unis, l'Etat fédéral applique donc ses propres lois par l'intermédiaire de ses propres organes fédéraux d'exécution et dispose de ses propres tribunaux fédéraux pour trancher les litiges qui relèvent des affaires fédérales. De leur côté, les Etats membres sont indépendants pour l'application et l'exécution de leurs propres lois. Cette double voie suscite naturellement des conflits entre les deux pouvoirs souverains, par exemple entre la police fédérale, le célèbre FBI, d'une part, et, d'autre part, la police des Etats membres. Puisque l'Etat fédéral ne fait pas exécuter ses tâches par les Etats fédérés, le citoyen se sent constamment pris entre deux pouvoirs: celui de l'Etat fédéral et celui de l'Etat fédéré en question. Dans ce contexte, les fonctionnaires fédéraux travaillent selon le droit fédéral aux côtés de fonctionnaires des Etats membres qui eux sont liés par le droit de l'Etat qu'ils représentent.

b) Répartition verticale des pouvoirs

Nous trouvons une autre conception sur le continent européen. En effet, les Etats européens à structures fédéralistes préfèrent le système d'une répartition verticale des pouvoirs. Selon ce schéma, le pouvoir fédéral se borne en général à une activité législative, tandis que l'exécution, à savoir le contact avec les citoyens s'effectue par l'entreprise des Etats membres. Outre ce partage des pouvoirs dans le domaine de la souveraineté de l'Etat fédéral, il y a encore le système de la répartition des tâches, par exemple en Suisse. Ainsi, les tâches de la Confédération sont limitées par rapport à celles des cantons ou Etats membres. Par ailleurs, la Confédération accomplit de son côté certaines tâches qu'elle exécute à elle seule; il s'agit généralement des postes, des chemins de fer et des douanes.

c) Réglementation des finances

Depuis toujours, les finances ont revêtu une importance primordiale pour le jugement à porter sur les structures fédéralistes d'un Etat. Tandis que les Etats-Unis et la Suisse connaissent une souveraineté fiscale séparée sur le plan fédéral, d'une part, et de l'Etat ou du canton, d'autre part, la République fédérale d'Allemagne a adopté le «Verbundssystem», autrement dit une formule combinée. C'est aux Etats-Unis d'Amérique que la séparation de la souveraineté fiscale est la plus poussée. L'Union et les Etats membres sont habilités à percevoir des impôts en toute indépendance, ce qui peut aboutir à des doubles impositions fort désagréables (cf. K. LOEWENSTEIN, p. 94 ss.). La Suisse connaît même une sorte de triple souveraineté fiscale: impôts communaux, impôts cantonaux et impôts fédéraux. Cependant, là où le canton et la Confédération perçoivent le même impôt, par exemple celui sur le revenu, la constitution fédérale restreint les ressources fiscales de la Confédération à un certain pourcentage, afin d'empêcher que la Confédération ne pressure la substance fiscale des cantons. En outre, un système complexe de péréquation financière et de subventions diverses contribue à imbriquer toujours plus étroitement les finances de la Confédération et celles des cantons.

Le système fiscal combiné en vigueur en RFA est beaucoup plus unitaire; pour l'essentiel, il part du principe d'une souveraineté fiscale unique et uniforme et répartit ensuite les recettes entre les Etats membres selon un autre principe particulier à la péréquation financière. Seul l'Etat fédéral dispose de la législation fiscale. Toutefois, les recettes fiscales sont partagées entre l'Etat fédéral et les «Länder», tandis que le produit des droits de douane et des taxes sur les monopoles financiers va à la caisse fédérale. Les principales sources des recettes fiscales, à savoir les impôts sur le revenu, les corporations et le chiffre d'affaire donnent lieu à une répartition entre l'Etat et les «Länder» selon un système combiné. De surcroît, on opère des distinctions selon le genre de recettes. En plus des droits de douane et du produit des monopoles financiers, l'Etat fédéral dispose encore, en Allemagne, des recettes provenant de certains impôts de consommation. Quant aux «Länder», ils tirent leurs propres ressources fiscales des impôts sur les successions, sur la fortune, sur les véhicules à moteur ainsi que de quelques autres impôts de consommation. A mon avis, le problème crucial, tient au fait qu'un seul législateur fiscal (l'Etat fédéral) décide de ses recettes et de celles des «Länder», mais qu'en revanche ceux-ci jouissent d'une large autonomie dans leurs décisions en matière de dépenses.

e) Le fédéralisme des Etats socialistes

Les Etats socialistes connaissent un fédéralisme d'un genre particulier (cf. TH. FLEINER; p. 399 ss.). Même l'Union soviétique a adopté le système de la répartition des tâches entre l'Union et ses différentes Républiques. De plus, en URSS, certaines tâches de l'Union sont exécutées par les Républiques. Pourtant, la compétence du gouvernement de l'Union en matière de surveillance est notablement plus étendue que dans les autres Etats de type fédéral. Par exemple, le gouvernement d'une des Républiques soviétiques est responsable à la fois devant le gouvernement central et son parlement. Les ministres de ces gouvernements des Républiques fédérées et unies sont à leur tour responsables face au ministère de l'Union et à leur propre gouvernement. De la sorte la structure fédérative des Républiques membres de l'Union est largement tempérée par un centralisme certain. En effet, tout comme le préfet d'un Département français est directement soumis au ministre de l'Intérieur à Paris, les gouvernements des Républiques soviétiques membres de l'Union doivent rendre compte et raison au gouvernement central à Moscou. Ils exécutent la politique du gouvernement central sous la surveillance directe de celui-ci.

En revanche, dans les Etats fédéralistes d'Europe continentale, la surveillance de l'Etat fédéral se limite à une surveillance globale de type fédératif. Ainsi, fera l'objet d'une surveillance l'Etat membre dont le gouvernement ne reçoit pas des instructions émanant de l'Etat fédéral, car ledit gouvernement est plutôt responsable devant son parlement. En effet, la Confédération ou l'Etat fédéral peut uniquement tenir pour responsable un Etat membre en tant que tel, mais non point faire endosser la responsabilité d'une exécution déficiente des lois fédérales au gouvernement ou à l'un de ses fonctionnaires.

f) Le fédéralisme comme réalité politique et sociologique

Le fédéralisme n'est, toutefois, pas seulement une réalité du droit constitutionnel et public; il est encore et surtout une réalité politique. Là où les Etats fédéraux sont nés d'Etats membres démocratiques ayant leur propre histoire, leur propre compréhension et conception de l'Etat, ils ne pourront jamais imposer des solutions centralisatrices en passant pardessus l'autonomie des Etats membres. Ils sont dépendants de la collaboration de ceux-ci.

Ce n'est pas gratuitement que Napoléon en était arrivé à la conclusion que la Suisse était un pays ingouvernable, après avoir tenté d'imposer par la contrainte aux confédérés un Etat central, dont la création s'inspirait des doctrines de la Révolution française.

De surcroît, le fédéralisme est avant tout une réalité économique et sociale. Des intérêts économiques différents, la diversité des langues et des conceptions, la variété des traditions familiales et même, jusqu'à un certain point, des échelles de valeur qui ne sont pas identiques, tout cela aboutit à une autodéfense contre tout excès dans les tendances à une suppression de l'autonomie des Etats membres.

Bibliographie

BOTHE, M., *Die Kompetenzstruktur des modernen Bundesstaates in rechtsvergleichender Sicht*, Berlin 1977

BURDEAU, G., *Droit constitutionnel et institutions politiques*, 18ème éd., Paris 1977

DAFFLON, B., *Federal finance in theory and practice.* With special reference to Switzerland, Bern 1977

DEUERLEIN, E., *Föderalismus. Die historischen und philosophischen Grundlagen des föderativen Prinzips*, München 1972

DEUTSCH, K.W., *The Nerves of Government*, Models of Political Communication and Control, 2. Aufl., Toronto 1967

ESTERBAUER, F., HERAUD, G., PERNTHALER, P. (éd.), *Föderalismus als Mittel permanter Konfliktregelung*, Wien 1977

FLEINER, F., GIACOMETTI, Z., *Schweizerisches Bundesstaatsrecht*, Zürich 1949, réimpression 1969

FLEINER, Th., *Die föderalistische Staatsstruktur der Sowjetunion*, in: ZSR 88 (1969), 1er fasc., p. 399 ss.

FUECKIGER, M., *Die Anhörung der Kantone und der Verbände im Gesetzgebungsverfahren*, Bern 1968

FRENKEL, M., *Föderalismus als Partnerschaft*, Bern/Frankfurt a.M. 1977

HESSE, K., *Der unitarische Bundesstaat*, Karlsruhe 1962

HICKS, U.K., *Federalism*, London 1978

HUBER, H., *Der Kompetenzkonflikt zwischen dem Bund und den Kantonen*, thèse Berne 1962

KISKER, G., *Kooperation im Bundesstaat*, Tübingen 1971

LABAND, P., *Das Staatsrecht des Deutschen Reiches*, 4 vol., 5ème éd., Tübingen 1911-1914 (réimpression 1964)

LANG, E., *Zu einer kybernetischen Staatslehre*, Salzburg 1970

LAUFER, H., *Das föderative System der Bundesrepublik Deutschland*, 2ème éd., München 1974

LOEWENSTEIN, K., *Verfassungsrecht und Verfassungspraxis in den Vereinigten Staaten*, Berlin 1959

LUCHAIRE, F. et Y., *Le Droit de la Décentralisation*, Paris 1983

McWHINNEY, E., *Föderalismus und Bundesverfassungsrecht*, Heidelberg 1962

NAWIASKY, H., *Allgemeine Staatslehre, III. Teil, Staatsrechtslehre*, Einsiedeln/Zürich/Köln 1956

NEIDHART, L., *Föderalismus in der Schweiz*, Zürich 1975

NYMAN, O., *Der westdeutsche Föderalismus*, Studien zum Bonner Grundgesetz, Stockholm 1960

SALADIN, P., *Lebendiger Föderalismus*, in: ZSR 97 (1978), 1er fasc., p.407 ss.

SCHARPF, F.W., REISSERT, B., SCHNABEL, F., *Politikverflechtung: Theorie und Empirie des kooperativen Föderalismus in der Bundesrepublik*, Kronberg 1976

Constitutional Problems of Territorial Decentralization in Federal and Centralised States (United Kingdom)

David FOULKES

1. A United Kingdom

1.1 When Elizabeth I of England died in 1601, James VI of Scotland succeeded to the English throne. There remained two kingdoms and two Parliaments. (Wales had been incorporated into England in 1536). A treaty between the two countries was approved by an Act of each Parliament. It came into effect in 1707. It united the two kingdoms into one by the name of Great Britain. It provided for one Parliament, the two previous ones being abolished. A unitary, and not a federalist, system was established.

1.2 As for Ireland, in the 12th century Henry II of England became Lord of Ireland. An Irish Parliament developed. Legislative union between the two countries took place in 1800 by means of an agreement separately adopted by each of the Parliaments. The agreement created the United Kingdom of Great Britain and Ireland. Northern Ireland remains within the U.K. today. (This is referred to later.)

1.3 Within the territory of the U.K. there is therefore a diversity of national identities united under one Crown. That diversity was recognised in the terms of reference of the Royal Commission on the Constitution, appointed in 1969. Those terms required the Commission to "examine the present functions of the central legislature and government in relation to the several countries, nations and regions of the United Kingdom". It has been observed that "the U.K. was not created as reflection of a single national identity. Instead a sense of (British) identity is derived from common institutions of government that cut across the boundaries of communities that populate the British Isles". [1]

There is therefore a government of the U.K., and a Parliament to which it is accountable. The unity of that kingdom is clearly affirmed in

Parliament's status as the sole law-making body in the kingdom. (It is not the case however that every Act applies to the whole of the U.K.) Constitutional and legal differences do however exist within that legal unity. In particular the legal systems of Scotland and Northern Ireland are distinct from those of England (which includes Wales).

2. The Parliament of the UK

2.1 The UK Parliament has unrestricted legislative competence.[2]

2.2 The government is formed by that party (or combination of parties) which has a majority of seats in the House of Commons. The legislative supremacy of Parliament is thus at the disposal of the government.

3. The Government of the UK

3.1 The government is organised principally on a functional basis, there being Departments of, for example, health, agriculture, education, trade, employment, industry. Each is headed by a Secretary of State appointed by the Prime Minister from members of either House of Parliament. Statutory functions are conferred on the relevant Department (or, to be more precise, on "the Secretary of State") and not on the government as such. Depending on the nature of their work, Departments may have regional and local offices. Under the doctrine of ministerial responsibility the political head of the Department (that is, the Secretary of State) is accountable for everything done by his Department. This would appear to have a strong centralising effect in administration.

3.2 An exception to the functional basis of departmental organisation is made in the case of Scotland and Wales. Originating in 1885 the Secretary of State for Scotland has been given certain functions that are exercised in England by various functional departments. For example, in Scotland agriculture, health and education functions are exercised by the Secretary of State, whereas in England they are administered by separate departments. The same is true in Wales. In those two parts of the U.K. therefore, government is organised on a geographic basis. Northern Ireland is referred to later.

4. Local government

4.1 Acts of Parliament (Statutes) have created a system of local government. In England and Wales there are 43 county councils and some 350 district councils, there being therefore an average of some eight district councils within the area of each county council. This is not however a hierarchical system: it is not the case that the counties exercise any hegemony over the districts. It is rather that some functions are thought suitable to be exercised over the larger county area, others suitable for the smaller district area. [3]

4.2 These authorities are not small. The average population is over 100,000. Kent County Council, for example, has a population greater than 16 of the States of the U.S.A., greater than all the States of Austria, and much greater than all the cantons of Switzerland. [4]

4.3 These bodies are thus "local", being confined to a specific area, and their functions are "governmental". They exercise a public power. Some major functions are town planning, education, housing and highways. They can exercise only those functions given them by statute. The ultra vires doctrine applies. They do not have a general competence to do whatever appears to them to be in the interests of their area.

4.4 A crucial point about these authorities is that their membership is elected (by the same electorate as for Parliament). Parliament and the local authorities are the only elected bodies within the U.K.

4.5 Local authorities have a taxing power; this is acceptable as they are popularly elected.

4.6 Central government departments have various powers of intervention over local authorities' activities. For example, they may have power to give directions; or consent may be needed for certain proposals. The power will be found to differ as between one local authority service and another. But a power to intervene in any way exists only if central government has been given the power by statute: the ultra vires doctrine applies here as well.

4.7 An overriding consideration is that of finance. Although local authorities have a taxing power, the tax base is such that the amount they are able to raise falls far short of what is required to finance the services they provide. The balance is made up of by grants from central government. The amount of such grants is in the hands of central government.

4.8 Insofar as the various functions of local government could be exercised by central government, we may regard local government as a form of decentralization. To look at in that way is however to adopt a centralist assumption, to accept the dominance of the "ministerial" model. A more positive and fundamental case can be made for local government. In particular, it increases and extends the political and democratic process, it enables a diversity of response, and provides a capacity for response to local situations. Starting from that position, what is required is a thorough reappraisal of local authority functions and finance.

5. Proposals for Decentralization

5.1 As mentioned in para 1.3, a Royal Commission was appointed in 1969. It was asked to consider whether any changes were desirable to constitutional relationships within the U.K. The political background to their appointment was noted in the opening paragraphs of the Commission's Report:

> "In 1969 ... there was obviously some discontent with the workings of government, and the outward signs of that discontent seemed to reflect especially the frustration of those living furthest from London.
>
> People in Scotland, their normal political loyalties shaken, had begun to rally in substantial numbers behind the banner of the Scottish Nationalist Party. Not all of the party's new followers wanted the full independence for Scotland which it demands, but their sentiments were clear enough. In their eyes, the government in London was not doing enough about Scotland's economic problems...
>
> The picture in Wales was very similar..." [5]

What of England? The existence there of complaints similar to those from Scotland and Wales suggested that there was a basic fault in the system of government of the U.K. which had nothing to do with a peripheral nationalism, but which stemmed from excessive centralism. Nevertheless the Commission did not regard it as its job to make a root and branch examination of the whole of the constitution. Instead it concentrated "on those issues which were primarily geographic in character". [6]

5.2 The Commission rejected separatism for Scotland and Wales, that is, their conversion into fully independent sovereign states.

5.3 It then examined federalism in theory and practice [7]. It observed that at its best federalism is "an awkward system to operate"; it slows down desirable change; power gravitates to the centre; it is an inflexible system of government. There were, in addition, "considerations which would make it particularly unsuitable for adoption into the U.K.". In particular the effect of federalism is "to place elected bodies in a position subordinate to the judiciary... This situation, probably unavoidable in a federal system, is foreign to our own tradition of unitary government based upon the complete sovereignty of Parliament and upon the complete dissociation of the judiciary from matters of political policy". Secondly, a federalism of the four parts of the UK would be so unbalanced by the political importance and wealth of England as to be unworkable. A division of

England into provinces with independent sovereign powers would be, in the Commission's view, unacceptable to the people of England. Thirdly, a federal system would not be suitable for meeting the economic needs of the U.K., which has a greater need than most federal countries for instruments of central economic management: in a federal system a large part of taxation and expenditure would be under the sovereign control of provincial governments primarily concerned with pursuing their own policies. More generally, federal systems often work only because they depart from true federalism, that is, the principle of provincial sovereignty. "It may be that the demands made on government are growing and changing so rapidly that a formal division of functions between two levels of government can be satisfactorily sustained only when one of them can if need be enforce upon the other a redistribution of those functions."

5.4 Although it rejected federalism the Commission recognised that it was desirable to disperse government power from the centre. It therefore considered the scope for *devolution*, that is, a transfer of power which would leave overriding control in the hands of Parliament. The extent of the powers transferred and the conditions on which they are to be exercised would be prescribed by statute and therefore subject to change at any time by Parliament.

5.5 A majority of the Commission proposed the establishment of directly-elected Scottish and Welsh Assemblies, but there was considerable disagreement amongst them as to what powers should be delegated to the Assemblies, and whether Scotland and Wales should be treated alike. There was also a Minority Report. This proposed a scheme of Assemblies and Government in Scotland and Wales and in five regions of England.

5.6 The government response was firmly to support the continued unity of the kingdom, and to reject federalism. It agreed that some form of devolution was necessary.

5.7 Legislation was introduced in 1976 to provide for elected assemblies in Scotland and Wales. This became, in due course, the Scotland Act 1978 and the Wales Act 1978. To take the latter first, the Act provided for an elected Assembly. Basically the scheme was to substitute this Assembly for the Secretary of State. It would exercise a wide range of powers formerly exercised by him. It was therefore to be an executive body; it followed that it would not have primary law-making powers. Nor would it have taxing powers. It would be wholly financed by central government. One matter expressly excluded from the Assembly's competence was the conduct of relations with any country outside the U.K.

5.8 The Scotland Act went further. It devolved certain legislative powers to a directly-elected Assembly. On a matter within its legislative competence an Act of the Assembly could amend or repeal provisions of the U.K. Parliament. The power to impose, alter or abolish any tax was specifically excluded from its competence. The U.K. Parliament retained legislative competence over all matters affecting Scotland, whether or not it was within the competence of the Assembly, and whether or not the Assembly had legislated on the matter in question. In addition to the Assembly, there was to be a Scottish Executive. This, consisting of Secretaries, would be appointed from amongst members of the Assembly. The First Secretary would be the leader of the party commanding a majority in the Assembly. Unlike Wales, this was based on the Westminster model.

A matter withheld from the competence of this Assembly and Executive was the conduct of relations with any country outside the U.K.

5.9 But the Scotland Act and the Wales Act contained provisions (insisted on by those opposing the measures) requiring the Acts to be submitted to a referendum of the electorate of the countries in question. Forty per cent of the electorate had to be in favour if the Act were to come into operation. In Wales the Act was rejected by a four-to-one vote against. In Scotland it had a small majority, but the forty per cent threshold was not reached. Both Acts were repealed.

5.10 The matters with which the Acts deal are not currently on the political agenda.

6. Northern Ireland

6.1 As we have seen Ireland was for centuries part of the U.K. The Government of Ireland Act 1920 was an attempt to bring about the settlement of the question of the government of Ireland. It proposed the establishment of devolved institutions having control over domestic affairs for both Northern and Southern Ireland. In the event, the provisions never took root in Southern Ireland. In 1921 the South broke the link with the U.K.; but in the North the devolved system operated until 1972. During that period Northern Ireland had a Parliament and a Government drawn from and answerable to it. The 1920 Act granted wide legislative powers to the Northern Ireland Parliament. The Act also contemplated the creation of an all-Ireland Parliament.

The outbreak of civil unrest led the U.K. government to insist on complete control over law and order, and the Northern Ireland (Temporary Provisions) Act 1972 stripped the Northern Ireland government and Parliament of its powers and vested them in the U.K. government ("direct rule").

Since then it has been the policy of successive U.K. governments to evolve a system of devolved government to the province. It is accepted that a return to the arrangements contained in the 1920 Act is not possible. In particular some form of "power-sharing" – that is, the involvement in government of both sections of the community – is sought. An attempt to do this in a Constitution Act of 1973 failed through the hostility of one of those sections. Direct rule was re-introduced by an Act of 1974, which suspended the operation of the legislative and executive provisions of the 1973 Act. The most recent Act, of 1982, is designed to achieve the resumption of devolution of power in stages, as the political situation permits.

6.2 The Constitution of the Republic of Ireland asserts that the territory of that state is the whole island of Ireland. The Report of the New Ireland Forum [8] (drawn up by the four main parties in the Republic) says that the Forum wishes to see a unitary state, achieved by agreement and consent, embracing the whole island, providing irrevocable guarantees for the preservation of both identities. In addition to the unitary state, two other arrangements were examined, a federal/confederal state and joint authority. (Under the latter London and Dublin governments would have equal responsibility for all aspects of the government of Northern Ireland.) The proposals contained in the Forum were rejected by the British Government. However in November 1985 the two governments entered into an agreement [9] whereby the Irish government acknowledged that the status of Northern Ireland could change only with the consent of that province, and the British government undertook to consult with the Irish government on a wide range of matters. Formal consultative machinery was established.

Notes

1 R. Rose, *Understanding the United Kingdom*, p. 2. The populations are, England 45 m., Wales 2.5 m., Scotland 4 m., Northern Ireland 1.5 m.

2 I do not consider here the effect of EEC membership, or of the Act of Union with Scotland.

3 The structure of local government in Scotland and in Northern Ireland differs from that of England and Wales.

4 These examples are from Stewart, "Decentralisation and Local Government" in *Socialism and Decentralisation.* Fabian Tract No. 496.

5 Cmnd. 5460, paras 1-3.

6 Cmnd. 5460, para 19.

7 Cmnd. 5460 Chap. 13.

8 Pub. Government Printing Office Dublin 1984.

9 Cmnd 9657.

Constitutional Problems of Territorial Decentralization in Federal and Centralized States – Finland

Tore Modeen

1. History, Finland as a part of Sweden

During the long period of Finland being a part of Sweden (until 1809), Finland was not a federal state and had no particular status in the Kingdom. Finland was simply a geographical concept, ruled from Stockholm, and divided into provinces (without autonomy) as the rest of the Kingdom. More autonomous powers were to be found on the local level: city and parish administration.

2. The Autonomous Grand-Duchy of Finland 1809-1917

Parts of East Finland had been conquered by Russia already in 1721 and 1743 forming the so called Old Finland. This province had some limited particular rights concerning the language of the administration and the courts (German and Swedish), the schools (German) and the law (Swedish). In 1809 the whole of Finland came under Russian sovereignty.

The Grand-Duchy of Finland was given a large autonomy by Emperor Alexander I (and upheld by his successors, except for Nicolas II). Finland must be regarded as a federal state with home rule during 1809-1917, governed by the Emperor in Saint Petersburg and his Governor General in Helsingfors but with its own elected Parliament (Lantdag), its own Government (Senat), its own courts of law and provincial and local authorities. The Finnish subjects of the Russian Emperor enjoyed a particular Finnish citizenship excluding the Russian subjects from participating in the public affairs or the trade in Finland. Finland got its own currency, its own postal stamps. From time to time there were even special Finnish military units. The Finns did not participate in World War I on the Russian side.

The official language of the Grand-Duchy of Finland was Swedish, and later Finnish together with Swedish. Attempts were made to introduce Russian as a third official language, but the russification of Finland never succeeded.

3. The Republic of Finland

When Finland separated herself from revolutionary Russia in 1917, she took the step from a federal state to a sovereign nation. This step was politically a very important one, but did not change much of the governmental system. The long period of home rule had created own governmental and judicial traditions: the bodies only continued to function. As a sovereign State Finland, of course, elected its own chief of State, the President of the Republic and created diplomatic services and its own armed forces.

The Republic of Finland had no traditions of decentralized government within the country. As Finland got its own Constitution Act in 1919, it was obvious that Finland was to be administered as a centralized State.

Art. 50 states thus only that

"For the purpose of general administration Finland shall remain divided into provinces, circuits and communes" (local districts).

"The administration for the communes shall rest on the principle of local self-government as prescribed by special laws. The manner and extent of application of local autonomy to larger districts than communes shall also be regulated by law; the regulations contained in art. 50. sec. 3 shall be followed in fixing the boundaries of these districts (Art. 51, sec. 2)".

That means that the districts shall be so constitued as to contain populations speaking only one language, Finnish or Swedish, or to make linguistic minorities as small as possible.

4. Decentralization

Decentralization in Finland means local government: administration through the municipalities (or the communes). Under the Local Government Act, the municipalities enjoy a large autonomy. There is, on the other hand, a great number of special statutes imposing tasks upon the municipalities (for instance in the fields of hospitals and health services, schools and public libraries, building planning and control, social security) in which areas the autonomy of the local units is restricted by different means of State supervision, particularly concerning the use of State subsidies for the running of these services.

Art. 51, sec. 2 of the Constitution Act provides for the creating of provincial autonomous bodies. Several governmental reports have been published during the years with proposals to create politically elected provincial parliaments with special administrative powers today mainly conferred to federations of municipalities (regional planning, specialized hospitals, professional schools etc...). But no actual decision has yet been made in that direction.

Finland differs in this respect from most other countries, including its Scandinavian neighbours. But even when some kind of provincial autonomy would be created in the future, its importance should not be exaggerated. There are no plans of dividing Finland in federal states, only (and even that is very dubious) in provinces with elected bodies having a limited jurisdiction as to certain administrative services.

The only bodies with some autonomy within the Republic of Finland are the municipalities and, to some degree, the parishes (administrating church property, graveyards).

5. Finland as a Bilingual State

Finland being bilingual: Finnish and Swedish having equal rights under the Constitution, one may ask why there is no regional decentralization based on ethnic principles.

There was, in 1917 and the following years, a movement among a part of the Swedish population asking for some kind of regional self-government for the parts of Finland mainly inhabited by ethnic Swedes. These people feared for the future of their language and cultural traditions in an independent Finland, ruled according to democratic principles by the majority of the population which is Finnish. There was (is) a strong nationalism among the Finns, some demanding a unilingual society and the fennization of the Swedes.

The plans to create Swedish autonomous regions in Finland did not, however, succeed, for several reasons. One of them was (and is) the unfavorable geographical split of the Swedes. Most of them are living in areas also inhabited by Finns, particularly in cities with a Finnish majority.

Another reason was the reluctance of many Swedes, accustomed to play an important part in public affairs in the capital, to accept some kind of minority status. Their role was not to be restricted to the Swedish or bilingual areas of Finland.

Even if Finland's Swedes had unanimously demanded autonomous regions with Swedish majority rule it is uncertain whether Finland would have granted them even a limited autonomy in governmental matters. There was not much sympaty among the Finns towards such "separatism".

When an attempt was made after World War II to create a province (without autonomy) in predominantly Swedish Ostrobothnia (Korsholms län), the proposal was rejected by the Finnish majority in Parliament mainly on nationalistic grounds.

It is, however, obvious that an ethnic community in a factual minority position as Finland's Swedes has difficulties to survive without any kind of governmental autonomy.

The lack of autonomous rights is partly compensated by a few Swedish sections of National Boards (for instance of the National School Board and the National Board of Professional Education) and the Swedish Diocese of Borgaa. There is also a Swedish military unit for the training of Swedish draftees (Nylands brigad).

The local administration by the municipalities is of great importance in Finnish government. There, the influence of the Swedish (or Finnish) group depends of its numerical strength.

There are 461 municipalities in Finland (1984). In 63 municipalities there is a Swedish influence; the district is purely Swedish or bilingual with a Swedish majority or minority.

There is a special Swedish Peoples Party for taking care of, among other things, the Swedish national interests in governmental matters. This party has participated in most national governments and, thus, plays an important political role. The party is also represented in all local government boards in municipalities, Swedish or bilingual.

6. The History of Finland's only Federal Unit: The Province of Aaland

Federalism exists in Finland only in one case: that of the Aaland Province. The reason for the particular status of the Aaland Islands is of purely foreign policy origin. Finland would never have accepted the large autonomy of the Aaland Islands without the pressure exercized on her by Sweden in the years 1917-21.

The Aaland Islands, situated between Finland and Sweden, not far from Stockholm, were, at this time, of considerable strategic importance for Sweden. For this reason Sweden obtained that the Islands were declared demilitarized by a treaty of 1856 after Russia had been defeated in the Crimean war, although Sweden did not participate in the war.

During World War I, the Russians fortified the Islands in violation of the treaty. The Russian revolution of 1917 and the Finnish actions to liberate their country from Russia provoked a movement among the Aalanders who sought protection from the Swedes. The Aalanders had not much confidence in the future of Finland. Even if Finland would succeed to remain independent, there was a risk for her development into a Finnish national State with only limited rights for the ethnic Swedes.

This situation was exploited by Sweden, as the Aalanders were ethnic Swedes and the protection of ethnic groups was on the agenda of the Conference of Peace in Versailles which had to settle the European situation after World War I. Mainly for strategic reasons, but using the ethnic argument, Sweden demanded the sovereignty of the Aaland Islands first at the Versailles conference and later, as the question was not treated in Versailles, at the League of Nations in Geneva.

To be able to maintain sovereignty over the Aaland Islands, Finland had to make some concessions. Finland had to show the international community her good will to protect the ethnic character of the Islands and also conceed to the demilitarization of the area.

The Aaland Islands were first made a province of its own and, in 1920, an Autonomy Act was passed in Finland conferring the Aalanders, through their own elected body, the Landsting, important powers in the fields of legislation and government.

The League of Nations decided the conflict between Finland and Sweden in favor of Finland's standpoint. Finland thus conserved her sovereignty over the Islands, but had to accept even more radical guarantees for the preservation of the Aalanders' linguistic and cultural rights. Finland also agreed to a treaty which obliged Finland to abstain from using the Islands as a part of its defense system and to exempt the Aalanders from military service. The Demilitarization Treaty of 1856 was completed by a new more detailed treaty in 1922.

7. The Guarantees for the Autonomy of the Aaland Islands

According to the League of Nations Council's decision of June 24, 1921, the autonomy of the Aaland Islands was to be upheld. But in addition to the provisions in the 1920 Autonomy Act, Finland had to accept some further guarantees for the preservation of the Islands' ethnic character. Finland and Sweden were to negotiate on this matter.

As the result of these negotiations, an agreement was reached on June 27, 1921, between the representatives of Finland and Sweden, and guaranteed by the Council of the League of Nations. This treaty was included in the minutes of the Council. The Aaland Islands Agreement was incorporated into Finnish domestic law by the so-called Guarantee Act of August 11, 1922.

When a new Autonomy Act was passed on December 28, 1951, after diplomatic contacts between Finland and Sweden, the provisions of the Agreement were included into the Autonomy Act. The 1951 Act is still in force, although modified on certain points, but in a direction favorable to the Aalanders.

The 1921 agreement between Finland and Sweden is still valid under international law, although there is no guarantee of an international body to the treaty. The United Nations have not succeeded the League of Nations as a guarantor of this or any other minorities protection treaty. Nor is the United Nations guarantor of the 1922 Demilitarization Treaty which, however, can be regarded as still binding at least Finland in relation to Sweden (there is another Demilitarization Treaty between Finland and the Soviet Union concerning the Aaland Islands).

The most important guarantee of the autonomy of the Aaland Islands is the constitutional status of the Autonomy Act. It cannot be abolished or modified without the consentment of the Landsting. Furthermore, such a measure demands the procedure as prescribed for constitutional legislation by the Finnish Parliamentary Act of 1928.

These guarantees are without doubt sufficiently efficient. There are practically no means of abolishing the Aalanders' autonomy, if they do not want it themselves and a qualified majority in the Finnish Parliament is consenting. A combination of these factors is improbable under any circumstances.

8. Structure of the Autonomy of the Province of Aaland

The Autonomy Act for the Province of Aaland is a part of Finnish law, but had to be accepted also by the provincial parliament of the Aaland Islands: the Landsting. The Autonomy Act is based upon the principle of home rule for the Aalanders. They shall have the power to govern themselves as largely as possible regarding the domestic and external security of the Republic.

In the Autonomy Act the different areas of legislation are listed which belong to the jurisdiction of the Landsting. The Landsting's jurisdiction mainly concerns administrative law such as police matters, health services, school and cultural life, trade and industry, communications and local government. In these areas the Province of Aaland is functioning almost like a State with its own legislation and its own administrative bodies.

In those fields where the Landsting is competent to legislate, the statutes of the Republic are not valid. Among areas where the Finnish legislation applies, the following can be mentioned: post, customs, currency, civil and criminal jurisdiction, administrative litigation, civil and commercial law, penal law, foreign relations. To be able to influence Finnish legislation, the Aalanders elect one member of Finland's Parliament. The Aalanders have not participated in Finnish governments.

The Landsting is the legislative body of the Province with 30 democratically elected members. The last elections were held in 1983: four political parties are represented working independently from the political parties in the Republic.

Legislation is mainly initiated by the provincial government ("Landskapsstyrelse"). When a bill has been approved by the Landsting, the decision is transferred to the President of the Republic in Helsingfors. He has the power to either uphold or veto a bill. He exercizes his veto right when the Landsting has exceeded its jurisdiction or if the bill is in conflict with the Republic's internal or external security. Cases of exceeding of jurisdiction occur now and then, because of difficulties in interpretation of the Autonomy Act. The President of the Republic consults in such matters a special body: the Aaland Delegation, consisting of qualified legal experts nominated equally by the Finnish government and by the Landsting. In important cases the Supreme Court of Justice is heard by the President.

The Landsting has important powers in the field of public finances. An annual budget for the Province of Aaland is made (1984: 400 million marks).

The Aalanders pay taxes, customs and other duties to the Treasury of the Republic as other Finnish subjects. In the budget for the Republic, on the other hand, a grant is reserved for covering the costs of such activities of the Province of Aaland which, in the Republic, belong to the jurisdiction of the State. The Republic thus retransfers a part of the tax money to the Provincial government of the Aaland Islands. The purpose of this transaction is to enable the Aalanders to enjoy the same level of public services as the other citizens of Finland.

The Aalanders shall enjoy the same, but not better financial, social, cultural and other public services as the rest of the population. This system works quite rigidly: the Province cannot shift funds from one field to another, even if the total amount would be the same. For instance, there are no railways on the Islands, but the Aalanders cannot, in spite of this fact, use "their share" of the Republic's railway money to build roads.

It is hard to evaluate, whether the Aalanders are paying more or less in taxes to the Republic than they are receiving in return from the Republic as compensation for their taxes. The general view is that they are paying more than they are receiving, because of the flourishing tourist business and shipping activities on the Islands.

It is the task of the Aaland Delegation to settle the financial questions concerning the Republic and the Province. Expenses not approved under the State budget must be covered by the Province's own funds: income from its real property and, in exceptional cases, by raising a provincial tax.

There is also the possibility of extra State grants to the Province. Such grants have been given in cases of important investments such as the construction of the new Provincial Government Building in Mariehamn or the purchase of car ferries for the communication between the islands.

The provincial government is functioning in a system of an incomplete parliamentary rule. The members of the Government are elected for a period of two years, but have to resign if the Landsting gives them a vote of censure. The Head of the Provincial Government, the Lantraad, is an official nominated for lifetime, but can be relieved, if he is subject to a vote of censure.

The provincial administration consists of some 100 officials on different levels.

There are projects to reform the Autonomy Act, but this will hardly occur before the end of the 1980's.

The Province of Aaland participates since 1970 in the activities of the Nordic Council by electing one, later two, member(s) of the Finnish delegation.

The Province has its own flag since 1954 and its own stamps since 1984.

The Governor of the Province is nominated by the President of the Republic among persons accepted by the Landsting.

9. The Position of the Swedish Language in the Province of Aaland

The Swedish language is the only official language in the Province (the Republic of Finland being bilingual: Finnish - Swedish). The language of instruction in the Schools is Swedish.

The linguistic rights of the Aalanders are firmly invoked by themselves and respected by the Republic's authorities who have to use Swedish in dealing with the Aalanders.

In order to protect the ethnic character of the Aaland Islands, the Autonomy Act restricts the right to own real property on the Islands to those holding the special provincial citizenship. Only such a citizen (he is a Finnish citizen as well) can purchase real property on the Islands without a special permission. The right to vote in provincial or local government elections is restricted to persons with Aalandic citizenship. Only persons with Aalandic citizenship or who have lived on the Islands during five years have the right to do business on the Islands.

All persons born of Aalandic parents and living on the Islands have automatically Aalandic citizenship. Citizenship can be awarded to a person who has five years of previous settlement on the Islands.

10. Concluding Remarks

The population of the Province of Aaland is 21.682 (1980) of which 8.875 are living in its only city: Mariehamn. In addition to the city there are 15 rural municipalities, governed by the Local Government Act of 1980.

The Province of Aaland can be regarded as a federal unit within the Republic of Finland. In spite of its small population and limited resources, the government is functioning well. The autonomy is today accepted by the Aalanders who have given up their dreams to become subjects of the Crown of Sweden.

Bibliography

BARROS James: The Aland Islands Question. Its Settlement by the League of Nations. New Haven 1968.

MODEEN Tore: The International Protection of the National Identity of the Aland Islands. Scandinavian Studies in Law 1973.

MODEEN Tore: La protection internationale des minorités: les iles d'Aland. Revue des Droits de l'Homme 1973.

MODEEN Tore: Völkerrechtliche Probleme der Aland-Inseln. Zeitschrift für ausländisches öffentliches Recht und Völkerrecht 1977.

MODEEN Tore: Regionalismus und Volksgruppenschutz in den nordischen Staaten. Regionalismus in Europa I.

MODEEN Tore: Regional Self-Government as a Means of Administrative Reform, International Cooperation and Protection of National Minorities. Essays in Honour of Erik CASTREN. Helsingfors 1979.

J. W. Bridge

1. Decision of Decentralisation: Regional developments in Western Europe

Although the European Community is not a state, it does involve a movement towards a form of centralisation. This is achieved by transfers of sovereignty by the Member States to the Community for the limited but important socio-economic purposes of the Community.

In terms of the doctrine of the separation of powers, this involves a redistribution of sovereign powers between the European Community and the Member States which involves an acceptance by the Member States of legal constraints on their freedom of independent action. This structure is subject to a system of checks and controls of both a political and judicial nature. Movement towards further centralisation is controlled by the Council of the European Community, a type of federal institution which represents the governments of the Member States. The operation of the Community as at present established is subject to judicial control by a Court of Justice which shares many of the attributes of a federal supreme court.

While the European Community is not a federation, it nevertheless illustrates the federalizing effect of a particular form of centralisation.

2. Autonomy of decentralised units: the significance of political factors in a unitary state

In a unitary state like the United Kingdom national political factors have a significant impact on the autonomy of decentralised units.

It is a feature of the Constitutional structure of the United Kindgom that in a number of important fields general policy is laid down nationally by the central government, but that policy is implemented locally by local government bodies which are given a substantial measure of discretion and independence of action. When one political party is in power nationally and another opposed political party controls a particular local authority, tensions and practical difficulties in the implementation of national policy tend to occur. This is the result of the polarised nature of national politics in the United Kingdom.

Policy in respect of education provides a typical example of the operation of these political factors: a local authority with a Conservative majority will be unwilling or reluctant to implement the educational policy of a national Labour Government; a local authority with a Labour majority will be unwilling to accept the financial restraints imposed by a national Conservative Government.

In the final analysis the national government usually prevails in such a conflict because it has the ultimate authority to intervene and assume direction and control of local affairs.

3. Decentralisation and the protection of fundamental rights: the need for a minimum standard

It is very important for there to be an effective minimum standard below which the protection of fundamental rights should not fall. Such a minimum standard can be a national standard in either a federal or a unitary state. But in some cases, such as the United Kingdom, an international or regional standard may be the only one applicable.

In the absence of a national bill of rights and because of the centralised and supreme law-making competence of the national parliament, there is a real danger of fundamental rights in the United Kingdom being steadily eroded until the level of protection falls below any acceptable minimum standard.

The United Kingdom's accession to the European Convention on Human Rights provides a form of minimum standard which can be applied to law and practice in the United Kingdom by the Commission and Court set up by that Convention. In a number of important cases such law and practice has been found to fall below the standard laid down by the Convention and the law and practice has been changed.

Christian STARCK

The president of the section opened the first working session with a special welcome to Professor Zhang Youyu, the senior of the gathering, and with thanks to Professor Higuchi, who had prepared the general report, which was given in the beginning of the debate. The following discussion on the topic of the decision of decentralization touched the subjects of the two next sessions on the structure and on the autonomy of decentralized units; this was to be expected because there are many substantial relations between the level of decision-making and the importance of the established decentralized unit (e.g. degree of autonomy), which was pointed out by certain participants.

In general the discussion concentrated on the problems outlined by the general reporter: (1) The aims and the effects of decentralization, particularly the separation-of-power-effect, the effect towards democracy and the effect of minority protection (Finland: Aaland-Islands), (2) the main models and types of decentralization and (3) the level of decision of decentralization and the level of judicial review safeguarding decentralization. It became apparent that a good equilibrium of centralization and decentralization is favorable to minority-protection. Decentralization strengthens the participation of the people, if free elections are admitted, and has an antibureaucratic effect.

Most of the interventions during the discussion were made by representatives of unitarian states, in which different kinds of local administration exist depending on the geographical conditions and on special historical traditions and experiences (FAVOREU, LUCHAIRE, MODEEN, KILI, AMOR). In Poland and China, decentralization of a unitarian state effects both: a certain degree of autonomy in local and regional administrative questions ensured by the representatives and the central power of the communist party as the leading and guiding force in all political questions. The reform of decentralization in these countries intends to promote the economic development, to encourage initiative and (concerning China) to solve the problems of the nationalities within the framework of the socialist state doctrine and the role of the communist party.

The decision level, the degree of autonomy and the structure of the units in a federal state differ from those in unitarian states; this was pointed out by three representatives of federal systems (Brown-John, Henkin and Nikolić) with particular regard to the special problems of their countries. In general the debate on this subject can be summarized as follows: The distribution of the state-tasks between federation and states and the procedure of mutual impact of the federation and of the states are constitutional matters participating in the supremacy of the constitution. Local and regional self-government within the states of a federation shows the same characteristics as in unitarian states.

During the debate some special problems of Finland concerning the Aaland-Islands were also mentioned (Modeen). Problems of Lebanon are due to be solved by a federalism emphasizing the personal structure (Massarra).

SECTION II

STRUCTURE OF DECENTRALIZED UNITS

LA STRUCTURE DES UNITÉS DÉCENTRALISÉES

Structure of Decentralized Units

Abiola Ojo

Professor Fleiner's paper deals with the concept of the Constitution of Switzerland. He accepts the idea of "contrat social" or covenant as a basis of constitutional formulation. He traces the influence of the French Revolution on the early development of the Swiss Constitution. Switzerland was a centralised state (1798-1803) divided into several cantons controlled by Prefects. Napoleon granted the cantons a degree of autonomy, but after his fall in 1815, the cantons regained their former sovereignty by abolishing central government. The French Revolution of July 1830 influenced the Swiss constitutional system by ensuring greater liberal governments controlled by Parliaments in the Cantons through the effective participation of the people. The power of the people increased in the second half of the 19th century. They not only had the power to adopt the constitution in a referendum, but also regained the right to modify it by referendum. The people were therefore a constitutional institutional force.

The Confederal Constitution of 1848 established a limited central government with the reality of power being in the cantons and the people. The 1874 Constitution witnessed the power of the people to require a legislative referendum through 1891 to 1971 when the people acquired the right to initiate concrete constitutional proposals to women being given equal political rights. The amending power of the citizens granted in 1891 afforded greater political control of the federal government by the people.

In accordance with article 3 of the Federal Constitution, the cantons are sovereign within the Constitution. Without constitutional authority, the Confederation cannot issue statutes, only cantons have an original power to issue such statutes. However cantonal authorities cannot, without legal basis, infringe on the autonomy of the municipalities. The residue of power in the Constitution resides with the cantonal or local authorities. The position then is as stated by Professor FLEINER that, "... the Confederation of Switzerland is not a decentralised State giving autonomy to the cantons, it is a state which deduces its power from the consent of the cantons and of the people".

Inspite of the great discrepancies in the sizes and population of the Cantons, they are all constitutionally equal. Politically the Cantons are important because the political base of most federal parties springs from them. The Constitution adds to the power of the cantons by providing that most federal laws are to be executed by them.

The Swiss Confederation operates on a three-tier basis: the Confederal, the Cantonal and the Municipal. For example, this arrangement is reflected in the system of tripartite citizenship every Swiss has, whereby each of the three authorities is empowered to participate in the process. While the Confederation determines the minimal standards for receiving citizenship, the local authority proposes aliens for the status and the Cantons make the final decision. Correspondingly all citizens are liable to income tax by the three authorities.

However, inspite of all these constitutional arrangements which tend to give pre-eminence to the Cantons as against the central authority, practical economic and social forces have tended to shift the balance in favour of the centre, as in other Federations and Confederations. The unifying forces like war, grave economic crisis and other emergencies which have been enemies of true federations and confederations are providing centripetal as opposed to centrifugal arrangements.

One special feature of the Swiss Constitution is its flexibility. Since 1874, it has been modified more than one hundred times although every constitutional amendment can only come into force if it is adopted by both the majority of voting citizens and the majority of cantons. There are no inviolable provisions. All provisions can be modified, provided the correct procedure is followed.

Professor FLEINER takes the view that constitutional principles under Swiss law are subject to creative jurisdictional development, only in exceptional cases. Although this might be the letter of the law, experience has shown that courts, particularly Supreme Courts, entrusted with interpretation of the Constitution have virtually in all cases given their own colour to words used in the Constitution, without saying so.

A factor of great note in the Swiss Constitution is the recognition of the people as an institution in the constitutional process.

Dr. Lidija R. BASTA writes on "The Yugoslav Federation as a common function of the Republics and Provinces – A new content of autonomy of Federal Units". One theme which runs through the paper is the projection of a *new quality* of autonomy of federal units in a federal system. The situation is such that Dr. Basta wonders whether the term "confederal" rather than "federal" is more appropriate to describe the Yugoslav system. In its 40 years of existence the federation has moved from extreme centralisation to extreme federalisation. Under the 1974 constitutional revision, the scope and content of autonomy of the six socialist republics and the two autonomous provinces provide a unique study of federalism. In most constitutional matters, these units have become "an equal partner within the federation and with the federation".

Dr. Basta also sees the federal arrangement and its practice as a reflection and projection of on-going socio-economic and political evolution. This constitutional dynamism is a function of socio-economic factors in the system. And a key index of these factors is the principle of socialist self-management democracy which recognises the differing economic situations within the system. Being a mixed society with a mixed political system, Yugoslavia is federalised both along its state and its self-management structure. The federal units are not mere administrative entities, they are also autonomous socio-economic political units providing a new form of federalism.

The principle of the sovereignty of the working people is recognised by the Constitution. The Basic Principles, Part I, para. 2. declares that, "The working people and the nations and nationalities shall exercise their sovereign rights in the Socialist Republics and in the Socialist Autonomous Provinces in conformity with their constitutional rights, and shall exercise these rights in the Socialist Federal Republic of Yugoslavia when in their common interests it is so specified by the present Constitution". The idea of common interest is an essential factor in the interpretation and understanding of the Constitution. This common interest factor has been reinforced by specific constitutional provisions to the effect that (a) Federal laws shall be enforced by republican and provincial agencies except if the Constitution provides otherwise; (b) Federal administrative agencies shall communicate with administrative agencies in communes through appropriate republican and or provincial administrative agencies. In Federal decision making, the Republics and the Autonomous Provinces must agree. There must also be solidarity and reciprocity. All Republics and Autonomous Provinces must participate equally in federal agencies. In final the Republics and Autonomous Provinces are responsible for their own development and the society as a whole. All the above demonstrate constitutional adherence to the principles of Federalism by consent and participatory Federalism.

The manner of allocation of powers within the Federation also points towards co-operative Federalism, with the scale tilted in favour of autonomy of the units. The language used is flexible and imprecise permitting of interpretation along consensual and co-operative lines. This of course, creates its own source of uncertainty in the interpretation of provisions.

Another problem being tackled is the growing gap between constitutional law in the book and constitutional practice.

What has emerged from a comparison of the Swiss and the Yugoslav systems is the enhanced autonomy of the units of the two federations. It is also important to note that this situation has been encouraged more in the practice of constitutionalism in the two systems. It is also significant that the two systems place great premium on the role of the people as a constitutional institution.

Professor John Bridge's paper deals essentially with the English System of Local Government. The United Kingdom of Great Britain and Northern Ireland is a unitary or centralised state, of which England forms a part. Professor Bridge rightly points out that the English local government has developed not so much from a move towards decentralisation but from the democratisation of local affairs in both urban and rural areas.

English local authorities have no organic constitutional status and they can be abolished or their powers and functions can be varied by Act of Parliament which creates them in the first place. This is in contrast to the situation in both Switzerland and Yougoslavia in relation to the Cantons, the Republics and the Autonomous Provinces. The principle of the sovereignty of Parliament in England excludes judicial review of all Acts of Parliament, although subsidiary legislation is subject to review.

There can be no talk of autonomy of a local authority as one would in relation to Cantons, Republics and Autonomous Provinces of Switzerland and Yougoslavia. Local authorities only act within the Acts creating them. There is no general supervisory power by one authority over the other, even within the same jurisdiction.

Decision-making is in principle vested in the full council which is elected on basically the same conditions as Parliament. However, through the instrumentality of delegated legislation a great deal of decision-making is delegated to Council Committees and Senior Officials. Major policy matters are left for the full council to which the beneficiaries of delegated powers also report.

Although English Local Authorities perform roles laid down for them by the enabling Act, they may ask Parliament for additional or greater powers, particularly if they relate to the peculiar circumstance of the authority. Aside from executing policies laid down in the Acts creating them, they also have power to make subsidiary legislation within their jurisdiction, but these are subject to the doctrine of ultra vires.

Local Authorities may raise loans for capital projects, but these are subject to control by the national government. Although there is no unified national local government service, each authority appoints its own for the purpose of implementing its policies. Each local authority is the education authority in its area and accordingly has general control on educational matters in its area, subject of course to the need to harmonise these with national demands. As long as an authority acts within its powers, it is constitutionally protected by the intra vires doctrine.

There is no question of a Local Authority having external powers beyond its locality. This is the function of the national government. They have no treaty-making powers and are not entitled to participate in such matters. There are both formal and informal contacts between the national government and local authorities but in the ultimate the national interest prevails over local matters. Local Authorities are also permitted some degree of cooperation and joint-action on certain matters of mutual interest. Joint actions must have statutory approval.

In respect of financial autonomy, local authorities derive their finances from rates, grants, miscellaneous revenue and loans. Aside from general national control over budget and expenditure, the accounts of local authorities are subject to independent auditing. Members of the public can demand to see the accounts. Where there is unjustifiable over-spending the officials concerned are surcharged.

In terms of protection of basic rights against violation by local authorities, on the international level, such violation may be subject of a complaint under the terms of the European Convention on Human Rights and Protocols. This may reach the European Court of Human Rights, if an earlier settlement is not reached.

On the national level local authorities are not exempt from the general rules of English law protecting basic rights. Mention has already been made of the doctrine of ultra vires. Complaints may also be made to the appropriate minister or the local member of Parliament. The adoption of the Ombudsman institution has led to the appointment of Commissioners for Local Administration who also receive and deal with cases of maladministration which lead to injustice.

While Local Authorities may be said to be democratic institutions for performing needed functions at the grass-root levels, and wide statutory powers are accordingly granted to them, they are not autonomous institutions. They are creatures of statute. They assist parliament.

Professor Foulkes' paper, although it deals with the United Kingdom like Professor Bridge's paper, has a different emphasis. It focussed on the inter-power relationship among the four basic units (that is England, Scotland, Wales and Ireland) of the United Kingdom. Within the territory of the U.K. there is diversity of national identities united under one Crown. This fact of diversity was recognised in the terms of reference of the Royal Commission on the Constitution appointed in 1969 to the effect that the Commission should "examine the present functions of the central legislature and government in relation to the several countries, nations and regions of the United Kingdom".

Although the Government of the U.K. is united by Parliament's status as the sole law-making body in the Kingdom (although it is not every Act of Parliament which applies to the whole of the U.K.) constitutional and legal differences exist within the legal entity. The legal systems of Scotland and Northern Ireland are distinct from those of England and Wales.

The Government of the U.K. is organised principally on a departmental basis each department being headed by a Secretary of State. Depending on the nature of their work departments may have regional and local offices. The political head of each department is responsible for everything which happens within his department thereby creating a strong centralising effect in the administration. On the other hand government in Scotland and Wales is organised on geographical basis in that Secretaries for these areas combine a number of functions that are department based in England.

Professor Foulkes' views about the status of local government in the U.K. are similar to Professor Bridge's, particularly that they are not constitutionally autonomous bodies, but creatures of Statute. They operate within the enabling legislation and assist in increasing and extending the political and democratic process with reference to peculiar local situations.

In appreciation of some discontent in the workings of government among the units of the United Kingdom a Royal Commission was appointed in 1969 to consider the desirability for changes in constitutional relationship within the U.K. The basic issue was that government in London was too far removed from the other parts of the U.K., like Scotland and Wales and that their peculiar problems were not being given sufficient consideration. The commission rejected the idea that these two areas be created into independent sovereign States. Likewise federalism was rejected as being unsuitable for the U.K. and unworkable in the context of the long established constitutional traditions of the U.K., like sovereignty of Parliament and absence of judicial review of legislation. Again the differing levels of development amongst the units would create an unbalanced and unhealthy federation. The Commission was however sympathetic to the idea of devolution which would allow greater dispersal of power from the centre, but remain subject to the overriding control of Parliament.

The Commission supported the establishment of directly elected Scottish and Welsh Assemblies, but there was disagreement as to the scope of power to be delegated to the Assemblies and whether Scotland and Wales should receive the same treatment. The Governmeent rejected Federalism and supported the continued unity of the U.K., although agreeing to some form of devolution. The result was the passing of the Scotland Act 1978 and Welsh Act 1978 which provided for elected Assemblies for the two areas with varying degrees of devolved legislative and executive powers. Neither was to have power to conduct foreign relations. Both Acts were rejected in referendum and were consequently repealed.

The lesson to be learnt from this is that although Wales and Scotland desire the impact of the London government to be felt more in their areas, yet they would prefer to remain within the United Kingdom as part of a unitary system of government.

The position with Ireland is more complex and tortuous. The Government of Ireland Act 1920 proposed a devolutionary system for both the North and the South. The South broke off link with the U.K. but the system operated in the North until 1972. The Act granted wide legislative powers to the Northern Ireland Parliament. However as a result of civil unrest the Northern Ireland (Temporary Provisions) Act 1972 stripped the N. Ireland government and Parliament of its powers and vested them in the U.K. government thus restoring direct rule. The most recent Act of 1982 is designed to achieve the resumption of devolution of power in stages. The Irish question is still very much alive. The Report of the New Ireland Forum wishes to see a unitary state with guarantees to preserve the identities of the two territories. Federalism and confederalism were also considered, but these are not likely to receive much sympathetic attention.

Professor Jorge Miranda writes on political regionalism in Portugal. Portugal is a unitary state although the 1976 Constitution provided for some degree of decentralisation in legislative and executive matters. By virtue of geographical, economic, social and historical reasons the Azores and Madeira are autonomous regions. However on the continent there is a division into administrative regions. Portugal can therefore be described as "regionalised unitary state". The autonomy is granted, subject to the sovereignty and integrity of the Portuguese nation.

Powers granted to the regions include powers to pursue regional interests such as creation and abolition of local government units, taxation etc. They also have power to participate in state affairs such as negotiations about international treaties concerning regions and the making of their respective statutes. Infringement of these powers are subject to judicial review.

The exercise of these powers is guaranteed through democratic institutions. The regional government is politically responsible to the regional assembly. It is a Parliamentary system of government. The President of the regional assembly is nominated by the Minister of the Republic which nomination is based on election results in the Region. The President of the Republic can dissolve the regional assembly and dismiss the government but only on notice from the Council of State and the regional assembly. This is done purely to protect the Constitution.

Nigeria

Nigeria operated under a unitary Constitution until 1954 when a formal federal system of government was adopted. The Federation was made up of three regions and a Federal Government. An additional region was created in 1962. During the military administration a twelve state structure was created in 1967 followed in 1976 by a nineteen state structure of government. The initial Nigerian experiment of Federalism is unique in its conception and creation. It was a case of federalism by disaggregation rather than aggregation, whereby a hitherto unitary state broke itself up into a number of smaller units to form a federal system of government.

Federalism and the Nigerian Federation have had a chequered history in Nigeria particularly in terms of Federal-State relationship. A number of factors have contributed to this. For most periods of the existence of Federation in Nigeria, the leading politicians drew their strength from tribally and regionally based political parties. There were no viable national political parties. This had the effect of the regions and the regional government having greater leverage over the federal government in terms of power relations and this resulted in a weak central government.

The Legislative Lists followed the traditional federal requirement of having an Exclusive List (which is reserved only for the Federal Government) and a Concurrent List which is available to both the Federal and the State Governments. The Exclusive List contained mainly matters which are of national character like foreign affairs, currency, Extradition and defence, but there was the provision that where any federal law conflicted with a regional law, the regional law became void to the extent of the inconsistency. The Constitution itself further provided that regional power should not be exercised in such a way as to prejudice the continuance of federalism in Nigeria. Inspite of all these the arrangements for the sharing of legislative powers, the Constitutions provided that the residue should fall to the Regions. In other words, items not mentioned in either of the two Lists belonged to the Regions. This provision again tilted the balance in favour of the Regions.

The regionalisation of the Judiciary and the Civil Services, regarded as normal requirements in a federation, also assisted regional autonomy, although the establishment of a Supreme Court with jurisdiction over the entire territory of Nigeria helped to ensure judicial unity at the centre.

However, certain factors have assisted in promoting centripetal influence on the federal structure.

First are the location and structure of the instruments of coercion and order in the federation. There is only one Nigeria Police Force under the command of an Inspector-General of the Force although each Region has a Contingent of the Force under the command of a Commissioner of Police who is ultimately responsible to the central government through the Inspector-General. The Armed Forces are exclusively under the control of the central government in terms of appointment, discipline, deployment and in all other respects.

Secondly, as a formula for Revenue Allocation is an essential in any federation, the Nigerian Constitution makes provision for it. However, the principles and method of allocation give the bulk of the national revenue to the central government. Even then, the fact that it is the federal government which has responsibility for sharing the revenue amongst the Regions, puts it in a favourable and dominant position over the Regions.

Thirdly military administration has virtually taken away whatever is left of the autonomy of the Regions. Military administration is premised on a system of a hierarchy of command which is a negation of true democratic federal principle which requires some degree of independence and equality amongst the units of a federation. In the 24 years of post-independence practice of federalism in Nigeria, the Armed Forces have been in power for 14 years. This again has considerably weakened regional autonomy. Indeed, not satisfied with this position the military administration of Nigeria in 1966 formally declared Nigeria a unitary state under one central government. The popular opposition to and reaction against this thoughtless act led to the overthrow of that government. The new military leader was quick to revert Nigeria back to a federal system. The lesson we learnt from this was that although Nigerians might desire to be united under a federal system, they would not tolerate a unitary system of government.

Another factor which has assisted in weakening the Regions (States) as against the central government was the Nigerian civil war of 1967 to 1970. In the effort to resist the break-up of the Federation by "Biafra", the central government had to concentrate all powers, including coercive powers, in the central government to ensure the success of the war efforts. This event was a major contributory factor in the resolve to strengthen the federation against the States.

The 1979 Constitution

For the first time in the constitutional history of Nigeria, this constitution introduced an Executive Presidential system of government as opposed to the Parliamentary system we have been used to.

Section 2 declares Nigeria as a Federation consisting of 19 States and a Federal Capital territory. It also declares Nigeria as one indivisible and indissoluble Sovereign State. The Constitution is supreme and its provisions have binding force on all authorities and persons throughout the Federal Republic of Nigeria. Each State has its own civil service and Judiciary with some newly created Federal Courts. There is a revenue allocation formular not too dissimilar to previous ones. The Army and the Police remain central institutions.

The Federation operates on a three-tier institutional system: Federal – State – Local Government authorities.

There are two important innovations which have effect on power relations amongst the institutions of the Federation. The first is that for the first time, the Constitution provides for conditions for the establishment of political parties in the country. The conditions are such that for any political party to be registered it must have national character. This is to obviate the divisive roles of tribal and regionally based political parties and leaders which have tended to weaken the central government in the past.

Secondly again, for the first time, the Constitution recognises the Local Government system as an organic constitutional third-tier institution of government. Section 7 provides for a system of local government by democratically elected local government councils. The Government of every State is to ensure their existence under a Law which provides for the establishment, structure, composition, finance and functions of such councils. The establishing authority must ensure (a) the common interest of the community in the area; (b) traditional association of the community and (c) administrative convenience. Every person entitled to vote in a State election can also vote in a local election.

Local Government Councils must pursue the economic, social and educational development of their areas. They participate with the State Government in the provision and maintenance of primary education; the development of agriculture and natural resources, other than exploitation of minerals; the provision and maintenance of health services; and other functions which may be conferred on a local government council by the State Legislature.

The Constitution provides that the central government must make statutory revenue allocation to local government councils in the State and the House of Assembly of each State shall in turn provide for local councils within the State. This source of revenue is therefore a mandatory constitutional allocation.

However the practical experience of local government administration in the last four years have fallen far short of these laudable constitutional requirements. What happened was that politicians created councils arbitrarily either to frustrate councils not in support of their political parties or to favour supporters. In some cases, the councils were denied their statutory revenue allocation thereby rendering them impotent. The result was a loss of their autonomy and effectiveness. This has recently led to the setting up of a Commission to study and review the whole system of local government administration in Nigeria.

On the whole in terms of relations and autonomy, the States can be said to have substantial degree of autonomy and independence within their constitutional limits and these are protected by the courts in cases of violation. The Local Government Councils were never allowed to function properly. The question of their autonomy does not arise. The report of the new Committee on Local Government is being anxiously awaited.

The Yougoslav Federation (also) as a Common Function of the Republics and Provinces – The New Content of Autonomy of the Federal Units

Lidija R. Basta

The Yugoslav federal system is undoubtedly remarkable as revealing a constant dynamic evolution over a forty-year period. Having passed through significantly different stages, from an extremely centralized to the "most federalized" of federations, Yugoslavia has, since the latest far-reaching constitutional revision of 1974, evolved an original conception of treatment of federal units. For the scope and content of autonomy of the six socialist republics and the two autonomous provinces [1] are constitutionally established to an extent which cannot be paralleled in any other contemporary federation.

Why is it that the Yugoslav federal system renounces the world-wide trends towards centralization in contemporary federations? What causes those marked specificities, because of which its very federative nature has sometimes even been doubted?

Classical concepts and notions are scarcely suited to this new form of federalism. The dilemma, "Is Yugoslavia still a federation at all, or has it already turned into a confederation?" may sound an interesting and provocative doctrinal point. Nevertheless, it makes no sense to insist dogmatically on theoretical schemes into which a concrete solution is to be "packed up". This by no means implies that the new federal system of Yugoslavia is without any theoretical, constitutional or practical "moot points". These, however, relate to a much more important, unsolved problem of the consequent normative institutionalization of new federal principles which would make the system functionally more effective. The perennial "gap" between the normative and the factual has thereby become somewhat specific. It is still open to question whether there is anything in the constitutionally laid down federal system alone which has opened the door to the existing (un)constitutional practice.

The present paper is not intended to provide definitive answers to all the above questions. Neither can it deal with the whole complex issue of the autonomy of the federal units in Yugoslavia. Rather it will concentrate on a fairly concrete aspect of the issue, the one addressed explicitly to *a new quality* of autonomy of the federal units in general when compared to the common, theoretically approved and practically verified "federal standards". That is to say, for the first time one can speak of the autonomy of federal units *as such* at the level of the federal government, this making the Yugoslav federation (also) a common function of its federal units; for in the passage of some of the most important decisions, the republics and autonomous provinces have become *an equal partner within the federation and with the federation.*

1. The Background of a New Federalism

Since its emergence during the war of liberation and socialist revolution (1941-1945) the Yugoslav federation has always been a clear indicator of the continuing changes in the socio-economic and political system. The two constant, somewhat opposing tendencies in the constitutional development are first and foremost noticeable with respect to the federal principle itself. On the one hand, in the course of almost forty years, Yugoslavia has undergone four, i. e. five far-reaching constitutional revisions; on the other, the constitutional acts have become more and more "rigid"[2].

This should not be taken as a sign of profound changes in the ideological background of the constitutional system. This remarkable constitutional dynamism can be properly understood only when viewed from the specific socio-economic and historical situation of a country undertaking a socialist transformation of society within the context of a multinational structure of population and great discrepancies in economic development. The social-class and national components have always been intrinsically linked to each other. In other words, the legitimacy principle has been determined by *both* of these elements; ever since the constitutive period the immanence of federalism has been taken as a prerequisite of socialism itself in Yugoslavia.

The above components are constitutionally articulated in the principle of socialist self-management democracy as a specific, *in statu nascendi* form of a political society in the Marxian sense, as opposed to a political state[3], as well as through the federal system as the only legitimate way of having "a national question" solved by providing for the peoples' right to self-determination and the sovereign equality of nations.

The close correspondence between the national and the economic has been one of the permanent and outstanding characteristics of Yugoslav society. The economic issues could hardly have been separated from the national ones since the great economic differences have mainly coincided with the federal units[4]. For this reason the changes undertaken in the socio-economic system have, as a rule, been followed by an evolution in the understanding of an appropriate constitutional mechanism to determine the significance of the national complexity of society. The latest important constitutional revision of 1974 is in this respect especially indicative.

Finally, the ideological foundation of the Yugoslav constitutional system, including the form and content of the federal principle, has long ceased to proclaim "a monolithic society". It can be argued that a close inter-relationship of the national and economic issues was of considerable relevance for taking such a standpoint. In any case, the pluralism of the self-management interests principle visualises a socialist society as one in which conflicts may still occur. It is this consciousness of existing, though specific, conflicts which also determines the background of autonomy of the federal units within the new federal system as outlined below.

2. The Constitutionally Established Autonomy of the Republics and Autonomous Provinces at the Federal Level

In the case of Yugoslavia, it is in a way more adequate to speak of a profound degree of autonomy of the federal units also at the federal level than of their "external powers". In arguing this, we primarily have in mind *that what* constitutes a specificity of the federation. There is no self-existent organizational structure at the federal level which can function independent of the federal units. The powers exercised by the federal units within the federation are in consequence not "external" in the usual, commonly accepted sense. With respect to the form and content of the constitutionally established position of the republics and autonomous provinces in the federal decision-making process, these powers are rather "internal"; they also make a part of autonomy of each federal unit of itself.

2.1. *A consensual character of the new federalism*

Such a position of the federal units is performed within ***a multidimensional*** federal system, comprising not only a vertical allocation of powers (vertical checks-and balances) but also a self-management sub-system. Being a mixed society and a mixed political system aimed at transcending the traditional, historically conditioned antinomy between society and state,

Yugoslavia is federalized both along its state and its self-management structure. In other words, the federal units are not mere classical administrative-territorial entities, granted with powers more or less state in character; they are also socio-political communities providing the basis for a new, communitary federalism [5].

The constitutionally established concept can be considered as *federalism by consent*. The principle of agreement of the republics and autonomous provinces has been made dominant within the federation. This is precisely what reveals a new quality of the Yugoslav federation: legally speaking, the status of federal units is not determined by the constitutive power of the federal government.

The constitutional principle of the original sovereignty of the republics and sovereign rights of the autonomous provinces is explicitly underlined by the very fact that a social-class component is actually "mediated" through a national one. The principle of the sovereignty of the working people, as an expression and guarantee of a political society is explicitly made in favour of the federal units; more exactly, the principle itself is "federalized". The reserve clause and residuum of competence in favour of the republics and autonomous provinces are worded in a manner which doubtlessly leads to the conclusion that a radical departure from traditional relations between the federation and federated states has been undertaken. The text of the Constitution of 1974 reads as follows:"The working people and the nations and nationalities shall exercise their sovereign rights in the Socialist Republics and in the Socialist Autonomous Provinces in conformity with their constitutional rights, and shall exercise these rights in the Socialist Federal Republic of Yugoslavia *when in their common interests it is so specified by the present Constitution*" [6].

Given that this reserve clause provides a constitutional basis for the relationships within the federation, it is of the utmost importance to note that common interests have been explicitly laid down as a decisive constitutional criterion for an interpretation in every given case of *what* exactly the Constitution specifies as a ground for exercising sovereign rights in the Socialist Federal Republic of Yugoslavia. For the sake of federal competence, therefore, this criterion should be determined as precisely as possible. The constitutionally provided procedure, through which a given common interest is to be ascertained, receives in consequence fundamental importance.

The reserve clause has been pronouncedly strengthened by the following constitutional provisions: a) federal statutes and other regulations and enactments shall be enforced by republican and provincial agencies which shall be responsible for their enforcement, unless it is provided by the present Constitution that such statutes and other regulations shall be directly enforced by federal agencies and that they shall be responsible for their enforcement [7]; b) federal administrative agencies shall communicate with administrative agencies in communes through appropriate republican and/or provincial administrative agencies[8].

The consensual character of the new federal system has been further elaborated and guaranteed by constitutionally specified principles of the decision-making process at the federal level. The decisions are taken in accordance with: a) the principle of agreement of the Republics and Autonomous Provinces – implying in fact the principlé of their unanimity; the majority principle is not of great relevance in the federal procedure whereas it is actually the principle of "consensus" (veto) which dominates; b) the principle of solidarity and reciprocity; c) the principle of equal participation of the Republics and Autonomous Provinces in federal agencies, in line with the present Constitution, and, d) the principle of responsibility of the Republics and Autonomous Provinces for their own development and for the development of the social community as a whole[9].

These principles of constitutional procedure speak of another two fundamental characteristics of Yugoslav federalism. First, it is a *participative federalism* since the republics and autonomous provinces have been made constitutive factors of *all* federal agencies. Secondly, as already pointed out, such a federalism is *restrictive*, both from an organisational and functional point of view: a) federal agencies do not exist as a separate independent structure of state bodies *besides* that of republican and provincial agencies; b) the federation is (also) a common function of the federal units – there is not a single question at the federal level that can be constitutionally interpreted as one not simultaneously affecting the interests of *individual* republics and autonomous provinces; in other words, the federation has not a separate, independent competence of its own.

2.2. *Common interests as a criterion of allocation of powers*

When speaking of the federation, the Constitution primarily has in mind the Socialist Federal Republic of Yugoslavia as a whole, thereby establishing its role and its limits on the basis of both historical justifiability and the necessity of the federation[10]. This is why the constitutionally defined common interests of nations and nationalities, working people and the citizens are common functions of the federation.

The constitutional ground for ascertaining what is to be considered the subject-matter of common interests, this being the most important criterion for drawing a line between the federal competence and that of the federal units, is provided by having three fundamental constitutional issues normatively laid down: what are those common interests which are to be realized within the federation; what are the forms of realization of these interests in the federation; and, finally, what is the criterion for a constitutionally pursuant form of realization of common interests in given cases.

In the Socialist Federal Republic of Yugoslavia, the nations, nationalities, working people and the citizens realize and ensure sovereignty, equality, national freedom, independence, territorial integrity, security, social self-protection, the defense of the country, the international position of the country and its relations with other states and international organizations, the system of socialist socio-economic relations based on self-management, the unity of the political system, the basic democratic freedoms and rights of man and the citizen, the solidarity and social security of the working people and citizens and the unity of the Yugoslav market, and adjust the common economic and social development and their other interests [11].

It is the forms of realization of common interests within the federation which result in a radically new character of relationships at the federal level and, in consequence, produces a new quality of autonomy of the federal units. The republics and autonomous provinces are the main holders of the process of realization of common interests, this including both their aspects – they act both as states (republics), i.e. autonomous entities, and as socio-political communities. The system of realization of common interests comprises a number of forms which are quite different one to another. The most important, however, relate to the federal units. Various constitutional procedures are hereby provided, this also indicating the multidimensional character of autonomy of the federal units within the federation.

The common interests are realized through:

- federal agencies, with participation on terms of equality and responsibility of the republics and autonomous provinces in these agencies and in the formulation and execution of federal policy;
- federal agencies and organizations on the basis of decisions of, or agreement by, the republics and autonomous provinces;
- direct cooperation and agreement among the republics, autonomous provinces and other socio-political communities [12].

The first two forms of realization through federal agencies reveal the new content of autonomy of the federal units. However, they differ significantly from each other in respect to *which* agencies are thereby included, as well as to a constitutionally provided procedure. The first case comprises the activities of *all* federal bodies – agencies and organizations within which the principle of (equal) representation and equal participation and responsibility of individual republics and autonomous provinces is to be applied both in the formulation and in the execution of federal policy. This implies the common responsibility of the federal units. The decisions are taken by a simple or a qualified majority [13]. The second form of realization of common interests, on the other hand, includes only those federal agencies for which it is constitutionally specified that they shall decide on the principle of unanimity [14]. It is precisely this procedure through which the most important issues for Yugoslavia as a whole are being decided, this having become a new institutional form of an autonomous, active and equal participation of individual republics and provinces in the federal decision-making process.

When containing a particular provision on the republics and autonomous provinces as active holders of the inter-republican and/or inter-provincial cooperation, the SFRY Constitution establishes a new form of cooperative federalism which is not to be either institutionalized or performed along the state structure, but should rather consist of self-management forms of cooperation, based upon democratic pluralism of self-management interests, this being a way of strengthening the position and role of the republics and autonomous provinces as self-management subjects.

Finally, it is worth mentioning that the core of any federation, the allocation of powers, has been constitutionally specified in a way which of itself also points to the consensual nature of Yugoslav federalism. The constitutional provisions on the rights and duties of the federation have been worded with a great many possibilities for interpretation. They contain a number of blanket, "catch-all" terms as the measure of competence of the Federation; that is to say, it is in the process of agreement among the republics and autonomous provinces that in many given cases the competence of federal agencies is to be established. This has been estimated as an advantage of a flexible and consensual procedure of making more concrete and better adjusted allocation of powers between the federation and the federal units in respect to a given question. Until now, however, this has also proved a source of serious problems and dilemmas in the passage of some statutes and other regulations, bringing about a complex question of the constitutionality of the interpretation of some of the respective constitutional provisions.

2.3. *The new federalism as a "communion" of equal nations and nationalities*

It can be concluded that the relationships within the federation have been constitutionally established in favour of a pronounced autonomy of the federal units. The new federalism aims at transcending the "supranational character" of a federated community and providing instead a "communion" of equal nations and nationalities; that is to say, of the republics and autonomous provinces as the constitutionally specified authentic place for exercising sovereign rights. The fact that an agreement of the republics and provinces is often a basis for establishing a common interest in a given case, when related to the constitutional provision on residuum of powers in favour of the republics and autonomous provinces, means that the federal units shall decide both on the federal and their own competence. This has actually led to the still open question of the normative and the factual in the autonomy of the federal units at the federal level.

3. The Constitution and/or (Un-)Constitutional Practice

The latest Constitution of 1974 is remarkable for its comprehensiveness. Its 406 articles have broadened the ***materia constitutionis*** to an extent which indicates that the Yugoslav constitution-maker had started with a necessity to make, if possible, all relevant issues of the time "intraconstitutional", including those which were somewhat "ambivalent". This, no doubt, makes the SFRY Constitution an original constitutional document, and an example worth studying. On the other hand, however, such an originality implies complexity, and this can also be a drawback; the always complicated problem of constitutional interpretation has thus become even more complicated.

This especially affects the relationships within the federation. The new federalism has faced a twofold problem. On the one hand, a dilemma has already emerged as to some of the solutions; namely, whether the Constitution has itself always been consistent with the new concept of federalism when related *both* to its social-class and national prerequisites; on the other, the inevitable gap between "the law in the constitution" and "the law in fact" has opened up some new issues [15]: what makes the implementation of the Constitution sometimes explicitly unconstitutional? When saying this, we are far from arguing that it makes sense to ask how *far* the prevailing practice is willing to "obey" the Constitution and how *far* it is ready to "fit in" the constitutionally laid down principles; and, if not so, something must be wrong with the practice alone! The problem has to be formulated on quite different grounds: What, if anything, is there in the Constitution which has, by itself, made the realities so very "disobedient"? In other words, what effects do some of the constitutional provisions produce on realities?

3.1. Praeter and contra constitutionem conventions in the performance of autonomy of the republics and provinces

As already pointed out, "the open questions" are first and foremost relevant to some aspects of the performance of autonomy of the republics and autonomous provinces within the federation.

The constitutionally determined autonomy of the federal units presupposes an interdependence and integration of socio-economic processes within the country as a whole. The question, however, arises. How what has been presupposed, preconditioned, can in fact be realized? The Constitution should already have verified itself by stimulating and guaranteeing such social interdependence and integration; by providing an appropriate constitutional procedure rather than taking integrative processes for granted, as understood, that is to say, in a way as ideologically programmatic.

It is no accident that the background of the self-management pluralism of interests in Yugoslavia has recently become the subject of considerable discussion [16]. Is it always an authentic, legitimate interest of respective nation and/or nationality, i.e. of working people and citizens, which has been brought to the floor? The issue can hardly be seen as a problem of having interests "politicized" [17]. They are of themselves politically relevant in as much as they provide a basis for taking political decisions. It is therefore of importance to find out on what grounds the now dominating interests have been founded. Does the political power of the subject bringing a given interest to the floor actually correspond to its "objective" socio-economic relevance?

The new concept of Yugoslav federalism cannot be properly realized without having responsibility for the common constitutionally both laid down and made procedurally operative. It is here that the decision-making process within the federation has faced a number of serious problems. The practice of realization of common interests within the SFRY Assembly is in this respect especially indicative since there is in fact no common interest the dimension of which is not, or should not be, *de lege lata*, realized in the legislature of Yugoslavia. The problems arising pose some essential questions of the extent of implementation of some of the constitutional provisions, as well as of their pursuance with the fundamental principles of the new federal system.

The practice of the Chamber of Republics and Provinces in particular reveals some dilemmas in the implementation of the autonomy principle within the federation. One can speak of *praeter* and *contra constitutionem* conventions that have been established in the course of ten-year activities of this house.

First. The Chamber of Republics and Provinces decides both in agreement with the assemblies of the republics and autonomous provinces and within its own province of work [18]. It accordingly combines self-initiative, veto and imperative mandate. The problem has emerged as to who actually plays a dominating role in taking decisions, i.e. in consenting; is it really the delegates to the Chamber themselves, or standing bodies of the Chamber, who are charged with a preparatory phase, in the course of which a decisive role of the executive agencies of the republics and autonomous provinces is noticeable. Finally, given that the delegates to the Chamber of Republics and Provinces primarily take most important decisions on the basis of a decision of a respective republican or provincial assembly, is it not actually the agreement of a respective executive-branch-holder that they need and obtain for their decision? The need to speed up a strongly federalized, somewhat slow constitutional procedure, makes federalism sometimes more adaptable for transferring a decision-making process to the executive.

Secondly. The constitutional principle of the simultaneous responsibility of the republics and autonomous provinces for their own development and for the development of the country as a whole, is mainly realized within the province of work of the Chamber of Republics and Provinces. Until now it has often been restrictively interpreted, implying mostly responsibility of the republics and autonomous provinces for their own individual interests brought to the floor of the Chamber. Within this context, the constitutionally laid down procedure has not obviously provided effective guarantees that the republics and autonomous provinces shall also be made responsible for Yugoslavia as a whole. Instead, it has provided in a sense a "political-functional" basis of responsibility, which is clearly not an appropriate institutional mechanism to bring to the vitality and functionality of the federal system as a whole [19].

Thirdly. The practice of the Chamber of Republics and Provinces followed an extensive interpretation of the consensus principle. Such a factual consensus has been established as a constitutional convention which, being *contra constitutionem*, has actually derogated the relating constitutional provisions. A pronounced "confederalization" of a constitutional procedure at the federal level is noticeable especially in regard to the fact that this Chamber has started to take decisions within its independent province of work also on the basis of the agreement of republican and provincial assemblies, as well as to decide on the issues which are within the competence of the Federal Chamber. This constitutionally means that the latter issues, by contrast, should not be decided on the basis of the consensus principle [20].

3.2. Real versus constitutional position of the republics and provinces?

Clearly, the federal units have in practice obtained an autonomy significantly greater than the one constitutionally specified. No doubt, the "ambivalence" of some of the constitutional provisions has "contributed" to this. The common interests have been consensually established. The procedure of their identification in a given case can be a protracted one. It is therefore possible – and indeed – necessary both to improve the constitutional procedure of agreement and of obtaining consensus within the federation, and to keep the very consensual basis of autonomy of the republics and autonomous provinces therein. This should be done for the sake of the fundamental principles underlying Yugoslav federalism. It is a communitary, multidimensional system, based upon sovereign equality of nations *as well as* upon socialist self-management democracy as a united constitutional and political system.

Notes

1 The SFRY Constitution provides that the two Autonomous Provinces – the Socialist Autonomous Province of Vojvodina and the Socialist Autonomous Province of Kosovo – are "constituent parts of the Socialist Republic of Serbia". (Art. 2) However, with regard to their autonomy at the federal level, the two Autonomous Provinces have in most respects been given the constitutional relevance of a federal unit.

2 The first Constitution was passed in 1946. A partial revision was undertaken in 1953, when the Constitutional Law was passed. The next Constitution of 1963 undoubtedly marks one of the most important phases in the constitutional establishment of the system of socialist self-management democracy. The Amendments of 1967 (I-VI) and of 1968 (VII-XIX) introduced the first new elements of an essentially different federalism. They were followed by the Amendments of 1971 (XX - XLII), which in fact entailed a complete constitutional revision, undertaken in the amendment form. The far reaching changes affected especially the federal system. It was at this time that the new federalism was constitutionally provided. The latest Constitution of 1974 mainly overtook and consolidated the solutions of the previous "amendment" constitutional revision.

3 "In order to create a society of free producers, the working class and all working people shall develop socialist self-management democracy as a special form of the dictatorship of the proletariat.....Self-management by the working people in the basic organizations of associated labour, social communities, self-managing communities of interest and other basic self-managing organizations and communities shall be the basis of a uniform system of self-management by and power of the working class and all working people." (Basic Principles, Part IV, paras 2 and 3)

4 On the other hand, it should be pointed out that the SR of Slovenia is the only "nationally homogenous" republic. All of the republican constitutions, therefore, define a republic as a state of a respective nation, as well as of other nations and nationalities living on its territory. The difference arises in respect to an explicit qualification of a republic as a "national state" of a respective nation. (e.g., constitutions of the SR of Hrvatska and SR of Macedonia)

5 The fundamental constitutional category of a "socio-political community" denotes all territorial communities in which working people and citizens exercise the constitutionally defined functions of power and management of other social affairs (federation, republics, autonomous provinces, communes and big cities having the status of special socio-political communities).

6 Basic Principles, Part I, para. 2. The term "nation" relates to the nations living in Yugoslavia, while the term "nationality" governs national minorities and ethno-cultural groups (Albanians, Hungarians, Italians and others).

7 Art. 273, para. 1.

8 Art. 278, para. 1.

9 Basic Principles, Part I, para. 3.

[10] "The nations of Yugoslavia, proceeding from the right of every nation to self-determination, including the right to secession, on the basis of their will freely expressed in the common struggle of all nations and nationalities in the National Liberation War and the Socialist Revolution, and in conformity with their historical aspirations, aware that further consolidation of their brotherhood and unity is in the common interest, have, together with the nationalities with which they live, united in a federal republic of free and equal nations and nationalities and founded a socialist federal community of working people – the Socialist Federal Republic of Yugoslavia". (Basic Principles, Part I, para. 1)

[11] Art. 244, para. 1.

[12] Art. 244, para. 2. The same paragraph also provides for other forms of realization of common interests, such as: – self-management agreements, social compacts and associations of organizations of associated labour and other self-managing organizations and communities; – the activity of socio-political and other organizations and associations of citizens; – free and all-round activities of citizens.

[13] The SFRY Assembly is composed of the Federal Chamber (delegates of self-managing organizations and communities and socio-political organizations in the republics and autonomous provinces) and the Chamber of Republics and Provinces (delegations of the assemblies of the republics and autonomous provinces). The Federal Chamber decides by a majority vote at sessions attended by a majority of delegates, unless a special majority is required by the present Constitution. (Art. 294, para. 1) The Federal Executive Council, i.e. Government decides by a majority vote of all Council members present at meetings. (Art. 353, para. 2)

[14] The Chamber of Republics and Provinces reaches decisions at sessions attended by all delegations of the assemblies of the republics and the assemblies of the autonomous provinces and in the presence of the majority of delegates to the Chamber. Questions which must be voted upon in agreement with the assemblies of the republics and the assemblies of the autonomous provinces are decided by individual delegations. A decision is considered as taken if it has received the vote from all delegations to the Chamber. (Art. 295, paras. 1 and 2) The above constitutional procedure is provided, among others, for the adoption of the Social Plan of Yugoslavia, formulation of policy and passing of federal statutes on relations in the fields of the monetary system and currency issue, the foreign exchange system, external trade and other economic relations with other countries; formation of money and other foreign exchange reserves; tariff and non-tariff protection; social-price control for products and services; the system and sources of funds financing the federation; determination of measures of restrictions of the market and the freedom of sale of goods and services. Within this procedure the total volume of expenditure of the Federal Budget for every year is decided; international treaties entailing provisions of new statutes and amendment to those existing, which are within the province of work of this Chamber and passed by it, are ratified, as well as own Rules of Procedure passed. (Art. 286, para. 2) The Federal Executive Council adopts, in agreement with the competent republican and provincial agencies, regulations concerning the enforcement of statutes and other enactments whose passage falls within the competence of work of the Chamber of Republics and Provinces, if these statutes and other enactments provide for the adjustment of views. (Art. 355, para.)

[15] For the moment we shall leave aside a fundamental theoretical issue referring, in the long run, to what it even means to pose the question of the relationship between the constitution and "constitutional reality"; this in fact brings us to the very concept of a constitution. Hennis is right in pointing out that it is not purely accidental that the common-law tradition has never thought this question worth discussing. W. HENNIS, *Verfassung und Verfassungswirklichkeit. Ein deutsches Problem*, J.C.B. MOHR (Paul SIEBECK), Tübingen, 1968, pp. 11-13.

[16] Cf., e.g., M. ZECEVIC, *Zajedki interesi u federaciji* (Common interests within the federation), Privredni pregled, Beograd, 1984, pp. 35-40.

17 *Ibidem.*

18 The Chamber of Republics and Provinces shall independently: 1) pass laws on temporary measures when so provided by the present Constitution; 2) determine, on the proposal of the SFRY Presidency, the sources and volume of finance, and decide on contractions of credits and other obligations for the needs of national defence and state security arising out of extraordinary circumstances; 3) review, within the scope of its province of work, reports by the Federal Executive Council and federal administrative agencies, exercise political supervision over the work of these agencies, and, through provision of guidelines, direct their work; 4) formulate the policy of enforcement of federal statutes, other regulations and enactments passed by it, and lay down obligations for federal agencies in conjunction with the enforcement of these regulations and enactments; 5) carry out verification of credentials of and decide on credential-immunity questions concerning delegates to the Chamber. (Art. 286, para. 3) The Chamber of Republics and Provinces passes laws on temporary measures (passed if no agreement by the assemblies of the republics and autonomous provinces has been reached on a bill or other draft enactment) by a two-third majority vote of all delegates to the Chamber. On other issues falling within its province of work, and on questions which it decides upon, on equal terms, together with the Federal Chamber, the Chamber of Republics and Provinces decides by a majority vote of all delegates present in the Chamber. (Art. 295, paras. 2 and 3. Cf. also footnote 14, ante)

19 The terms used so often nowadays are certainly indicative: one speaks of "a necessity of *appreciation of*", "*consideration of*" common interests!

20 If a bill, draft regulation or draft enactment or any other issue concerning the general interests of a republic or autonomous province, or the equality of the nations and nationalities is on the agenda of the Federal Chamber, and if so requested by the majority delegates from one republic or autonomous province, resort shall be made to a *special procedure* to adopt such a bill, draft enactment or issue, as laid down by the Federal Chamber Rules of Procedure. (Art. 294, para. 2) As already pointed out (footnote 13, ante), the majority vote is provided as a rule for the Federal Chamber.

Quelques aspects de la décentralisation territoriale en Tunisie

Yadh Ben Achour

I. Historique

1. La première organisation municipale en Tunisie remonte au décret beylical du 30 août 1858. S'il est peut être contestable d'invoquer l'idée de décentralisation ou de collectivité locale, à propos de ce décret, il est cependant clair que la fonction municipale au sens moderne de l'expression pénètre en Tunisie avec ce texte.

Ce décret, en effet, consacre tout d'abord l'idée d'un intérêt collectif local (en l'occurence celui de la capitale du royaume) qu'il fallait protéger. Il crée ensuite une série d'obligations de faire ou de s'abstenir à la charge des habitants en vue de sauvegarder cet intérêt collectif (circulation, construction, hygiène) tout en sanctionnant la violation de ces obligations par des amendes. Enfin, il institue une administration permanente ayant pour objet la gestion des intérêts locaux [1], fussent-ils limitativement définis.

Cette administration fut, par la suite, étoffée par la mise sur pieds d'un service spécial de nettoyage (décret du 2 juin 1872) fonctionnant avec un Conseil Central et des Conseils de quartiers élus et représentants la population nationale et étrangère.

2. Le décret du 30 août 1858 est important à plus d'un titre. Il situe tout d'abord le moment historique où une conception nouvelle de la fonction municipale se substitue à la conception traditionnelle des villes musulmanes [2]. Il montre ensuite que le mouvement municipal, qui se généralisera à la fin du XIXème et au début du XXème siècle, ne vient pas couronner un quelconque effort des cités pour la conquête de leur autonomie et des libertés communales mais se trouve, au contraire, proposé, parfois imposé, par le pouvoir central aux villes, pour tenter de résoudre les problèmes cruciaux du développement urbain. Cette vérité historique reste valable de nos jours.

3. La généralisation du mouvement municipal en Tunisie est l'oeuvre du protectorat français. Dès 1883, le Conseil municipal de Tunis fut réorganisé sur une base nationale et confessionnelle propre à permettre une représentation des israélites et des français et européens, tout en favorisant l'élément français grâce à un mécanisme de sur-représentation.

Entre 1883 et 1887 les centres urbains furent érigés en communes [3], d'autres localités furent simplement dotées de commissions municipales [4], d'autres, à partir de 1888, furent dotées de simples commissions de voirie [5] tandis que la Tunisie recevait sa première charte municipale avec le décret beylical du 1er avril 1885 [6].

Si l'organisation municipale du protectorat était destinée d'abord à servir ses propres intérêts, elle devait néanmoins, comme d'ailleurs la majeure partie des réformes du protectorat, servir à long terme les intérêts de la Tunisie indépendante puisque les deux textes fondamentaux – de 1957 et de 1975 – qui ont servi de cadre juridique au fonctionnement des municipalités tunisiennes après l'indépendance sont directement inspirés des lois municipales du protectorat elles-mêmes, reprenant – sauf en matière d'élection – les principes de la loi municipale française de 1884.

Au niveau régional, le protectorat mit sur place en 1922 [7], des Conseils de Caïdat et des Conseils de Région. Les premiers, jusqu'en 1952, n'avaient que des attributions consultatives en matière économique. En 1952 [8] les Conseils de Caïdat devinrent les autorités collégiales des Caïdats qui furent, pour la première fois, érigés en collectivités publiques locales décentralisées avec des compétences limitativement fixées.

Au niveau supérieur des régions, des organismes collégiaux furent également institués [9] avec des attributions budgétaires et économiques. Les cinq régions érigées en collectivités publiques décentralisées, furent supprimées en 1947.

4. La Tunisie indépendante a donc emprunté au protectorat les grands principes sur lesquels, elle construira par la suite son système d'administration locale: concept de décentralisation, rehaussée non pas seulement au niveau de principe d'organisation administrative mais de slogan et même de mythe politique; principe de collégialité, présidant aux règles de gestion des collectivités locales; tutelle, définissant les mécanismes de contrôle de l'Etat sur les autorités décentralisées; règle d'autonomie des collectivités quant au mode de désignation de leurs représentants, quant à leur pouvoir propre de décision et quant à leurs moyens financiers et administratifs [10].

Les textes de base du droit tunisien en matière de collectivités locales – réserve faite de la loi de 1963 sur les conseils de gouvernorats – reprennent les grandes lignes du droit antérieur à l'indépendance. Il en est ainsi du décret du 14 mars 1957 et de la loi organique des communes du 14 mai

1975 qui constitue la deuxième charte municipale de la Tunisie indépendante.

5. Cette loi organique des Communes s'inscrit dans un train de réformes ambitieuses qui ont trait à l'organisation administrative des communes, leur système fiscal, financier et budgétaire, enfin les modes de représentation et le régime électoral.

L'ambition des réformes de 1975 était de doter tout d'abord les municipalités d'une administration plus efficace, d'accroître les compétences des autorités municipales notamment dans le domaine du développement économique, d'alléger la tutelle de l'Etat sur les municipalités et d'améliorer le système des ressources financières des municipalités et des aides qu'elles reçoivent de l'Etat. Par conséquent, les réformes de 1975 furent présentées à l'opinion publique, comme une rénovation fondamentale destinée à faire des communes tunisiennes des pôles de développement dotés d'administration efficaces, responsables et réellement autonomes. C'est dire que le maître-mot qui servit d'étiquette aux réformes de 1975 était : décentralisation.

Le concept de décentralisation (en arabe, alla markaziah) a été rehaussé en Tunisie au premier plan dans le lexique politique officiel tunisien. Il est donc légitime de tenter tout d'abord de cerner de plus près ce concept et de savoir à quel contenu il renvoie.

II. La notion de Lamarkaziah

6. Ce concept concerne certes les collectivités publiques locales en premier lieu et se rattache à la démocratie locale. Mais il dépasse nettement le simple cadre local ou régional pour inspirer le réaménagement de l'ensemble des rapports de l'Etat et des citoyens à travers d'ailleurs, le réaménagement des relations des citoyens et de l'Administration. Dans l'esprit des dirigeants tunisiens en effet, la notion de Lamarkaziah concerne une série de phénomènes disparates n'ayant entre eux que des rapports ténus.

7. Elle a tout d'abord perdu son sens juridique [11]. Compris par les dirigeants politiques tunisiens, le concept de décentralisation perd son contenu juridique et, tout en prenant un contenu à la fois politique, économique, administratif, se généralise à tout phénomène de décentralisation. Il acquiert une généralité qui peut comprendre les phénomènes les plus divers pourvu qu'ils aient lieu en dehors de la capitale. Tout ce qui n'est pas central devient donc Décentralisation. A ce titre, la multiplication des services extérieurs de l'administration centrale sera assimilée à la décentralisation. Toute initiative dans ce domaine est inscrite sous cette rubrique et, comme telle, louée. Al Lamarkaziyah englobe donc toute initiative de décentralisation territoriale de l'Administration mais

également toute réalisation ou manifestation, même ponctuelle, économique, culturelle ou sociale se situant hors de la capitale. A la limite, la réunion périodique des gouverneurs qui se tient à Sousse ou Monastir prendra rang parmi les manifestations de consolidation du mouvement décentralisateur et sera citée comme manifestation de la volonté des dirigeants de contrecarrer la tendance qui consiste à tout ramener au Centre et de leur vouloir de renvoyer le maximum d'affaires à la périphérie. Il est évident que la portée réelle de la décentralisation ne se mesure pas au nombre de ce type de manifestations mais leur présence et leur interprétation officielle témoignent de l'importance que le concept a pris dans l'idéologie politique en Tunisie. La décentralisation est devenue en Tunisie un mythe politique. Pourquoi ?

8. Plusieurs éléments sont à prendre en considération pour expliquer le succès du concept d'Al Lamarkaziyah.

a) Tout d'abord, la valeur politique attractive du concept. Si on accepte l'antinomie Pouvoir-Liberté, la décentralisation qui est anti-pouvoir est assimilée à un principe libéral de gouvernement parce qu'elle constitue l'une des techniques de limitation du pouvoir. On considère en effet que la décentralisation évite la dilution dans l'ensemble national des particularités des ensembles sociaux restreints. Elle peut également avoir pour effet de conserver à l'intérieur de la solidarité nationale (qui est de type territorial), des traces de solidarité ethnique (de type parental) et de protéger ainsi l'autonomie des cultures ou traditions locales ou ethniques. Elle peut, par ailleurs, assurer un passage en douceur des solidarités anciennes aux solidarités modernes. La décentralisation peut ainsi constituer une forme administrative d'adaptation à la modernité. Libérale, l'idée de décentralisation n'est pas étrangère au mouvement démocratique. Elle personnalise, donc humanise, le régime démocratique qui, au niveau national, risque de revêtir les caractères d'anonymat et d'abstraction. Il vaut mieux, en effet, voter pour les idées d'hommes qu'on connaît de près et qu'on voit vivre plutôt que pour les idées d'hommes qui se tiennent à distance et qui ne paraissent que sous un jour politique à l'occasion précisément des élections. La décentralisation que ne renie donc pas la démocratie a sur elle l'avantage d'être à la mesure de l'homme et de prémunir contre les risques de despotisme de l'Etat.

Ces considérations ne sont pas d'ordre théorique mais font partie des préoccupations pratiques des dirigeants tunisiens. Les élections municipales ont souvent été présentées comme une école de démocratie pour les électeurs, un apprentissage de la responsabilité politique pour les élus.

Les mouvements et partis d'opposition font également de la décentralisation un principe directeur de gouvernement et d'administration.

b) Pratiquer la décentralisation sous toutes ses formes constitue par ailleurs pour les dirigeants tunisiens une démarche déculpabilisante. En effet l'indépendance a été acquise en 1956, la constitution de la Première

République Tunisienne date du 1er juin 1959: vingt ans d'exercice du pouvoir. Mais un type d'exercice du pouvoir, centralisateur, par des hommes nourris de l'idéologie nationaliste, dont le recrutement se fait par cooptation à l'intérieur du parti politique unique; un Etat omniprésent, responsable, à titre premier, des profits mais également des pertes. Ce type d'exercice du pouvoir produit immanquablement des réactions de remise en question. Le Président de la République lui-même s'en est fait l'écho le 8 juin 1970 dans l'un de ses plus fameux discours. A partir de là on conteste le règne de l'Etat centralisateur et du «règne de l'homme providentiel», des oppositions à l'intérieur même du régime se font jour, des crises, des ruptures et des batailles politiques s'en suivent. L'idéologie nationaliste laisse indifférents les jeunes de la classe d'âge des années 50. Le type de recrutement de l'élite dirigeante est remis en cause par l'opposition. Dans cette ambiance «fin de règne» la décentralisation est l'un des thèmes d'action qui permet au régime quelque peu essoufflé de montrer, en quelque sorte, sa verdeur. Les positions défensives sont le lot des régimes vieillissants qui ne cherchent qu'à se maintenir, ce qui est mauvais signe. Transformer le discours politique en réfutations des attaques qui lui sont adressées, c'est se mettre en position de coupable; position politiquement inconfortable. Le régime est obligé, alors, de prendre des positions offensives et d'en inspirer des actions.

Force est donc, pour un régime qui ne peut ou ne veut pas remettre fondamentalement en cause ses propres normes de comportement politique, de rechercher des démarches et thèmes déculpabilisants pour les opposer, positivement, à ses accusateurs: la décentralisation en est un. Du même coup, cela permet au régime talonné par l'opposition de faire de la surenchère libérale.

III. Portée de la décentralisation

Il serait souhaitable de nous interroger sur la portée de la décentralisation en Tunisie et sur les obstacles qu'elle pourrait rencontrer. Un certain nombre d'observations s'imposent.

9. Tout d'abord une observation d'ordre historique.

Toute idée de décentralisation suppose l'existence de liens sociaux fondés sur la solidarité territoriale. Elle se heurtera donc en Tunisie à la résistance de solidarités concurrentes, en voie de dépérissement certes, mais encore présentes dans la représentation que les hommes se font de leurs rapports sociaux. Il ne faut pas perdre de vue la remarque suivante: l'histoire de la Tunisie comme celle de la majeure partie des peuples afro-asiatiques, a subi une cassure du fait de la pénétration coloniale au XIXème siècle. Celle-ci a déclenché dans la société les plus profonds bouleversements de son histoire. L'un d'eux a été précisément la substitution – sous la poussée de facteurs économiques, urbains, idéologiques, etc... – du lien social territorial au lien du sang qui a historiquement constitué la base de la solidarité sociale en Tunisie. Les survivances de ces solidarités en voie de dépérissement travaillent encore dans le sens de la dénaturation du modèle «importé» et constituent donc de puissants facteurs de résistance à la solidarité territoriale dont la décentralisation est l'expression première [12].

Le Président Bourguiba a souvent dénoncé la résurgence dans la société moderne (particulièrement au niveau local) de comportements, attitudes, représentations dictés par les anciennes solidarités (a'rouchiah) qui ne sont pour lui que des archaïsmes. Souvent elles viennent troubler l'ordre nouveau et les règles du jeu du modèle territorial qui n'a donc pas tout à fait droit de cité dans la conscience collective.

10. La deuxième observation, c'est que la décentralisation suppose l'existence d'un domaine d'intervention réservé aux autorités décentralisées qui doivent pouvoir «légiférer» en fonction des besoins de la collectivité. Or, l'Etat nouveau se caractérise par une activité législative intense et massive qui ne permet pas, en fait et malgré les textes qui leur reconnaissent un pouvoir de réglementation, aux communes d'exercer cette fonction de législation locale.

Tous les secteurs de l'activité sociale sont réglementés par le centre dans leurs moindres détails. La commune devient donc une cellule d'exécution et non un centre de conception et la notion d'intérêt local devient donc une notion résiduelle: est d'intérêt local ce qui n'est pas d'intérêt national, c'est-à-dire très peu de chose. D'ailleurs dans le domaine resté de leur ressort, les communes attendent très souvent «les instructions» du centre sous forme d'arrêtés types ou de circulaires ou même par des voies informelles. Ce phénomène s'explique, il est vrai, par d'autres considérations, celles tenant notamment à l'univers politique du conseiller municipal (voir infra). Mais il s'explique également par la quasi inexistence d'un intérêt local protégé et réservé à la compétence exclusive des autorités municipales. Serait-il souhaitable qu'il en soit autrement? La question mérite d'être posée.

Ainsi, dans le domaine de la police administrative, là où devrait s'exercer le plus naturellement le pouvoir de réglementation, de contrôle et de surveillance des activités sociales au niveau local, il n'y a pas à proprement parler place pour une intervention autonome et spécifique des autorités municipales. Il existe des textes spéciaux et détaillés qui, de ce fait, amputent de larges portions des possibilités d'action communales. Ainsi en est-il en matière d'hygiène publique, de sécurité, d'urbanisme, de contrôle économique, etc...

Dans tous ces domaines les autorités municipales n'ont souvent même pas la qualité d'exécutants, encore moins de décideurs. Dans un pays sous-développé où la reconstruction ne peut être que nationale et étatique le phénomène est donc dans la nature des choses. Or, une décentralisation réelle implique que, sous le contrôle de l'Etat, la commune développe une action autonome et spécifique protégée et réservée, ce qui est en Tunisie encore inconcevable.

11. La troisième observation est que les communes enregistrent des insuffisances notables en moyens financiers et humains. Ceci va les conduire à un certain nombre de blocages. Or, cette incapacité physique et matérielle ne se remédie pas par la décentralisation mais par d'autres moyens. Trois solutions ont été trouvées, en Tunisie, pour remédier à ces blocages: l'assistance, le délestage, le regroupement. Nous n'évoquerons que les deux premières car ce sont elles qui constituent un empêchement à la décentralisation.

L'assistance est l'oeuvre de l'Etat qui l'accorde directement ou indirectement sous formes de subventions, prêts, assistances en personnel, en matériel, etc... C'est le remède classique à la carence des communes et celles-ci y ont largement recours.

C'est en effet sur leurs propres demandes que l'Etat prête son assistance aux communes et ces demandes sont parfois insistantes. Le monde des conseillers municipaux est le lobby le plus actif en faveur de cette assistance donc, en fait, de cette centralisation. Au lendemain des élections de novembre 1975 une rencontre avait été organisée par la télévision tunisienne sur les collectivités locales et la décentralisation à travers les réformes de mai 1975. Les observateurs ont pu remarquer que les conseillers invités, tous apôtres de la décentralisation, ne cessaient en fait et parfois sur le ton du reproche, de revendiquer une aide plus massive de l'Etat en nature et en argent. Il arrive même que l'Etat voulant confier certaines responsabilités nouvelles aux communes, se heurte à leurs oppositions. Ainsi en est-il en matière de gestion des maisons de la culture ou des maisons de jeunes. Les communes n'acceptent pas toujours les nouvelles responsabilités parce qu'elles craignent les charges supplémentaires. De ce fait il faut constater qu'assez paradoxalement, l'Etat est plus radical que les collectivités locales en matière de décentralisation puisque souvent il leur offre une décentralisation qu'elles refusent. Ceci vient encore prouver que la décentralisation fait partie de ces mythes politiques attractifs dont chaque homme politique veut se couvrir mais qui, en fait, sur le plan de la gestion administrative n'est pas toujours possible voire même souhaitable. Mais ceci est un grand débat, une polémique qui dépasse notre propos. Contentons-nous d'enregistrer que le centralisme peut être commandé par les autorités décentralisées.

La seconde forme de remède au blocage est le délestage. Dans ce cas on assiste à la création d'institutions à compétence verticale auxquelles l'Etat confie la responsabilité de missions et actions qui étaient jusque-là du ressort des communes. Ceci conduit évidemment à un grignotage des compétences municipales déjà assez réduites. On observe ce phénomène de délestage dans les domaines de l'urbanisme, de l'hygiène et du nettoiement, de la sécurité, etc... Ainsi, l'Agence Foncière d'Habitation, établissement public national, se substitue-t-elle en partie aux communes dans le domaine de l'urbanisme. L'office national de l'assainissement a hérité des attributions municipales en matière de nettoiement et d'assainissement et son intervention actuellement limitée à quelques grands centres urbains est appelée à s'étendre. De même, la protection civile (lutte contre l'incendie, les noyades en mer, secours en cas de catastrophes, etc...) qui est le secteur d'intervention le plus naturel des municipalités d'après les termes même de l'article 74 de la loi municipale, a fait l'objet de plusieurs modifications pour finir par constituer en 1977 une direction de la protection civile au Ministère de l'Intérieur avec des centres régionaux [13].

Les réformes de 1975 ont tenté de tirer les communes de cette incapacité en leur assurant une plus grande aisance financière par l'augmentation de leurs ressources. Mais sur ce point encore, il n'est pas sûr que la «suffisance» financière aboutisse à assurer plus d'autonomie à la commune. L'accroissement de la capacité financière des communes oblige l'Etat à intervenir de plus près pour contrôler la gestion financière municipale. Réaménager le système d'aide et de péréquation conduit également l'Etat à intervenir pour assurer l'équilibre entre communes riches et communes pauvres. Toute «décentralisation» passe donc par l'action de l'Etat sur le plan financier.

12. La quatrième observation est que le véritable obstacle à la décentralisation réside dans l'univers politique du conseiller municipal. Nous pouvons noter les points suivants.

Le premier est que des élections disputées n'ont jamais réellement eu lieu en Tunisie. La légitimité élective n'est pas encore le critère de recrutement et la source d'autorité des pouvoirs qu'ils soient locaux ou nationaux. Cette légitimité est tenue en échec par la légitimité historique qui, malgré certaines usures, constitue encore la référence politique la plus forte du recrutement politique et l'incontestable source d'autorité. La légitimité élective, qui seule permet à des autorités locales d'avoir un statut véritablement autonome face au pouvoir d'Etat qui peut être assis sur une légitimité autre qu'élective (héréditaire, monarchique, historique, etc...), fait défaut.

La conséquence, deuxième point, est que le conseiller municipal apparaît plus comme une recrue que comme un leader [14], ce qui a une répercussion directe sur son statut, son rôle et son influence dans la vie politique. Le responsable local est choisi et placé à la tête de la localité par des organes du parti selon des mécanismes de vérification et de test des allégeances politiques, d'examen de la fidélité voire de la docilité politique. Désigné dans ces conditions il se trouve ainsi objectivement dans une situation de dépendance et il a lui-même, du point de vue subjectif, une représentation diminuée de son rôle. La psychologie politique du conseiller municipal n'est pas, en conséquence, revendicatrice. Au contraire, à cause de sa situation objective et de la représentation qu'il se fait de lui-même, il est conduit, d'une part, à sous-estimer ses propres revendications et à surestimer les ordres du centre, à se poser non comme titulaire d'un statut particulier dans une organisation de type «fédératif» mais comme un subalterne dans une organisation hiérarchique. Du point de vue juridique cela se manifestera par un décalage profond entre les pouvoirs et le statut juridiques octroyé par la loi aux autorités municipales et le contrôle auquel elle les soumet d'une part, et d'autre part les pouvoirs, statut et contrôle vécus par ces mêmes autorités. Tous les mécanismes juridiques fixés par le cadre législatif sont, de ce fait, dénaturés. De simples discussions ou entretiens avec des conseillers suffisent à convaincre puisqu'ils nous apprennent, par exemple, que les autorités municipales ne conçoivent pas de ne pas se conformer à des instructions ou de passer outre à des refus (tacites, exprès, écrits ou verbaux) des autorités centrales, encore moins lorsqu'ils émanent du Ministre de l'Intérieur. Parfois la découverte de leurs pouvoirs et statut juridiques fixés par la loi est pour eux un sujet d'étonnement. Quant au recours juridictionnel contre les décisions des autorités, il est impensable, malgré son existence légale.

Le troisième point est que les types de recrutement et de représentation politique des intérêts en Tunisie font que les responsables vivent dans un univers politique clos qui ne favorise pas «l'autonomie» des cercles et sous-systèmes qui le composent. Ceci est vrai, en particulier, des collectivités locales. Le conseiller municipal est pris dans l'engrenage d'un univers fermé où il se trouve – selon les différents rôles sociaux qu'il est appelé à jouer – en confrontation avec les mêmes cercles de personnes. Selon ses différents rôles (en tant que syndicaliste, membre ou responsable du parti, administrateur, député, etc...), il les retrouve toujours, soit en tant que supérieurs, soit en tant qu'égaux, soit en qualité d'inférieurs. Toujours est-il que les mêmes cercles se forment, se superposent et se recoupent à l'intérieur d'un même système animé par un seul parti, le PSD, symbolisé et figuré par un seul homme, Bourguiba, mobilisé par un même discours idéologique, le nationalisme, composé de personnes recrutées par cooptation après examen des allégeances. Il est, dans ces conditions, difficile aux sous-systèmes d'avoir une norme spécifique de conduite, ou une loi particulière pour guider leurs choix, actions, revendications, négociations. Le système politique monolithique – on peut tout autant dire uninomique – empêche «l'autonomie».

Tels nous semblent être les principaux obstacles à la décentralisation en Tunisie. Celle-ci ne peut donc tendre à plus d'effectivité qu'à la condition que des solutions soient retrouvées aux problèmes que nous venons d'évoquer. Le problème le plus crucial est celui de la représentation politique. En effet, donner au conseiller municipal une plus large assise électorale, lui assurer une légitimité démocratique élective, c'est bouleverser les règles du jeu politique et par voie de conséquence la représentation que les autorités municipales se font de leurs rôles et statut. C'est leur assurer une loi spécifique d'action dans les règles du jeu politique national ce qui est, à proprement parler, la signification profonde de la décentralisation.

C'est vers cette voie que semble vouloir s'acheminer la Tunisie. Après avoir connu un monolithisme quasi absolu de 1960 à 1980 le problème de la représentation politique en Tunisie s'achemine vers des voies plus libérales. Les élections municipales de mai 1985 seront les premières élections politiques à être placées sous le signe du multipartisme.

Le courant libéral qui anime la Tunisie depuis 1981 pourra-t-il enfin donner un sens réel à la décentralisation territoriale en Tunisie ?

Notes

[1] Administration composée de 12 membres nommés par le Souverain, d'un président et d'un secrétaire.

[2] Sur laquelle on pourra consulter:
- W. MARCAIS, L'urbanisme musulman, Actes du 5ème congrès des sociétés savantes, 1908 et du même auteur, La conception des villes de l'Islam, Revue de la Méditerranée, 1945.
- B. BRUNSCHVIG, Urbanisme médiéval et droit musulman, Revue d'Etudes Islamiques, 1947.
- Des Godins de Souhesmes: Tunis, histoire, moeurs, gouvernement, Paris, 1875.

[3] La Goulette, Bizerte, Le Kef, Sousse Sfax.

[4] Béjà, Souk El Arba, Nabeul, Mahdia, Monastir, Gabès, etc...

[5] Tozeur, Gafsa, Aïn Draham, Zaghouan, etc...

[6] Qui fut modifié par le décret beylical du 17 janvier 1914 et les textes subséquents, puis par le décret beylical du 20 décembre 1952. Il est à signaler qu'un texte du 29 décembre 1934 institua un régime particulier pour les communes rurales.

[7] Décret du 13 juillet 1922.

[8] Décret du 20 décembre 1952.

[9] Le territoire tunisien fut découpé en cinq régions ayant pour chef-lieu Tunis, Sfax, Bizerte, Le Kef, Sousse (décret du 13 juillet 1922).

[10] On pourra consulter sur l'administration locale, avant les réformes de 1975:
- H. BEN ABDESSALEM, L'administration régionale et communale en Tunisie, Mémoire D.E.S. droit public, Faculté de Droit de Tunis, 1973.
- M. CHATTY et B. LANDRIEU, Les collectivités locales en Tunisie, «Etudes et documents», C.R.E.A., E.N.A., Tunis, 1969.
- A. BEN AMOR, L'organisation municipale en Tunisie, Rev. Jur. Pol. Indép. Coop., 1968, p. 597.

[11] Celui-ci implique:
- l'existence d'une collectivité humaine occupant un territoire limité à l'intérieur de la collectivité nationale;
- l'existence d'un intérêt local;

– la reconnaissance par l'Etat de l'autonomie de cette collectivité par l'octroi de la personnalité morale avec ses attributs;
– la constitution d'une autorité chargée de gérer les intérêts locaux de la collectivité dans le cadre juridique fixé par l'Etat;
– et son renouvellement par le suffrage de la population locale.

12 Ibn KHALDOUN écrit dans la Muqqadima que le Kalife Omar disait: «Apprenez la généalogie et ne soyez pas comme les Nabatéens; quand on leur demande quelle est leur origine ils disent: de tel village!» Exemple d'opposition entre deux types de représentations de la solidarité sociale.

13 Décret du 4 mars 1977.

14 Voir Jean LECA: Administration locale et pouvoir politique en Algérie, A.A.N. 1971, p. 203, particulièrement p. 226.

The Concept of the Constitution (Switzerland)

Thomas FLEINER-GERSTER

1. Historical Development of the Concept of the Constitution of Switzerland

1.1. Introduction [1]

The idea to "constitute States" by means of written constitutions has its roots in the Hobbesian Concept of the "Covenant". On the same concept were based both the American Declaration of Independence and the French Revolution. The revolution of 1789 founded on the principle of separation of powers and the one of 1793 had the aim of implementing the "volonté générale" of the people according to the concept of Rousseau's "contrat social". Furthermore, it has certainly been influenced by the philosophy of enlightenment which deduced legal obligations from the natural law based on the ratio and to be found by means of logical reasoning.

Accordingly, the constitutions of the last century had different kinds of concepts: In their constitution the American States developed their desire for independence and outlined their concept of the Lockean and Pufendorf view of natural law.

The French Revolution tried to ensure the realization of the "volonté générale" which, according to Sieyès, was to be determined by the representatives. The Germans and Austrians tried to limit the power of the "Caesar" of the empire, or the king or prince of the territories, according to the idea of Hegel which was to constitutionally limit monarchy. Similarly, with their federal constitution the Americans established a framework limiting the federal power with regard to the States.

The constitution was – without any doubt – also a means to demonstrate the sovereignty of the State. It was, therefore, the consequence of a secularised State depending on the people's will and not on the grace of God which was to be proclaimed by the king. Furthermore, the constitutional concept also depended on the relationship between Church and State. With regard to the international establishment of the sovereignty, it was an instrument to promote and to ensure the national unity during the 19th and the 20th century.

1.2. *The Influence of the French Revolution on the Concept of the Constitutions of the Cantons of Switzerland*

During its occupation [2] by the French revolutionary forces, led by Napoléon Bonaparte, Switzerland was a centralized State divided into several cantons (departments) directed and controlled by a prefect. This concept of a totally unified State was contrary to the traditional concept of cantonal sovereignty. But already Napoléon had been forced to modify the constitution and to reduce the centralism thus granting cantons a certain autonomy [3]. After the fall of Napoléon, the central government was abolished and, in 1815, the cantons regained their previous sovereignty. They established their ancient oligarchical political structure, excluding from any kind of political power citizens without fortune and those who did not belong to the old families.

The French Revolution of July 1830 establishing a constitutional monarchy, had even more impact in Switzerland than in France. Following this revolution the liberals of several cantons overthrew their conservative government and installed a constitutional council (parliament) having the power to establish a new liberal constitution to be adopted by the people. These cantonal constitutions of the mid 19th century had to ensure a liberal government controlled by the parliament. As the constitution itself had to be adopted by the citizens, it was already at this time, to a certain degree, an instrument allowing the people to impose its will on the legislature and on the government.

Thus, in the mid 19th century, already the constitution not only "constituted the state and the government", it also was a means of enabling the citizens to influence the statutory power of the legislative and executive power of the government. The influence of the ancient direct democracies in the cantons on the one hand, and the French idea of a representative government on the other, led to this concept of the constitution, which was, at that time, unique. Even the most extreme radicals of the French Revolution never promoted the idea of a constitution to be adopted by the people. Some of them only required the representatives to ask their constituency by means of a certain kind of referendum whether it agreed with their policy.

During the second half of the 19th century, the *democratic concept* of the constitution gained more influence. The citizens were not only given the right to adopt the constitution by a compulsary referendum, they also regained the right to modify the constitution through initiatives they themselves had formulated and which were to be submitted to the referendum of the people by the parliament. In some cantons the democratic rights were extended. These cantons granted the citizens the right to adopt and modify laws, to ratify intercantonal and international treaties, to agree to financial expenditures, and to elect the members of the government, the judges and in some cases even the teachers.

So, in the cantons the constitutions became the instrument ensuring democratic rights and enabling the citizens to influence the political activity of the organs of the state according to their own will. The separation of power concept favored by the French Revolution had only a limited influence in Switzerland. The people being the sovereign, it thought it did not need to diminish its own sovereignty. Only the power delegated to the parliament, the executive and the judiciary had to be separated. But within the sovereign, origin of all functions, powers are to be united. Thus the sovereign had all rights as far as it was the constituant power of the canton delegating the power and implementing the checks and balances between the legislative, the executive and the judiciary.

1.3. The Establishment of the Federal Constitution

In 1847 the liberals controlled the majority of the cantons[4]. Thus they wanted to enforce their ideas on the federal level with a central government imposing its liberal ideas on conservative cantons. From 1815 to 1848[5] Switzerland was no sovereign State but only a community based on the sovereignty of cantons. In order to establish a federal government the cantons first had to delegate the sovereignty needed for a modern state.

Thus the priority had to be given to a constitution conveying to the federal government, only those powers necessary to establish a limited national unity. Therefore, the Constitution of 1848 can be qualified as a constitution drafted as an international treaty establishing central organs with the power to impose legal obligations on individuals. It could only be modified by the majority of the votes both of the citizens and of the cantons.

The preamble commences with a reference to God Almighty. This reference has been used in almost all previous treaties of the corporation of the Swiss cantons. The Constitution then mentions the sovereign cantons willing to create the new Confederation. The following articles belonging to the first part of the Constitution mainly deal with the relationship between the federal government and the cantons. They provide for minimal standards to be observed by cantonal constitutions, for the obligation of the federation to ensure cantonal sovereignty and for the powers given to the Confederation by the cantons.

The Constitution does not contain a "Bill of Rights". Some fundamental liberties mentioned in the first part of the Constitution impose limits on the cantonal sovereignty which has to guarantee those rights, much more than they grant individuals liberties enabling them to defend themselves against the state power. With the influence of other modern constitutions and the extension of the jurisdiction of the Federal Supreme Court the spirit of these articles has been changed strongly.

The second part of the Constitution regulates the organization of the organs of the federal government. The separation of power doctrine had a certain impact on this part. The Founding Fathers used every possible means to limit the power of the federal government. The concept of a collegial executive body of seven federal councillors having equal competences, the connected powers of the two legislative chambers, i.e. of the national council [6] and the council of the states [7], deciding in separate meetings on the same issues, and the fact that federal councillors cannot be citizens of the same canton, all these devices were used to diminish the already limited power of the federal government.

The third part of the Constitution deals with the procedure for amending or modifying the Constitution. Although the citizens had the right to vote on every constitutional amendment, they did not at that time have the right to propose concrete amendments by way of initiatives. This right was introduced only in 1891 [8]. Thus, the Federal Constitution of 1848 was based on the concept of traditional liberalism granting all important legislative power to the parliament representing the people.

2. The Constitution as a Democratic Instrument

2.1. Development of the Swiss Democracy

According to the Constitution of 1848, the citizens had to ratify proposals amending or modifying the Constitution which had been established by parliament. They could also initiate the procedure to amend the Constitution but they could not submit concrete proposals for its modification.

In 1874, the citizens and the cantons adopted a new Constitution in which the citizens were given the right to require a legislative referendum [9], in 1891 they obtained the right to initiate concrete constitutional amendments [10]. In 1921 [11] and 1977 [12] the right of the citizens to participate in the treaty-making power of the State has been granted to a certain extent and 1971 [13] the women were given equal political rights.

Nevertheless not all proposals concerning the extension of democratic rights have been adopted. Some important democratic institutions introduced on the cantonal level have been rejected at the federal level. The right of the citizens to elect the members of the federal council, which has been proposed several times [14] has consistently been rejected. The same has to be said concerning the financial referendum [15] which would grant the right of the citizens to approve certain federal expenditures. It equally applies to the right to initiate new statutes.

2.2. *The influence of Democracy on the Constitution*

The amendment of 1891 [16] granting the right to 50.000 (since 1977 100.000) citizens to require a popular referendum on a proposed constitutional amendment had far-reaching consequences for the concept of the Swiss Constitution. With this modification the Constitution was used more and more as an instrument to impose political directives on the federal government through constitutional amendments initiated by the citizens. Thus, since the beginning of this century, practically all important political issues have been decided by popular vote.

Although the chances to get a popular initiative adopted by the citizens are 1 to 20, quite a few initiatives did nevertheless lead to constitutional amendments implementing some of the principle ideas formulated in the initiative and submitted to the citizens as counter-proposals [17] by the parliament. In certain cases initiatives, although rejected, influenced the legislative process on the federal and in some cases on the cantonal level.

Thus, the Swiss Constitution has a purpose which, for instance, is not comparable to the fundamental law of the Federal Republic of Germany. Due to the fact that citizens can submit all political issues interesting more than 100.000 individuals [18] through constitutional amendments, citizens have had an impact on ordinary elections, on party-politics, parliamentary activity and the political program of the government. Although in general elections, parties do compete with one another not only through their candidates, but also through their political program, the latter does not influence many voters. They vote according to their family tradition and opt for the candidate they like, even if he does not belong to the traditional party. They know that the main political issues will not be decided by elections.

All the important political issues, such as atomic plants, energy, environment, joining the United Nations, abortion, workers participating in management decisions, minimal wages or reduction of working hours have to be decided in special constitutional votes. Therefore, they do not influence the political citizen with regard to his party favourites.

This new democratic concept of the Constitution also had an impact on the wording of the Constitution itself. The Swiss Constitution contains more and more articles which can be read like a political program. They impose aims to be achieved; they contain general principles to be observed and enumerate the possibilities open to the legislature. In the last century, the cantons gave the federal power less precise competences such as, for instance, the general power to regulate all questions regarding railroads [19], whereas today, the proposed article on energy [20] contained detailed provisions concerning the general principle of how to use energy reasonably, of how to delegate the power to the federation to issue some specified statutes. Further it limited the means available to the federal legislature not to infringe on the free-market system and not to provide new energy rates. Although the proposed article defended a very liberal concept of energy-saving, it has not been adopted by the sovereign.

3. The Constitution as an Instrument ensuring Federalism

3.1. The Basic Federal Options of the Constitution

In most states the residual power is located in one of the authorities of the central government. The supremacy of the British parliament enables it to extend, or to abolish, the autonomy of local authorities even if they have been granted autonomy by order of the King. Conversely, the residual power in Switzerland is held by the local authorities. Without a statutory basis neither the federal government nor the cantons have any state authority, only the municipalities have original power. Without constitutional authority, the Confederation cannot issue statutes, only cantons have an original power to issue statutes. The Confederation can only dispose of the power assigned to it by the Constitution.

According to article 3 of the federal Constitution, the cantons are sovereign, if this sovereignty is not limited by the Constitution. In other words: the Confederation and, of course, the federal legislature can only issue laws, if the Constitution allows it. If the Constitution does not delegate a specific power to the Confederation, the federal legislature has no right to regulate a particular matter. In several cantons a corresponding principle is also applied to regulate relations between cantonal and local authorities. In several leading cases [21] the Federal Supreme Court has ruled that cantonal authorities cannot infringe on the autonomy of the municipalities without legal basis, such actions being considered ultra vires.

According to article 1 of the federal Constitution, the cantons founded the Confederation as sovereign states. Thus, according to the spirit of the Constitution, the residual power must not to be held by the central authorities, but by the cantonal or local authorities representing the smallest corporative and democratic units, which represents the basic element of our federal democracy.

It is true, of course, that the federal Constitution can always be changed by the majority of the people and the cantons [22]. Neither municipalities nor cantons are granted a veto-right against a possible assignment of new federal power. The final competence to extend the competences of the Confederation is assigned to the constitutional authority of the federation. This authority, however, is composed of the national body of citizens on one hand and of the cantons on the other hand. Thus federal administrative authority depends on constitutional and statutory delegation, the cantonal administration on statutory delegation and on the local administration on the decision of the democratic local body.

Thus, the Confederation of Switzerland is not a decentralized State giving autonomy to the cantons, it is a State which deduces its power from the consent of the cantons and of the people. The Constitution conveys a limited power to the Confederation, a power which has itself been given by the cantons and the people.

3.2. Political Implementation of Federalism

The largest canton with regard to its territory is the canton of Graubünden, it covers 17 % of the entire territory of Switzerland. The smallest of the 23 full cantons [23] is the canton of Zug. It covers only 0,57 % of the entire territory of Switzerland. The differences among big and small cantons with regard to population are equally significant. Of the 6 millions and 300 thousands inhabitants 17 % live in the canton of Zurich and only 0,54 % in the canton of Uri!

In spite of the great difference between the cantons, the Swiss Constitution is based on the principle of equal sovereign rights of all cantons [24]. Constitutional amendments require a double majority: the majority of the voting citizens and the majority of the cantons [25]. Each full canton has one vote (one canton, one vote) notwithstanding its size and its population. Unlike most other confederations, all cantons have the equal right to elect two cantonal councillors in the second chamber [26], i.e. the council of states sharing equal powers with the first chamber, the council of the nation representing the Swiss population. "One man, one vote" and "one canton, one vote": both principles are equally considered by the federal Constitution.

The cantons, however, do not only have a formal impact, on the legal power of the Confederation, they also largely control the political decisions of the federal authority. Most federal parties are composed of loosely associated cantonal parties. The decisive political decisions of the parties are prepared at cantonal and not at federal level. It is up to the cantonal party to choose not only the candidates for the cantonal representatives in the council of the states, but also the representatives in the national council. This is certainly due to the fact that, according to the Constitution, the cantons are also the constituencies for the national chamber, although the number of representatives sent to the national council is proportionate to the number of inhabitants living in the canton[27], they are expected not to represent the canton but the national body of citizens.

As most of the federal laws are to be executed by the cantons, the federal government and the parliament need the advice of the cantonal governments before they draft new statutes or constitutional amendments and, in certain cases, even new regulations. Thus the federal Constitution endeavours to give the cantons every possible control over the making of federal politics.

3.3. Three Levels of State Authority

According to article 3 of the federal Constitution, the cantons are sovereign States. The notion of sovereignty used in this provision has not to be taken in its formal sense, i.e. absolute power, but in the sense that cantons exercise original state authority, that they are the recognized corporations capable of issuing laws and statutes and, therefore, of exercising original power without depending on any other legitimacy than that of the will of their citizens. The latter having, of course, to observe the federal laws. As already pointed out, sovereignty also means "residual power".

Thus, the Swiss Confederation is a State with at least two state levels. As the cantons are autonomous in organizing their "state", they decide what kind of autonomy they will give to their smaller units, i.e. to the local authorities. As practically all cantons have autonomous local authorities, it seems to be a fair statement to say that Switzerland is a State with three state levels.

So, according to the Constitution, the citizens of Switzerland have three citizenships: the local or municipal, the cantonal and the federal[28]. Although one can only have the three citizenships at the same time or none at all, each authority has a certain autonomy in granting its citizenship. The Confederation determines the minimal standards for receiving the citizenship, the local authority, on the other hand, proposes aliens which are to be granted citizenship and the cantonal government has to make the final decision.

As citizens and inhabitants of Switzerland belong to three "states", they are also required to pay three different kinds of income tax: federal, cantonal and local. The three authorities have to share the income tax to be paid by the Swiss tax-payer. In order to prevent the federal legislature from taking the revenue of the cantons the federal Constitution fixes the maximum rates to be levied by the federal government[29].

Contrary to the American federal system, but similar to the German one, the federal laws are normally applied by cantonal authorities. In most constitutional articles the federal legislature is obliged to delegate the canton the power to apply the federal laws. Conversely, statutes in Germany can be adopted exclusively on the federal level, if the federation has been assigned the legislative power in the respective field. Most federal statutes, on the other hand, require cantonal laws organizing and implementing the federal law. In certain cases the cantons can even add prescriptions or standards amending, concretizing or interpreting general federal principles. Organizing the execution of the federal law, the cantonal legislature often refers to the local authorities which are more and more obliged to assume the charge of executing federal and cantonal statutes.

3.4. Centralization of the Welfare State

The important impact federalism has in Switzerland did not prevent centralization caused by the tremendous needs of the welfare state, the challenge of the economic crisis of the last 60 years and the "war-economy" imposed during the first and the second world war. Since 1874 the sovereign has adopted more than 100 constitutional amendments most of them delegating cantonal powers to the federal government. The cantons not being able to cope with their problems had to waive their sovereign rights to the federation.

The question to be answered in the last 60 years has not been as it was 1848 for the Founding Fathers: Not "which powers need to be delegated in order to establish a weak but nonetheless functioning federal government" but: "which powers need to be assigned to the federal state to ensure social and economic justice".

This kind of reasoning has diminished cantonal sovereignty to a large extent. Nevertheless, according to recent growing tendencies, politicians seem to be willing to stop further centralization and, in some cases, even to give competences back to the cantons.

4. The Economic and Social Impact of the Constitution

Contrary to most other constitutions of the western democracies the Swiss Constitution ensures a free-market system. Article 31 guarantees the freedom to establish and to exercise commercial activities. This article was only introduced in the Constitution of 1874. The promoters of this article focussed primarily on the economic protection given by certain conservative cantons. Therefore, the open market system aimed at establishing an economic unity of Switzerland respecting the free competition despite cantonal borders.

As this purpose has been achieved in the last century the new aim of this article is to ensure the free-market system and to prevent the state bureaucracy from infringing on those liberties.

While France nationalized the most important industrial and economic branches, Switzerland, respecting the property of individuals, was forced to issue many economic regulations in order to support the system of free competition, on the one hand, and, on the other, to protect threatened branches of the economy and geographical regions from harmful competition with which they could not cope. All those regulations need a constitutional basis, because according to the Constitution and the political practice of the parliament, the Constitution, by ensuring the freedom of commerce, denied all federal, cantonal and local authorities the right to infringe on the freedom of economy without constitutional basis. The residual power of cantons and local authorities has thus been limited to a large extent.

Constitutional amendments subject to democratic proposals by the citizens did, on several occasions, extend the power of the Confederation to regulate social problems. Although the sovereign consistently rejected any attempt to introduce "social rights", such as the "right to work", the "right to education" or the "right to have an appartement", it accepted, by putting forward general constitutional proposals, to force the Confederation to achieve social justice in the field of old age [30], disability [30], unemployment [31], illness and accident insurance [32] and the protection of workers [33], consumers [34] and tenants [35].

With regard to the old age, disability and unemployment insurance, the Constitution stipulates that everybody including rich and poor must take part in the national social insurance enabling all old and disabled people to receive a pension which ensures a minimal income necessary to subsist. This concept of solidarity between young and old, rich and poor has been adopted by an overwhelming majority of the citizens [36] convinced of the necessity to implement solidarity after World War II. The general old age and disability insurance of the Confederation will now be supplemented by a statute obliging all employers to insure their employees against the risks of disability and death, on one hand, and for a reasonable pension in case of retirement, on the other [37].

As most important political issues are decided on the constitutional level, items such as protection of environment [38], saving of energy [39] and codetermination [40] have either been adopted by constitutional amendments or the proposed amendment has been rejected.

5. Civil Rights

5.1. Introduction

Democracy and federalism have their roots in the ancient history of the rural corporations and town councils. Democracy has been promoted by the ideas of the French Revolution, while federalism was favoured by the conservative cantons in order to prevent a centralized unity of the Swiss democracy. Both principles have been renewed and developed on the basis of an old tradition.

This is not the case for economic freedom and for individual liberties, the property rights being the only liberty ensured by the ancient authority and granting autonomy to the free man as "pater familias". Only in the aftermath of the British Bill of Rights, the French Revolution and the philosophy of enlightenment the idea of guaranteeing individual liberties against the state developped in Switzerland. However, neither the cantonal nor the federal Constitution introduced a proper bill of rights.

Previously those individual liberties were considered to be political rights. Thus, they did not get the judicial protection they needed. Only at the end of the last century and specially after the nineteenfifties was this protection improved. The constitutional tradition which was lacking with regard to the protection of these rights may be the main reason why they get a certain constitutional protection. However, the administrative remedies (mandamus, certiori, habeas corpus, injunction, prohibition, declaratory judgement and action for damages) of England and the United States and the constitutional remedies (constitutional review of legislative decisions) in the United States and in Germany, giving efficient protection to these rights, are much better developed than in Switzerland.

5.2. Written Constitution

According to the decisions of the Federal Supreme Court individual rights not explicitly mentioned in the Constitution may also be protected if certain conditions are fulfilled. However, the rights which are enumerated in the Constitution have priority. Those rights are: property[41], freedom of economy[42], freedom to choose one's domicile[43], freedom of religion and of cult[44], freedom of press[45] and freedom of association[46].

5.3. Unwritten Constitution

To those rights the constitutional court added the right to personal integrity and personal freedom[47], the freedom of expression[48] and the freedom of assembly[49] though not of demonstration[50]. Contrary to high courts of countries such as England or Israel with no written constitution but with the provision that violation of any kind of liberty without statutory power is an act ultra vires, the Federal Supreme Court only granted those liberties as unwritten constitutional rights which are connected to the fundamental principles of our legal system, such as democracy and dignity of man.

5.4. Equal Protection

Article 4 of the Constitution provides equal protection for all Swiss citizens before the law. This narrowly formulated provision of the Swiss Constitution has prompted important jurisdictional and constitutional developments. The judge of a common law country such as England depends on three sources of the law: the statutes, the common law and the prerogatives of the king which have even been inherited by countries without a royal tradition but still depending on the common law system.

The common law developed the principles of fair justice and due process, the prerogatives of the king enabled the development of important remedies such as certiorary, madamus, etc..., habeas corpus, prohibition and injunction already being granted on common law grounds.

As the legal sources of the Swiss judge are restricted to the positive and, exceptionally, to the customary law, the Swiss Supreme Court developed practically all remedies and all principles with regard to criminal and administrative procedure by interpretation of article 4 of the Constitution. This creative development of due process and administrative law is unique. It may have been the reason, why the idea to adopt a code for administrative procedure came forward in 1968 already[51].

With regard to the constitutional development, it is interesting to mention that article 4 of the Constitution was amended in 1981[52] with a provision granting equal rights to women. Of course women enjoyed a certain protection under article 4 already before, but the Supreme Court, on historical grounds, rejected a petition of women demanding equal political rights. Equal protection of political rights needed a constitutional amendment to be adopted by the sovereign in 1971[53].

An interesting constitutional issue with regard to this constitutional amendment is the fact that the State not only has to protect equal rights for women with regard to state actions, but also with regard to private decisions. Employers are forced to grant equal wages to men and women having equal responsibilities. Thus, the court will have to apply this new constitutional obligation, although the amendment does not provide a special remedy for enforcing this right.

6. Flexibility of the Constitution

6.1. Modification of the Constitution

The Swiss Constitution can be modified by parliament or by initiatives which, since 1977, have to be signed by 100.000 citizens [54]. This is the procedure provided for partial modifications. The making of a completely new Constitution can be proposed by parliament or by the people adopting a corresponding initiative signed by 100.000 citizens [55]. In both cases the new Constitution has to be elaborated by parliament.

Every constitutional amendment can only come into force, if it is adopted by both the majority of voting citizens and the majority of cantons [56]. If urgent measures have to be taken, a special procedure can be followed ensuring the political rights of the citizens to adopt or to reject those measures after their coming into force [57].

Comparing these procedures provided for the modification of the Constitution with the requirements of the United States, the Swiss Constitution is very flexible. Thus, it has been modified more than a hundred times since it entered into force in 1874. Logically, the constitutional principles were not subject to creative jurisdictional development as they were in the United States. In exceptional cases only, could the Swiss Supreme Court develop constitutional principles [58]. In general it had to leave constitutional amendments to the political body: the sovereign.

The German fundamental law prohibits any modification restricting fundamental rights of the people. Such restrictions are unknown to Swiss constitutional concepts. According to our Constitution, 100.000 citizens or parliament can propose any kind of modification [59]. As long as the procedural requirements are observed, the proposed modifications must be submitted to the citizens and the cantons. If they are adopted, the amendment comes into force.

6.2. Emergency Power

Apart from the special provisions relating to urgent measures, the Swiss Constitution does not contain any special article giving exceptional powers to special authorities in cases of emergency. In World War I and II the parliament delegated general powers to the federal council without having the constitutional power to do so. As in both cases the decisions were adopted unanimously, they were not questioned.

Considering these cases, the Swiss prefer not to regulate the emergency case in the Constitution leaving necessary flexibility to the parliament which has to adopt measures appropriate to the situation.

In case of military danger the parliament elects a general [60] who, according to the Constitution, is commander in chief of the army. The federal council appoints him to organize and to instruct the military defence of the country. In case of war, the general disposes of all men and matters of the country.

Conversely, some cantons have introduced special emergency powers in their constitutions making the government responsible for coping with natural or human disasters.

7. Conclusions

Switzerland has never had a sovereign king or prince or sovereign head of State. The political power always remained in the hands of the people. Thus, the Swiss Constitution is an instrument established by the people and the cantons (the sovereign) depending on the sovereignty of the small democratic units of the cantons and the municipalities. There is no state-president, successor of a previous monarch. The federal council, the parliament and the court are obliged to execute the will of the sovereign.

The sovereign expresses its will through the Constitution. The Constitution is not a covenant which gives legitimacy to the State authorities. It is not a fundamental law in the sense of the Grundgesetz of the Federal Republic of Germany and it is not an instrument implementing the checks and balances between the governmental branches, neither can it be considered a bill of rights declaring unalienable rights in the Lockean sense.

It has evolved from an international treaty on sovereign powers establishing a federal government to an instrument allowing the sovereign people and cantons to impose their will on the federal authorities.

Notes

1 More on the philosophical background in Thomas Fleiner-Gerster, Allgemeine Staatslehre, Berlin/Heidelberg/New York 1980.

2 French occupation of Switzerland and proclamation of the Helvetian Republic on April 12, 1798.

3 February 19, 1803 Mediation Acts: No longer subject to the Emperor alone.

4 The cantons of Geneva, Vaud, Berne, Solothurn, Aargau, Zurich, Schaffhausen, Thurgau, St. Gall, Appenzell, Glarus, Tessin, and of the Grisons.

5 1815-1830 Restauration period, 1830-1848 Regeneration period

6 200 representatives elected according to the system of proportional representation.

7 2 representatives from each canton, totalling 46 deputies in the council of the states.

8 Articles 118-121 of the Federal Constitution of Switzerland (hereafter referred to as the Swiss Constitution) as a result of the referendum on July 5, 1891.

9 Article 89 of the Swiss Constitution: referendum optional for acts and resolutions of Parliament.
10 Articles 118-123 of the Swiss Constitution, accepted by the people in a referendum on July 5, 1891.
11 Treaties for an unlimited period or for a period longer than 15 years subject to the referendum (Addition to Article 89 of the Swiss Constitution by referendum of January 30, 1921).
12 Restructuring of the referendum for treaties (Article 89 of the Swiss Constitution amended by referendum on March 13, 1977).
13 Referendum of February 7, 1971 on Article 74 of the Swiss Constitution.
14 Election by the people of the Federal Council and an increase in the number of councillors proposed in referendums on November 4, 1900 and January 25, 1942.
15 September 30, 1956: Proposal (in the form of a counter-proposal of Parliament to the initiative of the people) rejected for the addition of an Article 89 ter to the Swiss Constitution regarding parliamentary expenditure resolutions. May 18, 1952: rejected for armaments financing and the protection of social achievements.
16 Articles 118-123 of the Swiss Constitution.
17 Article 121, paragraph 6 of the Swiss Constitution.
18 Referendum of September 5, 1977 (which also increased the number of signatures required to request a referendum from 30.000 to 50.000 signatures).
19 Article 26 of the Swiss Constitution.
20 Proposed Article 24 octies rejected in the referendum on February 27, 1983 by the lack of a majority of the cantons.
21 For instance BGE (Decision of the Federal Supreme Court) 103 I a 195 E.3. Further discussion of this problem in: U. Zimmerli, ZBl 73/1972, p. 263-4.
22 Article 123 paragraph 1 of the Swiss Constitution.
23 Since the founding of the Jura canton in 1978 Switzerland consists of 20 whole and 6 divided cantons (Baselland – Baselstadt, Obwalden – Nidwalden, Appenzell Innerrhoden – Appenzell Ausserrhoden).
24 Article 3 of the Swiss Constitution.
25 Article 123 of the Swiss Constitution.
26 Article 80 of the Swiss Constitution.
27 Articles 72 and 73 of the Swiss Constitution.
28 Article 43 of the Swiss Constitution; see also Article 4 of the Federal Law concerning the Acquisition and Loss of Swiss Citizenship of September 29, 1952.
29 Article 41 ter, paragraph 5, letter c of the Swiss Constitution.
30 Article 34 quater of the Swiss Constitution.
31 Article 31 quinquies of the Swiss Constitution.
32 Article 34 bis of the Swiss Constitution.
33 Article 34 ter of the Swiss Constitution.
34 Article 31 sexies of the Swiss Constitution.
35 Article 34 septies of the Swiss Constitution.
36 862.036 to 215.496 in favor of the social insurance system in the referendum on July 6, 1947.
37 Article 34 quater, paragraphs 3, 4, and 5 of the Swiss Constitution.
38 Article 24 septies of the Swiss Constitution.
39 Proposed Article 24 octies rejected in the referendum on February 27, 1983 by the lack of a majority in the cantons.
40 Referendum on March 21, 1976 rejected both the initiative of the people and the counter-proposal of Parliament.
41 Article 22 ter of the Swiss Constitution.
42 Articles 31 and 31 bis of the Swiss Constitution.
43 Article 45 of the Swiss Constitution.

[44] Article 49 of the Swiss Constitution.
[45] Article 55 of the Swiss Constitution.
[46] Article 56 of the Swiss Constitution.
[47] Recognized as an unwritten constitutional right for the first time by the Federal Supreme Court in BGE 89 I 92, see also the June 8, 1976 decision of the European Court of Human Rights (in EuGRZ 1976, p. 221 ff.).
[48] BGE 96 I 219, according to BGE I a 182 E. 2 a freedom of expression also guarantees freedom of information.
[49] BGE 96 I 219.
[50] See BGE 100 I a 392 E.4b (Zuger Street-Theatre Case).
[51] Text in: Systematische Rechtssammlung des Bundesrechts, 172.021.
[52] Referendum of June 14, 1981.
[53] Article 74 of the Swiss Constitution (see footnote 6).
[54] Article 121, paragraph 2 of the Swiss Constitution (see footnote 5).
[55] Article 120, paragraph 1 of the Swiss Constitution.
[56] Article 123 of the Swiss Constitution.
[57] Article 89 bis of the Swiss Constitution.
[58] For instance, regarding the following unwritten constitutional rights: – personal freedom, – right to life, – inviolability of dwelling places, – freedom of languages, – freedom of expression, – freedom of information, – freedom of assembly, etc... .
[59] Articles 120 and 121 of the Swiss Constitution.
[60] Article 85, number 4 of the Swiss Constitution.

Nouvelle loi sur l'autogestion territoriale en Pologne

Witold ZAKRZEWSKI

1. Le 20 juillet 1983 la Diète de la République Populaire de Pologne a voté la loi «Sur le système des conseils du peuple et de l'autogestion territoriale» [1]. Elle est entrée en vigueur le 1er juillet 1984 à la place de la loi antérieure sur les conseils du peuple du 25 janvier 1958 plusieurs fois amendée [2]. Simultanément elle a aboli deux autres lois, notamment la loi du 25 février 1964 sur l'édiction de dispositions juridiques par les conseils du peuple [3] et du 28 mai 1975 sur la division administrative de l'Etat à deux échelons [4].

L'importance constitutionnelle de la nouvelle loi est essentielle. Elle concerne des problèmes à intérêt fondamental pour le fonctionnement de l'Etat, ce qui lui donne un caractère d'acte directement subordonné à la Constitution et lié, quant au fond, avec la problématique constitutionnelle.

Dans l'Etat contemporain organisant activement la vie sociale, culturelle et économique, les problèmes de la division territoriale et du système des organes territoriaux d'Etat ont pris une importance nouvelle et particulière. L'étendue élargie des tâches de l'Etat contemporain prenant à sa charge la responsabilité pour l'état de satisfaction des besoins sociaux et, en conséquence, administrant et développant une large activité de services, n'entre plus dans le cadre des modèles organisationnels traditionnels. Elle oblige à modifier son rapport juridique à l'égard des actions locales ou régionales, restant auparavant en dehors de ses préoccupations et devenant actuellement l'objet de sa responsabilité. La solution convenable de ces tâches exige l'adaptation des décisions de l'Etat de la disposition des moyens matériels et de l'entreprise d'actions organisatrices conformément aux réalités socio-économiques du territoire. Cela signifie qu'aussi bien la délimitation rigoureuse des sphères d'activité de l'Etat et de l'autogestion, propre à l'Etat libéral de la moitié du XIXème siècle, que les tendances à optimaliser l'activité de l'Etat par voie de pouvoirs bureaucratiques centralisés conférés à des administrateurs qualifiés, sont déjà des survivances.

L'Etat socialiste oppose au modèle de centralisme bureaucratique le modèle de centralisme démocratique. La difficulté consiste pourtant en ce que ce modèle est soumis à des déformations bureaucratiques. Lénine apercevait déjà leurs prémisses et les critiquait sévèrement. Au cours du demi-siècle dernier elles se manifestaient dans différents Etats socialistes avec une diverse intensité et étaient combattues de différentes manières. En Pologne Populaire, elles provoquaient des tensions croissantes entre les principes démocratiques du régime et les réalités de la pratique bureaucratisée. Leur critique se manifestait avec une force particulière aussi bien pendant la crise d'octobre 1956 qu'au cours de la crise d'août 1980. Les décisions politiques du IXème Congrès Extraordinaire du Parti Ouvrier Unifié Polonais de juillet 1981, ainsi que les résolutions convergentes des comités directeurs du Parti Paysan Unifié et du Parti Démocrate, ont constaté la nécessité de transformations essentielles de l'appareil territorial d'Etat, devant lier l'activité de l'appareil d'Etat avec l'autogestion sociale. Elles doivent conduire à un renforcement essentiel du rôle constitutionnel des conseils du peuple en tant qu'organes représentatifs de la population des unités territoriales réalisant par leur intermédiaire l'autogestion sociale, et permettre de baser l'autogestion territoriale sur une décentralisation profonde de la gestion des affaires dont la solution doit relever de la compétence des conseils du peuple en tant qu'organes territoriaux de l'autogestion sociale de la population.

2. L'un des problèmes clés pour la position constitutionnelle réelle des conseils du peuple et de leur rôle en tant qu'organes du pouvoir d'Etat et de l'autogestion de la population, est la question de l'étendue de leurs compétences ainsi que la possibilité de leur réalisation autonome à l'aide de l'appareil exécutif subordonné aux conseils.

La loi de 1950 définissant les conseils du peuple comme des «organes locaux du pouvoir d'Etat uniforme» leur a attribué des compétences juridiquement limitées avec une autonomie limitée de leur réalisation. La loi de 1958, décrétée dans des conditions où l'on critiquait l'impuissance des conseils du peuple, «visait à renforcer l'autonomie des conseils du peuple tout en fixant les droits de surveillance indispensables pour la réalisation de la politique uniforme de l'Etat», ainsi qu'à «définir le champ d'activité des conseils du peuple et à élargir leurs droits». Pour réaliser ces principes la loi adoptait la règle de la présomption générale de la compétence des conseils du peuple dans toutes les affaires du domaine du pouvoir et de l'administration d'Etat [5]. Cette présomption devait agir en faveur du conseil de district dans les cas où les dispositions n'en statuaient pas autrement [6]. Cependant, la question de l'autonomie des conseils du peuple dans la réalisation des compétences ainsi déterminées n'était pas réglée uniformément. Si l'on admet que les principes généraux définissant les buts de la surveillance sur les conseils du peuple et leurs organes décidaient de l'exercice régulier par les organes de surveillance des compétences qui leur sont transmises, l'étendue de l'autonomie des conseils pouvait devenir considérable. Mais, si l'on admet que les dispositions attribuant au Conseil des Ministres les droits d'orienter le travail des présidiums des conseils du peuple et de leur donner des directives [7], et que des dispositions légales analogues autorisant les ministres à donner des directives aux sections correspondant à leur ressort [8] pouvaient être appliquées indépendamment, l'autonomie des conseils devenait dans une grande mesure illusoire. L'étendue et le mode de réalisation de leurs résolutions et, en conséquence, le contenu réel de leur activité réglementaire, dépendaient des directives centrales transmises par voie administrative. L'amendement de la loi accompli en 1963 visait sans aucun doute, à renforcer l'influence des conseils du peuple et de leurs commissions sur l'activité de l'administration – il n'a cependant pas tranché le dilemme. Par contre, la pratique, à partir de la fin des années soixante a commencé à évoluer dans une direction tout à fait contraire. L'accroissement excessif de l'activité centrale donnant une orientation aux travaux des présidiums des conseils du peuple et de leurs membres respectifs, ainsi que le flux des directives affaiblissaient la fonction réglementaire des conseils du peuple et renforçaient la position réellement dominante par rapport à eux des présidiums dépendant des conseils d'une manière plus formelle que politique.

Les amendements des années soixante-dix ont donné une expression de ces tendances par la transformation essentielle de la position constitutionnelle des conseils du peuple. Les dispositions statuant sur la présomption des compétences des conseils du peuple en matière de pouvoir et d'administration ont été abolies. Elles ont été remplacées par des normes selon lesquelles les compétences générales ont été attribuées aux organes locaux de l'administration d'Etat agissant sur la base des dispositions du droit et conformément aux dispositions des organes supérieurs [9]. De cette façon, les tâches des conseils du peuple indiquées dans la loi ont pris une forme d'influence plus ou moins réelle des conseils du peuple sur l'administration. Cette influence était limitée par l'indépendance de la structure administrative locale, par rapport aux conseils, construits sur les principes de subordination hiérarchique et de responsabilité. Cette influence ne possédait un caractère autoritaire que dans la mesure où les dispositions concrètes du droit réservaient en faveur des conseils du peuple des droits de décision et où la réalisation de tels droits n'était pas liée par les dispositions des organes hiérarchiquement supérieurs ou bien par les droits des organes de l'administration d'effectuer indépendamment des changements dans le contenu des dispositions instituées par les résolutions des conseils du peuple [10].

3. La nouvelle loi rejette les limitations des compétences des conseils du peuple introduites par les lois des années soixante-dix et les conçoit d'une manière juridiquement garantie dans une mesure plus grande que dans la loi de 1958. Le point de départ est la restitution des présomptions de compétence mentionnées plus haut – avec présomption en faveur des conseils de l'échelon de base. Cependant, lorsqu'auparavant, cette présomption pouvait être exclue par toutes dispositions du droit, selon la nouvelle loi, elle ne peut être limitée que par voie de lois. De plus, lorsqu'auparavant la présomption des compétences des conseils du peuple était séparée de l'étendue de leur autonomie légale, et ce d'une façon pouvant réellement limiter cette autonomie, dans le texte de la nouvelle loi les compétences et l'autonomie des conseils du peuple sont traitées conjointement: aux conseils du peuple appartient l'exclusivité de la compétence dans le cadre de leur domaine légal. Le changement de l'étendue des compétences ne peut s'opérer que sous forme de loi [11].

Il convient de souligner l'importance de cette expression. Elle signifie en effet l'autonomie des conseils du peuple dans la réalisation des compétences qui leur ont été attribuées légalement dans le cadre déterminé par les dispositions du droit généralement en vigueur, donc d'une manière ne pouvant être limitée par l'ingérence de l'administration non-fondée sur une autorisation légale expresse.

C'est dans ce contexte qu'il convient d'apprécier les définitions énumératives des compétences des conseils du peuple ou bien des conseils de différentes catégories, contenues dans la loi. Elles visent à renforcer la protection de l'étendue des compétences des conseils du peuple, étant donné que les questions énumérées ne peuvent être exclues de la gestion des conseils compétents autrement que par voie de dispositions légales amendant nettement la loi examinée. Par contre, lorsque l'autonomie des conseils du peuple se trouve sous la tutelle particulière de la Diète, il faut admettre qu'un amendement limitant les compétences des conseils du peuple ne saurait être adopté par la Diète sans raisons socio-politiques particulièrement importantes et motivées.

4. Le législateur a donc limité l'étendue de la régulation adoptée dans la loi, aux questions à importance particulière pour la position constitutionnelle des conseils du peuple, à savoir les problèmes de la planification territoriale et de l'économie financière des conseils du peuple ainsi que le rapport des conseils du peuple à l'égard des unités de l'économie socialisée [12].

La régulation de ces matières dans la loi examinée reste en rapport étroit avec les lois constituant la base juridique de la réforme de l'économie nationale. Ainsi, en particulier, on ne peut analyser les dispositions concernant la planification et l'économie financière sans se référer à la loi sur la planification socio-économique [13], et la régulation concernant le rapport des conseils du peuple à l'égard des unités de l'économie socialisée, sans leur lien avec les lois sur les entreprises d'Etat et sur les coopératives.

La loi sur la planification socio-économique donne aux conseils du peuple une autonomie dans l'adoption des plans socio-économiques de développement du terrain et élimine les plans collectifs limitant en leur temps cette autonomie. Elle lie les conseils du peuple dans l'établissement de leurs plans par les objectifs de la politique socio-économique obligatoire à l'échelle nationale, par les moyens disponibles, ainsi que par les orientations concernant les investissements à importance capitale pour l'économie nationale. La loi sur les conseils du peuple règle le procédé concernant la planification de façon à assurer aux conseils du peuple, dans le cadre ainsi défini, le pouvoir de décider du contenu de leurs plans en donnant des directives aux organes de planification, définissant le choix de la variante du plan, en soumettant les projets des plans aux consultations sociales et de décider définitivement tant des plans pluri-annuels qu'annuels. Pour éviter de subordonner les plans à la commodité et au bon gré des unités réalisant le plan, la loi exclut l'admissibilité de modification des plans pluri-annuels dans le cadre des plans annuels, de même que l'introduction de changements dans les plans par les organes de l'administration – au cours de leur exécution. L'introduction de changements est admissible uniquement par voie de décisions requises, concrètes et spéciales des conseils du peuple.

Sont également réservées à la compétence des conseils du peuple les décisions concernant les plans d'aménagement de l'espace, dont les directives lient l'administration lors de la prise de décision sur la destination, l'utilisation et l'exploitation des terrains.

L'autonomie des conseils dépend non seulement du pouvoir de décider librement de l'utilisation des fonds budgétaires, mais aussi dans une plus grande mesure de la possession de revenus définissant les dimensions des frais possibles. La loi a augmenté notablement l'étendue des propres revenus des conseils du peuple. Elle a prévu aussi que les participations aux recettes du budget central, indispensables pour le financement des tâches, doivent être fixées d'une manière stable pour des périodes quinquennales, ce qui augmentera réellement l'autonomie des conseils dans leur utilisation. Enfin, ayant conscience que les conditions actuelles de la crise économique ne permettent pas d'accroître les revenus nécessaires correspondant à l'ensemble des besoins, ceci ouvrira la voie pour leur élargissement ultérieur, lorsque les conditions le permettront [14]. Un élément essentiel pour l'autonomie de l'économie financière des conseils du peuple c'est la possibilité de constituer par ceux-ci des fonds d'affectation spéciale et d'en disposer.

Il ne semble pas utile d'analyser plus largement ici les rapports entre les conseils du peuple et les unités de l'économie socialisée. Parlant brièvement, les dispositions de la loi visent à rendre possible l'activisation autonome du développement économique de la région, à exploiter ses possibilités pour la satisfaction croissante des besoins de la population, entre autres, par le façonnement, par les propres décisions des conseils du peuple, de l'activité des entreprises locales d'Etat. Puis, elles donnent les fondements juridiques pour exercer une influence sur l'activité d'autres unités de l'économie socialisée, surtout en matière de protection du milieu naturel et de la satisfaction convenable des besoins vitaux, sociaux et culturels de la population. Pour cette raison, les conseils du peuple ont été autorisés à assurer la participation requise de toutes les entreprises nouvellement créées ou agrandies, dans les frais communaux liés à leur activité, surtout en ce qui concerne l'infrastructure technico-économique et sociale.

5. La loi de 1958 omettait la problématique de la structure territoriale de l'Etat. Elle admettait le système existant d'organisation territoriale à trois échelons de l'appareil d'Etat – de même que les dérogations à celui-ci dans les régulations spéciales – en tant que réalité juridico-organisationnelle n'exigeant pas de faire l'objet des lois. La loi de 1975 sur la division administrative à deux échelons de l'Etat n'était pas non plus incorporée dans son cadre. Actuellement, il ne semblait pas possible d'omettre cette matière pour plusieurs raisons.

La division à deux échelons suscitait, depuis la naissance de sa conception jusqu'à sa réalisation juridique, de nombreux doutes et critiques. Elle est devenue ensuite la source de nouvelles perturbations résultant de la liquidation des districts. Non seulement elle n'a pas éliminé l'excès des différentes divisions administratives et économiques particulières existant auparavant, mais a provoqué leur accroissement.

La localisation de nombre d'agences s'entrecroisant avec la division territoriale essentielle de l'Etat affaiblissait l'importance des organes locaux de base de l'administration, privés d'une partie de leurs compétences transmises aux organes régionaux. Elle limitait encore plus le rôle constitutionnel des conseils du peuple ne pouvant influer sur les affaires de leur territoire résolues en dehors de leur compétence territoriale. Elle posait des difficultés particulières devant l'administration des agences des grandes villes, non désignées comme voïvodes urbaines et dépassant le cadre juridique propre aux unités de l'échelon de base.

Le législateur a admis que l'état du pays ne permet pas un bouleversement organisationnel que serait la nouvelle réorganisation territoriale générale. Il a donc stabilisé normativement – indépendamment des appréciations de justesse – le maintien de la division existante à deux échelons. On a cependant reconnu comme indispensable :

- de définir les principes que doivent constituer les critères fondamentaux de formation des communes, villes, quartiers et voïvodes,
- d'assurer une influence sociale sur l'évolution de la division existante, de consulter en cette matière la population et les conseils du peuple

intéressés de l'échelon de base, de définir légalement l'influence des conseils du peuple compétents de l'échelon de voïvode.

Il était particulièrement difficile de concilier le principe de la division territoriale à deux échelons avec la solution des besoins des grandes villes, dépassant 300 000 habitants. On a reconnu comme fondés, tant leur division en quartiers que le besoin d'élargir l'étendue de leurs agences plus que dans les villes moins importantes.

Dans ce cas on a adopté la possibilité d'instituer des conseils de villes et de quartiers aux tâches délimitées entre eux par les résolutions des conseils de voïvode. Ceux-ci doivent transmettre aux conseils du peuple des villes les tâches exigeant une réalisation uniforme à l'échelle de la ville, et doivent aussi leur transmettre celles des compétences propres qui, à l'échelle d'une grande ville, peuvent déjà être assumées en principe d'une manière autonome.

La distinction organisationnelle ainsi que les divisions territoriales spéciales ne peuvent être exclues lorsqu'elles sont objectivement justifiées. Pourtant, si les conditions économiques ou sociales très importantes font défaut, il faut les éliminer et réagir contre la création de nouvelles.

Dans ce but on a admis que:

- les divisions spéciales peuvent être réalisées exclusivement par voie d'actes législatifs;
- lorsque le législateur sanctionnera une division spéciale, la régionalisation dans le cadre de la voïvode doit être effectuée de façon à englober par les unités créées les communes ou villes en tant qu'ensemble territorial et non pas les diviser entre différentes régions;
- la division spéciale dans le cadre des voïvodes respectives doit être réalisée à l'appui de l'opinion des conseils du peuple de voïvode;
- on a reconnu comme indispensable d'effectuer la vérification des divisions spéciales actuellement existantes et l'on a imposé au Conseil des Ministres un délai de deux ans pour la réalisation de cette tâche [15].

La tendance à renforcer le contrôle et l'influence sociale sur les unités agissant dans les divisions spéciales a trouvé une expression supplémentaire dans les dispositions sur leur contrôle par les commissions des conseils du peuple de voïvode en coopération avec les commissions des conseils de l'échelon de base du territoire de la région [16].

6. La formation du droit local était la deuxième matière réglementée jusqu'à présent par une loi spéciale. Son inclusion dans le cadre de la réglementation générale était postulée depuis longtemps par la doctrine. Simultanément, on indiquait la nécessité de renforcer le rôle des organes représentatifs dans la formation du droit local et de limiter en cette matière l'autonomie des organes administratifs, jouant dans ce domaine, sur la base d'autorisations spéciales, un rôle prédominant.

Conformément à la nouvelle loi les principaux organes compétents à rendre des dispositions du droit local généralement obligatoires doivent être les conseils du peuple. L'activité normative des organes de l'administration ayant force obligatoire pour la société peut être admise à l'avenir uniquement dans des affaires détaillées, technico-organisationnelles et en cas d'urgence ces organes peuvent prendre des mesures indispensables pour assurer la sécurité et l'ordre public. Dans ce dernier cas les dispositions, si elles sont prises par les organes administratifs, exigent l'approbation à la plus proche session du conseil du peuple sous peine de nullité.

Dans les dispositions transitoires on a admis – pour réaliser ces principes – que les autorisations d'instituer le droit local, contenues dans la législation actuelle, sont transmises, en vertu du droit, aux conseils du peuple outre les cas où le Conseil des Ministres, par voie d'arrêté, réservera cette compétence aux organes locaux de l'administration à compétence générale.

7. Enfin, la troisième matière inclue dans la nouvelle loi sont les questions de l'autogestion des habitants des villes et villages. Examinant le problème formellement, on pourrait contester une telle présentation de l'affaire, car la loi antérieurement en vigueur contenait un chapitre consacré à cette matière. Ce n'est pourtant pas par hasard que dans la discussion sociale-générale et dans la commission du Conseil de l'Etat qui préparait le projet de loi déposé ensuite à la Diète, on considérait que la régulation de ce problème était réalisée d'une façon nouvelle. C'est que les dispositions antérieures permettaient d'organiser des structures de l'autogestion des habitants, traitées en premier lieu comme les chaînons du Front d'Unité Nationale, utilisés pour examiner les affaires locales et pour coopérer dans l'organisation d'actions sociales. Elles ne leur donnaient donc pas de compétences concrètes définissant juridiquement l'étendue de leur participation et les moyens d'influence sociale sur le façonnement du développement du territoire et de la satisfaction des besoins locaux. Elles ne les intégraient pas non plus, avec les conseils du peuple, dans un système uniforme de l'autogestion territoriale.

La nouvelle loi vise à:

- permettre aux communautés locales d'organiser une activité collective en faveur de la satisfaction autonome des besoins sociaux, culturels et économiques à l'appui des moyens qui leur sont transmis à cette fin, des moyens acquis indépendamment et en mettant à profit l'initiative locale;
- donner un caractère obligatoire à l'influence des organes de l'autogestion locale sur la mise à profit de l'activité de l'administration et des unités de services qui lui sont subordonnées, servant à satisfaire les besoins et à améliorer les conditions de vie de la population.

Dans ce deuxième aspect, la définition des affaires dans lesquelles l'avis des organes de l'autogestion des habitants a un caractère obligatoire ainsi que des questions dans lesquelles les résolutions de ces organes peuvent avoir un caractère obligatoire pour l'administration revêt une grande importance. Conformément à la loi, la coopération des institutions publiques avec la population représentée par les organes de l'autogestion est basée sur des principes selon lesquels:

- les unités organisationnelles locales doivent prendre en considération et réaliser dans le délai prévu les résolutions et opinions de l'autogestion des habitants,
- au cas où ces résolutions dépassent le domaine des compétences de l'autogestion, portent atteinte au droit ou aux intérêts sociaux fondamentaux, elles doivent – tout en refusant leur réalisation – informer de la position prise, le présidium du conseil du peuple local compétent,
- les organes de l'autogestion ont été également autorisés – s'ils estiment l'activité des organes de l'administration ou des unités qui leurs sont subordonnées comme portant atteinte aux intérêts des habitants – à former contre ces activités une opposition devant les présidiums des conseils du peuple compétents,
- les présidiums des conseils du peuple sont tenus d'examiner ces oppositions et d'assurer leur règlement rationnel et, au cas où les divergences d'opinions n'ont pas trouvé de solution, de soumettre l'affaire au conseil du peuple pour règlement définitif.

8. Enfin, la dernière question dépassant nettement le cadre de la régulation précédente est la problématique de la coopération des conseils du peuple et de leurs organes avec les autres formes d'autogestion de la population.

Jusqu'à présent, le problème de la mise à profit par les conseils du peuple de l'initiative et de la coopération des organisations politiques et sociales n'était conçu que d'une manière générale. Dans la loi, la coopération des conseils du peuple – surtout avec les organisations à caractère autogestionnaire – trouve une réglementation plus développée. Elle consiste non seulement en une coopération et une aide mutuelle, mais englobe l'obligation des conseils du peuple à protéger les organisations autogestionnaires contre la violation des droits à l'autonomie qui leur reviennent, ainsi que l'obligation des conseils du peuple à réagir dans les cas où les organisations autogestionnaires dépassent le domaine des compétences qui leur sont attribuées et portent atteinte au droit en vigueur. Ces tâches sont développées et concrétisées dans les dispositions détaillées de la loi, définissant l'activité du présidium du conseil du peuple et de ses commissions.

9. Ce qui constitue une nouveauté dans la loi devant réaliser les principes d'une large décentralisation et d'une autonomie correspondante des conseils du peuple, c'est la délimitation rigoureuse, non rencontrée jusqu'à présent dans la structure polonaise des organisations territoriales de l'appareil d'Etat, de la direction gouvernementale de la réalisation des tâches centralisées et de la surveillance du gouvernement dont l'ingérence dans le domaine des compétences des conseils du peuple est juridiquement limitée. Cela concerne la sphère de la réalisation des tâches décentralisées.

Le caractère autonome des conseils du peuple reste non seulement sous la tutelle générale de la Diète, mais doit être protégé juridiquement par la surveillance du Conseil de l'Etat. Celle-ci englobe quatre tâches interdépendantes qui consistent à:

- accorder une aide aux conseils du peuple,
- trancher les questions litigieuses entre les conseils du peuple,
- contrôler la légalité d'action des conseils du peuple,
- garantir le respect de l'autonomie et de l'autogestion des conseils du peuple par les autres organes d'Etat, donc en particulier par les organes administratifs.

La loi rejette le concept utopique du caractère non-conflictuel de la réalisation des différents intérêts et besoins sociaux, aussi bien que des intérêts et tendances de différents groupes sociaux. La loi reconnaît également qu'il serait contraire aux principes de l'autonomie et de l'autogestion de continuer à trancher les cas litigieux où le point de vue des organes hiérarchiquement supérieurs est toujours décisif. Elle admet comme base de règlement des litiges que les organes de l'administration doivent réaliser les directives des conseils du peuple dont ils sont les organes exécutifs. Lorsque celles-ci sont contraires aux directives des organes administratifs supérieurs, le litige doit être tranché par le conseil du peuple de l'échelon supérieur en accord avec le voïvode, et, lorsque ces organes ne peuvent pas non plus concorder leur point de vue – par le Conseil de l'Etat en accord avec le Conseil des Ministres.

Si là aussi se dessinaient des opinions contradictoires, compétente devient la norme selon laquelle le Conseil de l'Etat «constatant la non-conformité de l'acte juridique aux dispositions de la nouvelle loi, et surtout aux principes de l'autonomie et de l'autogestion des conseils du peuple, s'adresse à l'organe qui a publié l'acte juridique, lui demandant d'éliminer les divergences» [18]. Sans nul doute, il serait plus juste de soumettre les litiges juridiques de ce type au règlement définitif du Tribunal Constitutionnel. Cependant, aussi longtemps que les dispositions de la Constitution sur la création du Tribunal Constitutionnel ne sont pas concrétisées par une loi et réalisées dans la pratique, il n'était pas possible d'adopter, dans la loi analysée, une autre solution.

La surveillance sur l'appareil administratif local assumée par le Conseil des Ministres, le Président du Conseil des Ministres et les ministres a pour tâche:

- d'accorder une aide qualifiée dans la réalisation des tâches à quoi sont tenus les ministres compétents en la matière,
- de trancher les questions litigieuses entre les organes de l'administration,
- de contrôler la légalité d'action des organes locaux de l'administration et d'abolir les actes juridiques non-conformes aux lois ainsi qu'aux dispositions rendues en vertu d'autorisations légales,
- de définir les principes de réalisation des tâches, en particulier par la mise à profit des instruments économiques et des moyens juridiques prévus par la loi.

Parmi ces quatre catégories de moyens de surveillance, la dernière, donnant la possibilité d'ingérance dans l'autonomie des conseils du peuple est limitée exclusivement à la compétence du Conseil des Ministres. Elle n'appartient donc ni aux ministres des ressorts, ni au ministre compétent pour les questions de l'administration, ni au Président du Conseil des Ministres. Cela limite notablement l'étendue de son application.

Les autorisations de contrôle de la légalité des actes des organes locaux sont bien plus étendues. Il convient cependant de souligner qu'en tant que critères de la légalité sont admises les dispositions des lois ainsi que des actes rendus sur leur base. L'observation et l'application de telles règles du droit est une obligation générale de tous les organes d'Etat. Elle ne peut donc être traitée comme étant en contradiction avec l'autonomie des conseils du peuple et le principe d'une profonde décentralisation de l'activité d'Etat proclamée politiquement.

10. Le conseil du peuple accomplit ses tâches en session par l'intermédiaire de ses organes qui sont: les présidiums et les commissions des conseils du peuple ainsi que les organes locaux de l'administration agissant en tant qu'organes exécutifs et gestionnaires des conseils du peuple. C'est ainsi que, dans le mécanisme d'action des conseils du peuple, doit être reliée la structure de la représentation de la population du territoire avec l'appareil administratif. La première réalisant l'autogestion territoriale de la population par une activité autoritaire et inspiratrice, le deuxième assumant la fonction de l'organisation opérationnelle de la réalisation des tâches de l'Etat. Aussi bien des tâches décentralisées, relevant du domaine des compétences des conseils du peuple, que centralisées, soumises seulement au contrôle social des conseils du peuple, mais réalisées en dehors du domaine de leurs compétences, dans le cadre de la subordination hiérarchique des organes administratifs à la direction gouvernementale.

Pour le rôle effectif des conseils du peuple en tant qu'organes locaux du pouvoir d'Etat – réalisant les tâches de l'autogestion territoriale de la population – la question clé est de savoir dans quelle mesure et par quels moyens juridiquement établis, le mécanisme social du conseil du peuple peut exercer une influence efficace sur la direction de l'activité de l'appareil exécutif. Le fait que de larges tâches et compétences sont transmises au conseil du peuple ne décide pas encore de son rôle constitutionnel véritable pour autant qu'il n'aura pas de possibilités juridiques et organisationnelles d'accomplir les tâches qui lui sont assignées. C'est là un danger réel conduisant à une activité apparente et spectaculaire des conseils du peuple, et faisant renaître des tendances à rétablir la construction dualiste de l'autogestion territoriale.

Pour réagir contre ces dangers, deux facteurs semblent être importants.

L'un consiste à donner au mécanisme représentatif un rôle principal dans les processus de la direction politique. L'autre façonnant des structures fonctionnelles permettant d'exercer un pouvoir et une surveillance réels sur l'administration.

Sans analyser dans son ensemble la régulation de la position juridique du conseiller, les moyens qui lui servent à la réalisation du mandat confié et lui assurent une protection juridique, il faut indiquer la nouvelle conception de la caractéristique du mandat représentatif. Il relie la responsabilité du représentant devant les électeurs et l'obligation d'agir en faveur de la réalisation de leurs justes postulats, avec le droit et l'obligation d'une appréciation personnelle de l'ensemble des intérêts du terrain d'activité du conseil du peuple et des raisons, besoins et possibilités nationaux [19]. Cela signifie que l'on perçoit aussi bien les possibilités de conflit de tendances et d'intérêts particuliers que le besoin d'une coopération consciente dans la solution socialement opportune des contradictions qui se manifestent. Cela exige donc une attitude non pas passive, déterminée par l'acceptation mécanique de la discipline du parti et des postulats des électeurs, mais un engagement actif des conseillers dans la réalisation des tâches des conseils du peuple et la recherche de voies de son optimalisation [20]. Il convient aussi de remarquer que la nouvelle interprétation des tâches des présidiums des conseils du peuple doit servir, entre autres, à accroître l'effectivité de l'influence exercée par les conseillers sur l'administration [21].

Bien plus loin vont les changements introduits dans la position des commissions des conseils du peuple. Non seulement parce que les droits des commissions, formellement maintenus, à contrôler et donner leur avis au sujet de la réalisation de tâches par les chefs de sections perdaient leur signification lorsque ceux-ci étaient uniquement les exécuteurs des dispositions des voïvodes et des chefs de villes, mais retrouvent leur signification lorsqu'ils deviennent de nouveau des organes de ressort de l'administration. Non seulement aussi parce qu'ont été liquidées les institutions des comités de contrôle social en tant qu'organes ne réalisant pas indépendamment le contrôle au nom du conseil du peuple et par leur existence limitant le plus souvent l'activité de contrôle des commissions des conseils du peuple. Mais avant tout, parce qu'ils tranchent normativement en faveur des commissions le conflit d'admissibilité du contrôle par celles-ci de l'activité des voïvodes et des chefs dans les limites des compétences qui leur sont conférées [22]. Et aussi parce qu'ils tranchent juridiquement la question du contrôle des unités agissant dans des systèmes distincts de la division territoriale. Enfin, parce que les changements essentiels dans les compétences du présidium du conseil du peuple et les problèmes de viabilité entre les activités des commissions et des présidiums, réglés juridiquement, accroissent notablement la signification des propositions et des opinions des commissions.

De cette façon, le travail courant et planifié des commissions, coordonné par le présidium du conseil du peuple, doit contribuer à formuler les appréciations et les opinions façonnant le point de vue du conseil du peuple et de son présidium et, en conséquence, contribuer à la réalisation des tâches du conseil du peuple.

11. Nous arrivons ainsi à l'un des problèmes clés: la nouvelle conception du rôle du présidium du conseil du peuple. Dans les solutions précédant l'amendement de 1975, le présidium du conseil du peuple organisait le travail du conseil du peuple et orientait le travail des sections en tant qu'organes de ressort et locaux de l'administration. Assumant le rôle d'organe gestionnaire et exécutif du conseil du peuple, il était hiérarchiquement subordonné au présidium du conseil de l'échelon supérieur, ainsi qu'au Conseil des Ministres. Bien que désigné par le conseil du peuple, il dépendait en fait non pas tant du conseil que de la direction supérieure gouvernementale ou administrative. Cela se répercutait aussi très souvent sur son activité en ce qui concerne l'organisation du travail du conseil du peuple, subordonné par cette voie aux directives venues d'en haut et limité de cette façon dans son autonomie et sa capacité de diriger la réalisation des compétences qui lui sont prescrites.

La réforme de 1975 a rendu indépendants les présidiums des conseils du peuple de la subordination hiérarchique. Simultanément, elle les a privé juridiquement du rôle dirigeant à l'égard des organes de l'administration. L'étendue de leurs compétences a été limitée à représenter le conseil du peuple à l'extérieur et à organiser les travaux internes du conseil du peuple. Cela signifiait, à côté d'une cadence limitée des sessions des conseils du peuple, une limitation importante des possibilités réelles de réalisation par les conseils du peuple de leurs compétences. Cela conduisait donc à l'affaiblissement du pouvoir des conseils du peuple et de leur rôle en tant qu'organes de l'autogestion sociale, et à une indépendance plus grande du facteur représentatif des organes de l'administration.

L'augmentation réelle de l'influence des présidiums sur la réalisation des compétences des conseils du peuple par rapport à l'administration ainsi que la formation des processus de coopération de ces organes dans la réalisation des tâches des conseils du peuple devenait une nécessité, si les conseils du peuple ne devaient pas avoir un caractère de façade. C'est pourquoi le règlement modèle du conseil du peuple adopté par le Conseil de l'Etat, par l'extension de l'activité du présidium en matière de « représentation du conseil du peuple dans les rapports avec l'organe local de l'administration »[23], dépassait nettement les tâches des présidiums directement inscrites dans la loi. C'est aussi dans ce sens qu'allait le projet de loi soumis par le Conseil de l'Etat. Il a développé notablement le rôle du présidium du conseil dans l'organisation du travail du conseil ; dans la coordination et l'inspiration de l'activité de ses commissions ; dans le contrôle des rapports des organes locaux de l'administration à l'égard des propositions et opinions des commissions adressés aux chefs de sections, puis des interpellations et propositions des conseillers ainsi que des résolutions et opinions des organes de l'autogestion des habitants. Il limitait pourtant encore le présidium dans ses relations avec l'administration pour la coopération, tout en réservant l'exclusivité des compétences supérieures au conseil du peuple.

Par rapport aux actes indiqués ici, la nouvelle loi transforme et renforce effectivement la position du présidium du conseil du peuple. Cela trouve une expression dans deux de ses dispositions. L'art. 100 al. 2 confère au présidium le rôle « d'organe de surveillance de la réalisation des tâches du conseil du peuple par ses organes et par les unités organisationnelles subordonnées au conseil du peuple ». L'art. 106 statue que « le présidium, conformément aux besoins de la réalisation de ses compétences définies par la présente loi, de même que dans les affaires urgentes concernant la réalisation des tâches du conseil du peuple, peut donner, à l'organe local de l'administration d'Etat, des directives sous forme de décisions. L'organe local de l'administration d'Etat peut former un recours contre les décisions du présidium devant le conseil du peuple ».

A la lumière des régulations précitées, les présidiums sont devenus légalement des organes de surveillance sur l'activité de l'administration, et leurs décisions, des actes liant juridiquement – en matière de réalisation des tâches du conseil du peuple – les organes locaux de l'administration, outre les cas justifiant le recours devant le conseil du peuple. Si l'on compare cela avec les obligations déjà signalées des présidiums à veiller sur la régularité du règlement, par les organes de l'administration et les unités organisationnelles qui leur sont subordonnées, des opinions de l'autogestion des habitants, des propositions des conseillers, des opinions et propositions des commissions, l'étendue des possibilités juridiques d'ingérence du présidium dans les activités de l'appareil exécutif par voie de décisions s'avérera très importante. De cette façon, le présidium est en état – et a l'obligation juridique – de garantir l'efficacité de l'autogestion sociale locale.

En résultat de l'ensemble de la réglementation, le législateur rejette l'indépendance des organes de l'administration locale en tant que principe de la pratique, limitée uniquement par les résolutions des peu nombreuses sessions des conseils du peuple au cours de l'année. Il met en oeuvre les mécanismes juridiques d'une coopération systématique des organes du conseil du peuple, en tant que structure représentative réalisant l'autogestion territoriale de la population avec l'appareil de l'administration locale. Il façonne un système dans lequel la supériorité des organes représentatifs sur l'administration ainsi que la possibilité juridique de son exécution ne peuvent éveiller de doutes.

De cette façon, le conseil du peuple a été doté d'un organe collégial de gestion. Il n'est pas doté d'un pouvoir administratif, car celui-ci étant soumis à une subordination hiérarchique, limiterait l'indépendance et l'autonomie du conseil du peuple dans la réalisation des compétences décentralisées qui lui ont été attribuées. Le conseil a obtenu non seulement un organe organisant et inspirant le travail du conseil du peuple, mais dirigeant les actions de surveillance sur l'administration, autorisé à une ingérence dans les activités de l'administration dans les limites des compétences conférées aux conseils du peuple. Le présidium, entreprenant et réalisant ces actions agit exclusivement en tant qu'organe du conseil dù peuple et c'est pourquoi, dans cette activité, il est hiérarchiquement indépendant. Il n'en répond que devant son propre conseil du peuple. Cela renforce sérieusement la position des conseils du peuple en tant qu'organes de l'autogestion territoriale.

Il ne dépend pas du législateur que la pratique se développe dans cette direction, mais des conditions politiques de la vie sociale et de l'activité sociale effective déterminant l'étendue d'utilisation des possibilités juridiques.

12. Conformément aux dispositions de la nouvelle loi, les organes locaux de l'administration à compétence générale des deux échelons sont nommés dans le processus de coopération des conseils du peuple et des organes administrativement supérieurs. Cette coopération est cependant concrétisée autrement aux deux échelons.

A l'échelon de base, le conseil du peuple élit le président de la ville, le chef de ville ou de commune. Les candidats sont présentés par le présidium du conseil du peuple de concert avec le voïvode [24]. Il en est autrement à l'échelon de voïvode. Ici, le candidat est présenté au Président du Conseil des Ministres par le ministre compétent pour les affaires de l'administration, en accord préalable avec le présidium du conseil du peuple. Le candidat ainsi sélectionné est présenté au conseil du peuple et obtient la nomination du Président du Conseil des Ministres seulement après avoir obtenu une opinion positive du conseil du peuple de voïvode.

Conformément à ces dispositions, à la fonction d'organe de l'administration à compétence générale étant l'organe fondamental exécutif et administratif du conseil du peuple ne peut être désigné celui qui, à l'échelon de base n'a pas été élu par le conseil du peuple, éventuellement qui, à l'échelon de voïvode, n'a pas obtenu une opinion positive du conseil du peuple. Il faut souligner ici l'expression «positive». Elle signifie que la seule présentation de la candidature au conseil et l'autorisation à exprimer son opinion ne suffit pas. Cette opinion doit être exprimée dans une résolution spéciale du conseil du peuple.

La révocation du poste d'organe local de l'administration à compétence générale peut avoir lieu: sur la propre initiative de la personne exerçant la fonction, sur proposition du présidium du conseil du peuple compétent ainsi qu'en résultat d'une décision de l'organe de nomination. Il convient d'attirer l'attention sur le fait que dans les cas où le présidium du conseil du peuple n'avance pas lui-même une proposition sur la révocation, son opinion en cette matière doit toujours être consultée avant de prendre la décision. Cette opinion n'a pas, dans ces cas, de caractère obligatoire – elle doit cependant être toujours consultée et examinée par celui qui prend la décision.

Le principe juridique selon lequel, chaque année, l'objet des débats du conseil du peuple doit être la question du quitus accordé au voïvode, au président ou au chef de ville, dont le refus signifie sa révocation directe en vertu de la loi [25], revêt une importance essentielle. Et inversement, la déchéance des fonctions d'une personne jouissant de la confiance du conseil du peuple, peut ou non apporter l'élection ou une opinion positive pour le candidat à ce poste.

Ainsi, garantissant une influence efficace des organes hiérarchiquement supérieurs sur le choix des cadres de direction dans l'administration, le législateur façonne les mécanismes de leur coopération nécessaire avec le facteur représentatif des conseils du peuple et de leurs présidiums. En conséquence, les organes locaux de l'administration, à mesure des progrès dans la réalisation des objectifs de la loi devront devenir conscients de trois moments essentiels pour la pratique:

Premièrement, de ce que dans les rapports réels avec les organes supérieurs, ils acquerront une importance politique et une signification dans la mesure où ils possèderont l'approbation sociale et la reconnaissance de la population pour leur activité.

Deuxièmement, si au cours de leur travail et au cours de l'activité de l'appareil qui leur est subordonné, ils ne façonnent pas de formes de coopération efficace, basée sur la compréhension et la confiance mutuelles, leur position officielle sera faible et éphémère – dépendante de l'efficacité des efforts à se voir accorder le quitus et menacée par son refus.

Troisièmement, que seul l'appui local ne peut donner de fondement à assumer la fonction, si elle n'est pas liée avec un niveau requis de qualifications professionnelles et une aptitude à réaliser les tâches administratives. Le rôle des organes hiérarchiquement supérieurs dans la nomination et la révocation des personnes exerçant les fonctions d'organes locaux de l'administration à caractère général constitue en cette matière une garantie réelle.

De cette façon, le système des rapports entre les présidiums des conseils du peuple et les organes locaux de l'administration doit viser à leur coopération effective. Elle répond en effet au système, façonné légalement, des droits et des obligations mutuels. C'est dans la mesure où le mécanisme de la pratique politique ira dans la direction indiquée par la loi que deviendra réel le développement de l'autogestion territoriale réalisé par les conseils du peuple et leurs organes, constituant la voie de l'accroissement de l'effectivité dans la satisfaction des besoins sociaux et le façonnement socio-économique du développement local, dans l'association de l'activité sociale autonome avec l'efficacité fonctionnelle de l'administration d'Etat.

Notes

1 Journal des Lois n° 41, texte 185.

2 Texte uniforme J. des L. de 1975, n° 26, texte 139. Les amendements à cette loi introduits par la loi du 29 novembre 1972 /J. des L. n° 49, texte 312/ étaient publiés dans le numéro 1/1974 /21/ de cette revue. Ils ont été analysés par J. Letowski dans l'article «La réforme de l'administration locale en Pologne», Droit Polonais Contemporain n° 1/1974 /21/, p. 5 et suiv. Les amendements ultérieurs ont été examinés par A. Lopatka dans l'article «Une nouvelle étape de la réforme du système des conseils du peuple et de l'administration locale», Droit Polonais Contemporain n° 3/1974 /23/, p. 5 et suiv.

3 J. des L. n° 8, texte 47.

4 J. des L. n° 16, texte 91. Cf. A. Lopatka, «l'Achèvement de la réforme des organes locaux du pouvoir et de l'administration en Pologne», Droit Polonais Contemporain n° 1/1976 /29/, p. 5 et suiv.

5 Art. 3 de la loi du 25 janvier 1958.

6 Art. 18 de la loi de 1958.

7 Art. 70 de la loi de 1958.

8 Art. 72 de la loi de 1958.

9 Art. 48 de la loi dans le texte amendé.

10 En cette matière il convient de citer en particulier les virements budgétaires effectués par les organes administratifs dans un nombre et une étendue tels que la signification des résolutions des conseils du peuple concernant le budget était très douteuse.

11 Art. 24 de la loi.

12 Il a obligé aussi le Conseil des Ministres à soumettre par voie d'arrêté, les entreprises, les établissements et autres unités, à la gestion des conseils du peuple dans les limites de leurs compétences légales.

13 Loi du 26 février 1982, J. des L. n° , texte 51.

14 Art. 50 al. 2 de la loi.

15 Art. 178 de la loi.

[16] Art. 119 en relation avec l'art. 117 al. 2 de la loi.
[17] Art. 6 et articles 107, 116 et 117 de la loi.
[18] Art. 144 al. 2 de la loi.
[19] Art. 76 de la loi.
[20] Sur ce thème cf. B. ZAWADZKA, Przedstawicielstwo w panstwie socjalistycznym /La représentation dans l'Etat socialiste/, Ossolineum, 1976 et, plus tôt, W. ZAKRZEWSKI, Mandat przedstawicielski /Mandat représentatif/ rapport présenté à la session du droit constitutionnel, Iwonicz 1968.
[21] Cf. les articles 105 et 109 de la loi.
[22] Art. 118 point 1 de la loi.
[23] Règlement modèle du 31 mai 1975. Cf. aussi E. SMOKTUNOWICZ et B. ZAWADZKA, Prezydium rady narodowej w swietle prawa i praktyki /Le présidium du conseil du peuple à la lumière du droit et de la pratique/, Problemy Rad Narodowych 35/1976.
[24] Art. 128 al. 2 de la loi.
[25] Art. 130 al. 2 de la loi.

Decentralization and the Optimalisation of the Local Decision-Making Process

Sylwester Zawadzki

The Law of the system of people's councils and territorial self-government, passed on July 20, 1983 (Journal of Laws No 41 of 1983, item 185), constitutes a considerable progress in the process of decentralization and development of local self-government. The directions of these changes have been presented by Professor W. Zakrzewski in his paper. The present paper is confined exclusively to the discussion of consequences of these changes for the process of decision-making at the local level. The considerable increase of authority of people's councils due to decentralization, as well as the increase of their independence, undoubtedly results in an increase of importance of the people's councils' activity in the field of decision-making, and their moves towards optimalisation of the process of deciding. Considering this problem we assume the broad sense of the notion of decision i.m. such as is used by the science of organization and management, and not in the interpretation of the administrative law. Therefore, the decisions we mean here are not those taken by local administrative agencies in individual cases of citizens, but those broadly interpreted as taken by the people's councils which are the organs of local authority and at the same time a deciding agency of the territorial self-government within its competence, and aimed at securing a given object or at realizing a given task.

The importance of optimalisation of the decision-making activity of the people's councils is evidenced by the following three indexes:

1. As a result of decentralization, the people's councils have at their disposal a sum amounting to about 30% of revenue and expenditure of the general State budget;
2. the number of decisions taken by the people's councils yearly under the new Law is not precisely known yet; it may only be stated that the

number in question is considerable and it amounted to 130 thousand a year according to a study carried out in 1962;
3. about 110 thousand councillors participate immediately in the taking of decisions by the people's councils of all levels; therefore, there is a praxeological side to the problem of optimizing the decisions of people's councils: it concerns the optimum utilization of the human potential made up of councillors as representatives of the society. The effectiveness of decisions taken at the councils' sittings shapes to a considerable degree the public opinion and influences the authority of the people's councils.

The legal character of decisions taken by the people's councils varies. The following kinds of decisions may be distinguished:

1. Decisions which include provisions generally in force. Their number will increase greatly due to the fact that as a result of decentralization about 300 statutory authorizations to pass this kind of provisions have been transmitted to the people's councils by the new Law. In this field, the people's councils have been authorized by the Seym to perform the functions of local parliaments.
2. Decisions about the socio-economic plans of development. They direct the activity of the councils' executive organs of general and special competence during periods of one and many years.
3. A similar function is performed by the decisions of the people's councils concerning the local budget for one year as well as the many-years' financial plans based on the plans of socio-economic development. The number of decisions of this kind will increase greatly because of their more detailed character and because of the fact that the councils have been given a much broader competence of exclusiveness in changing the budget than before.
4. Decisions of the people's councils which include town-planning projects; one need not stress their importance for the community and for the socio-economic development of the region.
5. The decisions which include directives of the people's councils steering the activities of their subordinate agencies. These directives concern the work of executive agencies of general and special competence in particular spheres of activity of the territorial self-government, for instance in the field of architecture, municipal economy, health protection, environmental protection, education, observance of law and order. These acts have a diversified inner structure as regards their legal sense, and at the same time they constitute an important instrument of exercising supervision by the people's councils over economic, social and cultural activities.
6. Decisions of the people's councils concerning units of socialized economy not subordinate to them (one of the examples of this kind of

decisions is for instance a decision of a voivodship people's council consenting to a localization of such an unit), as well as decisions concerning the functioning of municipal establishments, in which case the people's councils perform the function of initiators.

7. Decisions of the people's councils concerning personnel, for instance the staff of executive agencies, the composition of the presidium and commissions, the appointing of lay judges etc.
8. Decisions concerning self-government of urban and rural communities which have acquired a particular importance since people's councils together with self-government agencies of urban communities (in town quarters) and self-government of village communities – have been recognized as territorial self-government agencies.

The above classification naturally fails to exhaust the whole field of deciding activities; however, it is aimed at pointing out the variety of decisions taken and their great social importance which emphasizes the weight of studies of their optimizing.

The point of departure of such studies should consist in distinguishing the criteria which should be met by the optimum decisions. In the light of research carried out by the Department of People's Councils of the Institute of State and Law of Polish Academy of Sciences, it seems established that the optimum character of decisions of the people's councils requires three basic criteria to be taken into account: the axiological, the praxeological, and the social one.

The axiological criterion means the necessity to consider a decision of a people's council from the point of view of its consistence with the system of values which is characteristic for the socialist axiological system, including such values as freedom, equality, social justice. This criterion recognizes the principle of democracy as one of the basic values, the principle in question assuming the consistence of all decisions taken with the will and interests of urban and rural working classes. With regard to decisions of the people's councils a most important problem arises – which aquires particular weight in the light of the new Law – of the consistence of local interests (within a given unit of self-government) with the social interests in the broadest sense. A requirement of this kind is explicitly formulated in Art. 46 of the Constitution of Polish People's Republic which states that "people's councils connect the local needs with general aims and tasks of the State".

The praxeological criterion means that as the base of effectiveness of a given decision, the degree of its consistence with the current progress of professional knowledge is assumed. In short, the optimum social effect of the solutions assumed in the decisions of people's councils is achieved at the minimum social costs.

The social criterion is aimed at taking into account when considering the optimizing of the contents of decisions of the people's councils the need for confronting both the objects and the means proposed to achieve them – with the state of social consciousness. The application of the social criterion in the deciding activities of the people's councils depends on their ties with the community. The lower the level of a people's council, the more favourable organizational and territorial conditions exist for strenghtening these ties. At the same time, however, the lower the level of a people's council, the narrower its field of activity, the more limited range of decisions taken, which becomes a factor to reduce the sense of being a host of the region.

The criteria mentioned above must be considered in close relation to one another; if only one of them were taken into account, or if any were excluded, this might create serious obstacles in optimizing the decisions.

The new Law which strenghtens the principles of autonomy and broadens the range of decisions, creates more favourable conditions for optimizing local decisions. The above can be ascertained as regards the axiological as well as praxeological and social criteria.

As regards the *axiological* criterion, which assumes among others the necessity to join the local with the general social interests, the new legal situation allows this object to be achieved thanks to the strenghtening of autonomy. This creates more favourable conditions for articulating the local interest and for its more efficient protection owing to the following legal solutions:

1. Democratic forms of solving the conflicts between the local and general social interests have been formed. In the case of such a conflict, Art. 144 §1 is decisive: "The State Council controls the consistence of other legal acts with this Law, as well as the observance of independence and autonomy of people's councils on the part of other State agencies, particularly in the course of these agencies realizing their supervisory and controlling powers over the agencies of people's councils." And §2: "Having found an inconsistency of a legal act with the provisions of the present Law, particularly with the principles of independence and autonomy of people's councils, the State Council applies to the agency which has passed the act in question with a request to delete the inconsistency."
2. From this point of view, the new powers of material importance have been created which allow the voivodship people's councils to plead their own position. If the conflict concerns the voivodship level, it is solved by the State Council after consultation with the Cabinet (Art. 134).

   This solution guards against the danger of domination of particular interests on the one hand, and against underestimating the importance of the local interest which was typical of the bureaucratic centralism on the other hand.

3. From this point of view, Art. 8 of the Law is most characteristic; it provides that voivodship people's councils can apply to the State Council, the Seym commissions, and the Cabinet with a request to initiate legislative activity in given matters. The matters concerned here are those particularly important from the point of view of the local needs. It may also be an initiative to solve problems which require general regulation basing on definite suggestions.
Also another provision is of considerable importance, which provides that the chief and central administrative agencies should consult void-vodship councils before deciding on the more important problems.

From the *praxeological* point of view, the fact is of the most essential importance that the decisions have been transmitted – due to decentralization – to those agencies which recognize best the needs and social preferences of the region. As demonstrated by the outstanding Polish economist and cybernetics specialist, Professor O. Lange, it is advisable to transmit decisions to that of the levels of the administrative structure which the given decision concerns also in all the cases, when "... the time needed for the information from the region to reach the centre of power, for the decision to be taken and for that decision to be sent back from the centre to the region is so long that during that time irreversible changes take place in the region thus making the decision arrive too late".

Therefore, decentralization is profitable not only from the point of view of optimizing decisions on a local level, but also of optimizing central decisions by relieving the central agencies of second-rate decisions and thus enabling them to concentrate on decisions of strategic character.

The possibility of taking decisions which would be more proper from the praxeological point of view results from the fact that a principle was assumed in the Law that problems which are essential for the local community should be presented to the people's councils for decision in the shape of variants. The obligation to prepare such variants of solutions, first of all as regards the essential act for the local community which is the plan of socio-economic development, creates for the people's council an opportunity to choose the optimum variant both from the point of view of the satisfaction of social needs and of the selection of the most effective means.

From the praxeological point of view, also the distinguishment of two domains of activity of the people's councils is of particular importance. One of them is a sphere of decentralized tasks, including those on which a people's council decides independently, with agencies of the higher level exercising legal supervision in this respect, which renders it possible for them to question the decisions of the people's councils from the point of view of their consistence with the law, but not their propriety; the other is the sphere of the remaining tasks within which the local administrative agencies realize the competence they are charged with by the law, excluded statutorily from the competence of people's councils. In this sphere the function of the central administrative agencies is practically that of control, which exceeds greatly the sphere of legal supervision and includes to the full extent the supervision of propriety as well.

This solution causes the process of deciding to become much more perspicuous. The legislator assumed that in a number of spheres local tasks predominate, whereas in other spheres there is a predominance of general tasks on a State scale. The fact that the legislator delimited these two groups of spheres, with the general and local tasks being interrelated as a rule, is of material importance from the point of view of optimizing decisions on local matters.

The more complete regard to the *social criterion* in the local decision-making process level has found expression both in the strenghtening of importance of the forms of indirect democracy and in the development of the forms of direct participation of the citizens.

As regards the forms of indirect democracy, the above tendency found expression in the increase of the weight of representative agencies through securing independence in the work of the people's councils themselves by means of suppression of any possible barriers of this independence which would either restrict or reduce it to a façade "autonomy". According to the provisions of the Law, a people's council may establish its program of work for the period of its tenure, thus determining a hierarchy of aims and tasks. This program is then specified in yearly plans of work which the council resolves, thus determining in turn the hierarchy of problems it plans to concentrate on in the given year. The people's council appoints a presidium which organizes the council's work under the supervision of a president appointed by the council. It resolves a statute which determines a mode of proceeding of the council, including a detailed mode of decisions-making; it also specifies the matters in the case of which local administrative agencies and subordinate organizational units, before they take decisions, are under obligation to consult the standing committees of the people's council which are the council's auxiliary agencies in its performance of deciding and control functions.

As regards the increase of the forms of direct participation of the citizens in deciding on local matters, there is a most important possibility provided by the Law for the people's councils to submit the proposed solutions for social consultation. The people's council determines the principles and mode of carrying out the consultation, then it publishes its results and way of utilization. The Law of 1983 provides obligatory social consultations in two cases: 1) in the case of planning changes in the territorial division, 2) in the case of planning changes in the names of localities and physiographic objects. Decisions in both kinds of cases require a social consultation with the inhabitants of the regions which the changes are to concern.

The strenghtening of the citizens' influence on local matters is also related to the obligation imposed by the Law on councillors; namely, the electors' postulates, backed by the majority of participants at a meeting, are to be put by the councillor before the people's council in order to ascertain their social justification and prospects of realization. Such postulates may also be matter of the councillor's interpellation; in the case the answer fails to satisfy him, the councillor may put in an application for the answer to his interpellation to be reconsidered by the people's council at its session.

From the point of view of increasing the importance of the social criterion in the process of deciding, the most important point is the integration of the people's councils and self-governments of urban and rural communities to create a homogeneous system of territorial self-government. Owing to the integration of self-governments of urban and rural communities, which has existed since the birth of People's Poland, the socialist representation undergoes further development, including local communities in settlements of towns and village administrative units in communes. At the same time, thanks to the fact that people's councils have been recognized as a specific "superstructure" of self-governments of urban and rural communities, the self-governments in question acquired considerable support in the shape of the possibility for the people's councils to undertake authority. This original Polish solution finally breaks with the conception of treating self-governments of urban and village communities as auxilliary agencies of the regional administration; this conception has gravely impeded the development of social self-government.

The above changes secure a much broader participation of the society than before in representative, self-government and direct forms within the local decision-making process. The whole of the above transformations has undoubtedly created more favourable conditions for taking into account more fully the axiological, praxeological and social criteria in the local decision-making process. This renders it possible to avoid mistakes that found expression in underestimating the local matters which are most important from the point of view of satisfying the citizens' needs for the present. This creates the possibility to develop local initiatives and social activity which is most indispensable for the still improving satisfaction of these needs.

However, the creation of new chances to optimize decisions does not mean their instant introduction in social practice. The process of introduction of new legal solutions in the social life is always one of a long-range character. The proper course of this process, that is preventing the distortions of the legislator's intention, as well as suppressing the barriers which may cause a serious set-back in its course, depends on the committal to the process of deciding of subjects which represent the separate criteria in the local system of wielding power. As regards the axiological criterion, which is simultaneously a political one as well to a considerable degree, being related to the establishing of a hierarchy of aims and tasks, its representation in the process of deciding is connected with the participation in this process of political parties and social organizations. In this socio-political machinery of power, the leading part in a socialist society is played by a Marxist-Leninist party which – together with allied parties and associations of secular Catholics – steers the process of social transformations in accordance with the socialist system of values.

The social criterion is represented in the process of deciding by different forms of participation of the social factor, among which first of all the people's councils should be numbered, appointed by means of general elections, as well as the different forms of territorial, workers', and professional self-government and the various forms of the citizens' direct participation.

As regards the praxeological criterion, it is represented in the local process of deciding by local administration agencies which are created basing on the criterion of professional competence and supported by different forms of participation of scientists (e.g. Technical-Economic Councils attached to the voivodes, local scientific societies) and various forms of participation of experts.

The proper union of the three factors mentioned above in the process of deciding – the political, social, and professional one – is of vital importance for the optimizing of this process and in consequence for optimizing the decisions themselves. The 40-years' practice of the People's Poland has proven that certain phenomena should never be ignored once they occur in practice, such as attributing an absolute value to one of the above-mentioned criteria with the simultaneous underestimation of the remaining two in the process of deciding. This leads to a one-sided interpretation of the process of optimizing decisions. This one-sidedness may find expression in:

a) granting an absolute value to the political factor with the simultaneous underestimation of the importance of professional and social factors; it is a consequence of attributing an absolute value to the political aspect of local decisions irrespective of their actual varied and many-sided character; this occured particularly in the years 1948-1955;
b) attributing an absolute value to the professional factor, with the simultaneous underestimation of the political and social factors; it is an expression of a techno- and bureaucratic tendency in the local decision-making process; such an approach predominated in the seventies;

c) attributing an absolute value to the social factor, with the simultaneous underestimation or simply negation of any importance of the political as well as – even if to a smaller degree – the professional factor; a tendency of this kind appeared in the years 1980-81 creating a serious threat of the local particular interest dominating over the general social one.

With decentralization and strenghtening of autonomy, the consequences of the one-sided approach to the local decision-making process may result in serious distortions of the process of optimizing decisions. In these circumstances, the principle of uniting the points of view of the political, social and professional factors acquires a still greater importance. This cannot be achieved without the constant carrying into effect of the provisions of Constitution which secure to the people's councils the superiority over administrative agencies. The constant realization of this principle results not only from the doctrinal assumptions of the socialist constitutionalism: its pertinence has also been proven in full by empirical research. In the light of these studies it appeared that:

1. The professional factor tends to consider the proposed solutions from the point of view of financial abilities and material resources exclusively; moreover, these arguments very often intend to conceal the negative attitude of the administration to these proposals which is caused among others by the reluctance to undertake new and more complicated tasks. The social factor considers these solutions from the point of view of social needs as a rule, not always taking into account the financial and material abilities;
2. the professional factor lays particular emphasis on the consistence of the proposed solutions with the plans of socio-economic development, whereas the social one feels less restricted by the operative plans and provisions in formulating the postulates which arise from the social needs expressed by the public opinion;
3. the professional factor reveals a tendency to attribute an absolute value to the technological aspects of the local decision-making process and to underestimate in this connection the importance of democratic institutions; the social factor often underestimates the technological aspects of carrying the given social aims into operation;
4. the professional factor often represents a narrow, departmental point of view; the social one – which is not bound by departmental structures – reveals a complex approach to a much higher degree.

The above studies by no means indicate that the social factor is always right. However, they point to the need for a constant confrontation of the different points of view. The sessions of the people's councils and the work of their standing committees create conditions for such a confrontation. The democratic procedure which creates the conditions for dialogue and thus renders possible the confrontation of the different points of view which result from the approaches of the political, social and professional factors is therefore an indispensable condition for optimizing the local decision-making process. This means that decentralization without the simultaneous democratization could contribute but to a slight degree to the optimizing of the local decision-making process.

Thomas FLEINER-GERSTER

En ce qui concerne les structures des unités décentralisées, il s'avère qu'il y a une différence très nette entre les Etats fédérés et les Etats décentralisés.

Dans le cadre des Etats fédérés, la question de la structure de décentralisation relève de l'ordre constitutionnel. C'est la Constitution qui détermine les bases de l'autonomie et celles des structures des unités décentralisées.

L'organisation et la structure même des unités décentralisées sont en effet réglées normalement par les constitutions des unités décentralisées, et non par les lois des Etats centraux ou des unités décentralisées. C'est le cas notamment pour la Suisse, l'Allemagne, le Canada, les provinces de l'Australie et les Etats-Unis.

Dans le cadre de la Constitution suisse, les unités décentralisées – c'est-à-dire les cantons – sont même nommées dans l'article premier, ce qui a pour conséquence que chaque changement dans le cadre des unités décentralisées, par exemple la création du nouveau Canton du Jura, nécessite une révision de la Constitution fédérale elle-même. Les unités décentralisées ont donc une garantie constitutionnelle quant à leur propre existence. Ceci peut aussi être le cas pour des communes, qui dans quelques cantons sont expressément nommées dans les constitutions cantonales.

La structure et l'autonomie des unités décentralisées dans les Etats centralisés sont, elles, régies normalement par les lois de ces Etats. Puisque, dans les Etats centraux, la compétence de légiférer ne relève que de l'Etat central, les unités locales n'ont un pouvoir de législation que dans le cadre des pouvoirs qui leur sont délégués par la législation nationale. Elles n'ont normalement pas de pouvoir autonome de légiférer comme les unités décentralisées des pays fédéraux.

Les constitutions des deux Etats fédéraux socialistes, l'U. R. S. S. et la Yougoslavie prévoient dans le cadre de leurs Etats décentralisés des unités autonomes qui ont des droits de représentation sur le niveau fédéral et des droits d'autonomie à l'égard de leur Etat décentralisé. Il est clair qu'une pareille structure différenciée complique le processus de décision.

Pour cette raison, on peut dire que la décentralisation des Etats fédéraux relève du droit constitutionnel, tandis que la décentralisation des Etats centralisés relève du droit administratif.

Il semblerait qu'en Espagne cette structure décentralisée se traite plutôt sous forme de négociations qu'au travers de la législation.

Il faut néanmoins admettre qu'une unité décentralisée par le biais de la législation de l'Etat central, peut aussi avoir une très grande autonomie. Cela se présente surtout pour les unités décentralisées du Royaume-Uni. Bien qu'elles ne puissent avoir de compétences, dans le cadre de la doctrine «ultra vires», que si celles-ci leur sont déléguées par une loi parlementaire, ces autorités locales ont en fait une très grande autonomie puisque l'Etat central n'a qu'un pouvoir de direction très limité. La structure de l'Etat français, avec son Préfet dépendant des régions, mais aussi de l'Etat central, donne également à ce dernier un très grand pouvoir de contrôle et de direction relativement aux communes et aux autres unités décentralisées.

Il est très intéressant de constater que les unités décentralisées, tant dans les pays fédéraux que centralisés donnent assez souvent quelques pouvoirs démocratiques à leurs citoyens. La plupart de ces unités décentralisées dépendent d'un Conseil élu par le peuple, et d'une administration surveillée par ce Conseil, et, comme c'est le cas en France, par le Préfet qui est le représentant de l'Etat central.

Il est bien clair que, dans un Etat fédéral, le droit de participation et surtout le droit de vote des citoyens est plus important puisque les autorités de ces Etats décentralisés ne dépendent que des organes démocratiques élus par les citoyens du territoire de ce même Etat. C'est le cas par exemple en Suisse puisque le Gouvernement de l'Etat décentralisé ne peut recevoir de directives que par l'intermédiaire du Parlement cantonal, et il ne dépend pas du tout de l'Etat central. Celui-ci n'a aucun pouvoir disciplinaire sur les membres du Gouvernement et sur les fonctionnaires du Gouvernement cantonal. L'Etat central ne décide pas non plus de l'élection ou de la carrière, soit du Gouvernement, soit des membres de l'administration de l'Etat décentralisé.

Ce qu'il faut donc relever, c'est le fait que dans les Etats fédéraux, le droit de participation des citoyens dépend de la décision de l'Etat décentralisé.

Pour cette raison les citoyens ont, en Suisse par exemple, un pouvoir assez différent d'un canton à l'autre. Dans un canton ils décident de la politique cantonale dans le cadre de la « Landsgemeinde », alors que dans un autre ils n'ont qu'un référendum facultatif dans le domaine de la législation. Cette différence s'avère importante aux Etats-Unis également puisqu'il y a des Etats qui donnent aux citoyens un droit de vote dans le domaine de la législation, tandis que dans d'autres Etats les citoyens n'ont que le droit d'élire le Parlement. Il semble néanmoins que dans les autres Etats fédéraux, le droit de vote et de participation des citoyens dans le cadre des décisions de l'Etat décentralisé est plus ou moins identique d'un Etat à l'autre.

On peut donc conclure ce chapitre en relevant le fait que la compétence de décider de la structure de l'Etat décentralisé est très différente entre les Etats centralisés et les Etats fédéraux. Dans ces derniers, c'est une question constitutionnelle et la compétence relève de l'ordre de l'organe à la Constituante, tandis que dans les Etats centralisés, cette compétence relève du législateur.

SECTION III

AUTONOMY OF DECENTRALIZED UNITS

L'AUTONOMIE DES UNITÉS DÉCENTRALISÉES

"Structural Decentralization in the Canadian Federal System: Judicial Decisions vs. Political Accommodation"

C. Lloyd BROWN-JOHN

Structural Decentralization in the Canadian Federal System: Judicial Decisions vs. Political Accommodation.

This Paper is based upon two functional premises. First, that like several federal states throughout the world, the Canadian federal system is becoming significantly decentralized in practice, while simultaneously the formal institutional framework retains its historic centralized form. The second premise is that this decentralization is a product more of political accommodation than it is of judicial decision. Thus, following that premise, while the Canadian federal system has relied extensively upon the courts for interpretation, the judicial interpretation of constitutional content frequently establishes only ground rules for the ensuing political game.

I will examine some of the more significant judicial decisions and some of the political settlements which have emerged in response to problems which were highlighted by the recourse to the courts and which resulted in those decisions. I will suggest that the Canadian federal system – wherein accommodation has been premised upon linguistic qualities, economic differences and the physical environment of a country which functions across some eight thousand kilometers in six-and-one-half time zones and two languages – is a major achievement. Further, while wishing to retain asemblance of modesty in respect to the achievements of Canadian federalism, I think it imperative to point out that inherent in the Canadian model are instructive lessons not only for federal states but for centralized states which are seeking to accommodate divergent cultural, linguistic, religious, ethnic and economic interests within a single legal state entity.

A person coming to Canada's constitutional document [1] for the first time, would be struck by the incredible degree to which effective power resides not only with the Crown, but with the Federal Executive acting on behalf of the Crown. Thus, briefly summarized, the Crown appoints ministers, the Crown decides when elections will be called, the Crown decides who will be members of the judiciary, the Crown decides who will do what and how institutions will function. In practice, as every student of politics in Canada understands, the Crown is nothing more than a figure head, and all effective powers under the Constitution reside with the Prime Minister and the Prime Minister's Cabinet, or the Executive, as monitored of course by the Legislature or Parliament. It is clear when looking at historic documents [2] which emerged at the time Canada's Constitution was formulated (1864-1867) that the founders of the Canadian federal system were doing everything possible to ensure that the Canadian federal system would not contain within it those ingredients which had resulted in the American Civil War then raging south of Canada's border. Thus, the concept of state rights which was so critical to the U.S. Southern Confederacy in the 1860's was almost entirely climinated in the design of the Canadian Constitution.

Two articles or sections of the Canadian Constitution specifically define the respective powers of the Federal Government and the Provincial Governments (of which there are ten today). The powers which are exclusively Federal (section 91) relate to all matters which were clearly of importance in 1867. Provincial powers in (section 92 and 92A) were limited and considered to be of minor importance at the time. It is ironic, of course, that one of these powers was civil rights, which has become so critical today but which was not viewed as very significant in 1867. There is a concurrent power under the Constitution, and education belongs exclusively to the provinces. I mention this in order to emphasize that the very distribution of powers under the Canadian Constitution was dominantly in favour of the federal or central Government. But the drafters of the Constitution were not content to limit the power of the central Government simply to a distribution of powers, they also included a provision which permitted the federal Government to overrule any provincial law which was considered offensive.

The power of disallowance was actually exercised several times in the forty years following Canadian Confederation of 1867. It has not been exercised since 1943. The concepts of disallowance and reservation were not considered unusual at the time because while Canada became independent from Great Britain in 1867, until 1931 the British Parliament retained most of the rights of reservation and disallowance vis-à-vis Canadian legislation. The relationship between the federal Government and the provinces, therefore, was colonial in structure, origin and operation. As one commentator has observed this [3]:

> The B.N.A. Act, while it created a new Dominion under the name of Canada did not create an independent country. The federating provinces were all British Colonies, although they had achieved responsible government and a large measure self-government in local affairs. The new Federation also became a British colony subordinate to the United Kingdom in International Affairs, and subject to important imperial limitations in local affairs: the power of the imperial Parliament to enact statutes extending to Canada; the powers of reservations and disallowance, which in effect allowed the British Government to invalidate Canadian statutes; the British appointment of Canada's Governor General; the Canadian incapacity to enact any statute repugnant to an imperial statute extending to Canada; the supposed incapacity to legislate with extra-territorial effect; the supposed incapacity to change the succession to the throne or the royal style and titles; and the right to appeal from Canadian Courts to the Privy Council.

The powers of disallowance and reservation have not been used in many years, and that very absence of practice reflects the changing quality of the Canadian federal system.

It should be recalled that Canada's status as an independent global state emerged only in bits and pieces. For while the country was legally independent in 1867 it neither had an overseas representation, nor had it ever negotiated a Treaty until the mid 1920's. Indeed, in 1914, when Great Britain declared war it was assumed automatically that Canada was at war, and Canadians were not given an opportunity to make an independent choice to the shock of many Québeçois. It was not until 1931 with the Statute of Westminster that the British Parliament's capacity to reserve or to disallow Canadian legislation was eliminated. The Statute of Westminster abolished *The Colonial Laws Validity Act* insofar as that Act applied to the independent Commonwealth Dominions and, thus, British statutes could not automatically be extended by Order-in-Council. By 1939, therefore, when Great Britain engaged in war with Germany. Canada's Parliament made its own decision many days later also to enter the war. By 1949, Canada's Supreme Court was finally designated as the Court of final appeal when judicial appeals to the British Judicial Committee of the Privy Council were eliminated. Canadian citizenship emerged in 1947 and a Canadian flag was not developed until 1965. Indeed, complete independence for Canada did not come about until February, 1982 when Canada had its Constitution patriated from Britain. Thus, only since 1982 have Canadians been able to amend their own Constitution without reference to the British Parliament. In summary, Canadian independence has emerged over a period of one hundred and fifteen years and it should come as no surprise therefore that the federal system which exists in Canada has emerged over much the same period.

Since the 1920's Canada's provinces have begun to emerge as full-fledged functional entities within the Canadian federal system. Some encountered problems. Bankruptcy perhaps was the most prevalent problem during the 1930's depression and in 1937 the federal Government appointed a Royal Commission on Dominion Provincial Relations "known as the Rowell-Sirois Commission". This Royal Commission looked at the intricate and emerging relationships which existed between the Federal and Provincial governments and especially those relating to economic and financial affairs. It made several recommendations in its Report tabled in the Canadian House of Commons on May 3, 1940. Ironically, the recommendations included suggestions that the federal Government take over additional responsibilities from the provinces in order to cover the vast costs associated with many emerging social programmes.

Most of the significant recommendations of the Rowell-Sirois Commission were rejected at a Dominion Provincial Conference in 1941, that is, with the exception of the transfer to the federal Government of support for unemployed Canadians which emerged as an amendment to the British North America Act in 1941.

With the end of World War II, however, the provinces began to feel their economic ways foward, for while there was a modest depression after the war, provincial economies which were dominantly resource based began to emerge as independent or semi-independent economies capable of servicing the needs of their own populations. Provinces such as Ontario and Québec garnered immense wealth from their mineral resources, their hydro electric resources, and their emerging industrial complexes. Other provinces, such as Nova Scotia, which historically had derived substantial sustenance from trade and from the fishing industry, began to feel the pinch of recession. Later, as vast petroleum reserves were discovered in western Canada (Alberta and Saskatchewan) and the immense mineral, fishing and, timber resources of British Columbia became part of the global market, these provinces too began to emerge as wealthy entities within the Canadian federal system. Indeed, it was the imbalance of wealth which began to set off a chain reaction, the results of which are still being felt today in Canada.

As wealth distribution, based predominantly upon resource development varied from province to province successive federal Governments committed themselves to standardized services for all Canadians. Several national Canadian projects such as the Trans-Canada Highway were launched, not only to provide a symbolic link between all Canadians, but as well to provide good highways which some provinces hitherto had not been able to provide.

This belief that all Canadians should have access to certain basic economic and social benefits was not new. Indeed one can go back to the very development of the Canadian Pacific Railway in the 1860's, 1870's and 1880's as symbolic of the federal Government's belief that all Canadians should have access to railway services. In the 1930's that premise, which was dominantly economic but with social benefits, was translated with the development of airlines and broadcasting into Canada's Trans-Canada Airline system (now Air Canada) and the Canadian Broadcasting Corporation. Both are federally owned (Crown) corporations committed to provision of service to all Canadians regardless of their location within the country. In practice, for example, the broadcasting system today provides services in both languages to most Canadians including those in the high Arctic in no less than three languages; English, French and, for the Arctic area, Inuit native languages. The service includes not only radio but television, and the commitment is not only to the provision of service but, as required by statute, the development of Canadian talent.

The concept of national service, or of equity in the provision of services to all Canadians has grown as a dominant theme in federal politics especially under the recent prime ministership of Pierre TRUDEAU. For example, the 1980 National Energy Policy made it explicit that the price of natural gas for consumers in Québec and the Maritime Provinces (Nova Scotia, New Brunswick and Prince Edward Island) should be approximately the same price as natural gas for consumers in those provinces (Alberta, British Columbia) where natural gas is a natural resource. The very essence of the National Energy Policy was provision of petroleum products and natural gas to all Canadians at a reasonably homogenetic prices throughout the country. In fact, this has not entirely been the case, but it is the operational theory.

Clearly, the concept and application of equity implies cross-subsidization. Thus wealthy provinces traditionally have subsidized provision of services by the federal Government to less wealthy provinces via federal resource taxes and subsidies. Albertans for example, do not pay significantly less per litre for gasoline than people in Ontario, although both pay less per litre for gasoline than citizens of Newfoundland. Part of the price paid for every litre of gasoline in Canada is a special federal tax to be used as an import subsidy fund for petroleum products from off-shore locations such as, Venezuela and Mexico. Indeed, since the subsidy programme began some $25 Can. billion has been diverted to petroleum subsidies.

In summary, in a federal state which has widely divergent resources and scattered distributions of population – indeed, in a federal state which has a very small population "24 million people" scattered over a vast land – the price of equity for all citizens is extremely high. It should be no wonder then, that those provinces with wealth such as Alberta and more recently Newfoundland and Saskatchewan, should begin to complain about the subsidization of other provinces. Economic considerations, therefore, have been a prime motivation behind an effort by provincial governments to re-negotiate Canadian federalism, despite the apparent rigidity of the Constitution itself.

Furthermore, this special nature of Québec society with a heritage language and a culture distinctive from surrounding provinces, has meant that the unique status of Québec was a basis for negotiation with the federal Government. But this was also an aggravation for the federal Government, because it has meant that over the past few years Canadians frequently have been called upon to negotiate special arrangements with Québec. One example should illustrate what has been done and what can be achieved in terms of accomodation.

In 1967 French President Charles De gaulle, in the course of a visit to Québec, uttered a phrase which became immortal in Canadian history "*Vive le Québec libre*". De Gaulle's comment, which in retrospect was probably nothing more than an utterance in support of a nationalism with which he had profound sympathy, was found so offensive to the federal Government that Prime Minister Lester B. Pearson asked De Gaulle to leave Canada and return to France. It was a virtually unprecedented action by one state towards another friendly state. Unfortunately, the utterance came at a time when two historic events had come into confluence. First, a rising tide of Québec nationalism, which tragically culminated in 1970 in a Front pour la Libération du Québec kidnapping and assassination of a Québec Cabinet Minister. Second, it came at a time when a tremendous sense of Canadian awareness had emerged by 1967 the year of Canada's one hundredth birthday. Canadians were offended by De Gaulle while Québécois, at least of those of nationalistic inclination, were inspired. The period 1966 through 1968 was a period of intense confrontation between Québec and the federal Government, and much of that confrontation focussed upon education and culture. De Gaulle's remark was fuel for a smoldering fire. Canada, for example, suspended diplomatic relations with Gabon, when Gabon extended an invitation to Québec to attend an educational conference without extending the same invitation to the federal Government. Gabon, which was hosting an educational conference for Les pays francophones, it was alleged, was acting at the behest of France. Several other incidents, all apparently designed to insert a cleavage between the federal Government and Québec, were triggered by France or those states which had been formally associated with France as colonies. Initially the federal Government responded dramatically, for example, the reprimand of President De Gaulle, and with some very hard nosed statements by federal Government officials. Indeed, it can be said that the very election of Pierre Trudeau as a Québécois with a strong federal orientation was a reaction by English Canada to the emerging sense of Québec nationalism. What was unknown at the time, of course, was that efforts were being made to achieve satisfactory accommodation.

Over a period of several years, in order to accommodate the particular cultural and educational needs of Québec, the federal Government negotiated several umbrella cultural agreements with France, Belgium, and the United States in respect to the state of Louisiana. Under these agreements,

Québec and those countries or the State of Louisiana were empowered to carry on a form of international relationship. Furthermore, it has emerged since that delegations to international francophone educational conferences will be composed not only of Québécois, but federal Government representatives. Thus an invitation, while it will be extended to the federal Government, will be responded to in part by the provincial government representation through the federal Government. I should mention here that this type of accommodation which has emerged was insisted upon by the Federal government not only to protect the interests of the federal state but, as well, the interests of francophone populations in several other provinces specifically New Brunswick, Ontario and Manitoba. It was asserted that Québec had taken a much too narrow view of francophone Canadians in general.

It is clear now, fifteen years after the events, that the period 1966 to 1968 was a watershed in terms of the impetus towards political accommodation in Canadian federalism. Indeed I submit that the model which emerged in the Québec-federal Government's relationship was one which has been applied in several other areas in seeking to accommodate special relationships with provincial governments. What I shall do now is to examine very briefly some of these relationships and discuss how judicial decisions, while formal means for establishing rules, have become in practice simply benchmarkes against which important political accommodations occurs. Before doing that, however, I must take a moment to discuss the concept of political accommodation.

Political accommodation

I do not propose to go into the concepts of political accommodation and consociational democracy in any great detail, suffice it to be said, that Arend LIJPART has described Symetric Cultural Systems Under Political Sub-Systems as "Consociational". This means according to LIJPART that political systems whose essential characteristic is not any particular institutional arrangement, but an "Overarching Co-operation at the Elite Level With the Deliberate Aim of Counteracting the Integrated Tendencies in the System"[4]. For political accommodation to occur it may be supposed that it should be elite accommodation and that there be a pre-requisite of a consociational society. Robert PRESTHUS suggests that "elite accommodation theory" posits a critically decisive role for (elite) leaders[5]. Many writers have expanded upon the consociational accommodation theory in a host of other contexts, for example, Switzerland and Germany, since LIJPART first proposed the theory. I do not plan to again become immersed in the question of theories of consociational democracy or political accommodation, although I feel that it is rich in controversy, I simply want to suggest that the concept of accommodation, in particular the need for accommodation, is entirely compatible with historical depictions of the Canadian political system. It should come as no surprise, therefore, that efforts are continuously made at various levels in Canada to accommodate diverse interests in whatever form they may be found.

For example, in two relatively recent decisions by the Supreme Court of Canada *The Dominion Stores Case* and, *The Labatts Lite Beer Case*, the courts ruled that federal regulatory standards which were applicable for processed foods products were only applicable if those food products were involved in inter-provincial trade. The Court concluded that as long as a food product was not involved in inter-provincial trade, then federal grading standards, compositional standards and labelling standards were not appropriate. In practical terms, this means that food processed in one province may be shipped only to another province if it meets federal grading standards regulations. If it is to be consumed exclusively within a single province, then theoretically, it would not be bound by federal regulations. In practice, however, processed foods in Canada tend to be manufactured in three or four major locations and distribution tends to be on a national basis. Food processors would find it extremely expensive to label and provide grading standards for food processed within a single province, and then provide a second package or label for foods that might incidentally be transported between two provinces. As a result of these Supreme Court decisions it is generally been agreed by the provinces, albeit quietly, that none will press the point and that applicable federal regulatory standards will apply in any case. Whether they will be enforced or not may depend upon negotiations between the federal and provincial governments. The interesting part is that no party has an interest, ultimately, in seeing the federal grading standards cast aside, and thus in practical terms an accommodation is being sought which will permit products manufactured in one province to be transported to another province under informally applied federal regulatory standards.

In many respects, this illustration highlights what I believe is the essential point of this discussion, and that is while the Supreme Court may render judicial decisions which frequently caused inconvenience, for practical purposes those affected by the decision not infrequently seek to achieve practical working solutions outside the boundaries of judicial decisions. I should emphasize that this is not in violation of law, for the courts are asked simply to render a decision on the state of the law, not on whether this is a good law or a bad law. And, in effect, the negotiated solutions are being found, and this is what I have described as political accommodation. It also accords with the concept of the "supremacy of Parliament".

Some judicial decisions and their results

Section 132 of *The Canada Constitution Act* of 1982 reads in part that the Government of Canada "shall have all powers necessary or proper for performing the obligations of Canada or of any province thereof, as part of the British Empire, towards foreign countries arising under treaties between the Empire and such foreign countries". This provision is the only one in the Canadian Constitution directed toward treaty obligations. In 1937 the federal Government and the province of Ontario sought the opinion of the British Judicial Committee of the Privy Council on the applicability of obligations arising out of International Labor Conventions codes. The codes related to working conditions and essentially to human rights, and were deemed to fall within the provisions of Section 92 "Provincial Jurisdiction" of the then *British North America Act.* That they were international obligations, however, appeared to place them within the federal jurisdiction. In one of the most famous references to the Judicial Committee, The *Attorney-General of Canada* v. *Attorney-General for Ontario* (1937) A.C. 326, the Judicial Committee concluded that as Canada was no longer part of the British Empire (this in consequence of the 1931 Statute of Westminster) and that the federal Government no longer had the power to conclude treaties the implementation of which would require provincial legislation for incorporation. The *Labor Conventions Case* (as it was known) marked a significant change in direction for Canadian federalism. The case also highlighted one of the ongoing difficulties of the Canadian Constitution, that is, the absence of a treaty provision. In consequence, and in theory, treaties may only be concluded by the federal government under two conditions: 1) that their provisions fall exclusively within federal jurisdiction, and that they may be incorporated into municipal law by an act of the federal Parliament; or, 2) that the federal Government has acquired concurrence of the provinces with provisions of the treaty before the treaty is ratified which concurrence includes an agreement that the provisions of the treaty would be implemented by provincial legislation thereby incorporating the treaty into Canadian municipal law.

In part, it is this shackling of the federal Government and its treaty making capacities which has led to many of the *ad hoc* arrangements which have emerged over the past fifty years in Canada. For, as provinces have sought to pursue their own natural political direction and, indeed, as they have sought to participate on the international scene, the federal Government has increasingly been under pressure to seek accommodations with respect to the interests of the provinces, while simultaneously protecting essential constitutional premises. The *Labor Conventions Case,* therefore, created a constitutional conundrum, and that is that while the federal Government alone has a capacity to ratify international treaties, many of the subjects of those treaties require provincial legislation.

It is upon this conundrum, for example, that many of the events surrounding the infamous and not so famous "Gabon Affair" revolved. For, while the Constitution poses a barrier to the smooth operation of international relations insofar as Canada is concerned, methods have been found to permit functional accommodation. Today, numerous agreements and treaties have been concluded by the federal Government which cover matters within provincial jurisdiction. For example, the Franco-Québec Entente on cultural cooperation was signed on November 24th, 1965. This Entente was concluded only after the exchange of letters between Ottawa and the French Embassy on November 17th, 1965. Similarly, the Columbia River Treaty signed between Canada and the United States on January 17th, 1961 was ratified in 1964 after the province of British Columbia and the State of Washington agreed on the appropriate legislative provisions necessary for the implementation of the treaty.

The matter of delegations to international conferences was the issue between the federal government and Gabon [6]. Today, the issue has been resolved by invitations to such conferences being channeled through the federal Government and that government consulting with those provinces which appear to have a specific interest in the area (e.g. francophones) or if it encompasses interests throughout Canada the delegation will be constituted consisting of both federal and provincial representatives. The concept of "umbrella agreements" has been employed by the federal Government to permit provinces to conclude arrangements, for example, with adjoining states of the United States. The "Umbrella Agreements", while perhaps not fully essential to the functioning of federal/provincial and international relations, nevertheless have provided a regularized means for resolving a constitutional dilemma.

The Off-shore Mineral Rights Case (1968), 65 DLR 353. The issue of off-shore mineral rights posed another challenging question for the federal and provincial gonvernment in legal terms. Several provinces, specifically, Newfoundland which had entered Canadian Confederation only in 1949, argued that they had a competence to develop and exploit off-shore mineral resources and, in particular, petroleum under the territorial waters, contiguous zones and, upon the continental shelf of Canada. There is little doubt that the primary motivation was economic and indeed, despite the Supreme Court's ruling in The Off-shore Mineral Rights Case the issue to-day remains largely economic. The federal Government claimed that as it was the only entity which could be recognized as a state for international legal purposes, it alone possessed competence to exercise jurisdiction over off-shore mineral and petroleum deposits. The power was claimed not only by virtue of Canada as a sovereign state, but also by virtue of the residual powers under section 91 of the *Canada Constitution Act*, 1867 (federal jurisdiction). The Court ruled (p. 376) "that legislative jurisdiction in relation to the lands in question belongs to Canada, which is a sovereign state which is recognized by international law, and thus able to enter into arrangements with other states respecting the rights and territorial sea". It concluded that the rights which were acknowledged to be Canadian rights were those contained in the Law of the Sea Convention of 1958, and that it was Canada as a sovereign state which would have to answer the claims of other members of the international community for breach of the obligations and responsibilities imposed by the 1958 Law of the Sea Convention (p. 380).

The case clearly established the status of the federal Government as the dominant entity in international relations and law, but it did not solve the problem of off-shore mineral rights and the economic benefits to be derived from exploitation. Moreover, the decision of the Court, which was given as a joint opinion, rather than over the name of any of the specific judges, set off another controversy focusing upon the Canadian Constitution and that related to procedures employed for the appointment of judges.[7]

The spin-off of the off-shore mineral rights case since 1968 has been of course, a serious round of negotiations between the federal Government and the provincial governments over distribution of revenues derived from exploitation of off-shore oil. The issue became critical by October 1980 when the federal Government announced its National Energy Policy. In turn this led to charges by the provinces that the federal Government was trying to be heavy handed vis-à-vis economic interests of the provinces in the energy field. The end result has been individual agreements between the provinces and the federal Government pertaining to distribution of revenues derived from off-shore resources. Thus, a new structure of Canadian economic federalism has begun to emerge.

Once again, it has been a series of long and hard-fought negotiations which have interpreted the judicial decision and permitted a political accommodation which has been deemed satisfactory to all parties in a dispute.

While not fully resolved, for example, the issues of off-shore mineral rights and their economic benefits now have been relegated to the forum of negotiations between levels of government. These forums have included Ministerial meetings and meetings of officials, but the highlights unquestionably are the meetings of First Ministers (Prime Minister and Premiers) and the agreements which have been arrived by virtue of those meetings. The energy issue is still very much open as the benefits to be derived from exploitation of off-shore petroleum resources, especially now that large reserves of natural gas have been discovered, are substantial.

The Barfried Enterprises Case (1963) S.C.R. 570

Section 91 (19) of *The Canada Constitution Act,* 1867 assigns to the federal Government exclusive jurisdiction to pass legislation relating to interest on debts. Over the years the federal Parliament of Canada passed legislation relating to interest and small loans. Some provinces ventured into the field prior to 1963 by incorporating some provisions of the old English *Money Lenders Act* into provincial consumer credit legislation. These provisions allowed the courts to open and to re-write certain loan contracts where the cost of the loan was deemed to be excessive, and the transaction harsh and unconscionable. In 1963 the province of Ontario passed a statute known as *The Unconscionable Transactions Relief Act.* This statute was designed to control usurious rates of interest. The province acknowledged that interest rates fell within the federal jurisdiction but argued that some control was essential. The term "unconscionable transaction" was intended to achieve two objectives. First, it avoided use of the word "usury". Second, it dealt with matters apparently falling within provincial jurisdiction, e.g. unconscionable transactions and contracts. Nowhere did the statute employ the word interest, although it used the expression "the cost of the loan" which it was perceived was neutral from a legal and constitutional point of view. Ontario argued that the "colour" of the legislation was essentially provincial.

The case at issue arose out of a mortgage granted by one R. D. SAMSON in favour of Barfried Enterprises Limited as security on loan. For various reasons Mr. SAMSON applied for, and was granted, relief under *The Ontario Unconsionable Transactions Relief Act.* The Act was challenged, however, and was declared unconstitutional by the provincial Ontario Court of Appeal. However, on appeal to the Supreme Court of Canada a majority of judges upheld the validity of the Ontario Statute. The Court ruled essentially that the federal aspect of the statute was minimal, while provincial aspects were predominant, therefore, the Act was constitutional. It concluded that the word "interest" in Section 91 (19) of *The Canada Constitution Act* referred only to charges accrued from day-to-day, and did not cover bonuses or other items that were not included in the definition of "cost of loans" as set forth in the *Ontario Unconscionable Transactions Relief Act.*

The end result of this decision has been two-fold. First, it has encouraged provinces to pass legislation dealing with contracts notwithstanding the fact that provincial acts may incidentally encroach upon federal jurisdiction. Second, it has forced both the federal and provincial governments to work out administrative arrangements for handling questions arising out of either unconscionable transactions, usurious interest rates or, interest rates in general. Another feature of the Supreme Court decision has been that it permitted provinces to invade an area which hitherto had been exclusively federal that is, in the area of disclosure legislation on the costs of consumer credit. This has been made easier by the fact that such disclosure legislation has been characterized as legislation dealing with loan contracts rather than with interest rates. Finally, although banks fall within federal jurisdiction, the credit disclosure legislation of the provinces imposes a series of provincial requirements upon federally chartered corporations (banks). Indeed, it can be said that provincial legislation now governs certain aspects of the credit activities of the federally chartered banks (Section 91).

Re: Resolution to Amend the Constitution of Canada [1981] ISCR 753

Much of the conflict between the federal and the provincial governments over their respective positions came to a head as part of the on-going constitutional battle in Canada from approximately 1978 until 1982. The Constitutional battles focused first, upon patriation of the amendment process, e.g., return of the entire constitution from Great Britain; second, the Charter of Rights and provisions in that Charter relating, among other things, to native peoples and other minority groups; and, third, the respective powers of the provinces primarily in the revenue and economic areas. On this latter point, once the provinces began to realize that the powers of all governments were to be enshrined in the constitution, it became clear that efforts would have to be made to amend the distribution of powers before a final constitutional document was concluded. At the judicial level, concerns culminated in a reference to the Supreme Court of Canada in 1980-81 and the decision of the Supreme Court of Canada September 28th, 1981 in: *Re: Resolution to Amend the Constitution of Canada.*

This reference hinged on three appeals before the Supreme Court of Canada arising out of references made to the Manitoba Court of Appeals, the Newfoundland Court of Appeal and the Québec Court of Appeals by the respective governments of those three provinces. The provinces inquired of the Court as to the impact of the proposed amendments to the Constitution of Canada including those relating to the Charter of Rights. They asked specifically, for example, whether such amendments would affect the rights, powers and privileges of provincial legislatures, and if so, in what respects. They also asked whether the proposed new *Canada Constitution Act* would affect legislative competencies of the provincial legislatures, and what would this proposed Constitution Act do to the status or role of the provincial legislatures or governments within the Canadian federation.

There were also several questions relating to constitutional Conventions, specifically constitutional Conventions relating to whether or not the proposed Constitution Act could be amended without the approval of the provinces and in spite of their objections. On each of these questions the Court had different responses.

On the first question pertaining to whether or not rights or privileges of the provinces would be affected by the new Constitution, the Court concluded that they would be affected. On the matter of whether or not the status or role of the provincial legislatures or governments within the federation would be affected, the Court agreed that they would be affected. The issue of whether constitutional Conventions prevented the federal Government from undertaking certain types of activities, raised a more complex issue. On the one hand, the Court concluded that there was a constitutional Convention which prohibited the federal Government from amending the Constitution so as to affect federal/provincial legislation or powers, rights or privileges without the consent of the legislatures or governments of the provinces. And, on the issue of whether the Canadian Constitution would empower, by Convention, the federal Parliament to cause the Canadian Constitution to be amended without consent of the provinces, and in spite of objections, so as to effect their legislative competences and their status within Canadian federation, the Court responded that as a matter of constitutional Convention this could not be done.

In understanding events of this period it should be made clear that the debate over an amending formula for the Canadian Constitution and the debate over a Charter of Rights to be enshrined in that Constitution had taken on gigantic proportions within Canada. Provincial governments ranged themselves against the federal Government, especially Québec and those provinces with a substantially economic base. Weaker provinces and provinces without a significant economic stake in the settlement, such as New Brunswick, tended to line up with the federal Government albeit with a low profile. The decision of the Supreme Court in September of 1981, in a sense concluded the legal debate. Thus, while the debate had gone on for several years, the decision forced all parties into a political settlement, and in a sense the role of the Supreme Court was pivotal for it opened the way to negotiation and the subsequent settlement which was achieved and finalized in *The Canada Constitution Act* of February 1982. Indeed, I believe that it can be said that the Canada Constitution Act of 1982 and the enshrined Charter of Rights were a major achievement of the government of Pierre Trudeau. It is now the responsibility of the government of Canada under Prime Minister Brian Mulroney to put into effect the consequences and conclusions of the new Constitutional status of Canada. Québec, for example, gave notice in December 1984 of its intention to negotiate outstanding Constitutional issues with the new Conservative Government. It is clear that this new Government's is relying very heavily upon an old description of Canadian federation and that is, the concept of consensus federalism. It is also clear that although much of the conflict between the provinces and the federal Government has been resolved judicially the door is now wide open for political accommodation, and from that could emerge a new structure of decentralised Canadian federalism.

Canadian Charter of Rights

I shall now devote a few moments to a concluding comment upon the impact of the Canadian Charter of Rights and Freedoms. The Charter is schedule "B" of *The Canada Constitution Act*, 1982, and Section 52 (1) of that Charter places its status in perspective vis-à-vis the remainder of the Constitution. Specifically, it states that the Constitution of Canada is the supreme law of Canada and that any law that is inconsistent with the provisions of the Charter is, to the extent of the inconsistency, of no force or effect. It should be clear that once one establishes the provision of a Constitution as being above and beyond the force of normal law the judicial interpretation also must be different from that of any routine statute. To date, there have been several cases interpreting the Charter of Rights and I think that it can be said without much qualification that most of those judicial decisions have given a fairly broad interpretation to the breadth of rights set forth in the Constitutionally guaranteed Charter. Thus, for example, a strike by public servants in Ontario was declared illegal by the legislature of Ontario in a special Act passed by that provincial legislature. Counsel for the public service union challenged the legislation before the Supreme Court of Ontario which ruled that under the Charter of Rights the legislature did not have the right to withdraw a privilege which had hitherto been granted and, without restricting the right of the legislature to act as it chose, that the right only could be withdrawn if it were withdrawn for all groups not just a single target group.

For many people imbued with traditions of prescribed rights and constitutions, those contained in the Canadian Charter of Rights are not new. Thus, standard provisions relating to the right to life and the rights of liberty and security of person are contained in the Charter. The rule to be applied in assessing the rights is the rule of reasonableness and the phrase "reasonable limits" is deemed to be an objective test of the validity of rights presumed. It might also be added that the judiciary has placed emphasis upon reasonableness in the context of a "free and democratic society" and these words, in conjunction with reasonableness, have been interpreted by the Courts as the parameters of defined rights and freedoms. It is for this reason, I submit, that the courts have been extremely liberal so far in their interpretation of the Charter, and while this has caused certain inconvenience in political terms there is no question that the definition of the breadth of rights of freedoms available has been broadened immensely.

Conclusion

This discussion has been but a brief introduction to a relationship between the judiciary and political players in a highly complex and a rapidly changing federal system. The structure of Canadian federalism has been defined by the courts in recent determinations, especially since the 1981 reference on the Constitution, to be much broader than the restricted interpretations that had hitherto applied. Indeed, I would submit that the logic of the 1981 determination and the relationship between the provinces and the federal government, especially insofar as it relates to the Conventions of the constitution, is a logical conclusion or extension of the process that began in the 1937 *Labor Conventions Case.*

The Canadian federal system is perhaps more decentralized today than at any other time in its history and, it is perhaps more decentralized than virtually any other federal system in the world. That this has required the intervention of the courts to establish rules is on the one hand the logic of the system. However, on the other hand, that it has also opened the door to substantial political negotiation and the resulting accommodation of interests then it lends support to the belief that the Constitution of Canada today has become a vigorous and living organism.

The Charter of Rights opens the way to an entirely new area for the definition of respective privileges and rights in Canada. It also opens the way to settlement of many outstanding issues pertaining to the respective rights and privileges of provincial legislatures vis-à-vis their federal counterpart. Consequently, while Canadians may relish the activity which will surround interpretation of the Charter of Rights political and administrative leaders will find the ground infinitely fertile for the process of accommodation which has been historically inherent in the Canadian political system. The vigor with which both courts and political leaders have approached the task is commendable and it suggests that the next one hundred years of Canadian Confederation will be considerably more interesting and profitable from the point of view of the population of Canada.

Bibliography

Stanley M. Beck and Juan Bernier (eds.), *Canada and the New Constitution* (2 Volumes), (Montreal: The Institute for Research on Public Policy, 1983).

R. J. Chaffins and R. M. Tucker, *The Constitutional Process in Canada*, (2nd ed.) (Toronto: McGraw-Hill).

Peter W. Hogg, *Constitutional Law of Canada*, (Toronto: Carswell, 1977).

Joseph Eliot Magnet, *Constitutional Law of Canada: Cases, Notes and Materials*, (Toronto: Carswell, 1983).

Edward Mcwhinney, *Canada and the Constitution*, 1979-1982, (Toronto: University of Toronto Press, 1982).

J. Peter Meekison, *Canadian Federalism: Myth or Reality*, (3rd ed.), (Toronto: Methuen, 1977).

Ontario Economic Council, *Intergovernmental Relations*, (Toronto: Ontario, Economic Council, 1977).

Donald V. Smiley, *Canada in Question: Federalism in the Eighties*, (Toronto: McGraw-Hill).

Roy Romanow, *et al*, *Canada... Notwithstanding*, (Toronto: Methuen, 1984).

Notes

1 Originally Canada's Constitution was known as *The British North America Act*, 1867 (as amended). It encompassed not only *The British North America Act* 1867 and its subsequent amendments but, as well, the 1931 Statute of Westminster, *The Canadian Citizenship Act*, and *The Canadian Supreme Court Act*, which transfered jurisdiction from the British Judicial Committee of the Privy Council to the Supreme Court of Canada. As of February 1982, all of the Acts, in whatever form they were relevant to Canada, were consolidated under one British statute known as the Canada Constitution Act of 1982. Henceforth, hereafter Canada's Constitution will be known as *The Canada Constitution Act*, 1867–1982. The link with Britain has finally been totally severed.

2 W.L. White, *et al*, *Canadian Confederation: A Decision-Making Analysis*, (Toronto: Macmillan, 1979).

3 Peter W. Hogg, *Constitutional Law of Canada*, (Toronto: The Carswell Company, 1977), 13 - 14. Although independent, Canada did not conclude its first international treaty until 1926.

4 Arend Lijphart (ed.), *European Political Systems*, (Englewood Cliffs, New Jersey: Prentice Hall, 1969). The specific essay is "Typologies of Democratic Systems" at p. 63.

5 Robert Prethus *Elite Accommodation in Canadian Politics*, (Toronto: MacMillan of Canada, 1973), p. 8. Arend Lijphart has developed the theory of accommodation in his book, *The Politics of Accommodation*, (Berkeley: The University of California Press, 1969). His article, "Consociational Democracy" is particularly important.

6 The crisis hinged on an invitation from Gabon to the Québec Government to attend and participate in an educational conference in Libreville in 1968. The Federal Government of Canada considered the invitation to be in violation of International Law as the invitation was sent directly to the Québec Government and not via the intermediary of

Ottawa. There were other later invitations one from Tunisia to the Québec government sent via Ottawa which Ottawa "apparently" lost and thus the invitation was not delivered to the Québec Government until after the conference in Tunisia had concluded. In February 1969 an education conference of Francophone countries was held in Niamey, Niger Republic. At this conference a Québec and Canadian delegation co-existed with two sets of flags, and two sets of expenses!

7 On this latter issue the Québec Government took strong exception to the method whereby the power of appointment of judges was exercised exclusively by the federal Government. Indeed Québec vigorously argued for the creation of a special constitutional court patterned on European and, in particular, the West German model.

L'autonomie des entités décentralisées au Zaïre

Dheba Chele DHEDONGA

Lorsque l'on étudie l'histoire de la structure étatique du Zaïre, on peut distinguer plus ou moins quatre grandes périodes: La période coloniale (1885-1960); la 1ère République (1960-1967); les périodes qui vont de 1967 à 1977 et de 1977 à nos jours.

La période coloniale se caractérise, grosso modo, par l'existence d'un centre de décision politique situé en dehors de la colonie et ne consentant des délégations de pouvoir que sur des matières peu importantes, et d'autre part d'une administration coloniale fortement centralisée au sommet qui accorde simultanément de larges pouvoirs autonomes aux échelons inférieurs de la hiérarchie, c'est-à-dire aux villes, communes et circonscriptions indigènes.

La première République commence en 1960 et s'achève juridiquement en 1967 par la promulgation de la Constitution du 24 juin 1967. Sous la première République, le Zaïre opte franchement pour une structure étatique fédérale. De simples subdivisions administratives de la colonie, les provinces se transforment en entités politiques décentralisées disposant de très larges pouvoirs autonomes [1]. Les évènements douloureux qui ont suivi l'accession du pays à l'indépendance provoquent malheureusement la fragmentation de l'autorité, qui affaiblit considérablement le pouvoir central, au point qu'en 1962 le nombre des provinces passe de 6 à 21.

La troisième période commence pratiquement par le coup d'Etat du 24 novembre 1965, se poursuit par l'ordonnance-loi n° 67/177 du 10 avril 1967 portant l'organisation territoriale politique et administrative de la République, par la Constitution du 24 juin 1967, et trouve son aboutissement dans la réforme administrative introduite par la loi n° 73/015 du 5 janvier 1973 qui abolit toutes les entités décentralisées du Zaïre, à l'exception de la Ville de Kinshasa, sous prétexte que «les autorités de ces entités prennent trop d'indépendance vis-à-vis des autorités supérieures, en se fondant sur le principe de l'autonomie» (exposé des motifs de la loi). Cette période se caractérise donc par une structure étatique fortement centralisée, hiérarchisée et monolithique.

Enfin, amorcée par le discours-programme du 1er juillet 1977 du Chef d'Etat à la nation, approfondie par la décision d'Etat n° 05/CC/81 du 8 juin 1981 du Comité Central du Mouvement Populaire de la Révolution, la dernière période a atteint son aboutissement par la promulgation de l'ordonnance-loi n° 82/006 du 25 février 1982 portant organisation territoriale, politique et administrative de la République, communément appelée la «loi sur la décentralisation territoriale des responsabilités». Tel est en effet son objet principal[2]. Ce texte organise une structure étatique fortement décentralisée.

Pour ne pas alourdir le texte et pour rester dans le cadre du thème général de la conférence, on se limitera à présenter très succinctement le problème de l'autonomie des entités décentralisées sous la première République (expérience fédérale) et l'expérience actuelle de la décentralisation dans un Etat unitaire. Ce qui nous permettra de voir si l'expérience zaïroise peut déterminer les critères de distinction entre un Etat fédéral et un Etat unitaire décentralisé.

Section I: L'autonomie des unités décentralisées sous la première République: cas des unités organisées par la constitution du 1er août 1964

L'opposition entre les unitaristes et les fédéralistes à la Table Ronde de Bruxelles en 1959 a été telle que les auteurs de la Loi fondamentale sur la structure politique du Congo ont évité très soigneusement de donner une qualification précise à la forme de l'Etat. Mais il est hors de doute que la structure étatique adoptée était une structure fédérale. La Constitution du 1er août 1964 opte franchement pour une structure étatique fédérale.

Dès le préambule, la Constitution de 1964 affirme l'orientation fédéraliste du pays:

> «Affirmant notre détermination de consolider notre unité nationale dans le respect de nos particularités régionales...».

Les articles 4 et 5 précisent que la République Démocratique du Congo est composée de la Ville de Kinshasa, siège des institutions nationales, et de 21 provinces autonomes, dotées de la personnalité juridique. Ces provinces sont subdivisées, aux termes de l'article 100, en unités administratives décentralisées, à savoir les villes (ou arrondissements), les communes et les chefferies régies transitoirement par le décret du 13 octobre

1959 sur les villes et les communes et le décret du 10 mai 1957 sur les circonscriptions indigènes. Schématiquement, l'organisation politico-administrative du Zaïre se présente alors de la manière suivante:

- République Démocratique du Congo
  - 21 provinces fédérées
    - Districts — Territoires — Chefferies et secteurs
    - Villes — Communes
  - Ville de Kinshasa — Communes

On laissera de côté le problème de l'autonomie des villes, communes et circonscriptions coutumières (chefferies et secteurs) pour se concentrer uniquement sur celle des provinces.

§ I. Le contenu de l'autonomie des provinces

L'autonomie des provinces est affirmée à l'article 5 alinéa 1er de la Constitution du 1er août 1964:

> «Les provinces sont autonomes dans les limites fixées par la présente constitution».

Le contenu de cette autonomie est déterminé aux articles relatifs à la répartition des compétences. L'article 47 dispose que «les matières sont de la compétence exclusive de la République, de la compétence concurrente de la République et des provinces ou de la compétence exclusive des provinces». La constitution opte donc pour la technique de la compétence exclusive et de la compétence mixte. Il y a des attributions qui appartiennent exclusivement aux organes centraux et à eux seuls (article 48), d'autres aux organes provinciaux et à eux seuls (article 50) et un petit nombre des matières appartient concurremment aux deux catégories d'organes (art. 49). Dans les matières concurrentes les lois et règlements provinciaux doivent être conformes aux lois et règlements d'exécution nationaux. Dans tous les cas, le droit national prime le droit provincial (article 51).

L'article 50 énumère, à titre purement indicatif, les matières qui relèvent de la compétence exclusive des provinces; cet article dispose:

«... Toutes les matières autres que celles qui sont énumérées aux articles 48 et 49 sont de la compétence exclusive des provinces, et notamment... »

En d'autres termes, les provinces ont *un pouvoir résiduaire*. L'article 144 de la Constitution reconnaît également une *compétence fiscale résiduaire* aux provinces. Toutefois, le Parlement peut, par une loi, habiliter une assemblée provinciale à légiférer sur les matières qui relèvent de la compétence exclusive de la République (art. 51 alinéa 2). Dans ce cas, la province a une *compétence déléguée*.

a) Le pouvoir de légiférer des provinces

Le pouvoir législatif est reconnu aux provinces par l'article 101 alinéa 2. «Chaque province... édicte sa propre Législation». L'article 117 alinéa 1er précise :

> «Dans les limites de l'autonomie reconnue aux provinces par la présente Constitution, la Constitution et les lois provinciales sont adoptées par l'assemblée provinciale».

Cet article reconnaît d'abord l'autonomie constitutionnelle aux provinces. Chaque province peut se donner une constitution sans ingérence du pouvoir central. Celle-ci doit être conforme à la Constitution nationale (fédérale) et aux mesures prises par les autorités centrales pour l'exécuter. Il accorde ensuite aux provinces un pouvoir législatif autonome dans les matières résiduaires (article 50). L'Assemblée provinciale ne peut légiférer sur les matières qui sont de la compétence exclusive de la République à moins que le Parlement ne lui délègue expressément, par une loi, le pouvoir de légiférer dans ce domaine (article 51).

Enfin, l'Assemblée provinciale peut légiférer dans le domaine des matières concurrentes. Dans ce cas, la loi provinciale doit être conforme et compatible à la loi nationale et aux règlements d'exécution nationaux. En cas d'incompatibilité, la loi provinciale est nulle. Lorsqu'une loi nationale est postérieure à la loi provinciale, cette dernière est abrogée de plein droit en cas d'incompatibilité et de non conformité (art. 51).

b) Le pouvoir administratif des provinces

Le pouvoir administratif des provinces est reconnu à l'article 101 :«chaque province organise ses institutions». En vertu de ce pouvoir d'auto-organisation, l'organisation des services publics provinciaux tels que l'enseignement primaire et secondaire (art. 50), la police provinciale (art. 157), la fonction publique provinciale (art. 156) et les institutions politiques et administratives provinciales (art. 50) est déterminée par chaque province sans ingérence du pouvoir central. Selon MPINGA-KASENDA :

«On en arrivera... sur le plan d'organisation politique et administrative des provinces, à de multiples expériences. Certaines provinces étaient subdivisées en districts, territoires, villes, communes et circonscriptions coutumières; d'autres se composaient d'arrondissements, de villes et de communes (urbaines et rurales); d'autres, enfin, étaient subdivisées en préfectures, arrondissements, villes et communes. Tout cela posa le problème de l'unité et de l'uniformité...»[3].

D'autre part, chaque province est dotée d'un exécutif provincial, présidé par un gouverneur de province qui est en même temps le représentant du Chef de l'Etat dans la province (articles 63, 100 et 103). Le Gouverneur, élu par l'Assemblée provinciale, dirige la politique de la province, assure l'exécution des lois provinciales et fait les règlements provinciaux de police et d'organisation interne de l'administration provinciale, dispose des services provinciaux, assure l'exécution des actes législatifs et réglementaires nationaux et dirige les services administratifs nationaux qui existent dans la province (art. 105).

En un mot, chaque province dispose d'une autonomie gouvernementale.

c) Le pouvoir financier des provinces

Enfin, les provinces ont un pouvoir financier. L'article 140 de la constitution pose le principe de séparation des finances de l'Etat et des provinces. «Les finances de la République et des provinces sont distinctes». En conséquence, les articles 145, 146 et 147 de la Constitution répartissent avec précision les domaines financiers respectifs des provinces et du Gouvernement central.

L'article 148 pose la règle de l'annualité budgétaire. L'exercice budgétaire commence le 1er janvier et se termine le 31 décembre. Chaque province doit assurer elle-même l'équilibre de son budget ordinaire. Le budget doit comprendre un budget des voies et moyens (recettes) et un budget des dépenses. Pour réaliser le budget des recettes, l'article 144 de la Constitution reconnaît aux provinces *un pouvoir fiscal résiduaire*. Les provinces supposent également d'autres ressources financières telles que le produit des emprunts internes, les recettes domaniales, les recettes administratives et les recettes judiciaires des tribunaux de police et des tribunaux coutumiers (loi financière du 11 juin 1963).

Le budget des dépenses doit prévoir les dépenses de fonctionnement des institutions provinciales et les dépenses d'investissements, ou en capital, exécutées par la province. La République peut intervenir pour couvrir les dépenses d'investissements d'une province (art. 150) et, d'une façon exceptionnelle, elle peut accorder une aide financière à la province pour équilibrer son budget de fonctionnement (article 149).

En principe, chaque province possède une autonomie financière. Mais en fait, plusieurs provinces n'ont pas su la mettre à profit pour réaliser leur développement social et économique et, dans la plupart des cas, elles attendaient l'aide financière du pouvoir central pour couvrir leurs dépenses de fonctionnement.

En conclusion, les provinces disposent de pouvoirs constitutionnel, législatif, exécutif et financier autonomes. La Constitution du 1er août 1964 prévoit en outre des mécanismes juridiques pour protéger l'autonomie des provinces.

§ II. La protection juridictionnelle de l'autonomie des provinces

La protection juridictionnelle de l'autonomie des provinces est assurée par la Cour constitutionnelle. Aux termes de l'article 167, celle-ci est compétente pour connaître:

> «des recours en interprétation de la présente Constitution, formés à l'occasion des conflits de compétence portant sur l'étendue des pouvoirs attribués et des obligations imposées par la présente contribution aux organes nationaux ou provinciaux...»

La Cour constitutionnelle est saisie d'un recours en interprétation par:

1°) Le Président de la République
2°) Les présidents des chambres législatives
3°) Les présidents des assemblées provinciales
4°) Les gouverneurs des provinces

En attendant sa création et son organisation, la Cour d'appel de Léopoldville (Kinshasa) exerce provisoirement les attributions dévolues à la Cour constitutionnelle.

Les constituants de 1964 ont appliqué avec scrupule le principe de l'autonomie politique des entités décentralisées. Mais il semble que dans la pratique, la décentralisation opérée par la Loi fondamentale sur la structure du Congo du 19 mai 1960 et par la constitution du 1er août 1964 a été un échec total.

D'abord, après 80 ans de vide politique, les hommes sortant d'un régime où ils n'étaient pas habitués à gérer eux-mêmes leurs propres affaires, se sont trouvés brusquement dotés d'un pouvoir dont ils ne saisissaient pas la portée exacte. Ensuite, dans la plupart des cas, les dispositions constitutionnelles assurant l'autonomie n'ont jamais été complétées par des mesures d'exécution. Il en est ainsi surtout en matière financière, où la centralisation des recettes appliquée sous le régime colonial s'est poursuivie normalement, et où la Commission nationale des Finances, chargée de la répartition entre la République et les provinces du produit des impôts et de l'attribution aux diverses provinces de la part qui leur revient, n'a pas été mise en place (art. 155). Enfin et surtout, comme le note MPINGA-KASENDA, l'autonomie politique reconnue aux entités locales

> « n'était pas consentie aux provinces et aux entités locales par un pouvoir central fort acceptant un certain partage de compétence afin de rendre son action plus efficace. Elle se présentait comme une victoire obtenue par les provinces aux dépens d'un pouvoir central faible, incapable de se défendre et de contrôler les organes provinciaux et locaux qui exerçaient une partie de ses prérogatives » (op. cit. p. 59).

Ainsi, comme le soulignait le Rapport au Président de la République sur l'Ordonnance-Loi n° 67/177 du 10 juin 1967 « Le régime de la décentralisation n'est pas encore bien compris pour en escompter de bons résultats et (que) les autorités décentralisées ne se soumettent à la tutelle administrative qu'avec beaucoup de réticences ». Ayant donc constaté l'échec de l'autonomie des provinces, le régime issu du coup d'Etat du 24 novembre 1965 a purement et simplement décidé de revenir à une forte centralisation [5]. Amorcée par l'ordonnance-loi n° 67/177 du 10 juin 1967 qui crée « un Etat fort, unitaire, décentralisé et déconcentré », la centralisation politique et administrative trouve son point culminant dans la loi n° 73/015 du 5 janvier 1973 qui supprime toutes les unités décentralisées – villes, communes et circonscriptions coutumières – à l'exception de la ville de Kinshasa, capitale de la République, d'où l'apparition du paternalisme du type colonial belge, étouffant toute initiative des autorités locales qui ont tendance à attendre tout du Gouvernement central, d'autant plus que le régime suspecte toute forme de vie politique locale, alors qu'il aurait été souhaitable de profiter de l'existence d'un gouvernement central fort de MOBUTU SESE SEKO pour apprendre, sous le contrôle suivi du pouvoir central, la meilleure façon de gérer les affaires locales [6].

La conséquence la plus immédiate et la plus dangereuse de la centralisation excessive a été l'apparition des citoyens irresponsables, complètement indifférents à la vie de leurs communauté. En fait, comme l'a dit le Chef de l'Etat dans son discours du 1er juillet 1977, la très forte centralisation a engendré une « irresponsabilité collective généralisée » car à chaque échelon de la vie nationale, le peuple a été écarté de la recherche des solutions appropriées aux problèmes de la nation. La décentralisation est donc devenue, sous la pression de facteurs multiples et variés – politiques, économiques, géographiques, démographiques et sociaux – une nécessité absolue pour redonner un souffle nouveau à la vie politique nationale et régionale.

Section II:
L'autonomie des entités décentralisées sous l'empire de l'Ordonnance-Loi N°82/006 du 25 février 1982

L'Ordonnance-Loi n° 82/006 du 25 février 1982 portant organisation territoriale, politique et administrative de la République est l'aboutissement du processus de décentralisation annoncé dans le discours-programme du 1er juillet 1977 du Chef de l'Etat. Cette ordonnance-loi organise une structure étatique fortement décentralisée. Aux termes de l'article 6, il existe cinq entités décentralisées: la région, la ville, la zone urbaine, la zone rurale et les collectivités. La ville de Kinshasa a le statut d'une région. Le chef-lieu de région est une ville et le chef-lieu de sous-région ou de la zone rurale est une cité.

Schématiquement, l'organisation territoriale et politique du Zaïre se présente de la manière suivante:

- République du Zaïre
  - Région
    - Sous-région [7]
      - Zones rurales
        - groupement [7]
        - collectivités-localités [7]
        - cités [7] — quartiers
      - Cités [7] —— Quartiers [7]
    - Villes —— Zones urbaines —— Quartiers [7]
  - Ville de Kinshasa —— Zones urbaines —— quartiers [7]

Contenu de l'autonomie des entités décentralisées

L'Ordonnance-Loi n° 82/006 du 26 février 1982 reconnaît aux entités territoriales décentralisées un certain nombre d'affaires qu'elles gèrent elles-mêmes, en disposant d'une certaine autonomie tout en restant soumises au contrôle du pouvoir central. Le contenu des affaires sur lesquelles s'exercent les compétences des entités décentralisées est fixé à deux niveaux.

D'abord, l'ordonnance-loi reconnaît à chaque entité décentralisée une compétence générale de principe sur ses affaires locales. Ainsi par exemple, l'article 15 dispose:

> «sous réserve des dispositions de la présente ordonnance-loi ou d'autres textes particuliers, l'Assemblée Régionale est compétente pour tout ce qui est d'intérêt régional».

Mais cette compétence générale de principe sur les affaires locales ne peut se comprendre qu'à la lumière de l'article 173 qui donne au pouvoir central une compétence exclusive sur toutes les questions ayant trait à la politique générale du pays et à la souveraineté nationale. Les entités décentralisées disposent donc d'*une compétence résiduaire* en ce sens qu'elles ne gèrent les affaires locales que si le pouvoir central ne le fait pas.

En second lieu, l'Ordonnance-Loi répartit les compétences entre le conseil exécutif et les entités décentralisées (Titre III, articles 172 et 201). En fait, il s'agit tout simplement d'une répartition des tâches entre l'exécutif et les entités décentralisées, ou plus précisément, d'*une délégation des pouvoirs* au profit des organes des entités décentralisées. On peut donc affirmer que la décentralisation ne touche que le pouvoir administratif.

a) Le pouvoir de légiférer

Le pouvoir de légiférer est reconnu aux entités décentralisées par divers articles de l'ordonnance-loi. Le terme «légiférer» doit être pris dans son sens large.

L'Assemblée régionale a un pouvoir de décision pour tout ce qui est d'intérêt régional (art. 15), le conseil de ville a pouvoir de réglementation dans les matières suivantes considérées comme d'intérêt urbain (cf. art. 61 pour l'énumération), le conseil de zone délibère sur toutes les questions d'intérêt local (art. 89) et le conseil de collectivité règle tout ce qui est d'intérêt local (art. 181), cette compétence est exercée sous réserve des dispositions de l'ordonnance-loi ou d'autres textes particuliers. Il s'agit d'une compétence résiduaire. Ensuite, les entités décentralisées établissent des règlements d'administration et de police qu'elles sanctionnent de peines de servitude pénale et d'amendes. Ces règlements sont soumis au respect du principe de la légalité. Ils doivent être conformes à la constitution, aux lois, ordonnances-lois, ordonnances, arrêtés départementaux et selon le cas à la décision de l'Assemblée régionale pour les entités subordonnées, du conseil urbain pour les zones urbaines, du conseil de zone rurale pour les collectivités.

Les assemblées régionales et les différents conseils des entités décentralisées statuent par voie de décisions.

b) Le pouvoir administratif

La répartition des compétences se fait entre l'exécutif et les autorités administratives locales, toutes nommées par le chef de l'exécutif. Au niveau politique, la structure du pays reste fortement hiérarchisée et centralisée. La décentralisation au Zaïre est purement administrative.

L'ordonnance-loi ne reconnaît pas aux entités décentralisées un quelconque pouvoir d'auto-organisation. L'article 175 est très clair.

« Le pouvoir de fixer l'organisation, les attributions et le cadre organique de l'administration locale relève de la compétence exclusive du pouvoir central ».

La seule exception à cette règle concerne la collectivité-chefferie qui est une entité administrative décentralisée comprenant un ensemble homogène de communautés traditionnelles organisées sur la base de la coutume. Elle est administrée conformément aux coutumes, sous réserve de la conformité de celles-ci aux règles de droit public, aux lois et règlements qui ont pour but de leur substituer d'autres règles (art. 124).

Le pouvoir exécutif est exercé, au niveau des entités décentralisées par les présidents régionaux ou locaux du Mouvement Populaire de la Révolution (M.P.R.), Gouverneur de région, Commissaire urbain, Commissaire de zone ou Chef de collectivité. Ils sont à la fois autorités locales et représentants du Président du Mouvement Populaire de la Révolution, Président de la République.

En tant qu'autorité exécutive locale, l'autorité administrative locale veille à l'exécution des lois, des règlements, des décisions de l'autorité supérieure et des décisions des organes délibérants locaux (art. 35, 73, 94, 116, 141). Elle dispose aussi de très larges pouvoirs administratifs. Nous citerons les plus saillants.

L'autorité exécutive locale veille au maintien de l'ordre public dans son entité et dispose à cet effet de la Gendarmerie, coordonne les activités de tous les services publics de l'Etat installés dans son entité et veille à leur bon fonctionnement, exerce le pouvoir disciplinaire sur le personnel de carrière de ces services, a droit de regard sur les agents des entreprises publiques. Elle a également un droit de regard et d'injonction sur les services spécialisés tels que la gendarmerie, l'agence nationale de documentation (A.N.D.), les forces armées et la magistrature, etc... .

Le Gouverneur de Région a le pouvoir de nomination des chefs d'établissements scolaires, d'affectation et de mutation des chefs de sous-divisions régionales de l'enseignement primaire et secondaire, etc... .

L'autorité exécutive locale veille à la sauvegarde du patrimoine local et spécialement à l'entretien du réseau routier, à la gestion du domaine, à la protection de la flore, de la faune, des ouvrages d'art et des sites classés, des eaux et des rives, à l'amélioration de l'habitat et à l'application des mesures d'hygiène et de salubrité publiques ; fixe les prix « ex-usine » des produits industriels, les prix des produits vivriers de base et en contrôle l'application ; procède à la vérification des poids et mesures, a le pouvoir d'ouverture des établissements hospitaliers, a le pouvoir d'ouverture et de fermeture de la chasse sur toute l'étendue de l'entité locale, accorde les autorisations personnelles de prospection minière et les permis de recherche minière aux personnes physiques, etc... .

Bref, le pouvoir exécutif central a délégué une part très importante de son pouvoir administrant aux organes des activités décentralisées. C'est donc avec raison que l'exposé des motifs de l'ordonnance-loi dit que son objet est « d'opérer la décentralisation des institutions administratives en vue de rapprocher les gouvernants des gouvernés ».

c) Le pouvoir financier des entités décentralisées

Les entités décentralisées disposent d'un pouvoir fiscal et budgétaire. L'article 186 pose le principe de la répartition des compétences en matière financière entre les entités décentralisées et le pouvoir central et dispose que celle-ci sera faite par la loi financière. La loi financière n° 83/003 du 23 février 1983 procède à cette répartition.

L'article 16 paragraphe 2 de la loi financière dispose que les ressources des entités administratives décentralisées proviennent notamment des *taxes sur les matières locales non imposées par l'Etat.* Et d'une manière plus précise, l'ordonnance n° 84/102 du 9 avril 1984 fixe la nomenclature des taxes autorisées aux entités décentralisées. Les entités décentralisées disposent donc d'un *pouvoir fiscal résiduaire.* Mais ce pouvoir n'est pas reconnu à toutes les entités décentralisées. Selon l'ordonnance-loi n° 82/006 du 25 février 1982, seules la région et la Ville de Kinshasa (art. 15, 1°), la zone rurale (art. 89, 4°) et la collectivité (art. 132, 5°) peuvent créer des taxes fiscales et rénumératoires ou créer des taxes consistant en des « makuta » additionnels aux impôts de l'Etat. Les Villes et les zones urbaines n'ont pas de pouvoir fiscal.

D'autre part, l'Etat cède aux entités décentralisées trois impôts, à savoir :
- la contribution personnelle minimum
- la contribution réelle sur les véhicules
- la contribution foncière des personnes tant physiques que morales.

Les autres ressources des entités décentralisées proviennent des recettes administratives rattachées aux actes générateurs dont la décision relève de leur compétence, des subventions de l'Etat correspondant aux dépenses administratives d'intérêt général à charge du pouvoir central et du fonds de péréquation, alimenté par les entités décentralisées dont les recettes excèdent le revenu moyen annuel et par les subventions annuelles inscrites au budget de l'Etat (art. 41 de la loi financière).

L'ordonnance n° 84/102 du 9 avril 1984 détermine les modalités de répartition des recettes administratives d'intérêt commun et des recettes fiscales cédées par l'Etat aux entités décentralisées de la manière suivante :
- Région 50 %
- Villes 10 %
- Zones rurales 25 %
- Zones urbaines 5 %
- Collectivités 10 %

Pour la Ville de Kinshasa, ce taux est de 60 % pour la Ville, 25 % pour les zones semi-rurales et 15 % pour les zones urbaines. Par ailleurs, la répartition entre les entités décentralisées de la part des recettes d'intérêt commun des contributions cédées revenant aux entités d'une même catégorie se fait au prorata de la population résidant dans l'entité.

Les ressources exceptionnelles (art. 17) comprennent les dons et legs consentis et acceptés dans les formes légales et le produit des emprunts et aides extérieurs. Toutefois les entités décentralisées ne sont autorisées à emprunter ou à prendre des participations que sur le marché local et uniquement pour financer les projets d'investissements approuvés par le Commissaire d'Etat à l'Administration du Territoire et le Commissaire Général au Plan, l'autorisation d'emprunter étant soumise à l'approbation préalable du Commissaire d'Etat ayant les finances dans ses attributions (art. 9 paragraphe 2 de la loi financière).

Les entités décentralisées possèdent également *le pouvoir budgétaire autonome.* L'Assemblée régionale pour les régions et les conseils pour les autres entités décentralisées arrêtent les budgets annuels : l'année budgétaire commence le 1er janvier et se termine le 31 décembre. Les budgets doivent être votés en équilibre économique et financier.

Suivant les directives des Commissaires d'Etat à l'Administration du Territoire et aux Finances, Budget et Portefeuille, les gouverneurs de région, les commissaires urbains, les commissaires de zones et les chefs de collectivités préparent les projets des décisions budgétaires. Le projet des décisions budgétaires est accompagné d'un rapport qui analyse les conditions dans lesquelles a été exécuté le budget de l'exercice antérieur et est ensuite déposé au bureau permanent de l'organe délibérant.

L'Assemblée régionale et les conseils des autres entités décentralisées adoptent les budgets lors de la session d'août. Les budgets adoptés sont soumis à l'approbation du Commissaire d'Etat à l'Administration du Territoire qui les rend exécutoires.

Les budgets des entités décentralisées comprennent :

1°) Le budget général qui enregistre l'ensemble des recettes et des dépenses de la région ou des autres entités décentralisées.

2°) Les budgets annexes qui sont constitués par les budgets des organismes auxiliaires des entités décentralisées et des entreprises publiques à caractère administratif, social, culturel, scientifique ou technique dépendant ou créés par les entités décentralisées.

3°) Les budgets pour ordre qui sont essentiellement de nature comptable et n'ouvrent aucun crédit, mais énumèrent les opérations à effectuer pour compte des tiers, en dehors des opérations budgétaires.

4°) Les dépenses administratives d'intérêt général à charge du pouvoir central et en recettes, les subventions de l'Etat correspondant à ces dépenses.

Les charges des entités décentralisées comprennent:
a) Les dépenses courantes groupées sous trois titres: les charges de la dette publique locale ainsi que de la dette viagère, les dépenses de personnel et de fonctionnement des services, les interventions des entités décentralisées en matière économique, sociale et culturelle; b) Les dépenses en capital, groupées également sous trois titres: les investissements exécutés par les entités décentralisées, les subventions d'investissement accordées par les entités décentralisées, les prises de participation et c) Les prêts et avances.

Par conséquent, les décisions budgétaires comportent deux sortes de crédits: les crédits pour les dépenses courantes et les crédits pour les dépenses en capital.

Les budgets ainsi votés sont exécutés par les gouverneurs de région, les commissaires urbains, les commissaires de zone ou les chefs de collectivités selon le cas.

Chaque année, les organes délibérant arrêtent provisoirement les comptes généraux des entités décentralisées et règlent définitivement les budgets du dernier exercice clos. Ceux-ci deviennent définitifs par l'arrêté du Commissaire d'Etat à l'Administration du Territoire, après avis du Commissaire d'Etat aux Finances, Budget et Portefeuille.

Dans la mesure où elles exercent la compétence réglementaire par l'émission des décisions obligatoires, les assemblées régionales et les conseils des autres entités décentralisées accomplissent des actes qui, du point de vue de leur nature matérielle, sont des manifestations de la fonction législative. Les entités décentralisées ont donc une autonomie législative (au sens matériel). Elles possèdent ensuite une autonomie administrative et financière certaine. Par contre elles ne jouissent pas d'une autonomie constitutionnelle et juridictionnelle. Mais ici, ***une réserve s'impose.*** La collectivité-chefferie, régie conformément à la coutume (constitutionnelle), ***bénéficie de l'autonomie constitutionnelle.*** Par ailleurs, la zone rurale et la collectivité disposent d'un ordre des juridictions propres, les juridictions indigènes reconnues par le code d'organisation et compétence judiciaires actuellement en vigueur. Elles jouissent donc d'***une autonomie juridictionnelle.*** Dans ces conditions, il nous semble difficile de caractériser l'Etat membre d'une fédération et l'unité administrative décentralisée dans un Etat unitaire par l'étendue de leur autonomie, comme l'a fait l'auteur de l'ordonnance-loi n° 82/006 du 25 février 1982[8].

La conclusion qui se dégage de l'expérience zaïroise, c'est qu'il n'y a pas de différence de nature entre l'Etat membre de l'Etat fédéral et la circonscription administrative décentralisée dans l'Etat unitaire. Mais il existe entre eux une différence de degré, le fédéralisme étant une décentralisation plus complexe et d'un degré plus élevé que celui que l'on rencontre dans l'Etat unitaire.

Notes

1 Djelo empenge, (1974): *Contribution à l'étude des tendances fédéralistes et unitaristes dans l'évolution politique et constitutionnelle du Zaïre*, thèse, Liège (non publié).

2 Vunduawe te pemako, (1982): La décentralisation territoriale des responsabilités au Zaïre. Pourquoi et Comment? in *Zaïre-Afrique*, n° 66 juin, juillet, août 1982.

3 Mpinga-kasenda, (1973): *L'administration publique du Zaïre*, Paris, Pédone. pp. 50-51.

4 Voir:« L'autonomie financière des entités décentralisées au Zaïre» pour plus de détail.

5 A. Wembi, (1966): La tendance à la centralisation des institutions publiques et administratives du Congo-Kinshasa, *Etudes congolaises*, vol. XI n° 1.

6 A. Vliebergh, (1969): Les structures politiques de la République Démocratique du Congo, *Rev. Jur. et Pol. Ind. et Coop.* n° 2, p. 190.

7 Simples subdivisions administratives de l'Etat, sans personnalité juridique.

8 Vunduawe te pemako, (1982), *op. cit.*, pp. 340-342.

Partially Decentralized Decision-making Bodies within a Centralized Political System: The Case of Turkey

Suna Kili

This paper aims at stating and discussing the problems related to the operation of partially decentralized administrative bodies within a centralized political system. The case of Turkey helps to shed light upon some of these problems. Hence, this paper is devoted to the study of local administrations, their establishment and mode of operation and their relation to the central government and its representatives in the periphery. This study also deals with center-periphery relations in Turkey.

Prior to embarking upon a detailed treatment of the subject, it is important to note that in the case of Turkey, local administrations are not entirely autonomous. These administrations have not been born out of a doctrinaire commitment to decentralization. Local administrations have been born out of the pragmatic conviction that popularly elected local governing bodies can meet local needs and perform certain public services efficiently. Moreover, it is believed that such bodies can provide the means for effective participation of the people in localities in the solution of the problems which directly concern them.

In Turkey the provincial, municipal, and village administrations constitute a tri-dimensional organizational structure at the periphery, and are essentially public corporate entities.

In Turkey the municipal administrations have a history of about one hundred thirty years, and the provincial local administrations and the village administrations of about one-hundred twenty years. From the beginning, some administrative and financial autonomy has been granted to these local bodies. However, from the very outset the fact that they are not politically autonomous has been acknowledged as an unchanging principle. Although there has been steady progress in the direction of more local democratic government in Turkey since the 19th century, local administrations in Turkey remain largely under the tutelage of the central government which displays itself in various forms and in varying degrees.

Local Administrations

The following constitute the main bodies of the tri-dimensional local administrative structure of Turkey: at the level of the provincial local administrations there are the provincial general assemblies; at the level of the municipal administrations there are the municipal councils and mayors; at the village and neighborhood level there are the village and neighborhood aldermen. All these are chosen by the votes of the electorate who reside in the respective administrative units. The provincial local administrations, municipalities and village administrations are corporate entities. The neighborhoods are not.

Although many academics complain about the extent to which local self-government is administratively, politically, and financially dependent on national government, Turkey is certainly not the only country where central-local relations are becoming the subject of increasing controversy. The tendency towards more centralization is observed nearly everywhere. Although in theory local governments in any given country are located along a continuum between complete centralization and complete autonomy, in fact the notion of a completely autonomous subnational entity contradicts the idea of national sovereignty [1].

Provincial Local Administrations

In Turkey provincial local administrations have a history which dates back to 1864. In each of the sixty-seven provinces of Turkey, there is a provincial local administration. In Turkey, provinces constitute a level of civil administration. The setting up of provinces, their abolition, and the changing of their names are all determined by law. When a province is set up, the provincial local administration is simultaneously established and needs no additional legal enactment.

There are two different types of administrations at the provincial level in Turkey. One of these originates in the fact that the provinces are considered part of the general, central administrative structure of the country. The other stems from the principle of decentralization providing for special administrative local bodies. General administration is within the prerogative of the provincial governor and of other public servants who include directors of various departments which are set up in accordance with the functions they carry out. On the other hand, provincial local administration consists of a permanent provincial committee, the governor, and of a general provisional assembly which is chosen by the votes of the people living within the boundaries of the province.

The governor functions both as the representative of the central government in each province, and as the head of the provincial local administration, as the representative of its juridical personality, and as its principal executive. Thus, the governor emerges as the central and most influential figure in the provincial local administration. This is due to the fact that the governor has a dual function. First, he is representative of the state, of the central government; and secondly, he is the head and chief executive of the provincial local administration. Although the provincial local administration has juridical personality and is considered to be autonomous, through this dual function the governor is able to influence and control the provincial local administration.

Functions of the Provincial Local Administrations

The provincial local administrations exercise the following functions: in the field of development they deal with the construction of provincial and village roads and village water systems; in the field of education they are concerned with the construction of village schools; in the field of agriculture they establish model farms, nursery-gardens, breeding-sheds and stations for cleaning seeds; in the field of health, they set up clinics and hospitals; in the fields of commerce and economy, they establish chambers of commerce and industry, fairs, and markets; in the field of communications they deal with such matters as supplying villages with telephone service. Hence, the provincial local administrations have to be concerned with the setting up and care of all the bodies involved in these activities. However, in the course of time the functions and duties of the provincial local administrations have been slowly taken over by those units of the central government which extend into the provinces, narrowing the functions and limiting the authority of the provincial local administrations.

The Structure of the Provincial Local Administrations

As a corporate entity the provincial local administration consists of the following bodies: provincial general assembly, permanent provincial committee, and the governor. The first two are essentially discussion bodies and the latter the executive.

Provincial General Assembly

This Assembly is composed of members elected according to the system of proportional representation by the voters in each district of a given province in accordance with the special law concerning the election of the members of this assembly. The number of assembly members is determined by the size of the provinces'population. No matter how dense or sparse the population, each district is entitled to elect at least one member of the provincial assembly. These elections are direct and are held every five years.

The governor chairs the meetings of the assemblies. Each year a vice-president and two secretaries are elected from among the members of the assembly to preside over meetings during the absence of the governor.

The provincial assemblies can hold regular or extraordinary sessions. The duration of the annual session is forty days and this can be extended for another fifteen days. The approval of the Ministry of Interior is needed both for the extension of the session and for the holding of extraordinary sessions.

The provincial general assembly discusses and renders decisions on matters which fall within its own jurisdiction. The budgets and the accounts of the provincial local administrations are discussed and approved by these assemblies. The decisions of these assemblies can be implemented only after the endorsement of the governor. Furthermore, some matters require endorsement of the Ministry of Interior or other concerned ministry for implementation.

In the case of situations which require investigation of the performance of provincial local administrations, the Ministry of Interior can temporarily suspend the functioning of these administrative bodies and/or their members.

Permanent Provincial Committee

The permanent provincial committee is the second decision-making body of the provincial local administration. This committee meets throughout the year. It has the authority to make decisions on those matters which fall within the duties of the provincial local administration.

The members of the permanent provincial committee are of two types: four members are elected by the provincial general assembly from among its own members. The other four members of the permanent provincial committee are appointed by the governor. These latter four are state functionaries working under the governor. The committee meets either under the chairmanship of the governor or of another person so entrusted by the governor.

The fact that the number of state functionaries in the permanent committe is equal to those who are not gives the governor and central government influence in the provincial local administrations. Moreover, while the provincial general assemblies meet at most for two months a year, the permanent provincial committee is in permanent session.

The Governor

The governor is the most influential and most important person of the provincial local administrations. As the representative of the state and given the range of prerogatives in the provincial local administrations, the governor emerges as the number one person in the general administration at the provincial level. All this makes him the central figure and in reality *the* administrator and manager of the provincial local administration. The governor represents the local administration in court and as a juridical person before third parties.

It is the governor and the state functionaries that work for him who prepare the decisions that are to be taken by the provincial local administration, the items on the agenda of the provincial general assembly, and that of the permanent provincial committee. The governor has the authority to endorse payments from the budget. And it is he who implements the decisions taken by all the provincial bodies. In spite of all the above-mentioned prerogatives and authority of the governor, theoretically speaking and within the framework of the law, the provincial general assembly and the permanent provincial committee have the right to exercise some degree of control over the governor. This right can be exercised by a two-thirds negative vote on the governor's report concerning the work of the provincial local administration. The justifications for this negative vote are sent to the Ministry of Interior, together with the minutes of the meeting. This is in a sense a vote of no confidence in the governor. However, such a negative vote does not give authority to the provincial general assembly to remove the governor. It can only inform the Ministry of Interior of its vote of no confidence. If the Ministry finds the reasons for this vote of no-confidence justified, it can then decide to remove the governor from his post. However, there has rarely had been a case in which the Ministry has exercised its prerogative in this direction. It is therefore quite clear that the central administration can exercise wide tutelary control over both the provincial local administration and over the provincial general assembly despite their juridical personalities and nominal autonomy. Although the latter have the legal right to exercise control over the governor, this is by and large only a theoretical legal right.

History of the Provincial Local Administration

N.M. POULANTZAS distinguishes two concepts of decentralization from each other. One he calls territorial decentralization and the other functional decentralization. The first concept relates to the management of affairs of a regional or local character which is entrusted to regional or local public authorities. Under the latter concept, decentralization exists when the management of special public interest is dedicated to a particular public service [2]. We could note that both these concepts were incorporated into Turkey's administrative structure in the second half of the nineteenth century. However, proposals aiming at creating a highly decentralized administrative structure based on a semi-federalist model were not found acceptable simply because of the need for preserving the territorial integrity of the Ottoman Empire – which was a multinational state [3].

Provincial local administrations have a history of one hundred twenty years. In 1864, using the French system as a model, provincial regulations were prepared by the Ottoman government. The new regulations based the administrative structure on the organization of the provinces. These regulations gave rise to two types of administrations in the provinces, one general and the other special, and the governor was accepted as the head of both of these administrations. According to these regulations, each province was to have a provincial general assembly, and each district was entitled to send one Moslem and two non-Moslem representatives to this assembly. This assembly was to have the authority to discuss local matters. Decisions taken by this assembly were to be sent to the central government, and they could be implemented only after their endorsement by the government. In the initial years of its establishment the assembly was to have neither legislative nor executive power.

A new set of regulations under the name of "Provincial Regulations of the General Administration" were promulgated in 1870. These new regulations somewhat enlarged the duties of the general assembly, but they preserved the old system regarding the authority and decision-making powers of the assembly. In short, during both of these periods provincial local administrations neither enjoyed juridical personality nor did they have their own financial sources or budget.

After these initial developments, it is in the 1876 Constitution that we first encounter the principle that the administration of the provinces was to be based on the principle of decentralization (Article 108) [4]. The same article states that the details of this organization shall be fixed by a law.

Article 109 of the same constitution stated that "a special law will settle on wider bases the election of the administrative councils of provinces, districts and cantons, as also of the Council General, which meets annually in the chief towns of each province"[5]. In accordance with these articles a law providing for a new set of "provincial regulations" was drafted, but it was not be promulgated because of the closing down of the Parliament by the Sultan.

During the course of the second Constitutional period which commenced in 1908, the subject of the administration of the provinces once again attracted the attention of the parliament. A special committee was set up which discussed the merits and shortcomings of centralization and decentralization of the administration. The committee's work was finally made into a draft law but the intervention of the Balkan Wars of 1912-1913 prevented the promulgation of the law. Finally, the government amended the draft law and promulgated it in 1913 under the title of "Temporary Provincial Law of the General Administration". In this way, provincial local administrations acquired a legal basis. Although there have been some amendments of this law, since that date provincial local administrations still derive their legal basis from this particular law.

In Turkish constitutional history, the first document which enabled the widening, stengthening, and increasing of the authority of local administration was provided for by the Constitution of 1921[6]. Article 11 of this Constitution stated that "with respect to local affairs the province is a corporate entity and has autonomy". Article 16 also extended the same rights to *nahiye* (a small administrative district). Both the provinces and the *nahiyes* could enjoy their autonomy in many areas. Exceptions were listed. For example, Article 11 further stated that "with the exception of external and internal political affairs; *Shari'ah*, juridical and military matters; international economic relations; general governmental taxation and matters concerning more than one province; the councils of the provinces have the authority to organize and administer, in accordance with the laws that shall be promulgated by the Grand National Assembly, matters relating to Pious Foundations, Schools of Theology, Public Instruction, Health, Economics, Agriculture, Public Works and Social Aid".

Article 16 states that the *nahiye* is a corporate entity that has autonomy in the local life of the community. Article 17 states that the *nahiye* has a council, and administrative committee, and a director. Article 18 grants the inhabitants of the *nahiye* the right to directly elect the members of the council of the *nahiye*. Article 20 states that "the council of the *nahiye* and the administrative committee have jurisdiction in judicial, economic, and financial affairs, the degree of which is determined by special law". The Turkish Constitution of 1921 provided for the direct election of members of these committees and councils by popular vote.

Nonetheless, this system as provided by the Constitution of 1921 was not implemented. The new Constitution of the Turkish Republic, namely the Constitution of 1924, stated that "the provinces are administrated according to the principle of decentralization and division of functions" (Article 91) [7]. This principle and this system of administration were preserved by both the Turkish Constitution of 1961 [8] and 1982 [9].

The Turkish Constitution of 1982 states that "the organization and functions of the administration are based on both the principles of centralization and decentralization" (Article 123), and that "the provincial administration is based on the principle of spheres of authority." (Article 126).

Thus the principle of "centralization" and "decentralization" of administration has been continued and implemented.

Municipal Administrations

In terms of democratic practice, decision-making, carrying out decisions, and implementing local public services the most effective local administrative bodies in Turkey are the municipalities. While the heads of the provincial local administrations are representatives of the central government, mayors are elected by popular vote. Municipal administrations have larger staffs and more elaborate, complex organizational structures than provincial local administrations.

The Municipal Law of 1930 introduced for the first time the system of election of mayors. From the second half of the nineteenth century up to 1930 the system of appointed mayors was preserved. From 1930 up to 1963 all mayors were elected by the municipal councils from among the council members. In 1963 this system was replaced by one which made it mandatory for all cities to have mayors directly elected by popular vote.

In Turkey the municipal administrations function according to the main principles set forth in the Municipal Law of 1930 (Law No. 1580). According to this law, it is mandatory to set up municipal administrations in each province and town. Those towns and villages which have a population of at least two thousand can establish municipal administrations as a result of a plebiscite. The affirmative votes of more than half the people residing in that area are necessary as an initial step. Furthermore, the Ministry of Interior has to recommend and the President has to approve the establishment of municipal administrations.

In all of Turkey, there are 1701 municipal administrations and 17,921 members of municipal councils [10]. These figures tell us that the number of mayors and members of municipal councils altogether are 19,622. All these are elected by popular vote. There are also several hundred thousand employees working as state functionaries in these municipal administrations.

Functions of the Municipal Administrations

The duties of the municipal administrations are spelled out in detail in the Municipal Law. The following are the main categories of functions and duties of the municipal administrations [11].

Health Services: Health services involve a very broad area of activity such as prevention and cure of disease, control of all food and water supplies and the setting up of clinics, hospitals, and pharmacies.

Development Services: Preparing city plans, constructing roads, bridges, and drainage systems, opening parks and other green areas, providing for water supplies and transportation facilities are some of the important functions of the municipal administrations that fall under the heading of development.

Cultural and Sports Services: Opening public reading rooms and libraries; setting up theatres and museums; constructing stadiums and athletic facilities; and if necessary constructing and operating movie houses, hotels, zoos, and restaurants are among some of the functions of the municipal administrations.

Public Safety and Security Services: These services refer in the main to police services and fire-brigades. Each municipal administration has its own police force and fire-brigades personnel.

Social Aid Services: These services involve the care of the poor, orphans, and the elderly and the establishment of orphanages and old age-homes.

Economic and Commercial Services: These services involve the organization of economic and commercial life and include such activities as price control, and the establishment of bakeries and shops that sell food products at subsidized prices.

It can thus be observed that in accordance with the mandates of the Municipal Law of 1930, municipal administrations are involved in providing a wide range of services. During the fifty years after the promulgation of this law, it became clear that municipal administrations were overburdened with the range of tasks they had to undertake. For this reason, several of these services, such as those in the areas of health care, electric power, and water supplies have been taken over by the central government, reducing the scope of municipal services.

In addition to acquiring funds from their own sources, the municipalities can also draw on funds allocated from general tax revenues. These funds are allocated in proportion to the size of the population of each municipality.

There has been no reduction of the legal capacity of the municipal administrations as corporate entities. These administrations can undertake legal action to meet public needs such as imposing and collecting municipal taxes.

Organization of the Municipal Administration: There are three main institutions associated with municipal administration: These are the mayor, city council, and municipal executive committee. The Municipal Law of 1930 states in detail all the duties and authorities of the municipal bodies. However, in 1984 there was a restructuring of some municipal areas [12]. These have in the main involved the setting up of metropolitan-city municipal organizations which in turn included the restructuring of district municipal organizations within metropolitan areas. Since this is a very recent development, it is too early to render judgement on the merits and/or shortcomings of this new municipal restructuring.

The Mayor: The mayor is the representative of the juridical personality of the municipality and is its chief executive. He has a dual function – first as the head of the municipal organization, and secondly as agent of the central administration. He is responsible for the implementation of the decisions of the municipal council, the municipal executive committee, and for all the services undertaken by the municipality. He is the general overseer of the municipal budget and the chief authorizer of expenditures. The mayor carries out all these functions either directly or through his aides and department heads.

The Municipal Council: Members of the municipal council are elected for five years by popular vote. This election is direct and implemented according to the proportional representational system. The number of members to be elected is determined by the size of the population. Each council has at least twelve members. The ordinary meetings of the municipal councils last for forty five days. This period can be extended by the approval of the governor.

The municipal council is the executive body of the municipal administration. The municipal budgets are discussed and determined by these councils. However, they cannot be implemented without the approval of the head of the civil administration in that area.

Municipal Executive Committee: This committee is the second decision-making body after the municipal administration and implements the decisions of the municipal council when the latter is not in session. In general, the municipal executive committee is composed of heads of municipal departments and four other members elected by the municipal council from among its own members.

History of the Municipal Administrations

The establishment of municipal administrations dates back to the 1850's. These administrations were influenced by French commune administration. Since the 1870's, municipal administrations have existed all over Turkey.

Village Administration

Village administration constitutes the smallest rural unit in local administration [13]. There are over 35,000 villages in Turkey.

The Head of the village administration is the alderman. The village administration also includes a council of elders composed of from eight to twelve people, depending upon the size of the population.

Village administrations have some supervisory and judicial functions. These include control of services and businesses at the village level. Village administrations get their revenues from a local tax called *salma*. Most services are carried out by the joint efforts of the villagers and are called *imece*.

Tutelage over Local Administrations

The Ottoman Empire had three basic administrative structures which were responsible for providing local services. These were the guilds (*lonca*), the foundations (*vakif*), and the neighborhood units (mahalle). These bodies represented an amalgation of values and traditions which had deep roots in the Turkish, Islamic, and Anatolian civilizations. During the course of the nineteenth century, these traditional institutions began to weaken due to the economic penetration of the Empire from the West and the imposition of Western institutions [14].

During the course of the nineteenth century, the Ottoman Empire copied the French model of administrative organization. The latter model bore the heavy impact of the Napoleonic codes. This centralized system continued until the fall of the Ottoman Empire, and it was retained and further strengthened by the Turkish Republic. This retention and strengthening were justified in terms of the requirements of rapid modernization. The reforms of Atatürk and the ideology of Kemalism comprised the first concerted and complete commitment to modernization since Turkey commenced its reforms in the eighteenth century. The Kemalist reforms were directed, in the main, to strengthening the new central authority, to nation-building, to secularization of the Turkish state and society, to encouraging political participation, and to bringing about changes in the socio-economic structure of the country. Hence, socio-economic and political conditions in the early years following the proclamation of the Republic in 1923 constituted the main reasons for the continuation of the centralized administrative system. On the other hand, Atatürk tried to soften the so-called excessive nature of administrative centralization. He tried to involve the local councils more deeply in the activities related to modernizing the cities. In a further democratic effort, women were given the right to vote for and to be elected to local councils in 1930.

Mustafa Kemal Atatürk was aware early in his carrer that the ultimate success of modernization depended not only on the strengthening of the center, but also on the periphery and the individual. In a significant speech he made upon arriving in Ankara in December 1919, he had occasion to express his hopes for such a future:

> If a nation does not become concerned about its existence and its rights with its entire strength, with all its spiritual and material powers, if a nation does not rely on its own strength to secure its existence and independence, then it cannot be rescued form becoming this person's or that person's puppet. Our national life, our history, and our system of administration in the last epoch are a perfect demonstration of this. Therefore, within our organization the principle has been adopted that the national forces are supreme and that the national will is paramount. Today the nations of the whole world recognize only one sovereignty: national sovereignty. If we now look at the other details of the organization – we begin our work from the village and the neighborhood and from the people of the neighborhood, that is, from the individual. If the individuals do not do their own thinking, the masses can be led in an arbitrary direction, can be led by anyone in good directions or in bad directions. To be able to sove himself, every individual must become personally concerned with his destiny. A structure that in this way rises from below to the top, from the foundation to the roof, will surely be sturdy. Nonetheless, there is need at the beginning of any undertaking to go not from below upward but from above downward. If the former could be done, all mankind could achieve their heart's desire. But since no practical and concrete way of doing this has yet been found, certain initiators are providing guidance in giving to nations the directions that they need to be given. In this way organization can be built from above downward. In my travels in the interior of our country, I have been extremely gratified to observe that our national organization, which, naturally began in this same way, has reached down to its true point of origin, to the individual, and that from there the real structuring upward has also begun. Nevertheless, we cannot assert that any degree of perfection has been attained. Therefore it must be considered a national and patriotic duty that we should make great efforts especially to attain the goal of a structuring from below upward [15].

During Atatürk's Presidency, the Bank of Municipalities was established in 1933 for the purpose of financing municipal projects. This was also a sign of the central government's interest in local affairs. In this way, the local governments would be controlled by the center, but also they would be assisted to perform their functions adequately [16]. In this instance it might be useful to keep in mind the contention of Brian SMITH that some degree of centralization may form a condition for meaningful and real decentralization in developing societies. Brian SMITH makes his point in the following words: "In less developed countries, strong devolution – the existence of self-governing institutions – will not exist unless there is strong control over local authorities[17]". However, it is quite clear that this intervention should not be such as to prevent the healthy and to the extent possible the autonomous functioning of local government.

It would be useful to keep in mind that "the position of local governments as part of the political system in developing countries is quite different from their position in the government system of industrialized western countries... Local Governments in some developing countries have lost many of their administrative functions or must share them with central government authorities"[18]. Financial dependency on the central government is a very important factor which limits the independent functioning of the local government. It is important to note that "The extent of citizens' participation on the local level varies from one country to another. It is more strongly developed in countries with a competitive party system than in countries under authoritarian rule"[19].

To shed further light on the historical, cultural, social and economic reasons behind the administrative structure of Turkey, it would be worthwhile to make a comparison between the rise of municipal organizations in Europe and the Ottoman Empire. We know that municipalities developed as institutions of civic society in Europe. Beginning with the thirteenth century, feudalism began to disintegrate and merchant capitalism started to develop in many city-states of Europe. In the West, the municipal institution developed to provide for the common needs of the people living in a particular city, but it also provided a means of carrying on the tradition of civic society against the concept of central government [20]. On the other hand, as Ilhan TEKELI says:"Municipalities did not develop as social institutions in Turkey but were initiated from above: i.e., by the State, during the reforms carried out under the administrative structure of the Ottoman Empire in the second half of the 19th century, in order to fulfill the new functions which could not be achieved under the former set-up... While central authority in the West developed by differentiating itself from local government, we find that local government in the Ottoman Empire was actually created by the central administration"[21].

Increasing democratization of the political system in Republican Turkey, especially after the 1960's gave rise to a new view of local government which could in fact be labeled as the ideology of local government. Certain segments of the Turkish population including some members of the intelligentsia, began to press for more decentralization and autonomy for the local administrative units. Especially in the course of the 1970's intense political conflict arose between those who favored a centralist concept of state and control and those who argued that giving more autonomy to local government would enhance the democratization of Turkish society. This situation was further complicated by the fact that during the 1960's and 1970's widespread violence and anarchy had become important factors threatening national unity and stability. In fact, by 1980 widespread and persistent anarchy and violence brought the Turkish state to the brink of civil war and disintegration. All these events did not provide a suitable atmosphere for strengthening local government. To prevent the dissolution of the state, it was the strengthening of the center that attracted the attention and interest of much of the Turkish population. The above-mentioned political situation in Turkey, especially thwarted the efforts of those who emphasized the need for more democratic autonomous municipalities.

In spite of the deeply rooted tradition of centralized authority in Turkey, the Turkish Constitution of 1982 states that local governments are decentralized units. The term decentralization here denotes the fact that authority and power are transferred to these local bodies which possess their own legal status. These bodies are not merely a subordinate central government authority [22]. Local governments are "decentralized in the sense that they are administered by deliberative organs: in other words, local councils are directly elected by popular vote" [23]. All the local administrative bodies, i.e., provincial, municipal, and village administrations, possess legal personality and have their own financial resources. As Turgut Tan notes, these local administrative bodies "are managed with the active participation of the local population, which has the biggest say in villages, a moderate say in municipalities and the least say in the provinces" [24].

In Turkey, for centuries the central administration has had the power of administrative tutelage over the local government. The Turkish Constitution of 1982 not only continues but enhances this tutelage. Paragraph Five of Article 127 of this Constitution elaborates on the nature of this tutelage: "The central administration has the authority of administrative trusteeship in the framework of provisions and procedures set forth by law over the local governments, with the objective of ensuring the functioning of local services in conformity with the principle of the unity of administration, the establishment of uniformity in public duties, safeguarding of public welfare and meeting the local needs appropriately".

As we noted in the beginning of this paper, local administration in Turkey exhibits both centralist and decentralist features, and is generally under the tutelage of the central administration. Local governments are public corporate entities, but they are not entirely autonomous and decentralized. Various central government ministries exercise authority over different local level services. A federal type of government does not accord with the political, cultural, and administrative traditions of Turkey. There are therefore cultural, economic, social and political reasons behind the adoption of the particular administrative structure.

The Turks are an ancient nation and have enjoyed a long history of nationhood and statehood. Throughout their history the Turks have built a succession of states. In the mind of a Turk, the state has a special place and meaning. According to a Turkish person, the state is the father and expression "Father State" is still alive and prevalent. The "Father State" (*Devlet* BABA) is not in reality just a saying. It is a vital and intricate part of the Turkish state legacy. By and large, the Turkish person has expectations from the state and customarily awaits most of the services from the state. This puts great pressure on the state to perform more, to create more outputs. It should also be noted that increased industrialization, literacy, and mass communication have brought a new sense of awareness of their right and their worth as human-beings to the Turkish masses. This may be one of the reasons why there began to be concerted effort on the part of the people to democratize the political system, including local administrations. Modernization does bring along with it changes in role functions and values. These changes are not yet so fundamental that we can venture to say that the expecctations from the state are reduced completely. But we can say that they are no longer of the intensity of earlier periods. A spirit of individualism has begun to grow which may demand in due course of time a more democratic local administration for a more viable "grass roots" democracy.

We might suggest that the reasons which necessitate a strong central administration in Turkey also may be present in most developing countries. For example, conflicts between traditional and modernizing interests and between religious revivalism and the needs of the secular state are neither primarily nor exclusively matters prompted by the central administration. These conflicts and cleavages are, as in the case of Turkey usually more evident in localities. Moreover, it should be noted that "local politicians or high-ranking local officials are members of the *elite* or at least of middle class origin. Very often they are closely linked with the national elite through clientele relationships"[25].

Modernization requires that the central government demonstrate its capacity to reach into society in order to facilitate change and mobilize resources. Moreover, modernization needs rational planning which keeps in mind public interests and establishes at the same time priorities on a national scale. Modernization also demands that the political system be effective enough to achieve economic development and also to provide equitable distribution of wealth and justice. All these tasks are too enormous to be undertaken and accomplished by local administrations. Another point to be taken into consideration is that even in such developed countries as Great Britain and Canada, political stability is at times gravely disturbed by separatist tendencies of some nationality groups. In developing countries which are at the threshold of nationbuilding, the adoption of autonomous, completely decentralized administrations may adversely affect development and gravely threaten unity.

In all developing countries there are differences and inequalities between regions in terms of natural resources, public services, and income distribution. These constitute and in turn give rise to other important social and economic problems which local administrations often cannot solve. Moreover, there is an accelerated pace of technological development in the contemporary world. The means at the disposal of local administrations for the implementation of this technology are limited. In developing countries there are generally high rates of illiteracy and vast cultural differences. Local administrations cannot on their own solve the basic educational and cultural problems. Most of these problems need concern, intervention, and action on the part of the central government for their solution. In countries where there are important religious and ethnic differences and large minority groups such problems get accentuated even further. If local administrations are established on the principle of autonomy or complete decentralization, it is quite likely that the central administrations in such countries will face even graver problems.

As a result of its social, economic and political history, Turkey has established its local administrations under the general tutelage of the central government.

The system of local administration in Turkey provides opportunities to inhabitants from every region to participate in local and regional affairs through municipal councils and other local institutions. The more even distribution of wealth among regions would facilitate a higher degree of conscientious voting and responsible participation of the people in the local councils. This requires the taking of necessary measures to foster participation at the grass roots level. Such autonomous regional councils as advocated in several Western countries may not prove workable and realistic in other cultural and political contexts [26].

There is a lack of balanced development of industry between the different regions of Turkey. Furthermore, there has not been a successful, rational pace of urbanization. The problems related to energy have not been managed effectively. On the other hand, the rate of industrialization has been fairly satisfactory; the communications system has been effectively developed; there has been measurable success in investment of savings for development purposes; important strides have been made in the development of agriculture; and political participation has become an accomplished reality. Finally the acute intra-elite conflict and widespread anarchy which brought Turkey to the brink of civil war was ended by the military by intervention of 1980. The future of local administration in

Turkey should be evaluated in terms of these accomplishments and shortcomings of Turkish development and Turkish political life.

Before limiting the authority of the central administration in favor of the local administration, the central government has to demonstrate that it has authority. It was this which was precisely lacking in the last two decades as civilian governments proved incapable of ending anarchy and violence, which necessitated the military intervention of 1980.

The drafting of a new Constitution in 1982 and the holding of elections in 1983 precipitated the return to civilian government. It is quite likely that the reassertion of the authority of the state and the continuation of relative political stability will eventually give rise to discussions leading to the further strengthening of local administrations in Turkey. Brian SMITH had an important point to make when he said that in a developing state some degree of centralization forms a prerequisite for real, viable decentralization.

Bibliography

ADIVAR, Halide Edip. *Turkey Faces West.* New Haven: Yale University Press, 1930.

ALLEN, Henry Elisha. *The Turkish Transformation: A Study in Social and Religious Development.* Chicago: University of Chicago Press, 1935.

BENTWICH, Norman. "The Turkish Constitutions, 1876-1942", *The Contemporary Review*, 162 (November 1942). "Büyük Şehir Belediyelerinin Yönetimi Hakkinda Kanun Hakkinda Kararname", (Cabinet Decree Concerning the Municipal Administration of Metropolitan Areas) *T.C. Resmi Gazete (Official Gazette of the Turkish Republic)*, No. 18350, March 23, 1984. *The Constitution of the Republic of Turkey.* Ankara: Basar Matbaacilik, 1982.

DAVISON, Roderick H. *Reform in the Ottoman Empire, 1856-1876.* Princeton: Princeton University Press, 1963.

DEVEREUX, Robert. *The First Ottoman Constitutional Period: A Study of the Midhat Constitution and Parliament.* Baltimore: John Hopkins Press, 1963. Göymen, Korel, H.F. Illy, and W. Weit (eds). *Local Administration: Democracy versus Efficiency.* Bonn: Friedrich Ebert Stiftung, 1982. Jäschke, Gotthard. "Die Entwicklung des Osmanischen Verfassungsstaates von den Anfang bis zur Gegenwart. *Die Welt des Islams.* V (1918), pp. 5-56.

KILI, Suna. *Turkish Constitutional Developments and Assembly Debates on the Constitutions of 1924 and 1961.* Robert College Research Center Publication, Istanbul: Mentes Matbaasi, 1971.

KILI, Suna. "Kemalism in Contemporary Turkey", *International Political Science Review.* V. I, No. 3, 1980. Suna KILI and Seref GOEZUEBUEYUEK. *Türk Anayasa Metinleri: 1839-1980 (Turkish Constitutional Documents: 1839-1980).* 2nd printing, Ankara University Faculty of Political Sciences publication. Ankara: Sevinc Matbaasi, 1982. KOEY *Kanunu (Village Law).* No. 432, 1924.

ONAR, Siddik Sami. "Les Transformations de la Structure Administrative et Juridique de la Turquie et son Etat Actuel". *Revue Internationale des Sciences Administratives*, XXI (1955), pp. 741-786.

OSTROROG, Count Léon. *Angora Reform.* London: University of London Press, 1927. POULANTZAS, N.M. "Centralization and Decentralization in the Local Government", *Revue Hellénique de Droit International*, Vol. 13, No. 1-4 (Jan.-Déc. 1960).

SMITH, Brian. "Measuring Decentralization", George Jones (ed.), *New Approaches to the Study of Central-Local Relationships*, Gower, 1980. *T.C. Resmi Gazete (Official Gazette of the Turkish Republic)* No. 18412, May 26, 1984.

TOYNBEE, Arnold J. and KIRKWOOD, Kenneth P. *Turkey*. New York, Scribner's, 1927.

TUNAYA, Tarik Z. "De l'Empire Ottoman au Régime de Gouvernement de la Grande Assemblée Nationale de Turquie." *Annales de la Faculté de Droit d'Istanbul.* No. 9, 10, 11 (1959).

WARD, Barbara. *Turkey*. London: Oxford University Press, 1942.

WARD, Robert E. and Rustow, Dankwart A. (eds). *Political Modernization in Japan and Turkey*. Princeton: Princeton University Press, 1964.

YALCINDAG, Selcuk, *Belediyelerin Görevleri ve Yetkileri-Belediyecilik El Kitabi.* (*Duties and Authorities of the Municipal Administrations, A Handbook of Municipal Administration*), TODAIE publication. Ankara, 1963.

Notes

1 Ruşen KELEŞ, "Decentralization: Experience and Prerequisites", *Local Administration: Democracy versus Efficiency?* (ed. by K. Göymen, H.F. Illy, and W. Veit). Bonn: Friedrich Ebert Stiftung. 1982, p. 118.

2 N.M. POULANTZAS, "Centralization and Decentralization in the Local Government", *Revue Hellénique de Droit International*, Vol. 13, No. 1-4 (Jan.-Déc. 1960), pp. 253-259.

3 Keleş, "Decentralization Experience and Prerequisites", *Local Administration, op. cit.*, p. 117.

4 See Suna KILI, *Turkish Constitutional Developments and Assembly Debates on the Constitutions of 1924 and 1961*, Robert College Research Center Publication. Istanbul: Menteş Matbaasi, 1971, p. 158.

5 *Loc. cit.*

6 For all references to the Turkish Constitution of 1921, see Suna KILI, *Turkish Constitutional Developments, op. cit.*, pp. 160-162, and see also, Suna KILI and Şeref GOEZUEBUEYUEK, *Türk Anayasa Metinleri: 1839-1980* (*Turkish Constitutional Documents: 1839-1980*). 2nd printing. Ankara University Faculty of Political Sciences publication. Ankara: Sevinç Matbaasi, 1982, pp. 93-96.

7 For all references to the Turkish Constitution of 1924 see Kili, *Turkish Constitutional Developments, op. cit.*, pp. 163-171, and Kili and Gözübüyük, *Turkish Constitutional Documents, op. cit.*, pp. 111-136.

8 For references to the Turkish Constitution of 1961 see Kili, *Turkish Constitutional Developments, op. cit.*, pp. 172-204; and Kili and Gözübüyük *Türk Anayasa Metinleri, op. cit.*, pp. 145-217.

9 For references to the Turkish Constitution of 1982 see *The Constitution of the Republic of Turkey*. Ankara: Başar Matbaacilik, 1982.

10 T.C. *Resmi Gazete (Official Gazette of the Turkish Republic)* No. 18412, May 26, 1984. p. 14.

11 See Selçuk Yalcindag, *Belediyelerin Görevleri ve Yetkileri, Belediyecilik El Kitabi. (Duties and Authorities of the Municipal Administrations, A Handbook of Municipal Administration)*. TODAIE publication. Ankara, 1963.

12 "Büyük Şehir Belediyelerinin Yönetimi Hakkinda Kanun Hükmünde Kararname, "(Cabinet Decree Concerning the Municipal Administration of Metropolitan Areas) T.C. *Resmi Gazete (Official Gazette of the Turkish Republic)*, No. 18350, March 23, 1984.

13 *Köy Kanunu (Village Law)*, No. 442, 1924.

14 Korel Goeymen, "The Restructuring of Local Administration in Turkey", *Local Administration: Democracy versus Efficiency*? Bonn: Friedrich Ebert Stiftung, 1982, p. 138.

15 As given in Suna Kili, "Kemalism in Contemporary Turkey", *International Political Science Review*, Vol. I, No. 3, pp. 385-386.

16 Keleş, "Decentralization: Experience and Prerequisites" *Local Administration, op. cit.*, p. 119.

17 Brian Smith, "Measuring Decentralization", George Jones (ed.), *New Approaches to the Study of Central-Local Relationships*, Gower, 1980, p. 144.

18 Jürgen Rueland, "Local Politics in Developing Countries – Democratization from Below", *Local Administration: Democracy versus Efficiency*? Bonn: Friedrich Ebert Stiftung, 1982, p. 26.

19 *Ibid.*, p. 28.

20 Ilhan Tekeli, "Can Municipalities in Turkey Be Considered as Institutions of Civic Society with a Broad Social Base?" *Local Administrations: Democracy versus Efficiency*? Bonn: Friedrich Ebert Stiftung, 1982, pp. 69-70.

21 *Ibid.*, p. 70.

22 Göymen, "The Restructuring of Local Administration in Turkey", *op. cit.*, p. 141.

23 Keleş, "Decentralization: Experience and Prerequisites", *op. cit.*, p. 120.

24 Turgut Tan, "Some Basic Problems of Local Administration", *Local Administration: Democracy versus Efficiency*? Bonn: Friedrich Ebert Stiftung, 1982, pp. 131-132.

25 Rüland, "Local Politics in Developing Countries – Democratization from Below", *op. cit.*, p. 27.

26 Keleş, "Decentralization: Experience and Prerequisites", *op. cit.*, p. 128.

Autonomy of Decentralized Units in the United States of America

Paul J. Mishkin

The United States of America is organized as a federal system, consisting today of 50 States and a central national, federal government. As the very name of the nation suggests, the States of the United States were sovereign entities who came together to form the national government and create a federal system. In establishing the national Union, the States each retained a full set of governmental functions, although extensive powers over a substantial list of enumerated subjects were allocated to the national government. Included in that allocation were such matters as interstate commerce, national coinage, and foreign relations. The retained autonomy of States in the United States is one of residual sovereign power, not delegated power.

As this implies, the States individually possess power to legislate on all subjects from which they are not excluded. When federal law is brought to bear within an area of national authority, it is supreme and inconsistent state law must yield. But the fact that the central government is given power over an area does not itself mean that State power is excluded from that area. Indeed, the normal rule is to the contrary; the States generally retain concurrent power to legislate in such areas (subject, as indicated, to the supremacy of federal law) as in all other areas of retained state authority.

States retain the basic authority over the widest range of activities in the society. Included are matters of general public safety, education, welfare, and regulation of private business activity. In all, the States may create their own rules and institutions, may distribute power and regulate its exercise, as each sees fit. [1]

Each State has a constitution of its own which structures and regulates its government. Most of these establish governments on patterns similar to that of the federal government. No particular pattern is required, although all States must maintain "a republican form of government". State legislatures are elected; they are generally (though not universally) composed of two houses. The nature of their power to legislate covers the entire range. They may create entire new systems of legal rules and rights, and impose all manner of civil and punitive criminal sanctions by way of carrying them out. They may establish new forms of regulation and the administrative agency structures appropriate to carrying them out.

States also have a full range of revenue-raising and spending powers. They may spend for the entire panoply of activities which government may undertake, including capital outlays as well as current expenditures for such matters as civil servants' salaries. They may borrow money. They may levy taxes of all kinds, including those on sales or value added, income, and property. The magnitude of the States' retained power is reflected in the holding of the United States Supreme Court not long ago that a State has power to impose a "severance tax" on the mining of coal within its jurisdiction, even though the greatest part of that coal is sold to – and the effective impact of the tax thus falls largely on – citizens and residents of other States. The principle of the holding presumably applies to other mineral resources, including oil.

The executive branches of the several States of the United States are, again, structured by each State constitution independently. The chief executives, called Governors, are elected directly by the State population. They have the duty and power to see to it that the State laws are faithfully executed, and to that end, are given authority to appoint other executive officials, to direct civil servants, to propose and approve budgets, and otherwise to oversee the overall administration of State government.

Each State has a full system of its own courts. These State courts are the courts of general jurisdiction in the United States. Indeed, since the national courts are limited to exercising such jurisdiction as is explicitly conferred on them, the State courts are the only courts of general jurisdiction and, thus, the basic court system of the nation. State courts have jurisdiction over suits arising under national law as well as those founded on State law, and judicial power to enforce federal as well as state law in all cases. Their decisions on issues of federal law are subject to review by the United States Supreme Court, while their determinations of state law are final.

The national Constitution of the United States clearly posits and preserves the separate State systems of courts, even though (as has been true for the larger part of the nation's history) there exists a parallel full network of federal government trial and appellate courts. The national Constitution also explicitly provides that full faith and credit must be given to the judgments of State courts.

Even though State courts enforce national law when applicable in cases before them, the judges of those courts are chosen by each State in accordance with the method established by the individual constitutions of each State. In some, judges are appointed, in some they are elected, and in some they are chosen by combined methods (*e.g.*, initial appointment subject to later ratification by election).

The autonomy of the individual States of the United States is protected in many ways. Of these, formal provisions explicitly addressing that issue are perhaps the least significant. It is worth noting, however, that the Constitution does provide that no new State can be established within the jurisdiction of an existing one, and that no territory of an existing State can be used to form a new State without the consent of that State's legislature. Moreover, with the central government given exclusive power to maintain the army and navy, there is explicit provision that:

> The United States shall guarantee to every State in this Union a republican form of government, and shall protect each of them against invasion; and on application of the Legislature, or of the executive (when the Legislature cannot be convened) against domestic violence. (Art. IV, Sec. 4)

Much more important than specific formal provisions directed at preserving State autonomy is the larger, fundamental fact that the States are the basic units out of which the federal union is constructed. The central government itself is organized in terms of the constituent States. Thus, in the structure of the national Congress, not only is the upper House (the Senate) set up entirely in those terms, with two Senators from each State regardless of size, but Representatives in the lower House of the Congress are chosen by districts within States – indeed, districts whose lines are drawn by the State legislatures. The process of choosing the President of the United States is, similarly, organized in terms of the States: primary elections are held by States, delegates to the national nominating conventions are organized by States and vote by States, and even the final Presidential election is formally organized on a State unit-count basis.

These roles of the States as structural elements of the national government are in many ways the ultimate guarantor of the autonomy of States within the federal structure. Note that any change in these roles would require amendment of the United States Constitution. That is in any event hard to accomplish, as history demonstrates, in part because the required process is cumbersome. It is particularly relevant here that it is also a process in which the States as such have a specially controlling role. New amendments to the Constitution may be initiated either centrally or by the States: Congress may propose an amendment by two-thirds vote of both Houses, or such proposal may be made by the legislatures of two-thirds of the several States. But a proposed amendment does not take effect unless ratified – and ratification can only be had by securing approval of either State legislatures or State conventions in three-fourths of the States.

We have already noted that the States are the representative units in the structure of the Congress, and particularly in the organization of the Senate. The significance of this fact in preserving the autonomy of the States is further augmented by the explicit provision of the Constitution that no State can be deprived, without its consent, of its equal representation in the United States Senate. Indeed, it is of rather special interest for present purposes that, by the explicit terms of the Constitution, this particular provision is not subject to being amended.

The structures just described themselves represent significant protection for State existence and autonomy. In addition, the existence of these structures gives rise to less official institutional arrangements that are nevertheless of great significance in the ongoing federal system. One important example of this is that the whole system combines to establish State political parties as powerful entities. Indeed, they have at times been considered the bases of the whole system. For not only is the election of State officials – Governor, both houses of the legislature, etc. – a function of those parties. Election of U.S. Congressmen, Senators, and even Presidents, clearly involves those State parties as fundamental units. Thus, the entire federal structure places substantial power in units organized on a State basis, with a substantial degree of autonomy and independence from central national control. These, in turn, provide a further powerful bulwark for continued autonomous existence of States.

This phenomenon of local political parties as basic in the United States has other implications relevant to our present subject. For it makes specific and concrete what is considered to be a basic function of federalism, in the United States at least: *viz.*, that the State units provide a place, and a means, for building bases of political power independent of the national government. These are a means which give Congressman and Senators their own constituency not subject to Presidential or national party control. No less important, these provide for the development of new local candidates and supporters who can later challenge the leadership already in power at the national level. These functions in turn operate to supply further reinforcement to the maintenance of the autonomy of the States.

Thus the basic existence of the States as autonomous units is strongly protected. Indeed, within the United States the continued presence and operation of the States as such is hardly open to serious question.

At the same time, the *relative* strength of the States and the national government is by no means rigidly established, and the power of the central government has grown markedly, even in comparison to the State governments, in this century. The reasons for this are not hard to discern; only a few of the principal ones need be noted here. There is, of course, in recent decades the great growth in the international roles of the United States, responsibilities that are functions of the central government. Of more immediate relevance to the relative roles of the States have been the effects of the industrial and technological revolutions in this century. Economic problems have become national in scope. Industry, commerce, and finance have increasingly moved to a scale and a degree of integration that transcend State lines and thus require attention and regulation at the national level.

Further, the shift of the principal means of news communication from the print media to radio and then television – with the rise, growth, and then hegemony of the national broadcasting networks – has also changed the nature of politics and political campaigns. All of these elements, and others, have contributed to greater citizen identification with the nation rather than the State. In virtually all ways, emphasis on the national level has enlarged substantially compared to the States.

One result of all these changes is to increase the amount of power and responsibility actually exercised by the national government. They also have the further effect of loosening the constraints of State interests and constituencies on the members of Congress and other federal officials in Washington.

Direct inroads on the autonomy of the States have nevertheless remained rare. The principal effects of the shift to national level problems have been in the form of an expanded role of the central government in dealing directly with the problems. This most often means increased national legislation and regulation. With the supremacy of federal law within the system, such actions can and often do have the effect of displacing State law that had theretofore governed the subject. Even in this context the basic starting presupposition remains that the federal government legislates against the background of existing State law and that new rules of law are inserted into that background. But there can be no doubt of the hugely increased proportion of federal substantive law and policy governing the nation.

Another important pattern has developed that more immediately implicates issues of State autonomy. Even in areas (such as education or housing) where State authority remains basic, there has been a greatly increased tendency on all sides to look to the federal government as a major source of revenue. The reasons for this are complex, but the fact is undoubted. Perhaps needless to say, when the funds are provided by the central government, they generally come "with strings". Such conditions are attached, at the least, to assure that the moneys are used for the purposes intended by the federal appropriation; they sometimes go much beyond that. Even when limited, such conditions may impose substantial control over the ways in which the State government will thereafter deal with the problem area. To be sure, these conditions apply only if the State itself chooses to accept the federal funds, and in that sense may represent voluntary action by the State. But the initial attraction of the moneys can itself be substantial, and after years of reliance on that source of revenue even increasingly onerous conditions may appear more acceptable than loss of financial support.

Another, newer technique is similarly based on State acceptance, and not direct orders. In some areas, such an environmental pollution controls, the federal government will adopt substantive regulatory legislation (based on its own authority over interstate commerce), but will also provide that State control of the area may instead continue if the State's regulatory operation meets specified federal standards or requirements. States generally choose to comply. It should be noted that this technique depends upon the central government itself having power to regulate the subject area in the first place. From this aspect, the use of this technique may be viewed as a means of preserving State authority quite as much as (or even more than) of expanding federal hegemony. But it can also facilitate federal intrusion.

The wide use of indirect means such as these may itself be seen as confirming the autonomous power of the States. Significantly, efforts at direct control by the national government of the States as such continue to be relatively rare. The most frequent, and the most readily sustainable, are general federal regulations that apply to commercial activities in which particular States have chosen to engage. For example, State-operated railroads are subject to the same national labor relations legislation as would govern the same railroad in private hands.

The national government has on occasion undertaken to regulate the operation of State government as such, and the validity of such action presents a more difficult question. It is worth noting, since it represents a significant reinforcement of State autonomy, that federal legislation will not be construed as seeking to control State governments as such unless Congress has been explicit on the point. Nevertheless, a number of national statutes have been enacted that clearly sought to achieve that end. Thus in 1970, an Act of Congress provided that 18-year-olds should be given the vote in all State and local elections; the following year, the Supreme Court held that statute invalid, saying that this result could only be achieved by amending the Constitution (as was in fact then done). At other times, Congress has directed that the employees of the State governments should be subject to federal legislation regarding wages, hours, and other aspects of employment. Thus, wartime stabilization of wages to prevent inflation was made applicable to State governments, and that was sustained as constitutional by the Supreme Court. That decision has not been seriously questioned. More regular national legislation generally prescribing minimum wages and maximum hours, and prohibiting discrimination on the basis of age, race, sex, or other arbitrary factors has also been extended to encompass State employment. The Supreme Court has had much more difficulty determining the constitutional validity of these kind of provisions, and has in fact pursued a quite uncertain course. Within the past several decades alone, the Court has set out in at least three different directions, twice explicitly overruling its own precedents. The most recent of these was a 5-4 decision in February 1985 (after the Round Table Conference) and, from the tenor of the opinions in that case, it seems clear that the last word has not yet been rendered on this difficult issue.

The matter should, however, be kept in perspective. The disputed issue is not whether States should continue to possess autonomy, but the extent to which the courts should affirmatively intervene to invalidate actions deliberately taken by the national Congress (with its built-in representation by States) with explicit reference to application to State governments.

There is one important area where the ongoing autonomy of States has been most distinctly limited, *viz.*, with regard to protection of individual rights secured by the Constitution of the United States. Thus, even within the uncertain contours of the doctrine just discussed, the Supreme Court has made clear that State sovereignty or autonomy will be given least judicial protection against the power of Congress when that power is being exerted in furtherance of the provisions of the Thirteenth, Fourteenth, and Fifteenth Amendments establishing individual rights against State action.

This also applies to courts. States of the United States are subjected to the greatest degree of federal judicial jurisdiction and control when the suit seeks enforcement against them of constitutionally guaranteed human rights. In theory, the States have sovereign immunity against being sued without their consent in the courts of the United States. Indeed, when the Supreme Court held (early in the nation's history) that States could be subjected to suits brought by private parties, that decision was promptly and sharply overruled by constitutional amendment.

Nevertheless, the courts in the United States do have jurisdiction to restrain State officials from using their official power in a way that would violate individual rights guaranteed by the United States Constitution. Individual citizens may bring suit against such officers without their consent or the consent of the State. Federal courts (and, indeed, State courts as well) will entertain such actions and determine whether guaranteed rights are being threatened or invaded and, if they are, will issue orders halting such invasions. The State officers may also be subject to paying damages.

In some aspects this may be considered to be a limitation on the autonomy of the several States. But it is most important to recognize that the very same limitation is also applicable against the central national government of the United States. In both instances, the limitation of the power of the States or of the United States to invade individual rights is not considered an interference with the autonomy that governments ought to have.

Note

[1] This paper focuses on the national federal-state relationship, but there may be value in making brief mention here of government within States. There is, of course, no universal pattern, but we may use the field of education (in part since it is explicitly alluded to in the original agenda for this session) to illustrate the arrangement of subordinate intra-State governmental structure within the United States. The States – and not the central government – possess all the basic power as to education. The public educational institutions within the States are not under the authority of the national government, nor is the accreditation of private schools and universities a function of that government. At the same time, in most if not all States much power over education at the primary and secondary levels, and over some higher education, is delegated to local units. Moreover, the local units may be quite independent in important respects: They often have power, not only to build schools, hire teachers, and direct the curriculum, but to raise their own funds by levying taxes. In addition, the local boards who exercise these powers are most often elected directly by the local population. Yet, since the State governments retain ultimate power to direct the local units – and, indeed, unilaterally to centralize control of education within the State – the overall system is properly characterized as one of non-federal decentralization. Varying delegations of power may be found in other areas of state responsibility, including general public safety and welfare. Some powers may be exercised by units of the State government, some may be invested in entities having substantial independence, and some may be shared.

Alfons Benedikter

At the peace conferences after the First and Second World War, the South Tyroleans, as is known, twice demanded the exercise of their right of self-determination on their own, whereas later on Austria demanded it for them. On both occasions they were denied it, not because the South Tyroleans represent "only a national minority within the Italian State", but because of Italy's insistence on the Brenner frontier, motivated by strategic and economic reasons. In a way, the Paris Agreement, which is part of the Peace Treaties signed after the end of World War II, was designed to substitute it.

In the name of equal rights the Paris Agreement demands special measures to safeguard the national character and the cultural and economic development. Autonomy has been granted with the principal purpose to safeguard selfgovernment to the german-speaking autochtonous minority.

In this context it enumerates several examples which have an impact on the political status and induce the social and cultural development, e.g.

a) elementary and secondary teaching in the mother-tongue;

b) parification of the German and Italian languages in public offices and official documents, as well as in bilingual topographic naming;

c) ...

d) equality of rights as regards the entering upon public offices, with a view to reaching a more appropriate proportion of employment between the two ethnical groups.

In accordance with the preamble of Article 1 of the Paris Agreement its Article 2 provides for an own political status achieved through the exercise of autonomous, regional powers in the legislative and executive fields. The equality of rights of the German language with Italian in public life has not yet been implemented, due to the Italian Government's insistence on the joint use of languages especially at court, in excess to the only three instances of simultaneous use of German and Italian admitted by the so-called "Package". In the same way the joint use of languages threatens to undermine the German school system as long as the exclusive admittance of such pupils that are capable of following the classes, has not been provided for. The abolition of the topographical names invented by the senator Tolomei enacted by (fascist) government decrees is still hampered by the unnatural interpretation, according to which each eliminated, invented name has to be replaced by a new Italian one, even if there is no historical justification for it whatsoever.

The autonomy is subjected to an erosive process, although it is far away from being the autonomy of a Federal State. The same goes for its implementing regulations which, in part, are still dead letter. This undermining process, which applies to the entire Italian regional constitution is due to the Ruling No. 182 of 1976 of the Italian Constitutional Court, whereby legal regulations concerning the entire state territory can not be held to violate the Paris Agreement.

The United Nations having been seized by Austria with the question of South Tyrol in 1960, passed two resolutions on the subject; the first on October 31st, 1960, and the second on November 28, 1961. These resolutions state that on account of the Paris Agreement, the South Tyrol question cannot be considered an internal affair of Italy. Referring to Article 14 of the Charter of the United Nations, the resolution goes on to say, that a situation had arisen, over the dispute between Austria and Italy concerning the implementation of the Agreement which was impairing friendly relations between the two countries. Neither the Paris Agreement nor the two United Nations Resolutions on South Tyrol speak of a minority. Instead, the Paris Agreement states that it has been agreed upon to assure the German speaking inhabitants of the province "complete equality of rights with the Italian-speaking inhabitants within the framework of special provisions to safeguard the ethnical character and the cultural and economic development of the German-speaking element".

In the same way the Basic Article 2 of the Autonomy Statute which restates the aim of the Paris Agreement, does not speak of minorities ("within the region citizens of each language group are granted equality of rights; their respective ethnical and cultural character is safeguarded").

The Human Rights Covenants, agreed upon by the United Nations General Assembly on December 16th, 1966, became effective in Italy as of December 15, 1978, according to Italian State Act No. 881 of october 25, 1977. Its Articles 1 and 27 are of special interest for South Tyrol:

Article 1

1. "All peoples have the right of self-determination. By virtue of that right they freely determine their political status and freely pursue their economic, social and cultural development.

2. "All peoples may, for their own ends, freely dispose of their natural wealth and resources without prejudice to any obligations arising out of international economic co-operation, based upon the principle of mutual benefit, and international law. In no case may a people be deprived of its own means of subsistence.

3. The States Parties to the present Covenant, including those having responsibility for the administration of Non-Self-Governing and Trust Territories, shall promote the realization of the right of self-determination, and shall respect that right in conformity with the provisions of the Charter of the United Nations.

Article 27

"In those States in which ethnic, religious or linguistic minorities exist, persons belonging to such minorities shall not be denied the right, in community with the other members of their group, to enjoy their own culture, to profess and practise their own religion, or to use their own language.".

Article 1 of the Human Rights Covenants makes it clear that the right of self-determination cannot only be exercised through secession from a state and unification with a different one, but generally through free determination of each one's own political status.

When compared with these two articles, the Paris Agreement clearly corresponds with Article 1 rather than Article 27, both in letter and spirit.

Thomas FLEINER-GERSTER

Unfortunately, Professor Topornin could not submit to the Round Table Conference his general report on this topic. Therefore, the summary is a bit more explicit. Instead of Professor Topornin, Professor Patrice Gélard introduced the discussion on this topic.

With regard to the autonomy of decentralized units there exist important differences between federal states and centralized states.

In centralized states the autonomy of decentralized units depends on the decision of the central legislator. Decentralized units execute the centralized power of the central states. However there are even important differencies among centralized states, which can be looked at as two types: The French administrative law system and the common law system of decentralization.

The French concept of administrative law is based on the idea that the administration has at the same time the power to execute the laws (which implies judicial authority and executive power) and the power to impose sanctions on subjects not following the executive orders of the administration. As the entire executive power is centralized within the administration this means that the central administration has full authority of control and supervision over decentralized units. Decentralized units depend therefore on directives of the centralized administration. They execute the decision of the centralized administration and thus do not have great independence as local authorities.

In the British common law system (although Great Britain is a very centralized state) local authorities have much greater independence. Administration according to the common law system has the power and the duty to execute the laws of the parliament, but it has no judicial authority and it cannot on its own use the power of the police to execute the laws or impose fines or other sanctions on the subjects. Thus, the central administration has much less possibilites to control and supervise and specially direct local authorities according to the centralized decisions. If the central government wants local authorities to execute the laws, it has to sue the local authority before the court and require through mandamus or injunction the execution of a certain law. Thus although the Local Authority Act of Great Britain of 1972 has had a great effect for centralization, the autonomy of local authorities is much more developed than in centralized countries belonging to the French administrative law system.

In federal countries the above differences can have their influence, depending on whether they are closer the French administrative law system or the British commom law system.

In the United States the states of the union have a very great autonomy as they decide on their own whether and how they will execute their own laws. As the federal laws in general are executed by federal civil servants, the federal authority does not directly control and supervise the state administrations.

On the european continent the autonomy of federal units has developed differently. Federal units usually have to execute to a certain degree central decisions. In this aspect of their administration, they are controlled by the central government. Only with regard to their own legislative power, they decide autonomously and control their administration executing their own law.

Another important difference between federal and centralized states concerns the residual power in the state. In centralized states the state-power lies within that state. The local authorities have no residual power. In federal states the residual power is usually to be found within the decentralized units, the member-states, which have original state-power, derived from their own sovereignty. The concept of dual sovereignty is only possible in federal states.

Reconsidering the content of the autonomy of decentralized units in centralized or federal states, it is interesting to note that the functions of decentralized units are very similar no matter whether the structure of the state is federal or centralized. Most local authorities have functions with regard to public health, education especially primary schools, zoning and planning, sewage, water-supply and energy, local traffic and local police.

Autonomy does not only depend on the function and the power of the centralized government to control the local authorities, but it depends to a large extent on the structure of the local authorities.

The development of the autonomy of the local authorities in France is very interesting to this point. After the French Revolution local authorities, even the local councils, were nominated by the central government. Through the years and centuries these structures of the local authorities have changed. More and more authorities are now elected by the people of the local units and are therefore depending on the political will of those people more than on the central government. Nowadays the Prefet in France, the representative of the central government has less power as he is only in charge to execute the decisions of the local councils.

In Great Britain, local authorities have the right and the power to levy taxes and rates, which is due to the fact that local councils are elected by the people. Only because they are elected by the people their decisions fit with the principal "no taxation without representation".

The strongly developed federalism of Switzerland is due to the fact that local units and local authorities traditionally had powerful democratic structures. Local parliaments might have agreed to convey local power to a central government. Since local representatives do not like to take unpopular decisions, they might have preferred to give the power to decide such unpopular questions to the central government. But people who can decide such questions and the question of centralization themselves, do not want to give in their original power. Thus, and the questions of centralization themselves although cantonal governments and even cantonal parliaments would have agreed in many cases to abandon local power, they could not give in very much power to the central government as those kind of decisions would be vetoed by the people's referendum.

SECTION IV

EXTERNAL POWER OF DECENTRALIZED UNITS

LE POUVOIR EXTÉRIEUR DES UNITÉS DÉCENTRALISÉES

Le Pouvoir extérieur des Unités décentralisées

Peter SALADIN

I.

Je pars de l'idée qu'il est méthodologiquement faux de vouloir définir exactement «le» fédéralisme ou «la» confédération ou «l'» Etat décentralisé. Le fédéralisme, en tant qu'idée politique, admet de multiples concrétisations. La «frontière» entre Etat fédératif et Etat décentralisé paraît donc être vague et variable.

Cependant on peut discerner quelques éléments institutionnels de l'Etat fédéral qui expriment particulièrement bien l'idée fédérative: ce sont surtout

- la participation des Etats membres aux décisions de l'Etat central,
- la représentation plus ou moins égale des Etats membres dans (au moins) une chambre du parlement central,
- une certaine autonomie des Etats membres quant au choix de leurs tâches et de leurs recettes ainsi qu'à la fixation de leur organisation et de leurs procédures de législation, et, last but not least,
- le devoir de fidélité réciproque («Bundestreue»): de l'Etat central envers les Etats membres, des Etats membres envers l'Etat central, d'un Etat membre envers les autres. [1]

Parmi ces éléments, et dans le cadre du thème de notre groupe, j'aimerais étudier d'une manière plus approfondie d'abord la participation des Etats membres aux décisions de l'Etat central ainsi que leur représentation dans une chambre «fédérale» du parlement central, ensuite le pouvoir des Etats membres de conclure des traités internationaux. Il est vrai que, dans mon résumé écrit, j'avais proposé de négliger ce deuxième sujet puisque, selon les textes des constitutions fédératives, le «pouvoir contractuel» des Etats membres est, à quelques exceptions près, ou bien nul ou bien négligeable. Cependant, au cours de la discussion animée que nous avons vécue dans le cadre de la section IV, ce sujet s'est présenté comme important et urgent non pas seulement dans des Etats fédératifs sensu proprio, mais également dans des Etats traditionnellement centralisés qui se voient obligés aujourd'hui, pour différentes raisons, de partir vers une certaine décentralisation. C'est pourquoi il me semble judicieux de l'inclure dans mon rapport général.

II.

Le droit de participation des Etats membres peut porter sur de multiples décisions de l'Etat central, et il peut varier entre un véritable droit de veto et un simple droit d'être consultés. Dans les Etats fédéraux actuels nous constatons que les possibilités de participation sont loin d'être épuisées.

a) Nous trouvons quelques Etats qui font dépendre le changement de leur constitution centrale (ou de certaines parties de celle-ci) d'une approbation plus ou moins directe des Etats membres: l'Australie, le Canada, les Etats-Unis, les Indes, le Mexique, la Suisse, le Venezuela, la Yougoslavie. Je laisse à côté ici la participation des Etats membres qui s'effectue par l'intermédiaire d'une deuxième chambre du parlement central et dont je parlerai brièvement sous chiffre III.
1. La constitution fédérale de l'Australie (de 1906) est modifiée si, en votation populaire, la majorité des citoyens votants et la majorité des Etats y donnent leur approbation (sec. 128 al. 1-4). Les frontières des Etats membres ne peuvent pas être modifiées, et de nouveaux Etats ne peuvent pas être créés sans l'approbation des Etats concernés (sec. 111, 124, 128).
2. Pour le Canada, la loi constitutionnelle de 1982 a créé une réglementation différenciée. Pour certaines modifications de cet Acte le parlement fédéral seul est compétent (art. 44), pour d'autres l'approbation de toutes les Provinces est requise (art. 41): la plupart des modifications cependant ne s'effectue qu'avec l'approbation des deux tiers des Provinces pourvu qu'ils comprennent les 50% de la population de toutes les provinces (art. 38 al. 1). Pour des cas spéciaux, d'autres majorités qualifiées sont requises.
3. Les Etats-Unis font dépendre les «amendments» constitutionnels de la ratification par trois quarts des législatures des différents Etats ou par des «conventions» dans trois quarts des différents Etats, suivant le procédé proposé par le Congrès. Une révision est entamée soit par deux tiers des deux chambres, soit par demande de deux tiers des législatures (art. V). Une révision générale n'est pas spécialement prévue.

4. La constitution fédérale des Indes (de 1950) est modifiée par décision exclusive du parlement fédéral sauf si les modifications touchent à des matières énoncées dans l'art. 368 al. 2 lettres a – e, concernant les matières suivantes: Participation des Etats lors de l'élection du Président, lettre a et art. 54 et 55; répartition des compétences législatives entre Confédération et Etats, lettres b et c et art. 245 – 255 ainsi que l'annexe 7; représentation des Etats au parlement de la Confédération, lettre d et art. 79 et 80 ainsi que l'annexe 1; mode de révision de la constitution fédérale, lettre e; dans ces cas-ci est requise en surplus l'approbation par la majorité des parlements d'Etats membres.[2]
5. Selon l'art. 135 de la constitution fédérale du Mexique (de 1917) celle-ci n'est modifiée que si la majorité des parlements des Etats membres y donne son approbation. Des modifications concernant le nombre des Etats exigent, à part l'approbation des majorités qualifiées dans les deux chambres, celle de la majorité absolue des Etats si les Etats directement concernés consentent, ou la majorité des deux tiers des Etats en cas de dissentiment des Etats directement concernés.
6. En Suisse, une révision (générale ou partielle) de la constitution fédérale de 1874 n'entre en vigueur que par consentement de la majorité du peuple votant et la majorité des cantons. Le vote du canton correspond au résultat du scrutin populaire dans ce canton.
7. Au Venezuela, une révision partielle de la constitution fédérale de 1961 nécessite la ratification par deux tiers des législateurs des différents Etats. Une révision partielle est entamée ou par un quart des membres d'une chambre, ou par un quart des législatures des Etats par un procédé spécialement qualifié (art. 245). La révision générale doit être approuvée dans un référendum populaire. Elle est initiée par un tiers des membres du Congrès ou par la majorité des législatures des Etats, et ceci par un procédé également qualifié (art 246).
8. En Yougoslavie, la décision de modifier la constitution fédérale de 1974 est prise par les deux tiers des membres du Conseil Fédéral composé de trente délégués (des collectivités autonomes et organisations sociopolitiques) par République et de vingt délégués par corporation territoriale autonome (art. 283 ch. 1, 401 al. 4, 291). La deuxième chambre, soit le Conseil des Républiques et des corporations territoriales, composée de douze délégués des assemblées de chaque République et de huit délégués des assemblées de chaque corporation territoriale autonome (art. 292), est exclue du procédé de la révision.

Avant l'approbation de la révision par le Conseil Fédéral, toutes les assemblées des Républiques et des corporations territoriales autonomes doivent avoir consenti à l'initiation de la révision (art. 402). Après l'approbation, le Conseil Fédéral soumet de nouveau le projet définitif de révision aux assemblées. Celui-ci n'entre en vigueur qu'après ratification par toutes les assemblées (art. 402 al. 1).

b) Est accordé en outre aux Etats membres, dans certains pays, un droit de veto ou de référendum contre d'autres actes législatifs:

1. En Suisse, cette demande doit être formulée par huit cantons (art. 89 al. 2). Mais ce droit, dont les cantons n'ont jamais fait usage, s'est montré inefficace comme instrument de participation.
2. En République Fédérale d'Allemagne la deuxième chambre du parlement fédéral, composée de représentants des gouvernements des «Länder», a le droit de l'«Einspruch» contre toutes les décisions législatives du Bundestag pour lesquelles sa «Zustimmung» n'est pas requise d'emblée (art. 77 et 78 de la loi fondamentale de 1949).
3. En Autriche, la deuxième chambre, également nommée le «Bundesrat», mais non pas obligatoirement composée de ministres des «Bundesländer», n'a que le droit de l'«Einspruch» (et même pas dans toutes les matières constitutionnelles) (art. 42) à l'exception des modifications constitutionnelles, limitant les compétences législatives ou administratives des «Bundesländer», qui requièrent l'approbation de deux tiers des membres votants du «Bundesrat» (art. 44 al. 2 du Bundes-Verfassungsgesetz de 1929).

c) Au surplus, dans certains Etats fédéraux un nombre restreint d'Etats membres est autorisé à convoquer le parlement fédéral (en Suisse) ou au moins la chambre fédérale de celui-ci (République fédérale d'Allemagne, Malaisie, Venezuela, Union soviétique). Dans plusieurs Etats fédéraux les Etats membres sont également autorisés à prendre des initiatives législatives ou constitutionnelles sur le plan fédéral:

1. Ainsi, en Australie, les parlements des Etats membres peuvent saisir le parlement fédéral de «matters», de sorte que «the law shall extend only to States by whose Parliaments the matter is referred, or which afterwards adopt the law» (sec. 51 no. 37).
2. Au Canada, les modifications de la constitution fédérale, à l'exception de celles prévues à l'art. 44 de la loi constitutionnelle de 1982, peuvent être initiées, entre autres, par les assemblées législatives des différentes provinces (art. 46).
3. Selon l'art 71 de la constitution du Mexique, les parlements des Etats membres ont le droit de proposer des projets de lois ou de décrets du parlement fédéral.
4. En Suisse, les cantons n'ont que de faibles possibilités d'initiative: Il peuvent soumettre au parlement fédéral des «initiatives» visant à une modification de la constitution ou proposant une loi ou un arrêté fédéral, sans que le parlement fédéral soit obligé d'y donner suite ou de soumettre la proposition à un vote populaire.
5. Les républiques membres de l'Union soviétique ont le droit d'initiative législative sur le plan fédéral (art. 113 de la constitution de 1977).

6. Au Venezuela, un quart des assemblées législatives des Etats membres peut entamer une modification de la constitution fédérale, «by decisions taken in not less than two discussions by an absolute majority of the member of each Assembly» (art. 245 al. 1).
7. En Yougoslavie, chaque assemblée de République ou de corporation territoriale autonome a le droit d'entamer une révision de la constitution (art. 399) ainsi que de proposer des actes législatifs sur le plan fédéral (art. 298).

Pour terminer, j'aimerais attirer l'attention de mes lecteurs sur le fait qu'en Belgique et en Italie une certaine participation des régions à la législation «centrale» est prévue par la constitution (art. 1, 3bis, 59bis, 107quater; 38bis, 86bis, 108ter de la constitution belge; art. 75, 121, 132 de la constitution italienne).

d) A ces droits de décision s'ajoutent, dans la plupart des Etats fédéraux, des droits d'assumer des tâches publiques par consentement mutuel et avec les autorités centrales (conventions, concordats, commissions mixtes etc.) ainsi que des droits d'être consultés et de porter plainte contre des excès de pouvoir du gouvernement central.

En Suisse par exemple, des directives du Conseil fédéral prescrivent que l'avis des gouvernements cantonaux soit demandé sur tout projet de législation fédérale. Ce devoir n'est inscrit que ponctuellement dans la constitution (cf. art. 22bis al. 2, 27ter al. 2; 27quater al. 4; 27quinquies al. 4; 32 al. 2, 34ter al. 4, 34septies al. 5, 45bis al. 2). Dans l'exercice de ce droit les cantons montrent quelques faiblesses: d'une part ils n'épuisent pas ce droit, d'autre part ils ne l'exercent, à quelques exceptions près, que par leurs gouvernements (il n'y a que deux cantons qui l'exercent par leurs parlements, Argovie et le Jura; d'autres prévoient des plébiscites sur les avis cantonaux concernant les projets nucléaires). Contre des excès du pouvoir fédéral les cantons peuvent porter plainte devant le Tribunal Fédéral (art. 113 al. 1).

Il est très délicat de discerner l'importance «réelle» (politique) des différents droits de participation puisqu'elle dépend de la «culture politique» spécifique, plus précisément du «poids politique» spécifique des Etats membres dans les différents pays. En Suisse, par exemple, c'est surtout le droit (indirect) de refuser, par un non de la moitié des cantons, les changements de la constitution fédérale, et le droit d'être consultés dans les procédures législatives qui influencent sensiblement le processus politique de l'Etat central. Non seulement, dans six cas, une révision partielle de la Constitution a, pour cette raison, fait échec en dépit d'un oui de la majorité des citoyens votants; plus important encore, le fait que la constitution ne peut être modifiée que si la majorité des cantons y consent a une influence considérable sur la préparation même de la révision: on tend à éviter des révisions qui risquent de provoquer l'opposition d'un groupe majeur de cantons.

L'autonomie des Etats membres et leurs droits de participation sont, en quelque sorte, des éléments fédératifs compensatoires[3]: plus l'Etat central assume de tâches publiques, plus les droits de participation devraient évoluer. Ceci est au moins valable pour des Etats fédéraux anciens, dans lesquels l'idée fédérative est bien ancrée dans l'histoire et dans leur culture politique. En revanche, dans des Etats nations qui forment, de par leur tradition politique, des Etats bien centralisés mais qui tendent, à l'heure actuelle, vers une décentralisation plus ou moins prononcée, la relation entre les deux éléments semble souvent se présenter d'une manière différente: d'abord ces systèmes cherchent à accorder une certaine autonomie à leurs entités régionales (régions, provinces, départements, etc.), et seulement après, si jamais, il est question de conférer, sur ces entités, des droits de participation plus ou moins substantiels. Dans les Etats européens qui entrent dans cette catégorie on se trouve, à l'heure actuelle (en France, en Angleterre, en Espagne), toujours dans la première phase, c'est-à-dire que les droits de participation font toujours défaut. La situation est différente en Belgique et en Italie où des droits de participation ont été introduits en même temps que la «régionalisation» (actuelle) elle-même.

III.

En ce qui concerne la «chambre fédérale» du parlement central j'ai le privilège de pouvoir me baser largement sur une excellente étude comparative de notre collègue Nikolic. Il nous montre que, dans la plupart des Etats fédéraux du monde actuel, la chambre dite fédérale ne représente pas vraiment, d'une manière spécifique et sur un plan égal, les intérêts particuliers des différents Etats membres contre les intérêts de l'Etat central (qui sont sauvegardés, en règle générale, par l'autre chambre); par contre, elle a ou bien des fonctions réduites (comme par exemple en Allemagne ou en Autriche), ou bien, tout en étant composée d'un nombre de députés plus ou moins égal par Etat membre, elle ne représente pas directement les intérêts des Etats membres, ses députés étant soumis au principe de l'indépendance personnelle (comme par exemple aux Etats-Unis, en Australie, en Suisse, au Brésil, en Argentine, au Mexique, au Venezuela). Il me semblerait particulièrement intéressant d'étudier les différentes manières dont les Etats membres peuvent influencer, par l'intermédiaire de la chambre fédérale, les décisions du pouvoir central.

En dehors de ces deux groupes d'Etats fédéraux nous trouvons des cas spéciaux comme p.ex. le Canada (art. 22, 37) ou la Yougoslavie (dont le parlement central se compose de deux chambres à fonctions presque égales et formées toutes les deux «suivant le principe de la représentation paritaire des républiques et d'une représentation correspondante des provinces autonomes» (art. 291, 292) (cf. également les cas spéciaux de l'Union des Républiques soviétiques et de la Tchécoslovaquie). Evidemment, les textes constitutionnels ne nous signalent point «l'effet fédératif» des différents systèmes.

IV.

La question de savoir si les Etats membres ont le pouvoir de conclure des traités internationaux compte parmi les problèmes «classiques» de la théorie et du droit des Etats fédéraux, d'ensemble avec le problème si et dans quelle mesure le pouvoir central des Etats fédéraux peut conclure des traités internationaux dans les domaines qui, selon leur droit interne, tombent dans la compétence des Etats membres, et si, le cas échéant, il peut (ou doit) exécuter ces traités, en droit interne, de son propre chef (ou s'il peut y insérer dans les traités une «federal clause»). Je laisserai de côté ce deuxième problème puisqu'il ne touche pas directement au pouvoir extérieur des Etats membres.

a) Toutes les questions partielles composant le premier problème ont trouvé, dans une littérature abondante, des solutions divergentes: les Etats membres sont considérés, par les uns, comme des sujets de droit international originaires, possédant le pouvoir de participer au développement du droit international comme «inherent power» dans les limites de leur pouvoir législatif fixé par la constitution de l'Etat fédéral respectif. D'autres n'admettent les Etats membres comme sujets de droit international que sur la base (et, bien sûr, dans les limites) de ce que leur attribue spécifiquement la constitution fédérale. Les uns pensent que la capacité des Etats membres d'être sujets de droit international dépend uniquement du droit interne de l'Etat fédéral, tandis que d'autres y voient, primo loco, une question de droit international. Ces problèmes ayant été discutés longuement je me permets de rapporter ici surtout l'opinion des auteurs qui les ont abordés, d'une manière systématique et compréhensive, les derniers et qui ont atteint un consensus remarquable:

«Member units of federal states cannot be subjects of international law, unless the federal constitution permits them an external activity. Otherwise they are without relevance, internationally speaking. Insofar as the federal constitution can bar the member units' international activities, it may be said that the members are derivative, relative subjects of international law only, not original, necessary participants.»[4]

Si, et dans la mesure où la constitution fédérale permet aux Etats membres d'agir comme des sujets de droit international, celui-ci n'a, en principe, aucune raison de les en écarter [5]. Toutefois des Etats fédéraux pourraient se voir incités à les y admettre dans une mesure telle que, en fait, l'Etat fédéral réussisse à doubler, tripler, quadrupler son pouvoir d'action sur le plan international (surtout son droit de vote dans les organisations internationales). C'est ce qu'ont reproché certains auteurs, certainement non pas sans fondement, à l'Union soviétique lorsqu'elle autorisa, en 1944, l'Ukraine et la Biélorussie à devenir membres de l'ONU. Le problème alors est de savoir sous quelles conditions une telle autorisation est à considérer comme portant atteinte au principe de la bonne foi régissant tout le droit international [6]. S'il s'avère que les Etats membres respectifs votent et agissent, surtout au sein d'organisations internationales, régulièrement comme l'Etat fédératif lui-même, cette condition semble être remplie [7]. On ajoutera, avec M. WILDHABER [8], que les conceptions de présomption, de délégation ou de renvoi n'apportent rien à la solution du problème discuté ici, ce qui vaut également pour l'idée selon laquelle les Etats membres agissent et peuvent agir en tant qu'organes de l'Etat fédéral, cette dernière idée négligeant le fait que c'est justement le désir d'autonomie qui fait normalement tendre les Etats membres vers un pouvoir d'agir sur le plan international [9].

b) Est-ce que ce pouvoir existe dans les Etats fédéraux dont la constitution ne s'exprime pas à ce sujet? Cette question se pose par exemple en Australie et en Autriche. Elle ne saurait être résolue d'une manière générale et abstraite, comme le fait remarquer justement M. WILDHABER. En effet, la réponse sera cherchée dans une analyse approfondie des systèmes fédéraux concrets, de la répartition des tâches et des fonctions entre pouvoir central et pouvoirs décentralisés ainsi que de l'autonomie des Etats membres relative à leur organisation, et ceci selon les textes légaux ainsi que selon la pratique des différentes autorités. Mais elle dépendra également du caractère de l'accord (ou de l'action tout court) de droit international en question: S'il s'agit d'un accord couvrant des relations de voisinage et qui n'intéresse que peu l'ensemble de l'Etat fédéral, on n'hésitera pas à accorder à des Etats membres jouissant d'une autonomie générale (matérielle et fonctionnelle) considérable le pouvoir de le conclure de leur propre chef, avec ou sans information du pouvoir central. Si en dépit de tout ces efforts analytiques une réponse claire n'est pas trouvée, et surtout s'il n'y a pas unanimité parmi les autorités et la doctrine de l'Etat fédéral respectif, un autre Etat désirant conclure des traités ne considérera que le pouvoir central comme sujet de droit international, pour ne pas se voir reproché une intervention illicite dans les affaires internes de l'Etat fédéral [10].

Autre question: Est-ce que les Etats membres peuvent agir indépendamment, ou seulement par l'intermédiaire des autorités compétentes du pouvoir central? A nouveau, il incombe au droit interne de l'Etat fédéral de trancher cette question. Et à nouveau, s'il y renonce, on cherchera une réponse en analysant l'ensemble des normes de droit interne réglant les relations entre pouvoir central et Etats membres.

Ajoutons que le projet d'une convention sur le droit des traités, élaboré par la International Law Commission, a prévu l'article suivant:

«States members of a federal union may possess a capacity to conclude treaties if such capacity is admitted by the federal constitution and within the limits there laid down.»[11]

Cet article, en assez nette harmonie avec les principes énoncés plus haut, mais pas très clair dans les détails, fut accepté à la première session de la Conférence de Vienne sur le droit des traités, mais rejeté à la deuxième, sur la proposition énergique du gouvernement central du Canada.[12]

Ajoutons que le problème du «pouvoir extérieur» stricto sensu des Etats membres se complique par le fait que des Etats membres peuvent se voir incités à conclure des traités de droit privé avec, par exemple, des banques étrangères. Or, il est évident que cette sorte de traités peut avoir des incidences politiques considérables. Une étude approfondie du «pouvoir extérieur» ne devrait donc exclure d'emblée cette dernière catégorie de contrats – d'autant moins qu'il peut être parfaitement douteux si un traité conclu entre un Etat membre et une personne morale de droit privé se qualifie comme un traité de droit privé ou un traité de droit (international) public.

c) Après ces quelques réflexions générales il nous semble utile de regarder de plus près les Etats fédéraux qui accordent à leurs Etats membres une certaine autonomie dans les relations extérieures.

1. Les Etats-Unis autorisent les Etats membres à conclure des «agreements or compacts» (avec l'accord du Congrès), à l'exclusion de tout «treaty, alliance or confederation» (art. I sec. 10). Cette distinction paraît assez énigmatique (cf. Virginia v. Tennessee, 148 US 503, 518; (1983:

«Art. I sec. 10 does not apply to agreements concerning such minor matters as adjustiments of boundaries, which have no tendency to increase and build up the political influence of the contracting states, so as to encroach upon or impair the supremacy of the United States.»)

Mais plus curieux encore, le «pouvoir extérieur» des Etats membres, tout réduit fût-il selon les intentions des «founding fathers», n'a presque jamais été exercé jusqu'à présent, et le gouvernement central a veillé jalousement à ce que les Etats membres n'aient même pas l'idée d'entrer en relations contractuelles avec des pouvoirs étrangers dans le domaine de questions «politiques». «On the whole ..., the agreement-making power of the American states is utterly insignificant.»[13]

2. A l'autre bout du spectre nous retrouvons la République fédérale d'Allemagne.[14] L'art 32 al. 3 du «Grundgesetz» statue ceci:

«Soweit die Länder für die Gesetzgebung zuständig sind, können sie mit Zustimmung der Bundesregierung mit auswärtigen Staaten Verträge abschliessen.»

Ce pouvoir extérieur, limité il est vrai à la conclusion de traités, est exclusif dans les domaines qui sont réservés exclusivement à la législation des Länder, concurrente dans ceux qui connaissent une compétence concurrente du Bund. Il couvre non pas seulement les traités «législatifs», mais aussi ceux qui règlent des questions d'ordre purement administratif. Le gouvernement central qui doit consentir aux traités «extérieurs» des Länder cherche, par ce moyen-ci, à éviter des conflits entre la politique extérieure de la République fédérale et celle des différents Länder.[15] Le problème délicat (et violemment discuté en doctrine), cependant, n'est, en République fédérale d'Allemagne, pas tellement celui du pouvoir des Länder et sa réalisation, mais plutôt celui de la compétence fédérale extérieure dans les domaines qui sont réservés à la législation exclusive ou concurrente des Länder. En 1957, la République fédérale et les Länder tombèrent d'accord («Lindauer Abkommen») sur une solution selon laquelle la Confédération est autorisée, dans quelques-uns de ces domaines, à conclure des traités internationaux de son propre chef.[16] Pour terminer, on notera que ce sont surtout les Länder du Sud (Baden-Württemberg, et encore plus la Bavière) qui ont fait un usage considérable du pouvoir mentionné à l'art. 32 al. 3.[17]

3. La constitution de l'U.R.S.S. réserve aux républiques fédérées un pouvoir extérieur assez large. Selon l'art. 80, «la république fédérée a le droit d'entrer en relation avec les Etats étrangers, de conclure des traités avec eux et d'échanger des représentants diplomatiques et consulaires, de participer aux activités des organisations internationales.» Pour ces activités, l'art. 80 ne demande aucune approbation formelle de l'Union. La seule limite formelle semble être l'art. 73 qui détermine le champ des compétences exclusives de l'Union et qui, par conséquent (cf. l'art. 76 al. 2) en exclut les républiques fédérées pour toute sorte d'activités indépendantes.[18]

4. La situation de la Suisse est, en droit mais non pas en réalité, comparable à celle des Etats-Unis.[19] L'art. 9 et l'art. 10 statuent ceci:

Art. 9 cst. «Exceptionnellement, les cantons conservent le droit de conclure, avec les Etats étrangers, des traités sur des objets concernant l'économie publique, les rapports de voisinage et de police; néanmoins, ces traités ne doivent rien contenir de contraire à la Confédération ou aux droits d'autres cantons.»

Art. 10 cst. « [1] Les rapports officiels entre les cantons et les gouvernements étrangers ou leurs représentants ont lieu par l'intermédiaire du Conseil fédéral.

[2] Toutefois, les cantons peuvent correspondre directement avec les autorités inférieures et les employés d'un Etat étranger, lorsqu'il s'agit des objets mentionnés à l'article précédent.»

Se basant sur ces articles tous les cantons ont conclu un assez grand nombre de traités internationaux, avec ou sans l'intermédiaire des autorités fédérales et avec ou sans le consentement (obligatoire) du Conseil fédéral (art. 102 ch. 7). Ce pouvoir est limité, cependant, à quelques domaines énumérés dans l'art. 9, mais ni en pratique ni en doctrine une interprétation restrictive de cette prescription n'est acceptée à l'unanimité.[20] En revanche, la Confédération est considérée, en pratique comme en doctrine, unanimement cette fois, comme compétente de conclure des traités internationaux sur n'importe quel sujet, qu'il se trouve dans ses compétences législatives ou non. C'est surtout pour cette raison que l'importance réelle du pouvoir extérieur des cantons n'est pas considérable. Tout de même, entre 1970 et 1980, 28 accords internationaux ont vu le jour, couvrant surtout des domaines tels que l'éducation, les impôts, les relations entre Eglises et Etat, les fleuves frontaliers et la nappe souterraine dans des régions frontalières. Pris dans leur ensemble, les accords internationaux des cantons concernent surtout Eglises et cantons, faillite, éducation, impôts, économie des eaux et utilisation de l'énergie hydraulique (cf. cependant cst. art. 24bis al. 4 et 6), routes et ponts, chemins de fer et quelques autres domaines.[21]

5. Au Canada la situation nouvelle, après la mise en vigueur de la Loi Constitutionnelle de 1982, semble être assez curieuse. En effet, la nouvelle constitution ne donne aucune solution expresse au problème en dépit du fait que les Provinces ont réclamé, sous le régime du British North America Art. 22 des pouvoirs extérieurs considérables et que le problème de la portée de ce pouvoir s'est trouvé, en 1982, presqu'au sommet de son actualité.

6. En Autriche où la constitution se tait également les Bundesländer ont maintenu depuis longtemps des contacts intenses avec des Etats membres, régions, communes d'Etats voisins sans avoir la compétence de conclure des traités.[23]

7. Pour être complet je mentionne les Etats fédéraux de l'Argentine, de l'Australie, du Brésil, des Indes, de la Malaisie, du Mexique, du Venezuela

et de la Yougoslavie qui n'accordent aucun pouvoir extérieur à leurs Etats membres.

Ce bref aperçu semble nous montrer que même dans les Etats fédéraux qui accordent à leurs Etats membres un certain pouvoir d'agir comme sujets de droit international ce pouvoir n'est pas (ou plus) exercé de sorte qu'on devra lui attester une importance politique majeure. Mais cette conclusion serait tout de même trop simpliste. En effet, dans quelques Etats fédéraux les Etats membres (ou certains d'entre eux) ou même des régions ou des communes ont commencé à développer une certaine activité internationale dans des domaines anciens ou plutôt nouveaux, par exemple dans ceux de la culture ou de la protection de l'environnement. Et même dans des Etats qui manquent de structures fédératives certaines régions ou villes commencent à s'intéresser à une autonomie extérieure modeste. C'est par exemple le cas pour la France comme l'ont relevé nos collègues français participant au Colloque de Morat. Cette tendance ne saurait d'ailleurs nous surprendre. Car elle s'insère nettement dans la tendance plus générale de décentralisation que nous observons dans différents pays européens bien centralistes de par leur tradition historique. Et on ne sous-estimera l'importance de cet aspect «extérieur» de la décentralisation dans une civilisation qui se caractérise par une densification stupéfiante des réseaux de relations, sur les plans culturel et socio-économique, entre les plus diverses parties du monde entier.

Les constitutions ne devront, vis-à-vis de ce processus, guère rester en silence. En effet il paraît inadmissible que les textes constitutionnels d'Etats qu'on qualifiera, selon tous les critères possibles, de «fédéraux» ne règlent point le pouvoir purement «extérieur» des Etats membres; et même dans des Etats plutôt centralistes l'existence et la portée d'un tel pouvoir ne devrait rester dans une zone grise. Bien sûr, les règles constitutionnelles y relatives seront nécessairement générales et, dans une certaine mesure, vagues. Mais mieux vaut donner des directives générales qu'y renoncer d'emblée et transmettre la solution du problème aux hasards de la pratique.

V.

Nous étions réunis à Morat, en tant que spécialistes de droit constitutionnel, et je me suis félicité de pouvoir discuter des problèmes fondamentaux de l'idée fédérative avec d'éminents constitutionnalistes provenant d'un grand nombre d'Etats fédéraux et de quelques Etats non-fédéraux. Cependant, en étudiant d'assez près les problèmes touchant au fédéralisme suisse, autrichien et allemand ces derniers temps, j'ai compris qu'on risque de manquer les véritables problèmes et surtout les véritables solutions en se limitant aux analyses juridiques. Le principe fédératif d'un certain pays se compose d'éléments historiques, socio-économiques, culturels et aussi, bien sûr, juridiques. Mais les éléments autres que ceux qui ont trait directement à la constitution d'un certain Etat me semblent être encore plus importants que ceux-ci. Par conséquent il me semble que comprendre et comparer différents systèmes fédératifs, c'est bien comprendre et comparer différents systèmes politiques dans le sens le plus large du terme. Dans le cadre d'un colloque comme le nôtre, une telle compréhension mutuelle n'est évidemment pas possible. Mais il me paraît important de garder en vue les buts limités que nous avons pu espérer atteindre.

Je tiens à exprimer ma profonde gratitude à M. Hans-Urs Wili, Berne, pour de multiples informations et suggestions précieuses.

NOTES

1 Je me permets de me référer, pour ces questions de principe, à deux essais dans lesquels je les ai abordées d'une manière plus complète et dans lesquels se trouvent les références ultérieures à la littérature internationale sur le fédéralisme, à savoir: Peter Saladin, *Lebendiger Föderalismus*, Revue de droit Suisse vol. 97 1978 I, p. 407 ss.; idem, *Bund und Kantone*, Revue de droit Suisse vo. 103 1984 II, p. 431 ss.

2 Il paraît que la portée de l'art. 368 n'est pas tout à fait claire. Cf. M.P. Jain, *Indian Constitutional Law*, 3e éd. (avec supplément), Bombay 1983, p. 697 ss. et particulièrement supplément p. 38 s.: «In Minerva Mills Ltd. v. Union of India the Supreme Court again reiterated the doctrin that under Art. 368, Parliament cannot so amend the Constitution as to damage the basic or essential features of the Constitution and destroy its basic structure.» «A limited amending power is indeed one of the basic features of the Constitution and, therefore, the limitations on that power cannot be destroyed. In other words, Parliament cannot, under Art. 368, expand its amending power so as to acquire for itself the right to repeal or abrogate the Constitution or to destroy its basic and essential features.»

3 Cf. Yvo Hangartner, *Die Erfüllung der Staatsaufgaben durch Bund und Kantone*, Revue de Droit Suisse vol. 93 1974 I, p. 379 ss., 401.

4 Luzius Wildhaber, *Treaty-Making Power and Constitution*, Bâle-Stuttgart 1971, p. 263; cf. Rudolf Bernhardt, *Der Abschluss völkerrechtlicher Verträge im Bundesstaat*, Cologne-Berlin 1957, p. 19 ss. (qui traite également les conséquences d'un «excès de pouvoir» commis éventuellement par les Etats membres); Ivan Bernier, *International Leagal Aspects of Federalism*, London 1973, p. 81 s.; cf. également Luigi di Marzo, *Component Units of Federal States and International Agreements*, Alphen/Rockville 1980, p. 4 ss.

5 Cf. Bernhardt, op.cit., p. 20; Bernier, op.cit., p. 81 s.

6 Cf. Jörg Paul Mueller, *Vertrauensschutz im Völkerrecht*, Cologne-Berlin 1971.

7 Cf. Charles de Visscher, *Problèmes de confins en droit international public*, Paris 1969, p. 290-299.

8 Op. cit., p. 264.

9 Cf. Bernier, op.cit., p. 34 ss.

10 Cf. Bernier, op.cit., p. 82.

[11] Cf. SALADIN, *Bund und Kantone*, op.cit., p. 511.
[12] Cf. WILDHABER, op.cit., p. 265.
[13] Cf. WILDHABER, op.cit., p. 334; BERNIER, op.cit., p. 48 s. Quant à la «federal clause» selon la doctrine et la pratique des Etats-Unis cf. BERNIER, op.cit., p. 172 ss.; I.I. LUKASHUK, *Parties to Treaties – the Right of Participation*, Recueil des cours, Leyden, 1972 I, p. 257 ss.
[14] Cf. surtout BERNHARDT, op.cit., p. 168 ss., et Rudolf GEIGER, *Grundgesetz und Völkerrecht*, Munich 1985, p. 147 ss.
[15] Cf. le Bundesverfassungsgericht dans un de ses premiers arrêts (BVerfGE 2, 347 ss., 370).
[16] Cf. MAUNZ-DUERIG-HERZOG-SCHOLZ, *Grundgesetz*, RN 45 concernant l'art. 32.
[17] Cf. WILDHABER, op.cit., p. 306.
[18] Cf. LUKASHUK, op.cit., p.261 ss.
[19] Cf. WILDHABER, op.cit., p. 315 ss.
[20] Pour une interprétation plutôt large cf. Ulrich HAEFELIN – Walter HALLER, *Schweizerisches Bundesstaatsrecht*, Zurich 1984, p. 96 ss,. pour une interprétation plutôt restrictive cf. WILDHABER, op.cit., p. 317 s.
[21] Cf. Yves LEJEUNE, *Recueil des accords internationaux conclus par les Cantons suisses*, Berne et Francfort/M. 1982.
[22] Cf. BERNIER, op.cit., p. 34 ss., WILDHABER. op.cit., p. 86 ss.; DI MARZO, op.cit., passim; Edward MCWHINNEY, *Québec Nationalism and Canadian Federalism, Jahrbuch des öffentlichen Rechts*, vo. 28 1979, p. 673 ss. Pour la nouvelle constitution cf. Michaël BOTHE, *Die Entwicklung des Föderalismus in den angelsächsischen Staaten, Jahrbuch des öffentlichen Rechts*, vol. 31 1982, p. 109 ss.; cf. également Georges CARTIER et Lucie ROUILLARD, *Les relations culturelles internationales du Québec*, Collection «Bilances et Perspectives», no. 3, 1984.
[23] Cf. Theo OEHLINGER, *Der völkerrechtliche Vertrag im staatlichen Recht*, Vienne – New York 1973, p. 166.

Some Observations Concerning External Power of Decentralized Units

Fletcher N. BALDWIN, Jr.

Introduction

This paper analyzes the concept of external power of decentralized units from the perspective of the system as developed in the United States of America. The Constitution of 1787 brought into being a federal government which preserved states as separate entities with their own republican forms of governments. The acceptance of states as separate decentralized units was the price the constitutional framers paid in order to form the new nation. The Doctrine of Federalism also established a role for the states and in so doing systemized a distribution of power between the nation and the states. The determination of that distribution of power was allocated in the Constitution to a national or federal court that was required to decide each conflict with an eye toward the supremacy of the national constitution. The Constitution itself imposed detailed political responsibilities on the new states. Included in those judicially interpreted constitutional responsibilities were duties to insure full faith and credit of other state court judgment, limitations on state authority where it appeared to extend beyond state boundaries, and non-interference with the national government's role in international affairs, especially the power to make treaties, declare war, or promote a national economy. Further, with the adoption of post-Civil War amendments in 1866 through 1870, the Constitution reaffirmed a national posture in the protection of basic human rights. Finally, all functions of the individual state governments when in conflict with properly exercised powers of the national government were required, usually by judicial mandate, to give, way to national authority.

Historically, there is little to guide one to a better understanding of the role and function of the state within the United States. Although not described in any detail in the United States Constitution, nevertheless, the role of the state and its relationship with the central government as well as with other states can only be understood within *first*, the context of the Constitution of the United States; *second*, judicial review; and *third*, federal legislative and executive implementation of national policies.

Intended for an eighteenth century agrarian republic of some three-and-one-half million persons sparsely populating the eastern seaboard area, the Constitution of the United States was drafted in 1787. Almost two hundred years later, this same Constitution functions as the fundamental law of a great urban, industrial democracy of some 220 million persons crowding much of the three-and-a-half million square miles of the republic.

It is difficult to believe that in the summer of 1787 the fifty-five delegates from twelve states [1] could visualize, even in their wildest day-dreams, the United States of the late-twentieth century. [2] Historians tell us that these able and experienced men were aware of the significance in attempting to form a new government. James Madison, a brilliant scholar and public servant, and James Wilson, an outstanding eighteenth century legal theorist, voiced their desire for a constitution that would promote a strong national government. The Constitution that was developed was essentially practical; its basis was political rather than economic; [3] it was an expression of eighteenth century political ideas and of unswerving faith in the supremacy of reason. As a result, states were able to survive not because of any legal or constitutional necessity, but for the very practical desire to implement divergent local political, social and economic needs.

Had it not been an instrument of extraordinary flexibility, the Constitution would not have survived the decisive tests of time as well as socio-economic change. The provisions are sufficiently specific and detailed to provide the necessary element of governmental stability. At the same time, the Constitution is broad and general enough in its institutional arrangements and grants of power to allow for the steady growth of a "living constitution" to meet the needs of the changing world order. [4]

The life of the nation has helped to mould the warp and woof of the constitutional system. Actual governmental practice, however, has probably been the greatest single force in shaping the evolution of the American constitutional system. [5] In the span of time between the formulation of the Constitution and the 1861 Civil War, congressional debate was a major source of constitutional doctrine. In the last one hundred years, however, the Supreme Court has become the final arbiter of the American constitutional system. Yet, to say that the Constitution is what the Court says it is, avoids the point. It could be argued that the last word in constitutional matters is not the Court, but public opinion.

A review of the Court's decisions in selected commerce clause, taxing, and spending cases, for example, reveals the elasticity of the Constitution in meeting twentieth century problems. The powers delegated to the national government in 1787 were limited primarily to the areas of defense, finance, foreign policy, and commerce. Modern government has had to deal with socio-economic problems resulting not only from the areas important in 1787, but also from such developments as mass production, mechanized agriculture, labor unions, hydro-electric power, population explosion, and water shortage. The Constitution could never have been effective as a living instrument of national authority if it were treated by the court as merely a static charter of government. It has been necessary for the Constitution to be interpreted in the light of modern problems. Therefore, the powers of the national government continue to be subjected to reinterpretation and reconstruction in order to keep abreast of all aspects of present socio-economic life.

> The people . . . created this government. They gave it a constitution, and in that Constitution they have enumerated the powers which they bestow on it. They have restrained it to the exercise of such powers as are granted; and all others, they declare, are reserved to the States or the people. But, Sir, they have not stopped here. If they had, they would have accomplished but half their work. No definition can be so clear, as to avoid possibility of doubt; no limitation so precise, as to exclude all uncertainty. Who, then, shall construe this grant of the people? Who shall interpret their will, where it may be supposed they have left it doubtful? With whom do they repose this ultimate right of deciding on the powers of the government? Sir, they have settled all this in the fullest manner. They have left it with the government itself, in its appropriate branches. Sir, the very chief end, the main design, for what the whole Constitution was framed and adopted, was to establish a government that would not be obliged to act through State agency, or depend on State opinion and State discretion. [6]

In order to properly effectuate and maintain this system, "the people have wisely provided in the Constitution itself, a proper suitable mode and tribunal for settling questions of constitutional law.“ [7]

The people, through Congress in its first session, established "a mode for bringing all questions of constitutional power to the final decision of the Supreme Court. It then, Sir, became a government.“ [8]
Therefore, the unique focus of constitutional examination must be the United States Supreme Court. Historically, the Court has been the body to interpret the role and scope of decentralized units. The question for the Court has always been what role should the decentralized unit play in the broad constitutional scheme of the motion. [9]

In order to understand just what the Court has done, it is important to explore the documents that gave life to the new republic. For in so doing, one will be better able to understand the fragile dual system that has evolved since the fourth Chief Justice of the United States assumed the role for the Court of reviewer of all matters constitutional in nature.

Constitutional Analysis

One of the major features emerging from the American Revolution of 1776 was the substitution of a scheme of limited government for an all powerful monarch. Initially, the concept of a limited government ignored a strong central unit while enhancing the power of the state (decentralized) government. The first binding document, The Articles of Confederation, stressed decentralized autonomy. [10] The document was a creature of the states (the soon to be decentralized units) not the people. Review was not given to a national body. The Articles of Confederation had a brief reign. When called upon to amend The Articles, the political delegates to the amending convention of 1787, for whatever reason, chose to ignore their task of rewriting The Articles. Instead, these delegates produced a Constitution. The document itself was a counter-institutional, counter-state check within an institutional framework.

Whether intended as broadly as interpreted is a matter of considerable debate. [11] What is clear, however, is the fact that the task of implementing the ideal was assumed by the Court. The ideal would appear to have included:

A) Power to maximize citizen opportunities for participation in government

and

B) Power to insure that fundamental liberties of all persons coming under the Constitutional ambit, are protected.

This is not to suggest that the Court has always enthusiastically endorsed its role of "creative" implementor of community credentials. Most of the post Civil War civil rights legislation enacted by a national Congress to curb state abuses died a violent death at the hands of the United States Supreme Court. Furthermore, concepts of property and not humankind have permeated much judicial thinking from inception to modern times. [12] The framers of the Constitution spoke eloquently of rights for the people; [13] however, for the most part the Constitution was conceived within a property orientation framework. The philosophical dreams and promises of the most vocal framers would be honored at a future date. Those promises are best analyzed by Irving Brant, writing in *The Great Rights* and later in *The Bill of Rights.* [14] He describes the key role such architects as James Madison played in shaping the future of the United States. In planting the libertarian spirit it was not only Madison, but most of the founders, liberal and conservative alike, who were ready and in fact did pin "their faith on representative self government based on the great body of the people, not the states." [15] This ideal seemed to speak to the universality of man, notwithstanding the fact that it reflected the needs and the hopes of the few. [16]

There were earlier signs of the American democratic spirit -a spirit that would endorse a national policy to protect the poor on the one hand and enhance the beauty of the nation on the other. One such early sign was the Declaration of Independence which encompasses, rather than conflicts with, the spirit of the Constitution. [17] The Declaration presented the case for the colonies against the crown for all to read. Under certain clearly defined and specified circumstances, it stated, the people have a right to revolt. Rebellion against established authority is a serious matter; the founders did not want the idea to become too popular. Because the crown was unresponsive to the needs of the colonies, the new United Colonial government would respond to its own felt needs. The Constitution set out methods of orderly change designed to prevent any destruction of the new nation concept. [18] but this was only part of the Declaration. The colonists did not merely argue that their list of grievances granted them the right to armed revolution. They also contended that free men should not be subjected to any system of government that did not embody the two major human rights principles: liberty and democracy. A system was devised that would fit this interpretation of the intent of the Declaration. That intent, conceived in an earlier day, bore fruit in the Constitution. It was incomplete, however, without effective implementation. When the question of implementation arose in *Marbury v. Madison*, [19] the Court found its authority to review actions of the political branches of the new government in the Constitution itself, Article III. The difficulty for John Marshall, the fourth Chief Justice of the United States, was that Article III is not complete in its description of the judicial power. But by combining Article III with Article VI the Supremacy Clause, Marshall was able to establish that the Constitution is the Supreme Law of the Land and that the Court, the Supreme Court, would stand as the governmental body of last resort, prepared to insure all constitutional provisions. [20] Marshall was careful, as his successors would be, of his wording in *Marbury*. He was aware of an emerging basic tenet of the American system, that the Court should not have the final say. [21] He knew that the Court could not "withstand for long an executive or legislative power that had the consensus of the nation behind it." [22] His concept of judicial review built upon such a flimsy foundation demonstrates not only the weakness of the Court but also its strength. Judicial construction can, as can mob violence and rule, undo the compact. How does one know when the Court is performing its definite task as authoritative decision-maker in the human rights arena? For example, in the 1933-36 era there were many who argued that the Court "in considering itself the supreme economic authority" was performing a task delegated by the people and to the other two branches of government. [23]

One must keep in mind that the main question for the Court in this context must be to undertake "a disciplined, responsible effort to ascertain the genuine shared expectations of the particular parties to a community conflict."[24] When the Court has ventured beyond this limited task, as it did in the pre-1936 stages of the New Deal for example, not only could one see a Court with little commitment to the concept of the individual first in the mutual compensation scheme, but one could also see its lack of ultimate power. With a lack of ultimate power, the question of the Court's assuming too much authority seems to raise more emotional than practical questions. Again the 1933-36 era is instructive. Once the court realized that the power to bind together a national economic structure was plenary and should rest in the Congressional and the Executive branches, both the state's and court's role diminished considerably. The diminuation was through judicial interpretation of a specific provision of the constitution and not the result of congressional or executive overreacting. The role of the Court remained intact; the economic destiny of the nation constitutionally was best left to elected representatives of the people. The matter of fair distribution of the nation's wealth could not be resolved locally or judicially. The commerce clause, said the Court, allocated that responsibility to the nation's legislative branch of government. If there were a crisis affecting states and their identity, there was also an overshadowing crisis affecting human rights with which the Court was better equipped to deal.[25] The combination of plenary power in Congress over national, and indeed local economic matters and judicial review of human rights violations at the state and federal level insured the vast expansion of the federal government and the corresponding weakening of state power and authority within the Constitutional scheme.

The point wherein major inroads into state sovereignty began would appear to be approximately 1932. From 1932 to the present there has been a vast expansion of federal domestic authority. Recent federal initiatives, for example, have imposed obligations on states as states, requiring the local governments to act on behalf of national policy or suffer financial consequences they could ill afford to suffer. The Commerce Power of the national government permits almost complete legal control over a state. The only reason Congress does not exercise its full power would seem to be based upon political rather than constitutional considerations. The major weapons in the hands of the national government enabling it to impose obligations directly upon states and state government are the provisions in Article I Section 8 of the Constitution pertaining to the commerce power and the power to tax and spend. The Clean Air Act, for example, sets air quality control throughout the United States. The Surface Mining Control and Reclamation Act forces states to adopt national standards in an effort to avoid federal intervention. The Act was approved by the Supreme Court in *Hodel v. Virginia Surface Mining and Reclamation Assoc.*[26] Most federal grants to states or private agencies are accompanied by strict federal standards to be followed if there is to be an enjoyment of the grant. For example, The Rehabilitation Act of 1973 establishes grants to states for vocational services for handicapped persons. States electing to accept the funds are required to submit an annual plan meeting nineteen specific federal requirements. The Supreme Court has more or less kept a hands off posture with respect to federal intervention into what has heretofore been considered matters of state or local concern. Judicial approval of federal programs seems tó require that just two condition be met:

1) The program imposed upon the state is reasonably related to a legitimate national goal

and

2) The program can induce but not coerce state participation. The test has resulted in lower federal courts mechanically rejecting state challenges to federal program conditions.

The point of this is that the role of the state within the accepted framework of the United States Constitution is tied to judicial interpretation of the constitutional power of the federal government. Its function as a separate political entity is permitted in part because the federal government had made a political decision not to *interfere* in matters of local concern. The only Constitutional exception to federal plenary power appears to have been *National League of Cities v. Usery.*[27]

In *National League of Cities* a bare majority held that a commerce regulation of a specific state governmental activity will be barred if it interferes unduly with the state as a state and its ongoing governmental functions. The taxing and spending power of the federal government was left intact to accomplish the desired federal result should the Congress elect to do so. The case demonstrates a sensitivity on the court's part to state interests; that sensitivity has not deterred the United States Congress from continuing to invoke its power in purely local matters.

The holding in *National League of Cities* was confusing; for the most part federal programs and federal mandates continued almost as before. On February 19, 1985 the court, recognizing its earlier interpretations of commerce power as well as power to tax and spend, revisited *National League of Cities.* Concluding that they were wrong, *National League of Cities* was overruled.[28] The national government was once again free to exercise, if it so desired, its plenary power over all economic elements of state government.

Regardless of the activity a state engages in, whether relative to national or other state governments, its role continues to be subject to federal scrutiny and federal intervention at least in those instances in which the federal government considers intervention necessary.

States do possess some constitutional protections. Although those protections are not a shield against federal interventions, they are nevertheless worth noting. Adopted in 1791, the Tenth Amendment to the United States Constitution states that powers within the Constitution that were not delegated to the federal government nor prohibited by the Constitution to the states were reserved to the states. The Eleventh Amendment, adopted in 1798, was an attempt to insure stability for the state. Although the state could be sued by the central government, at least the amendment prevented a state collapse under suits by individuals. Thus, even before 1798 the stability of the state was of concern to the nation's founders.

The judicial power of the United States, as drafted at the constitutional convention, extended "... to controversies between a state and citizens of another state..."[29] However, "it had been widely understood prior to ratification of the Constitution that article III, section 2 would not provide a mechanism for making states unwilling defendants in federal court."[30] The apprehension of the then severely indebted states that these debts might be prosecuted in federal court formed a serious objection to that instrument. In attempting to allay the fear of the states, Alexander Hamilton reasoned that

> (t)he contracts between a nation and individuals are only binding on the conscience of the sovereign and have no pretensions to a compulsive force. They confer no right of action independent of the sovereign will.[31]

The suggestion that the provision allowed a citizen of one state to sue another state was also the subject of much discussion at the ratification conventions. James Madison responded that

> (i)t is not in the power of individuals to call any state into court. The only operation it (the provision) can have, is that, if a state should wish to bring suit against a citizen, it must be brought before the federal court.[32]

The defenders of the new Constitution thus put these fears to rest by assuring the delegates that state sovereign immunity would survive under article III.

Four years after the Constitution was adopted, the problem of the meaning of the provision was before the court in *Chisholm v. Georgia.*[33] In *Chisholm*, two citizens of South Carolina brought an original action of assumption against the State of Georgia to the Supreme Court. Departing from the framers' intent that states be immune from private suits, the court sustained federal jurisdiction, with each justice penning a separate opinion, based primarily upon a literal reading of Article III, section 2. The people of each state, said the court, consented to the suability of their states in federal court upon the adoption of the new Constitution. The decision evoked such immediate adverse public reaction that within one year the Eleventh Amendment, (the purpose of which was to overturn

Chisholm), was proposed and passed in both Houses of the Legislature.[34] Designed to overturn *Chisolm*, the Amendment was ratified in 1798. Since the Amendment explicitly excludes only suits against the state brought by citizens of another state; it remained for the court to decide whether the provision was applicable to suits by a citizen against his/her own state.

In *Hans v. Louisiana*, the plaintiff, a citizen of Louisiana, sued Louisiana to recover the proceeds from state-issued bonds, which were later repudiated by the legislature. Plaintiff contended that the repudiation of the bonds was in violation of Article I, section 10 of the Constitution, which provides that "no state shall ... pass any law ... impairing the obligation of contracts." Since the action arose under the Constitution, the plaintiff argued that the federal court had the power to adjudicate his claim. However, the court queried, could it be supposed

> that, when the Eleventh Amendment was adopted, it was understood to be left open for citizens of a state to sue their own state in the federal courts, whilst the idea of suits by citizens of other states, or of foreign states was indignantly repelled?[35]

This applicability of the Eleventh Amendment to suits against a state by its own citizens has been construed repeatedly by the Supreme Court to cover such actions.[36]

Although *Hans*, as the first case sustaining a state's claim of immunity from federal suits brought by its citizens, did not grant immunity in the Constitution, nearly all of the cases which have relied upon *Hans* have tended to regard that immunity as a part of the Eleventh Amendment and thus constitutional in nature.

The history surrounding the Constitution and the rapid passage of the Eleventh Amendment demonstrate the value which the farmers placed upon at least a cosmetic role for the decentralized unit. This value is exemplified by the constitutional strength attached to the doctrine of sovereign immunity. Though appearing to extend from state to nation, the concept of sovereign immunity is circumvented by way of a legal fiction. Action brought against an agent of the state does not do violence to the doctrine of sovereign immunity. The point was well made by the United States Supreme Court in *Florida Department of State v. Treasure Salvors, Inc.*[37] Wherein a plurality of the court held that when state officials transcend any reasonable reading of state law, a federal court may determine whether a complaining party has rights superior to that of the state officials injuring him. Even when specifically protected under the constitution, the fate of the decentralized unit nevertheless remains in the bosom of the federal judiciary. From the viewpoint of the states, Amendments such as ten and eleven are of little help. States have suggested additional constitutional amendments to strengthen their position in the federal scheme.[38] The amendment process as established in Article V of the Constitution is so cumbersome that states have met with little or no success. It is understandable why states at times have become frustrated with federal power and have on occassion attempted to ignore or circumvent it.[39] One example of this frustration will suffice. There is at present a case pending in federal courts that seems to have captured all the ingredients necessary to illustrate this point.

Few cases in recent years have provoked the controversy and media attention as that of a Canadian citizen, Sidney L. Jaffe, who was kidnapped from his Toronto residence by bounty hunters employed by the State of Florida. The case has created problems with the relations between the United States and Canada.[40] The *Jaffe* case[41] also raises numerous legal and political issues that exemplify the delicate political balance between state and federal governments and the role of the federal court in maintaining that balance.

On August 8, 1980, officials of the State of Florida arrested Sidney L. Jaffe and charged him with twentyeight counts of violating the Florida Land Sales Act. Formal arrangements took place in Putnam County, Florida; bond was set at $137,000. Accredited Surety and Casualty Co., Inc., of Orlando, Florida provided the bond and Mr. Jaffe was released. He then returned to his home in Toronto, Ontario, Canada.

For medical reasons, Mr. Jaffe did not return to Putnam County for his May 18, 1981 trial date. The Honorable Robert P. Perry of the Seventh Judicial Circuit for the State of Florida denied Jaffe's motion for a continuance, estreated his bond,and ordered a capias be issued for his arrest. Because Jaffe's domicile was in Toronto, Judge Perry ordered the State Prosecutors to begin extradition proceedings pursuant to 27 U.S.T. 983 to secure Jaffe's return from Canada. On June 29, 1981 a final judgment was entered against the case in favor of the State of Florida. On the same day the State Attorney submitted an application for Jaffe's extradition to the Governor's office. It was returned because of errors in form. On July 23, 1981, an amended application was disapproved as to form; the State Attorney's Office directed the State Prosecutor to pursue the matter directly with the Attorney General's office. However, no further effort was made to legally return Jaffe to Florida.

The state Prosecutors thereafter met in the Putnam County Courthouse with an investigator from their office and a private attorney. The private attorney had been retained by A.S. & C. to challenge the judgment entered against Jaffe's bond. The Prosecutors informed the attorney that they had failed to extradite Jaffe; they explicitly encouraged A.S. & C. to "go and get him."[42] The private attorney disagreed with this proposal because he saw the judgment of forfeiture as precluding any possibility of remission of the bond money. This discussion resulted in what another agency of the State of Florida described as a "tri-party agreement" accommodating the interests of A.S. & C., the State Attorney's office and the

Putnam County Board of Commissioners. The agreement called for A.S. & C. to file a Motion to Set Aside Judgment which the state would not contest, such an order would create the financial incentive for A.S. & C. to act. It would also protect A.S. & C.'s authority to pursue Jaffe. Further, it would free A.S. & C. from any jeopardy which might result from their use of clandestine methods in returning him. A.S. & C. in return agreed to deposit the money to cover the judgment.

The Motion to Set Aside Judgment was filed on August 7, 1981, on the grounds A.S. & C. had not been afforded the statutory notice required under Florida Statutes Section 903.26(2), and that as Jaffe was physically unable to be present at the time of his trial, he should have been excused. The state supported the motion which stated in part that by vacating the order, A.S. & C. would be given some hope that if it produced Jaffe, it would recover its bond. Having previously been informed of the failed attempts to extradite Jaffe, Judge Perry, in an unrecorded hearing held September 11, 1981, granted the motion to set aside the judgment of forfeiture.[43] A.S. & C. then took steps to have Jaffe returned to the jurisdiction.[44] Tim Johnsen, and Daniel J. Kear, 'bounty hunters' with international experience,[45] were hired[46] and provided with a bench warrant for Jaffe's arrest issued by the Judge,[47] a copy of Jaffe's bond contract with A.S. & C., and a rented car. It appears from the record that the state investigator first traveled to Toronto and confirmed Jaffe's whereabouts,[48] he provided Johnsen and Kear with a description of Jaffe and assisted them in their attempt to obtain a picture of Jaffe.[49]

On September 23, 1981, Johnsen approached a janitor in the building where Jaffe lives in Toronto and, posing as a member of the fraud squad, inquired information regarding Jaffe's whereabouts. Upon returning home, Jaffe was seized by the bondsmen, who told him he was under arrest. Johnsen identified himself as a policeman and displayed a badge portraying Florida's state emblem along with a card identifying him as a fugitive bail recovery agent.[50] They requested that Jaffe come to the Royal Canadian Mounted Police Headquarters to discuss his problems in Florida. After getting into the bounty hunter's car, Jaffe realized that he was being returned to Florida. He states that he attempted to escape, but Kear and Johnsen handcuffed and manacled him.[51]

The following day the bounty hunters and their prisoner crossed the Canadian border and entered New York State.

Once in the United States, Jaffe was allowed to make a telephone call. He phoned his son who in turn alerted the Niagara Sheriff's office to Jaffe's abduction. When confronted by the police, Johnsen displayed Florida Judge Perry's bench warrant. The police called a New York State district attorney, explained the situation, and sought his advice. After the police finished speaking with the state attorney's office, they allowed the bondsmen and Jaffe to board a private jet to Florida.

On September 24, 1981, Jaffe was incarcerated in the Putnam County Jail. On December 18, 1981, the trial Judge entered an order whereby A.S. & C. was refunded $37,500 of their $137,500 bond for the return of Jaffe. The remainder of the money was forfeited to the state.

The court proceeded with the trial in spite of a plea to delay issued by the United States Department of State. [52] The jury convicted Jaffe on the Land Sales Act violations and on one charge of failure to appear. On February 4, 1982, Jaffe was sentenced to a total of thirty-five years imprisonment and fined $152,250. [53]

Jaffe appealed this conviction to the Florida Fifth District Court of Appeal. [54] The court reversed the convictions on the Land Sales Act violations, [55] but upheld the conviction for failure to appear. [56] In the meantime, the Parole Board was being pressured by the United States Attorney General's office to parole Jaffe "in the national interest." [57]

From the outset the nation of Canada had lodged vigorous protests with the United States Department of State, Secretary of State, and Department of Justice. [58] Beginning with polite, diplomatic notes [59] the Canadian government has progressed to increasingly strong communications, [60] high level discussions, [61] next the submission of Memoranda of Facts of Law, [62] and a demand for, at the very least, an investigation. The Canadian government has slowly escalated its pressure on the United States government. The Canadian assault culminated in an unprecedented habeas corpus action filed in the United States Federal Court in Jacksonville, Florida [63] which seeks the release and return of its citizen, Sidney Jaffe. [64] This action is still pending. To date the Canadian government continues to dispute the jurisdiction of a state in the United States over its citizen. [65]

In fact, in spite of all that Canada has done, [66] new charges were filed against Jaffe [67] in anticipation of his parole on the failure to appear conviction. Jaffe was arraigned on the new charges while he was still in custody serving out his original sentence. He protested the court's jurisdiction to no avail. Bond on these charges was set at $150,000.

Jaffe was paroled and released from custody when he posted the bond. Jaffe returned to Canada, his new trial date set to begin April 15, 1985. On that date, Jaffe refused to appear citing the initial illegal kidnapping and extradition treaty violation as his reasons.

The state/federal/international struggle has not yet ended. As the cases progress, the issues begin to reflect a struggle of major proportions. [68] The question that must ultimately be resolved by the United States Supreme Court seems to be whether a decentralized unit of the national government can through its "state action" [69] interfere successfully with the United States in its relations with other nations. The narrower issue involving the violation of the Extradition Treaty requires a federal court to consider the impact of the Supremacy Clause, Article VI of the United States Constitution, upon a state's ongoing criminal justice system.

The case would appear to be an example of a state circumventing national and international interests for what it perceives to be a valued local interest. The question for the court must be whether the elected branch of the national government's refusal to exercise its full power, can be remedied through constitutional interpretation. The case does, therefore, force the federal courts to once again define the state role where its interests exceed state boundaries, even though non-judicial federal agencies refuse to act in a decisive manner. A brief review of the applicable law in the United States aids in the confusion surrounding the pending cases.

The classic case on the subject of governmental abduction is *Ker v. Illinois.* [70] In *Ker* a valid treaty between Peru and the United States was not followed. *Ker* was kidnapped in Peru. According to the record, the United States had intended to comply with the traditional extradition process, but was thwarted by political turmoil in the asylum state. The turmoil made proper service of the extradition warrant impossible. Faced with *exigent circumstances*, the United States investigator extemporaneously and unilaterally resorted to "abduction." Under the facts the court permitted the extraordinary method of obtaining physical custody; furthermore, Peru, the asylum state, did not object to the violation of its sovereignty and indeed appeared to aid in the abduction.

In the present case the federal courts are faced with a treaty between the United States and Canada. There was no attempt to follow it. Indeed the State of Florida never approved of the local government's request for extradition. [71] The state for technical reason *refused* to request extradition of Jaffe. *Ker* therefore is of minimal value to the present issue. Unlike *Ker*, *Jaffe* involves a local state court-authorized abduction premised upon an affirmative governmental decision to implement or ratify a policy that resulted in the kidnapping of a Canadian citizen from the streets of Toronto and taking him against his will to state jail in Palatka, Florida where he became the first, and to date only, person tried and convicted of a violation of Florida Statute 498.033(3). It would appear that *Ker* held that United States courts would only condone extraordinary methods of obtaining physical custody over alleged offenders where resort to the traditional extradition process was not available or feasible and the asylum state failed to protest or in fact aided in the illegal act. In the present case when the extradition treaty between Canada and the United States was violated, such violation was protested by the asylum state. In each case involving facts similar to the present situation, the asylum state failed to protest an objecting party's seizure. A failure to protest precludes any assertion on a person's part that he or she was apprehended in violation of a valid extradition treaty. Keeping this in mind, it would seem that the present fact situation not only violated United States decisional law, but perhaps even international law – including Article 2:4 of the United Nations' Charter – was violated. 2:4 provides for the inviolability of the territory of a state; it prohibits the use of force directly or indirectly in derogation of an asylum state's territorial integrity. In *United States v. Toscanino*[72] the court reasoned that by its ratification of the United Nations Charter, the United States was estopped from seizing persons from other nations. However, if an asylum state fails to protest, the United States can employ extraordinary means of apprehension. In *Jaffe* the asylum continues to protest the abduction. In so doing, the Canadian Government has made it clear that irregular rendition was not involved.

The United States courts since *Ker*, have often confused *abduction* and *irregular rendition*. In order to understand the distinction between abduction and irregular rendition, a court of competent jurisdiction must ask at the outset specific questions, to wit: Was Canada aware of the apprehension of Mr. Jaffe? Did Canada aid, directly or indirectly, in Jaffe's removal to Palatka, Florida?

From the record it is clear that the answer to these questions is no. Therefore, the case resembles the abduction – cases and not the irregular rendition cases. *Toscanino* was also an abduction case. In *Toscanino* the asylum state did not participate in the apprehension of the defendant. Thus, the removal by force was an abduction *not* an irregular rendition.

United States v. Quesada,[73] is an example of an irregular rendition. In *Quesada*, the defendant, a Venezuelan citizen was apprehended in Venezuela by Venezuelan police. He was taken to Puerto Rico by a United States Drug Enforcement Agent and three Venezuelan police. He argued that the mode of apprehension resorted to by United States agents violated both federal and international law. The court refused to divest itself of jurisdiction over his person, citing *Ker-Frisbie*.

Quesada differs from classic abduction in several important aspects: *First*, *Quesada* involved the active assistance of the Venezuelan law enforcement officers in the apprehension of defendant , the Venezuelan assistance went far beyond mere acquiescence or ratification of the activities undertaken by United States law enforcement agents. *Second*, the individual involved was a national of the state wherein the irregular rendition took place.

The irregular rendition of Mr. Flores in *Quesada* is illustrative of a situation where a cooperative asylum state was prevented from utilizing the traditional extradition process, but nevertheless was willing to circumvent its own domestic laws on an *ad hoc* basis. In *United States v. Lira*,[74] a Chilean national was arrested by Chilean police, blindfolded, beaten and tortured by those same Chilean police. He was then taken to the United States by six Chilean police officers and six agents of the United States Drug Enforcement Agency. Again the Chilean government, the asylum state, cooperated with United States officials. Here irregular rendition is easily distinguishable from abduction.

Abduction traditionally has been regarded as violating customary international law. The underlying rationale continues to be the paramount position accorded national sovereignty and territorial integrity under international law. Similarly, United Nations Security Council resolutions and General Assembly resolutions consistently have denounced abduction as being contrary to international law and the United Nations Charter.[75] Since it is clear that abduction violates both customary international law and specific multilateral conventions, the only question that would seem to remain would be the applicability of the norms of international law in American courts.

In *Paquete Habana*,[76] the United States Supreme Court concluded:

> International law is part of our law, and must be ascertained and administered by the courts of justice of appropriate jurisdiction, as often as questions of right depending upon it are duly presented for their determination for this purpose, where there is no treaty, and no controlling executive or legislative act or judicial decision, resort must be had to the customs and usages of civilized nations....

It has long been held that where a federal statute does not provide to the contrary, customary international law governs. At present no federal statute exists which either permits or sanctions abduction. There is no conflict between an act of Congress and the prevailing customary international law. The United States has undertaken an obligation not to abduct. No modern domestic federal judicial decision has held international abduction to be a permissible method of obtaining physical custody over alleged offenders. No conflict exists between customary international law and United States statutes, judicial decisions, or executive policies regarding abduction. The issue places the federal government in a very akward position, a position that appears to be contrary to the treaty in question which of itself should trigger judicial relief.

Conclusion

The basic theme of this paper has been a constitutional power in the national government and that government's relationship with its decentralized units. Whatever the act of state might be, if it impedes a national interest it is, according to the Constitution, subject to national control or political acceptance. If there is an impasse, the federal courts, as umpires of the federal system, will resolve it. The *Jaffe* example appears to involve a reluctance on the part of the national executive to intervene, hence a sort of acceptance of international kidnapping. The example also demonstrates the role of the court; it matters not whether the Executive Branch is reluctant to act, the Court can, without executive aid, reaffirm the vitality of the treaty by striking actions of the state contrary to that treaty. In so doing, the Court reaffirms the constitutional mandate for a Republican form of government.

Although the drafters of the Constitution 1787 assumed a vigorous role for the states within the federal system, they failed to clearly provide for state autonomy in the Constitution. The historical development of a federal state resulted in a structure that left little for the states by way of constitutional independence. Whatever voice the states can raise at the national level will be focused upon political rather than significant constitutional alteration of the present structure. If there is to be judicial relief for states, it is suggested that meaningful help can only come about with a corresponding social and political shift in attitudes.

Notes

1 There was no appointment made by Rhode Island to the 1787 Convention. See 1 Elliot, Debates 124 (2d ed. 1836).

2 *Warren, Congress, The Constitution, and The Supreme Court* 7 (1935).

3 *The American Heritage, The Pioneer Spirit* 110 – 14 (1959). See generally, Wechsler, *The Political Safeguards of Federalism: the Role of the States in the Composition and Selection of the National Government*, 54 *Columb. L. Rev.* 543 (1954).

4 *Kelly & Harbison, The American Constitution* 1 – 6 (1948).

5 *Warren, supra* note 2, at 73 – 74. See also 1 *Willoughby, The Constitutional Law of the United States* 42 – 75 (2d ed. 1929).

6 3 *Webster, The Works of Daniel Webster* 334 – 35 (11th ed. 1858).

7 *Id.*

8 *Id.*

9 Some would suggest that the present court has attempted to revitalize the role of the state in scheme of the republic by its analysis in *National League of Cities v. Usury*, 426 U.S. 833 (1976). However *National League of Cities* was shortlived. See: *Garcia v. San Antonio Metro Transit*, – U.S. –, 105 Sup. Ct. 1005 (1985).

10 G.T. Curtis, 1 Constitutional History of the United States 98 – 114 (1897).

11 *See generally F. McDonald, We the People: The Economic Origins of the Constitution* (1958), and *R. Hofstader, The American Political Tradition* (1948).

12 *See generally K. Polanyi, The Great Transformation (1967).*

13 *See R. Hofstadter, supra note 11 at 1 - 44.*

14 *I. Brant, The Bill of Rights Its Origins and Meaning* (1965).

15 *See* I. Brant, *The Madison Heritage, The Great Rights*, 17 (E. Cahn ed. 1963).

16 *See R. Hofstadter, supra* note 11.

17 *See* Brant, *supra* note 15.

18 *See* Dennis v. United States, 341 U.S. 494 (1951).

19 5 U.S. (1 Cranch) 137 (1803). *See* Van Alstyne, *A Critical Guide to Marbury v. Madison*, 1969 *Duke L.J.* 1.

20 *E. Cahn, The Predicament of Democratic Man* 34 (1961).

21 I am discussing the educational role and not the enforcement aspects of judicial review. *See* Lerner, *The Supreme Court as Republican Schoolmaster*, 1967 *Sup. Ct. Rev.* 127.

22 *The Great Rights, supra* note 15 at 9.

23 *See R. Jackson, The Struggle for Judicial Supremacy* 72 (1941), and Mendelson, *Mr. Justice Frankfurter and the Process of Judicial Review*, 103 *U. Pa. L. Rev.* 295 (1954).

24 *M. McDougal, H. Lasswell & J. Miller, The Interpretation of Agreement and World Public Order* 40 (1967).

25 *See, e.g., J. Galbraith, The New Industrial State* (1967).

26 452 U.S. 264 (1981).

27 426 U.S. 833 (1976).

28 *Garcia v. San Antonio Metro Transit Authority - U. S. -, 105 Sup. Ct. 1005 (1985).*

29 United States Constitution, Article III, Sect. 2.

30 Employees of the Department of Public Health and Welfare v. Department of Public Health and Welfare, 411 U.S. 279, 291 – 292 (1973).

31 The Federalist Papers No. 81, at 549 (Cooke ed. 1961) (A. Hamilton).

32 3 J. Elliott, The Debates in Several State Conventions on the Adoption of the Federal Constitution 533 (1876).

33 2 U.S. (2 Dall.) 419 (1793).

34 *Hans v. Louisiana*, 134 U.S. 1, 11 (1890). *See* Jaffe, *Suits Against Governments and Officers*, 77 *Harv. L. Rev.* 1, 20 (1963); Nowak, *The Scope of Congressional Power to Create Causes of Action Against State Governments and the History of the Eleventh and Fourteenth Amendments*, 75 *Colum. L. Rev.* 1414, 1430 – 1441.

35 *Hans v. Louisiana, supra* at 15.

36 *See, e.g., Edelman v. Jordan*, 415 U.S. 651 (1974).

37 – U.S. –, 102 S. Ct. 3304 (1982).

38 *See generally B. De Jouvenel, Sovereignty* 247 – 71 (J. Huntington, trans. 1967).

39 *H. Marcuse, One-Dimensional Man* 7 (1967).

40 The "Jaffe Case" is actually a series of four separate actions: (1) the appeal from the criminal conviction, *Jaffe v. State of Florida*, 5th District Court of Appeal, Fla., Case Nos. 82 – 204, 82-205 and 82-242 consolidated, decision of 2 September, 1983 quashing the 28 convictions; (2) the federal habeas corpus petition, *Jaffe v. Wainwright* U.S. District Court, Middle District Court of Florida, Jacksonville County, Case No. 82-1100-Civ-J-M, dismissal of the petition by decision of 29 June, 1983 requiring exhaustion of state remedies (appeal of this decision is currently pending before the 11th Cir. C.A., Atlanta); (3) the second federal habeas corpus petition *Canada v. Wainwright*, U.S. District Court, Middle District of Florida, Jacksonville Division. Case No. 83-661-Civ-J-16, currently pending; and (4) attempts to establish a new Presumptive Parole Release Date before the Florida Parole and Probation Commission were originally successful by order of March 3, 1983 setting conditional parole for May 24, 1983 which was quashed by petition for writ of certiorari; original jurisdiction granted by the 1st District Court of Appeal, Fla., in State of Florida ex rel Stephen Boyles et al v. Florida Parole and Probation Commission, et al. Case No. AS-110 on June 9, 1983. Following the successful appeal from the criminal convictions, the Florida Parole and Probation Commission held another hearing on October 5, 1983 and Mr. Jaffe was released on October 11, 1983 only to be re-arrested on a new set of charges (organized fraud) arising out of the same set of facts as the original 28 charges. A challenge to the new charges on the basis of double jeopardy has been made and is currently pending. Much of the research for the facts and footnotes was prepared by Mrs. Jennie Hatfield Lyon and can be found in her work: *L'Affaire Jaffe*, unpublished paper presented to the 12th annual meeting of the Canadian Council on International Law (1983).

41 See the joint letter of U.S. Secretary of State, George Schultz and former U.S. Attorney – General, William French Smith, to the Florida Parole and Probation Commission dated July 22, 1983 wherein they state: "It is simply in the national interest that this case no

longer be permitted to intrude upon our relations with one of our most important and highly valued neighbors, allies and trading partners."

42 Brief for Appellees in Accredited Surety and Casualty, Co. v. State, Case No. 81-1657 (Fla. 5th Dist. Ct. App.), pp. 1 – 2.
The lawyer for Accredited, Joe C. Miller, Esq., also testified under oath concerning this Triparty Agreement. Testimony of Joe C. Miller at hearing in United States v. Johnsen, No. 82-48-M-01 (M.D. Fla.), April 1, 1981, Tr. pp. 471 – 76. Amazingly, Miller, a member of the Florida Bar, later attempted to recant this testimony. Sworn Statement of Joe C. Miller, II, taken at Putnam County Courthouse, Palatka, Florida, December 27, 1981, pp. 3, 6, 11.

43 *Accredited Surety & Casualty Company, Inc. v. State of Florida and Putnam Co., Fla.*, 418 So. 2d 378 (Dist. Ct. of Appeal, 1982).

44 See *U.S. v. Johnsen*, Case No. 82-48-M-01 (1982) (U.S. District Ct. for the Middle District of Florida, Orlando Division) and U.S. v. Kear, Case No. 82-106-M (1982) (U.S. District Ct. of Eastern District of Virginia); and *Kear v. Hilton*, Slip. Op. 82-6406 (4th Cir., January 31, 1983).

45 See *Canada v. Wainwright, supra* note 1, *Canada's Memorandum of Law in Support of Petition for Habeas Corpus or in the Alternative for Relief Under 28 U.S.C. Section 165* at 19.

46 See *Memorandum of Law of the Dept. of Justice of Canada* filed with the U.S. Dept. of Justice *Jaffe v. State of Florida*, Case Nos. 82-204, 82-205 and 82-242, 5th D.C.A., Fla. at 13 – 14 and Johnsen's Memorandum in support of his application for habeas corpus, April 1982, at 36.

47 See Johnsen's extradition hearing, March 31, 1982, testimony of Broderick at pp. 400 – 491 and Kear's extradition hearing, April 8, 1982, testimony of Broderick at p. 96.

48 See Johnsen's Memorandum in Support of his Application for Habeas Corpus, April 1982 at p. 36; Jaffe's trial, October 20 – 21, 1981, Johnsen's testimony at p. 78, 104 – 106, and 144, and Johnsen's extradition hearing, February 23, 1982, his testimony at p. 46.

49 *Supra* note 48 at 20 – 24 and *Memorandum of Law supra* note 46 at 14. Also see Canadian *Memorandum of Facts Concerning Jaffe Case*, 22 February, 1983 filed with the Florida Governor's Office AT 10-13. Even the *Report to Governor Graham regarding the Sidney L. Jaffe* Report, prepared by the Office of the General Counsel (Florida) dated 8 June, 1983 admits that there "was an awareness in the office of Mr. Johnsen's profession and his intentions and that his possible actions might well be illegal" at pp. 35 – 36.

50 See Canadian petition for writ of habeas corpus, *Canada v. Wainwright et al.*, U.S. District Court, Jacksonville Division, Case No. 83-661-Civ-J-16, filed June 27, 1983.

51 See letter of Sidney L. Jaffe to Charles Boling (FBI) dated November 20, 1981.

52 See letter of Hon. T. Michael Paey to Stephen Boyles dated 9 February, 1982.

53 *Memorandum of Law, supra* note 46 at 19-20.

54 *Jaffe v. State*, 438 So. 2d 72 (Fla. 5th D.C.A. 1983).

55 Case No. 83-662-Civ-J-16, United States District Court, Middle District of Florida.

56 Case Nos. 82-204; 82-206; 82-242. September 2, 1983. See generally, *Jaffe v. State supra*, note 54.

57 See generally report to the Governor *supra* note 49.

58 See letter of William French Smith to Jim Smith dated 19 November, 1982.

59 Canadian Embassy Notes £542 (13 October, 1982) and £235 (15 June, 1983).

60 Among others: Meeting of former Canadian Ambassador to the United States Gotlieb with Deputy Attorney General of the United States (10 February 1982); Meeting of former External Affairs Minister Mark MacGuigan with former Secretary of State Alexander Haig (14 March, 1982); and Meeting of Justice Minister Chretien with former United States Attorney General Smith (13 April, 1982).

61 *Memorandum of Law of the Department of Justice of Canada* filed early August, 1982 with the U.S. Department of Justice (*Jaffe v. State of Florida*, Case Nos. 82-204, 82-205 and 82-242,

5th D.C.A., Fla.) and *Memorandum of Facts Concerning Jaffe Case*, 22 February, 1983, filed with the Florida Governor's Office.

62 *Canada v. Wainwright, et al.* No. 83-661-Civ-J-16 (M.D. Fla.).

63 See Canadian Embassy Note #235 to U.S. Department of State dated 15 June, 1983.

64 *Jaffe v. State of Florida*, Case Nos. 82-204, 82-205 and 82-242, 5th D.C.A., Fla., September 2, 1983.

65 See *Jaffe v. Wainwright et al*, No. 82-1100-Civ-H.M. (M.D. Fla., Feb. 4, 1983) (Report) at 5.

66 Canadian Embassy Notes #613 (5 November, 1981); #691 (22 December 1981); #086 (15 February, 1982) and #128 (5 March, 1982) to the U.S. Department of State.

67 See response to Motion to Dismiss *Jaffe v. Wainwright*, United States Court of Appeal, Eleventh Circuit, 85-3262 filed by this author on May 17, 1985.

68 See generally, L. Henkin, foreign affairs and the Constitution, ch. V (Foundation Press, 1972).

69 "State action" is a fundamental element required to establish a violation of due process under the fourteenth amendment to the United States Constitution. *Lugar v. Edmondson Oil Co., Inc.* 457 U.S. 922 (1982). It is also a requirement to establish a deprivation of rights "under color of state law" under 42 *U.S.C.* §1983. The terms are equivalent and are used interchangeably. *Greco v. Orange Memorial Hospital Corp.* 513 F. 2d 873, 878 (5th Cir. 1975). *See also, Briley v. State of California*, 564 F. 2d 849, 855 (9th Cir. 1977); *Harley v. Oliver*, 539 F. 2d 1143, 1145 (8th Cir. 1976); *Ouzts v. Maryland National Insurance Co.*, 505 F. 2d 547, 550 (9th Cir. 1974); *Perez v. Sugarman*, 499 F. 2d 761, 764 (2d Cir. 1974); *Watson v. Kenlick Coal Co., Inc.*, 498 F.2d 1183, 1185 (6th Cir. 1974); *Shirley v. State National Bank of Connecticut*, 493 F. 2d 739, 741 (2d Cir. 1974). Decisions interpreting state action for purposes of establishing a violation of 42 *U.S.C* §1983 therefore apply for purposes of establishing a violation of constitutional due process.

The "state action" requirement clearly excludes claims arising from a denial of rights based upon purely private conduct. Before a denial of constitutional due process may be found a state must either directly act to suppress an individual's rights, or it must so involve itself in private activity as to invest it with a public character. A determination of whether private conduct has such a state involvement or nexus as to constitute state action requires that the facts in each case be sifted and the circumstances weighed. *Sims v. Jefferson Downs, Inc.*, 611 F.2d 609, 611 (5th Cir. 1980). *See also, Life Insurance Co. of North America v. Reichardt*, 591 F.2d 499, 501 (9th Cir. 1979); *Broderick v. Associated Hospital Service of Philadelphia*, 536 F.2d 1, 4 (3d Cir. 1976); *Palmer v. Columbia Gas of Ohio, Inc.*, 479 F.2d 153, 165 (6th Cir. 1973). Whether an activity constitutes state action is therefore a flexible standard. *Bach v. Mount Clemens General Hospital, Inc.*, 448 F. Supp. 686, 687 (E. D. Mich. 1978).

As a general rule, the proper inquiry focuses on the source of authority for the private conduct involved. If the state has clothed the activity with its apparent authority to act, then that private conduct constitutes state action. The decisions which discuss state action have applied various formulas to fit the facts of individual cases. Those arising in context of private action taken pursuant to a state statute have alternatively suggested that the state is responsible only when it compels an act, *see Flagg Brothers, Inc. v. Brooks*, 436 U. S. 149, 164 (1978); *Waters v. St. Francis Hospital, Inc.*, 618 F.2d 1105, 1107 (5th Cir. 1980), and that the state is responsible when it authorizes or encourages conduct which would otherwise be unpermissable, *see Tedeschi v. Blackwood*, 410 F. Supp. 34, 42 (D. Conn. 1976); *McDuffy v. Worthmore Furniture, Inc.*, 380 F. Supp. 257, 261 (E.D. Va. 1974), and that the state is responsible for "prohibitory" legislation when it is employed privately to deny a right on an impermissible basis, *see Gresham Part Community Organization v. Howell*, 652 F.2d 1227, 1240 – 41 (5th Cir. 1981). Decisions which arise in context of private actions which involve the use of state court proceedings suggest the somewhat contradictory rule that state judicial proceedings *do not* constitute state action when the state courts merely provide a forum for suit between persons, see, Stevens v. Frick, 372 F.2d 378, 381 (2d Cir. 1967); *Weisser v. Medical Care Systems, Inc.*, 432 F. Supp. 1292, 1295 (E.D. Pa. 1977); *Fallis v. Dunbar*, 386 F. Supp. 1117, 1120 (N.D. Ohio 1974); *Mullarkey v. Borglum*, 323 F. Supp. 1218, 1226 (S.D.N.Y. 1970), but that state judicial proceedings *do* constitute state action when the state courts are being utilized by an offending party to accomplish an unlawful purpose, *see Hollis v. Itawamba County Loans*, 657 F.2d 746, 749 (5th Cir. 1981); *Dahl v. Akin*, 630 F.2d 277, 281 (5th Cir. 1980); *Watson v. Kenlick Coal Co., Inc.*, 498 F.2d 1183, 1193 (6th Cir. 1974); *Brown v. Jones*, 473 F. Supp. 439, (N.D. Tex. 1979); *Girard v. 94th Street and 7 Fifth Avenue Corp.*, 396 F. Supp. 450, 453 – 54 (S.D.N.Y. 1975); *Walton v. Darby Townhouses, Inc.*, 395 F. Supp. 553, 556 (D. Pa. 1975). The underlying consistency behind the apparently diverse holdings of the above-cited cases is that in each case the inquiry focused on whether the state provided the means whereby a private party committed an act "generally associated with a power exercised by the sovereign." *Northrip v. Federal National Management Association*, 527 F.2d 23, 30 – 32 (6th Cir. 1975). The means through which a private party becomes associated with an exercise of sovereign authority, however, is not limited to merely statutory and judicial contracts with the state. Nor does the existence of any particular statutory or judicial contact in a given case guarantee that private action is entwined with the state's power to a degree sufficient to justify charging the state with responsibility for another's private acts. Ultimately, every contact must be evaluated and some balance must be struck for or against association. In other words, "the facts in each case (must) be sifted and the circumstances weighed." *Sims v. Jefferson Downs, Inc.*, 611 F.2d 609, 611 (5th Cir. 1980).

Various considerations have contributed toward a finding of state action in given cases. In *Magill v. Avonworth Baseball Conference*, 516 F.2d 1328, (3d Cir. 1975), the court held that private, individual conduct may be found to constitute state action: (1) where state courts enforce an agreement affecting private parties, (2) where the state courts significantly involves itself with the private party and, (3) where there is private performance of a government function. In *Jackson v. Statler foundation*, 496 F.2d 623, (2d Cir. 1974), the court held that the factors important to the determination of "state action" by a private organization were: (1) the degree which the organization is dependent upon governmental aid, (2) the extent and instrusiveness of the governmental regulatory scheme involved in the case, (3) whether that scheme connotes governmental approval of the activity or whether the assistance is merely provided to all without such connotations, (4) the extent to which the organization serves a public function or acts as a surrogate for the state, and (5) whether the organization has legitimate claims to recognition as a "private" organization in associational or other constitutional terms. The court in *Jackson* further held that each of the factors was material and that no one factor was conclusive.

In *Jackson v. Metropolitan Edison, Co.*, 483 F.2d 754, (3d Cir. 1973), the court held in a slightly different context that there may be a finding of state action: (1) when a private party's action occurred in conjunction with a business in which the state may be considered a partner or joint venture in a profit making field, (2) when a state statute, custom or usage compels some result, (3) when a state agency affirmatively orders or specifically approves the activity the course of its regulatory rule making, or (4) when a private agency in effect is acting on behalf of and furnishing a government service.

In yet other contexts, courts have found state action where the private party derived "some aid, comfort or incentive, either real or apparent, for the state," *see Jenkers v. White Castle Systems, Inc.*, 510 F. Supp. 981, (D. 111. 1981), and where the state "had sufficiently insinuated itself in a position of interdependence" with the private party so that it became a joint participant in the activity, *see Lyon v. Temple University*, 507 F. Supp. 471,

(D. Pa. 1981), and where the state exercised its power in aid of private conduct and this provided means whereby private party commits an act associated with the power exercised by the state, *see Fuzie v. Manor Care, Inc.*, 461 F. Supp. 689, (D. Ohio 1977). The standard evidenced by the cases requires that all contacts between the state and private party be evaluated and weighed, and that state action be found when private action is so entwined with the exercise of state power as to permit the state to be held responsible for the private action. The factors in the present case all argue for finding state action in the abduction of Jaffe. Jaffe's abductors acted pursuant to an arrest power vested in "sureties" such as bail bondsmen under *Fla. Stat.* 903.29, which provides in relevant part:

Arrest of principal by surety after forfeiture

Within one year from the date of forfeiture of a bond that has been paid, the surety may arrest the principal for the purpose of surrendering him to the official in whose custody he was at the time bail was taken or in whose custody he would have been placed had he been committed.

The incentive for the abduction was provided through the discharging of a bond forfeiture by a state circuit court judge. The judicial proceeding which discharged forfeiture lent aid and approval of the planned abduction. The abduction itself was intended to effectuate the state's purpose of the return and trial of an accused before its criminal tribunals. The circuit court judge and state attorneys involved in the discharge of the bond forfeiture knew or should have known that the promised abduction of Jaffe violated a treaty having the force of law in Florida. Consequently, Jaffe's abductors were clothed in statutory, executive and judicial authority of the State of Florida. Their misuse of the state's sovereign power in violation of an applicable treaty constitutes state action within the meaning of the due process clause of the United States Constitution.

70 The so-called *Ker-Frisbie* rule being an amalgamation of the *Ker* case (an international kidnapping) and *Frisbie v. Collins*, 342 U.S. 519 (1952) (an interstate kidnapping by government officials) was thought to have received a death blow by *U. S. v. Toscanino*, 398 F. Supp. 916 (E.D.N.Y. 1976). The *Toscanino* case, however, never lived up to its promise. Subsequent Second Circuit cases distinguished it (see: *U.S. v. Lira*, 515 F.2d 68 (2d Cir.), *cert. denied*, 423 U. S. 847 (1975); *U.S. ex rel Lujan v. Gengler*, 510 F.2d 62 (2d Cir.), *cert. denied* 421 U.S. 1001 (1975). *Toscanino* has been rejected by the 5th Circuit and the 1st, 3rd, 7th, 8th, and 9th have declined to endorse the decision in *Toscanino*, yet have indicated it might be suitable in outrageous cases (see: *U.S. v. Sorren*, 605 F.2d 257 (1st Cir., 1979); *U.S. v. Peltier*, 585 F.2d 314 (8th Cir. 1978), *cert. denied*, 440 U. S. 945 (1979); *U.S. v. Marzano*, 537 F.2d 257 (7th Cir.), *cert. denied* 429 U.S. 1038 (1976); *U. S. v. Lovato*, 520 F. 2d 1270 (9th Cir.), *cert. denied*, 423 U.S. 985 (1975); *Waits v. McGowan*, 516 F.2d 203 (3d Cr. 1975). Compare: *Case concerning the U. S. Diplomatic and Consular Staff in Tehran (U.S. v. Iran)*, 1980 I.C.J. 3 (General list no. 64 of 24 May, 1980).

71 Nevertheless, in the present case it would seem that: (1) State action does exist; Jaffe was indeed abducted in Toronto, Ontario, in violation of a valid Extradition Treaty, see fn.61, *infra*, and (2) the government of Canada was affected adversely. The Canadian government registered official protest; further, Canada did not cooperate in the unlawful act. From the beginning Canada maintained that the Jaffe abduction violated its sovereignty. A state court in the United States interfered unlawfully with the domestic affairs of Canada, and thus imperiled the peaceful and harmonious coexistence of the two nations. Since Jaffe was lawfully present within the asylum state, he is entitled to rely upon the orderly process of rendition provided for in the United States – Canadian extradition treaty.

Once an extradorinary apprehension is held by the appropriate federal court to be illegal, the remedy is divestiture of jurisdiction over the alleged offender.

In the present case, the divestiture will be with prejudice.

In *Baldwin v. Franks*, 120 U.S. 678, 683 (1886), the Supreme Court of the United States pointed out that "treaties made by the United States and in force are part of the supreme law of the land, and that they are as binding within the territorial limits of the states as they are elsewhere throughout the dominion of the United States." The above principle was applied again in *Missouri v. Holland*, 252 U.S. 416, 434 (1919), in which the Court speaking through Mr. Justice Holmes stated that "the great body of private relations usually fall within the control of the state, but a treaty may override its power."

As recently as 1979, the United States Supreme Court reaffirmed the supremacy of treaties in regard to state statutes: "To the extent that any (Washington) State statute imposes any conflicting obligations, the statute is without effect (under the Sockeye Act) and must give way to federal *treaties*, regulations, and decrees." *Washington v. Washington State*, 443 U.S. 658, 692 (1979).

Strengthening the above assertion that a state's non – compliance is a treaty violation is 28 *U.S.C.* §2254(a), which provides in pertinent part:

> The Supreme Court, a justice thereof, a circuit judge, or a district court shall entertain an application for a writ of habeas corpus in behalf of a person in custody pursuant to the judgment *of a state court* on the ground that he is in custody in violation of the Constitution or Laws or *Treaties* of the United States. (emphasis added).

Implicit in the language of §2254(a) is the notion that it is the state, through the vehicle of a state court, that is violating the treaty. Therefore, based on the above language, coupled with the cases discussed previously, a state's noncompliance with a treaty is a violation by the United States. Stated differently, a foreign government could regard state noncompliance as a violation of the treaty and a violation of its sovereignty. The ultimate authority for this position – also the basis the three cases previously discussed – is the supremacy clause of the United States Constitution, Article VI, section 2.

[72] 500 F.2d 267 (2d Cir. 1974).

[73] 514 F.2d 1043 (5th Cir. 1975).

[74] 515 F.2d 68 (2d Cir. 1975).

[75] See also 78 Department of State Bull. No. 1888, Sept. 1, 1975: *Conference on Security and Cooperation in Europe, Helsinki.*

[76] 175 U.S. 677, 700 (1900).

Parlement et représentation des unités fédérées (Aperçu comparatif et exemple de la Yougoslavie)

Pavle Nikolić

I

1. Une des questions vitales de l'organisation fédérative d'un pays est, sans doute, celle de la réalisation des fonctions de la fédération et, sous ce rapport, celle des relations entre la fédération et les unités fédérées. En substance, ceci se réduit au problème de l'influence des Etats fédérés sur l'exercice des fonctions de la fédération.

Dans le spectre des différentes formes par lesquelles les unités fédérées réalisent leur influence, et même prennent une part directe à l'exercice des fonctions de la fédération, les plus importantes, et en même temps les plus répandues sont certainement les deux formes suivantes: la représentation des unités fédérées dans les organes de la fédération et leur participation à l'élection (constitution) des organes de la fédération. L'engagement direct des Etats fédérés dans l'exercice des fonctions déterminées de la fédération est notablement plus petit par son étendue et considérablement plus rare.

La forme sans doute la plus importante de la représentation des unités fédérées dans les organes de la fédération et, par conséquent, le moyen le plus important pour la participation des unités fédérées à l'exercice des fonctions de la fédération et du pouvoir fédéral en général est la seconde chambre, dite chambre fédérale dans le cadre du parlement fédéral.

2. La chambre fédérale est à la base de la représentation des unités fédérées dans le parlement fédéral, parlement dans la structure duquel se trouve aussi, comme on le sait, une chambre de représentation générale comme représentation du peuple, respectivement des citoyens de l'Etat en tant qu' ensemble. Comme on l'a remarqué à ce propos dans la doctrine [1], ce type de représentation est une espèce de compromis (il est, peut-être, mieux de dire combinaison) entre le système de représentation

en vigueur dans un pays confédéral et celui en vigueur dans un Etat unitaire, c'est-à-dire entre un parlement confédéral dans lequel les Etats-membres de la confédération ont leurs délégués et le parlement d'un Etat unitaire dans lequel se trouvent les représentants des citoyens (représentation nationale). Par ailleurs, les causes qui ont donné lieu, dans les Etats fédératifs, à l'apparition de la chambre fédérale dans le cadre du parlement fédéral bicaméral indiquent directement sa nature.

Ces causes résident par excellence, nonobstant les différentes racines de l'idée du fédéralisme et les différentes voies et conditions de formation des Etats fédératifs particuliers, dans la tendance à assurer l'égalité de droits des unités fédérées (l'égalité de droits des nations dans le cadre de ces unités fédérées) et ce en raison d'une part des dissemblances existant entre leur étendue et le nombre de leurs habitants (en considération également d'autres caractéristiques, notamment économiques) et d'autre part dans l'intention de leur assurer une influence (participation) égale sur l'exercice du pouvoir fédéral. Par là, comme on l'a observé dans la théorie politique et constitutionnelle, on écarte les craintes des petites unités fédérées, d'être dominées par de grandes unités et on assure un instrument de protection de la position des droits et intérêts des unités fédérées [2].

Une telle conception du rôle et du caractère de la chambre fédérale présuppose la représentation entièrement égale des unités fédérées dans cette chambre, qui doit avoir des autorisations et des compétences égales à celles de la chambre de représentation générale [3]. Cependant, les solutions constitutionnelles et la pratique des Etats fédératifs, en considération des conditions et circonstances concrètes de l'origine et de l'évolution de ces Etats (circonstances historiques, de classe, d'idées, politiques et autres) s'écartaient plus ou moins de l'idée initiale de compromis (combinaison) susmentionnée comme base de constitution de la chambre fédérale, ainsi que des suppositions précitées relatives à la structure et aux autorisations de la chambre fédérale. C'est de là que s'est développée dans la doctrine la discussion sur le véritable caractère de la chambre fédérale.

Sous la plume d'auteurs particuliers [4] la discussion sur le caractère de la chambre fédérale s'est concentrée sur le dilemme – à savoir, est-ce que la chambre fédérale a le caractère de «sénat», ce qui voudrait dire que ses membres sont élus par les citoyens ou les corps législatifs des unités fédérées et libres de voter selon leurs propres options ou celles du parti, ou est-ce qu'elle a le caractère de «conseil», ce qui voudrait dire que ses membres sont nommés par les gouvernements des unités fédérées et, comme délégués, votent conformément aux instructions reçues. La pratique historique du développement de l'Etat fédéral connaît les exemples de l'un et de l'autre type de chambre fédérale, outre de nombreux exemples de types «mixtes» et autres types spécifiques. Dans la doctrine on est arrivé aussi à la conception selon laquelle la chambre fédérale, par son caractère, est en même temps l'organe de la fédération en tant qu'ensemble et l'organe commun des unités fédérées en tant que parties de la fédération [5].

Cependant, malgré la variété des aspects sous lesquels cette chambre du parlement apparaît, un fait incontestable est que l'existence de la chambre fédérale, comme représentation des unités fédérées, constitue la caractéristique inévitable de l'organisation fédérative. La structure bicamérale avec la chambre fédérale, à la différence des autres types de structure bicamérale, n'a pas été contestée par la doctrine, de sorte que l'opinion sur la connexion du fédéralisme avec une telle structure du parlement fédéral a été généralement adoptée [6]. D'ailleurs, le nombre des Etats fédératifs qui n'avaient pas dans leur parlement fédéral de chambre fédérale ou bien qui avaient un parlement unicaméral, est entièrement négligeable.

II

Une des questions essentielles, et en tout cas la première qui se pose dans l'analyse de la chambre fédérale, est celle de la représentation des unités fédérées. La pratique montre que cette représentation dans la chambre fédérale n'a pas toujours été réalisée de la même façon et au même degré.

A) *Le principe de représentation égale (paritaire) des unités fédérées*

En considération du caractère et du rôle de la chambre fédérale dans le cadre du parlement fédéral dans les Etats fédératifs, le principe de représentation égale (paritaire) des unités fédérées apparaît aussi comme principe logique et nécessaire de constitution de cette chambre. Pour cette raison, ce principe est très répandu dans la pratique des Etats fédératifs, apparaissant, bien entendu, sous différentes formes (d'ailleurs, c'est le principe notoire, selon lequel les unités fédérées sont représentées par un nombre égal des représentants dans la chambre fédérale, nonobstant la grandeur de leur territoire et le nombre des habitants).

1. Ce principe est caractéristique, dans une très grande mesure, de la chambre fédérale dans le système bicaméral classique de type fédératif.

a) Tout d'abord, le principe de représentation paritaire est mis en oeuvre dans les Etats fédératifs qui n'ont que des unités fédérées comme éléments constitutifs. Le premier exemple d'une telle chambre fédérale dans l'histoire des Etats fédératifs est celui du Sénat au Congrès des Etats-Unis d'Amérique (Constitution de 1787). Au Sénat, comme on le sait, se trouvent deux représentants (sénateurs) de chaque unité fédérée (Etat).

De la même manière sont représentées aussi les unités fédérées à la Chambre du Sénat au Congrès des Etats-Unis du Venezuela (Constitution de 1931) – par deux sénateurs principaux et au Sénat Fédéral du Parlement National du Brésil (Constitution de 1967) – par trois sénateurs. En principe, la même solution a été adoptée aussi à la Chambre des Peuples de l'Assemblée Fédérale en Tchécoslovaquie (Loi Constitutionnelle de 1968) – 75 députés de la République Socialiste de Bohème et autant de la République Socialiste de Slovaquie, ainsi qu'au Sénat du Parlement en Libye (Constitution de 1951) – huit sénateurs de chacune des trois provinces [7].

b) Une certaine spécificité dans la représentation paritaire des unités fédérées dans le cadre du système bicaméral classique s'est manifestée dans les Etats fédératifs qui ont, outre des unités fédérées, aussi d'autres unités territoriales avec un statut plus ou moins similaire. Toutes les unités de la même espèce sont également représentées dans la chambre fédérale.

Ainsi, en Suisse (Constitution de 1874) il y a, outre les cantons, des demi-cantons et, par conséquent, on élit deux députés de chaque canton et un député de chaque demi-canton au Conseil des Etats de l'Assemblée Fédérale. Un exemple plus marqué sous ce rapport est l'URSS (Constitution de 1977 respectivement de 1936), dans laquelle se sont formés, outre les républiques soviétiques socialistes fédérales, aussi les républiques soviétiques socialistes autonomes, ainsi que les provinces autonomes et les districts autonomes (autrefois districts nationaux). Dans le Soviet des Nationalités chaque république soviétique socialiste fédérale est représentée par 32 députés, chaque république soviétique socialiste autonome par 11 députés, chaque province autonome par 5 députés et chaque district autonome par un député. La nouvelle Constitution du Pakistan (1973) prévoit au Sénat 14 membres de chaque province, 5 de chaque région tribale administrée par le gouvernement fédéral et 2 représentants de la capitale fédérale. Dans ce groupe il faut aussi ranger l'Assemblée des Peuples dans l'Assemblée Constituante de Yougoslavie (1945) dans laquelle les républiques populaires étaient représentées par 25 députés, la Province Autonome de Voïvodine par 15 et la Région Autonome de Kossovo et Metohia par 10 députés. Le Conseil des Peuples dans l'Assemblée Populaire de la RFP de Yougoslavie (Constitution de 1946) avait la même structure, seulement le nombre des députés était un peu plus élevé (30-20-15) [8].

Dans la chambre fédérale de quelques autres Etats fédératifs le principe de représentation paritaire des unités fédérées est appliqué aussi aux districts fédéraux et parfois à la capitale. Ainsi, en Argentine (Constitution de 1853) le Sénat du Congrès était constitué de deux sénateurs de chaque province et de deux sénateurs de la capitale, tandis que le Sénat du Congrès National du Brésil (Constitution de 1891) se composait de trois sénateurs de chaque Etat et trois du District Fédéral, la Chambre de Sénateurs dans le Congrès Général du Mexique (Constitution de 1917, respectivement 1964) est formée de deux membres de chaque Etat et de deux membres du District Fédéral[9].

Le Sénat du Congrès du Venezuela (Constitution de 1961) diffère des sénats précédents parce qu'il a, dans sa composition, outre deux sénateurs de chaque Etat, et deux sénateurs du District Fédéral, également certains des citoyens ayant exercé la fonction de président de la République, ainsi que les sénateurs élus en considération du principe de représentation des minorités[10].

2. Le principe de représentation égale des unités fédérées dans la chambre fédérale est très répandu aussi dans les Etats fédératifs à système bicaméral atypique de type fédératif. C'est que, dans un certain nombre d' Etats Fédératifs, la structure du parlement fédéral est caractérisée, outre par deux chambres, aussi par l'existence du chef d'Etat. Ce qui, en principe, affaiblit la position de ces chambres, et particulièrement de la chambre fédérale elle-même.

a) Le principe de parité dans de tels parlements est appliqué au Sénat du Parlement de la Confédération d'Australie (Constitution de 1900). Il est composé de six sénateurs de chaque Etat[11].

b) Le principe de représentation paritaire des unités fédérées dans les parlements à système bicaméral atypique est appliqué au Nigeria et en Malaisie, mais dans la structure de la chambre fédérale entrent aussi d'autres membres (représentants des autres unités territoriales, et également d'autres représentants). Ainsi, au Nigeria (Constitution de 1963), le Sénat se compose de 12 sénateurs de chaque unité fédérée (région), mais aussi de quatre sénateurs qui représentent le territoire fédéral et de quatre sénateurs désignés par le Président de la République conformément à l'avis du Premier ministre. Au Sénat du Parlement de Malaisie (Constitution de 1957), les Etats sont représentés également, par deux membres chacun. Cependant, dans sa composition se trouvent aussi seize membres, choisis par le Chef suprême[12].

3. Le principe de représentation égale des unités fédérées (et de représentation proportionnelle des autres unités territoriales) a trouvé son unique application dans le parlement fédéral pluricaméral (à cinq chambres) de Yougoslavie (Amendement VIII de 1968 à la Constitution de 1963). Le Conseil des Peuples avait dans sa structure 20 députés de chaque république et 10 députés de chaque province autonome[13].

B) *Le principe de représentation inégale des unités fédérées*

Cependant, dans quelques Etats fédératifs on s'écarte du principe de représentation égale des unités fédérées dans la chambre fédérale du parlement fédéral. Ceci n'est certainement pas conforme au principe selon lequel la chambre fédérale se constitue comme représentation des unités fédérées et ne satisfait ni au but ni au rôle de cette chambre dans le cadre du parlement fédéral. Le nombre de ces pays est, à vrai dire, relativement petit, mais il est intéressant de constater que certains d'entre eux ont une longue tradition du fédéralisme.

1. Ce principe a trouvé son application dans quelques pays à système bicaméral classique.

Ainsi, dans la République Fédérale d'Allemagne actuelle (Loi Fondamentale de 1949), les unités fédérées (pays) sont représentées au Conseil Fédéral proportionnellement au nombre de leurs habitants. Chaque pays dispose dans ce corps d'au moins trois voix; les pays dont la population dépasse le chiffre de 2.000.000 d'habitants disposent de quatre voix et les pays dont la population est de plus de 6.000.000 d'habitants disposent de cinq voix, ils envoient autant de membres dans le Conseil Fédéral. Le principe de représentation inégale des unités fédérées a été appliqué en Allemagne au XIXème siècle déjà, et c'est sur la base de ce principe qu'ont été constitués la Chambre des Etats (Constitution du Reich Allemand de 1849) et le Conseil Fédéral (Constitution de 1871). Enfin, la Constitution de Weimar (1919) avait aussi adopté le principe de représentation inégale des unités fédérées dans le Conseil du Reich, prescrivant que dans ce corps chaque pays devait avoir au moins un vote, les pays plus importants ayant un vote pour 700.000 habitants, mais aucun pays ne pouvait être représenté par plus de deux cinquièmes du nombre total des votes [14].

En Autriche (Constitution de 1920), les unités fédérées (pays) ont été représentées dans le Conseil Fédéral proportionnellement au nombre de leurs citoyens, selon le critère suivant: le pays ayant le plus grand nombre de citoyens élit douze députés et tous les autres pays envoient le nombre de membres correspondant au rapport entre le nombre de leurs citoyens et le nombre de citoyens du premier pays, le reste dépassant la moitié doit être compté comme nombre entier. D'ailleurs, chaque pays envoie au moins trois membres. Par la modification de la Constitution de l'année 1920, le Conseil Fédéral est devenu une partie du Conseil des Pays et des Professions [15].

2. Le principe de représentation inégale des unités fédérées a été adopté aussi dans un certain nombre d'Etats fédératifs à système bicaméral atypique.

Des différences de moindre importance dans le nombre des représentants des unités fédérées caractérisent la Chambre haute – le Sénat en tant que chambre fédérale du Parlement prévu par l'Acte de l'Union et du Gouvernement du Canada, de la Nouvelle-Ecosse et du Nouveau-Brunswick (1867): 24 par rapport à 12 représentants. Par les modifications ultérieures de cet Acte cette différence a été augmentée – 24 par rapport à 6 représentants. Des différences plus frappantes entre les unités fédérées quant au nombre des représentants se sont manifestées dans la Chambre de Nationalités du Parlement dans l'Union de Birmanie (Constitution de 1947) – 24 représentants au plus et 3 représentants au moins, et particulièrement dans le Conseil des Etats du Parlement de l'Inde (Constitution de 1950 et Loi de 1956). En Inde les Etats sont divisés en trois groupes qui envoient différents nombres de représentants dans la chambre fédérale, et dans le cadre de ces groupes les Etats ont un nombre inégal de représentants (31 au plus et 1 au moins). Une spécificité de la chambre fédérale en Inde est qu'un certain nombre de ses membres sont nommés par le Président. [16].

C) *Le système unicaméral de type fédératif*

La pratique du développement des Etats fédératifs montre que dans ces pays-ci le parlement fédéral n'est qu'exceptionnellement unicaméral. Cependant, dans certains de ces pays le parlement unicaméral est constitué sur la base du principe de représentation paritaire des unités fédérées.

1. Un de ces pays est la Fédération du Mali (Constitution de 1959) dont l'Assemblée Législative Fédérale est constituée de 12 députés de chaque Etat. Ce même principe a aussi été adopté au Pakistan (Constitution de 1962) dont le parlement fédéral (Corps Législatif Central) était composé du Président et de l'Assemblée Nationale du Pakistan. Cette Assemblée comptait 156 membres dont une moitié était élue par la Province orientale et l'autre moitié par la Province occidentale [17].

2. Pour terminer, il faut aussi mentionner quelques Etats fédératifs qui, eux aussi, ont un parlement unicaméral, mais qui n'est pas l'expression de l'organisation fédérative et, par conséquent, n'a pas dans sa structure des représentants des unités fédérées. Tels étaient les pays de l'URSS au temps où la Constitution de 1924 était en vigueur, et encore avant cela la RSFS de Russie pendant la Constitution de 1918, et ensuite aussi la République Fédérale du Cameroun (Constitution de 1961).

D) *La solution yougoslave*

L'exemple de la Yougoslavie d'aujourd'hui est assez inusité et intéressant. L'Assemblée de la RSF de Yougoslavie est composée de deux chambres: le Conseil Fédéral et le Conseil des Républiques et des Provinces. A la différence des autres parlements fédéraux, les deux chambres de l'Assemblée yougoslave sont formées suivant le principe de la représentation paritaire des républiques et d'une représentation correspondante des provinces autonomes.

1. L'établissement du système fédératif en Yougoslavie procède de la volonté de régler la question nationale car, comme on le sait, la Yougoslavie est une communauté multinationale où vivent plusieurs nations et de nombreuses nationalités (minorités nationales). Le principe du libre consentement, ainsi que le principe d'égalité en droits des nations et des nationalités ont été et demeurent en Yougoslavie les principes de base de ce système fédératif.

La tendance générale du développement du fédéralisme yougoslave se reflétait dans le renforcement du caractère d'Etat des républiques socialistes et de l'autonomie des provinces autonomes socialistes. Cette tendance a été accompagnée, suivant la nature des choses, du renforcement de l'influence des républiques et des provinces sur l'exercice des fonctions de la Fédération, c'est-à-dire par une participation plus large et plus directe des républiques et des provinces à l'exercice de ces fonctions.

A cet égard, les principes constitutionnels sur lesquels repose la prise de décision dans la Fédération sont extrêmement importants: l'accord des républiques et des provinces, la solidarité et la réciprocité, la participation aux droits égaux des républiques et des provinces dans les organes de la Fédération, la responsabilité des républiques et des provinces pour leur propre développement et pour celui de la communauté dans son ensemble. C'est sur cette base qu'a été élaboré un vaste mécanisme de prise de décision dans la Fédération.

Aujourd'hui, dans le mécanisme à travers lequel les républiques et les provinces participent à la réalisation des fonctions de la Fédération et à l'exercice du pouvoir fédéral, une importance particulière est accordée à leur participation (représentation) dans les organes de la Fédération. A cet égard, un principe s'est pleinement manifesté et constitue le fondement de la représentation des républiques et des provinces dans les organes de la Fédération. C'est le principe de la parité. Tout d'abord, ce principe est réalisé dans la composition de l'Assemblée fédérale.

2. L'Assemblée de la RSF de Yougoslavie représente, dans le système constitutionnel et politique yougoslave, un organe de l'autogestion sociale et le plus haut organe du pouvoir dans le cadre des droits et des devoirs de la Fédération. En tant que telle, et conformément à la conception du gouvernement d'assemblée qui caractérise le système yougoslave, l'Assemblée exerce les fonctions les plus larges et les plus importantes.

L'assemblée de la RSF de Yougoslavie est composée, comme on l'a déjà remarqué, de deux chambres: Le Conseil Fédéral qui est un conseil des délégués des organisations et communautés autogestionnaires et des organisations socio-politiques dans les républiques et les provinces, et le Conseil des Républiques et des Provinces en tant que conseil des délégations des assemblées des républiques et des provinces. Ainsi, tandis que le Conseil Fédéral acquiert le caractère d'une chambre de l'assemblée dans laquelle s'expriment les intérêts de la classe ouvrière et de tous les travailleurs de Yougoslavie, le Conseil des républiques et des Provinces devient, lui, l'instrument de la participation directe des républiques et des provinces à l'exercice de certaines fonctions de la Fédération.

Toutefois, il faut mettre en évidence que les deux conseils sont composés suivant le principe paritaire, autrement dit suivant le principe de la représentation égale des républiques et d'une représentation correspondante des provinces, ce qui constitue l'expression de l'égalité en droits des nations et nationalités et de leurs républiques et provinces. Le Conseil Fédéral compte trente délégués de chaque république et vingt de chaque province, tandis que dans le Conseil des Républiques et des Provinces, la délégation de chaque république compte douze membres, et la délégation de chaque province huit [18].

III

L'autre question essentielle, étroitement liée à la précédente, est celle relative à la manière d'élire les membres de la chambre fédérale du parlement fédéral. La règle générale que l'on applique sous ce rapport est que les membres de la chambre fédérale sont élus par les unités fédérées elles-mêmes. Ceci est, bien entendu, en plein accord avec la fonction et le rôle de la chambre fédérale en tant que représentant des unités fédérées. Les exceptions à cette règle sont insignifiantes.

Dans la pratique, presque longue de deux siècles, de l'existence des Etats fédératif, se sont cristalisées plusieurs méthodes pour ces élections.

A) *Election par les unités fédérées*

Dans les Etats fédératifs où les unités fédérées élisent les membres de la chambre fédérale, différentes méthodes d'élection sont appliquées.

1. Dans un assez grand nombre d'Etats fédératifs actuels, mais aussi dans les Etats fédératifs plus anciens, on applique le principe du suffrage universel et direct de la part des citoyens pour les membres de la chambre fédérale. Ces élections, bien entendu, ont lieu dans le cadre des unités fédérées.

C'est le cas aujourd'hui en URSS (Constitution de 1977, mais aussi celle de 1936), dans la République Socialiste de Tchécoslovaquie (Loi Constitutionnelle de 1968) et puis aussi dans la fédération la plus ancienne du monde –les Etats-Unis d'Amérique (à partir du commencement du XXème siècle – Amendement XVII de 1913). Le même principe a été adopté dans l'Union de Birmanie (Constitution de 1947), en Australie (Constitution de 1900), au Mexique (Constitution de 1917 respectivement de 1964), au Brésil (Constitution de 1967, mais aussi de 1891), au Venezuela (Constitution de 1961). De cette façon ont aussi été élus les députés de l'Assemblée des Peuples dans l'Assemblée Constituante de Yougoslavie (1945), respectivement les députés du Conseil des Peuples dans l'Assemblée Populaire de la RFP de Yougoslavie (Constitution de 1946)[19].

En Suisse, pourtant, on ne procède pas de la même manière pour les élections dans tous les cantons, mais dans la plupart de ceux-ci on applique le principe du suffrage universel et direct (dans certains cantons les élections se font dans l'assemblée du peuple – Landsgemeinde)[20].

2. L'autre principe, très répandu, d'élection des membres de la chambre fédérale est l'élection par les corps législatifs représentatifs des unités fédérées.

Ainsi, par exemple, en Autriche (Constitution de 1920 respectivement de 1929), les membres du Conseil Fédéral sont élus par la Diète (corps législatif) de chaque unité fédérée et il en était de même au Venezuela à l'époque où la Constitution de 1931 était en vigueur, ainsi qu'aux Etats-Unis d'Amérique jusqu'au commencement du XXème siècle (Constitution de 1787). Une telle méthode d'élection – de délégation a aussi été mise en pratique en Yougoslavie (Amendement VIII de 1968 à la Constitution de 1963): les assemblées des républiques et des provinces déléguaient leurs députés au Conseil des Peuples de l'Assemblée Fédérale. Enfin, les élections s'effectuent de cette façon aussi dans quelques cantons suisses, ainsi qu'au Pakistan (Constitution de 1973), exception faite pour 2 représentants de la capitale fédérale[21].

3. Il est possible également, dans la pratique des Etats fédératifs, que les membres de la chambre fédérale dans le cadre du parlement fédéral soient élus par le pouvoir exécutif de l'unité fédérée.

C'est aujourd'hui le cas dans la République Fédérale d'Allemagne (Loi Fondamentale de 1949). Ainsi le Conseil Fédéral se compose de membres des gouvernements des pays qui nomment et révoquent ces gouvernements. La même solution a été prévue aussi par la Constitution de Weimar (1919) pour l'élection du Conseil du Reich[22].

4. Enfin, dans un petit nombre d'Etats fédératifs les élections pour les membres de la chambre fédérale s'effectuaient au moyen des combinaisons des méthodes d'élections susmentionnées.

Ainsi, en Allemagne (Constitution de 1849) on a appliqué le principe d'élection suivant – la moitié des membres de la Chambre des Etats étaient élus par les représentations nationales des unités fédérées, et l'autre moitié par leurs gouvernements. Les élections un peu différentes avaient lieu en même temps en Argentine (Constitution de 1853). Les sénateurs de chaque province ont été élus par leurs corps législatifs respectifs, tandis que les sénateurs de la capitale étaient élus de la manière appliquée à l'élection du Président de la Nation (de la part d'une assemblée d'électeurs)[23].

B) *Election par les autorités fédérales*

Tout à fait exceptionnelle en pratique, l'élection des membres de la chambre fédérale s'effectuant par les organes du pouvoir fédéral. On ne connaît, en fait, que deux cas dans la longue histoire du fédéralisme – au Canada et en Libye.

Le Gouverneur Général du Canada (Acte de l'année 1867) convoquait au Sénat, au nom de la Reine, les personnalités qui possédaient les qualifications nécessaires et devenaient ainsi les membres du Sénat. En Libye (Constitution de 1951), le Roi lui-même avait nommé tous les membres du Sénat, lors des premières élections, ce qui d'ailleurs n'était pas de règle[24].

C) *Elections combinées*

Dans quelques Etats fédératifs on appliquait le système d'élection combiné : un certain nombre des membres de la chambre fédérale étaient élus par les unités fédérées (citoyens directement, corps représentatifs), et l'autre nombre (égal ou plus petit) par les organes du pouvoir fédéral (chef d'Etat, etc...). En ce sens, la pratique offre des exemples de combinaisons très différents.

Ainsi, dans certains pays s'est développé le mécanisme d'élections dans lequel une partie des membres de la chambre fédérale sont élus par les corps représentatifs des unités fédérées et l'autre par le chef d'Etat. A la catégorie de ces Etats appartiennent la Malaisie, la Libye et même l'Allemagne vers le milieu du siècle dernier. En Malaisie (Constitution de 1957), les membres de la chambre fédérale, en tant que représentants des unités fédérées (2 pour chacune) sont élus par leurs assemblées législatives respectives et seize membres sont nommés par le Chef suprême. En Libye (Constitution de 1951), chacune des trois provinces est représentée dans la chambre fédérale par huit représentants, mais les provinces n'élisent que quatre représentants par leurs conseils législatifs, tandis que les autres sont nommés par le roi[25].

Le mécanisme d'élection pour les membres du Sénat du Parlement de la Fédération du Nigeria (Constitution de 1963) est un peu plus complexe. Les chambres législatives de chaque région élisent douze sénateurs chacune parmi les personnes désignées par le Gouverneur, ensuite le Président de la République (autrefois le Gouverneur Général), conformément à l'avis du Premier Ministre, élit quatre sénateurs et, à la fin, quatre sénateurs – représentants du territoire fédéral sont élus de différentes manières, prescrites par le parlement ; ils deviennent sénateurs ex officio[26].

Le cas de l'Inde est différent des cas précédents. Le Conseil des Etats dans le Parlement de l'Inde (Constitution de 1950), comme on l'a mentionné ci-dessus, a deux catégories de membres: un premier groupe de douze membres est nommé par le Président de l'Inde et l'autre groupe, considérablement plus étendu (jusqu'à 238 membres) qui représente les Etats, est élu par les membres eux-mêmes élus par les assemblées législatives des Etats, ces membres étant dans certains Etats (respectivement des territoires de l'Union) élus selon une procédure établie par le Parlement[27].

D) *Elections des parlements unicaméraux fédéraux*

Dans les Etats fédératifs à parlement unicaméral fédéral dans lequel les unités fédérées sont également représentées on a appliqué, outre les principes d'élection déjà connus, aussi des principes originaux.

Dans la Fédération du Mali (Constitution de 1959), les assemblées législatives des unités fédérées élisent les députés de l'Assemblée Législative Fédérale, et au Pakistan (Constitution de 1962) les élections s'effectuent par l'intermédiaire des assemblées dites primaires[28].

E) *La solution yougoslave*

Le droit des républiques et des provinces d'élire ou de participer à l'élection des organes de la Fédération est caractéristique du mécanisme à travers lequel les républiques et les provinces participent à la réalisation des fonctions de la Fédération. Il s'agit du principe de la délégation. Il est appliqué, avant tout, dans l'élection de l'Assemblée Fédérale.

Ainsi, les élections des délégués au Conseil Fédéral et des délégations au Conseil des Républiques et des Provinces s'effectuent suivant le principe de délégation, autrement dit conformément au mécanisme de délégation qui est caractéristique du système politique contemporain en Yougoslavie. Dès lors, tandis que les délégués au Conseil Fédéral sont élus (et révoqués) par les assemblées communales du territoire de la république ou de la province, les délégations au Conseil des Républiques et des Provinces sont élues (et révoquées) par les assemblées des républiques et des provinces, et ce parmi leurs délégués[29].

IV

Même un coup d'oeil superficiel sur l'organisation des Etats fédératifs confirme le principe déjà exposé, largement adopté en théorie, que l'existence de la chambre fédérale dans le parlement fédéral est propre à l'organisation fédérative.

Le caractère de la chambre fédérale, en tant que représentation des unités fédérées, et d'autant plus sa fonction fondamentale (assurer l'égalité en droits des unités fédérées et rendre possible leur influence égale respectivement leur participation à l'exercice des fonctions de la fédération) présupposent inévitablement aussi la représentation égale des unités fédérées dans la chambre fédérale. Ceci explique précisément, comme on a pu le voir, la vaste application du principe de parité dans la représentation des unités fédérées dans cette chambre du parlement fédéral. En même temps, ceci a conditionné le fait que les membres de la chambre fédérale, dans la plupart des cas, soient élus par les unités fédérées elles-mêmes (leurs corps législatifs, citoyens, etc...). Rien d'étonnant, alors, à ce que le principe de représentation paritaire des unités fédérées dans la chambre fédérale et le principe d'élection des membres de cette chambre par ces unités fédérées soient appliqués le plus souvent parallèlement.

L'écart des principes susmentionnés, et particulièrement du principe de représentation paritaire, est certainement un affaiblissement du principe fédéral. Une telle opinion est énergiquement défendue, et à juste titre, dans la théorie politique et constitutionnelle[30]. La raison réside, tout simplement, dans le fait que l'écart de ces principes fait perdre à la chambre fédérale sa propriété essentielle – représentation des unités fédérées par laquelle elle se distingue de la chambre de représentation générale. Dans la mesure où cet écart devient plus grand, la propriété de la chambre fédérale d'être la représentante des unités fédérées s'affaiblit, la raison d'être de cette chambre disparaît et la différence entre cette chambre et la chambre de représentation générale se perd.

Par conséquent, il semble que l'on puisse (et doive) conclure à juste titre, que le principe de représentation paritaire des unités fédérées est la condition nécessaire à la constitution de la chambre fédérale et la première (mais, bien entendu, pas l'unique) condition préalable pour la réalisation du rôle et du but de l'existence de cette chambre en général dans le parlement fédéral de l'Etat fédératif. Il est certain alors que cela indique l'importance exceptionnelle du principe de représentation paritaire, de même qu'il indique aussi sa véritable fonction et son vrai rôle dans le fonctionnement de l'Etat fédératif, et également sa portée.

C'est que le principe de parité n'a pas ni ne peut avoir de valeur universelle dans l'organisation fédérative. L'extension de ce principe sur les autres, et d'autant plus sur tous les organes dans la fédération change inévitablement le rôle et la signification de ce principe. Dans de telles circonstances, c'est-à-dire aussi vastement appliqué, le principe de représentation paritaire des unités fédérées acquiert la fonction d'assurer les rapports correspondants, caractéristiques de l'organisation confédérative. En d'autres termes, le principe de représentation paritaire devient le principe qui exprime respectivement renforce les éléments de l'organisation confédérative.

Notes

[1] Voir, Carl J. FRIEDRICH: La démocratie constitutionnelle, éd. Presses universitaires de France, Paris 1958, p. 173.

[2] Voir de différentes causes de l'apparition de la chambre fédérale: Robert R. BOWIE et Carl J. FRIEDRICH: Etudes sur le fédéralisme, éd. Librairie générale de droit et de jurisprudence, Paris 1960, pp. 19 et s., 50 et s.; R. CARRE DE MALBERG: Contribution à la théorie générale de l'Etat, éd. Recueil Sirey, Paris 1920, t. I, pp. 110 et s.; Miodrag JOVICIC: Le fédéralisme contemporain (en serbo-croate), éd. Savremena administracija, Beograd 1973, p. 103; Zdzislaw Kedzia: Le parlement socialiste (en polonais), éd. Panstwowe wydawnictwo naukowe, Warszawa 1975, pp. 73-74; Parlements, éd. Presses universitaires de France, Paris 1966, pp. 3, 4; Maurice-Pierre ROY: Les régimes politiques du tiers monde, éd. Librairie générale de droit et de jurisprudence, Paris 1977, p. 50; Jovan STEFANOVIC: Droit constitutionnel (en serbo-croate), éd. Skolska knjiga, Zagreb 1965, t. I, p. 560. La structure multinationale de la société représente la cause principale de la constitution de la chambre fédérale en URSS, Yougoslavie, Tchécoslovaquie, etc. Voir, Jovan DJORDJEVIC: Droit constitutionnel (en serbo-croate), éd. Savremena administracija, Beograd 1982, pp. 486-487 et s.; Zdzislaw Kedzia: Le parlement socialiste (en polonais), pp. 79 et s.; A.I. LEPESKIN, A.I. KIN, N.G. MISIN, P.I. ROMANOV: Le cours du droit de l'Etat soviétique (en russe), éd. Gosudarstvenoe izdateljstvo juridiceskoi literaturi, Moskva 1962, t. II, p. 38; Pavle NIKOLIC: L'assemblée fédérale dans le système constitutionnel et politique de la Yougoslavie (en serbo-croate), éd. Savez udrucenja Pravnika Jugoslavije, Beograd 1969, pp. 12 et s.; P.T. VASILENKOV: Les organes de l'Etat soviétique et leur système à l'étape contemporaine (en russe), éd. Moskovskii universitet, Moskva 1967, p. 150.

[3] Voir, G. Lowel FIELD: Governments in modern society, éd. McGrawhill Book Company, inc., New York 1951, p. 204; Parlements, p. 4; Maurice-Pierre ROY: Les régimes politiques du tiers monde, p. 50; Jovan STEFANOVIC: Droit constitutionnel (en serbo-croate), p. 561, etc.

[4] Voir, Robert R. BOWIE et Carl J. FRIEDRICH: Etudes sur le fédéralisme, pp. 20 et s.; 50 et s.; Miodrag JOVICIC: Le fédéralisme contemporain (en serbo-croate), pp. 112 et s., etc.

[5] Voir, Miodrag JOVICIC: Le fédéralisme contemporain, pp. 125-126.

[6] Voir, Jean-François AUBERT: Traité de droit constitutionnel suisse, éd. Editions ides et calendes, Neuchâtel 1967-1981, t. II, pp. 460, 461; Jovan DJORDJEVIC: Droit constitutionnel, p. 486; Maurice DUVERGER: Institutions politiques et droit constitutionnel, éd. Presses universitaires de France, Paris 1975, pp. 146-147; Miodrag JOVICIC: Le fédéralisme contemporain, pp. 19, 25, 101-102; A.A. MISIN: Les organes centraux du pouvoir des Etats bourgeois (en russe), éd. Moskovskii universitet, Moskva 1972, p. 194; Parlements, pp. 3 et s.; Jovan STEFANOVIC: Droit constitutionnel, pp. 560-561, etc.

[7] Constitution des Etats-Unis d'Amérique de 1787, art. I, titre premier, titre 3, al. 1; Constitution des Etats-Unis du Venezuela de 1931, art. 55, art. 60; Constitution du Brésil de 1967, art. 29, art. 43; Loi constitutionnelle de la Fédération Tchécoslovaque de 1968, art. 29, p. 2, art. 31, p. 2; Constitution du Royaume de Libye de 1951.

[8] Constitution Fédérale de la Confédération Suisse de 1874, art. 71, art. 80; Constitution de l'URSS de 1977, art. 109, art. 110, al. 3; Constitution de l'URSS de 1936, art. 33, art. 35; Constitution de la République Islamique du Pakistan de 1973, art. 59; Loi de l'Assemblée Constituante de 1945 (Yougoslavie), art. 4; Constitution de la RFP de Yougoslavie de 1946, art. 54.

[9] Constitution de la Nation Argentine de 1853, art. 36, art. 46; Constitution de la République des Etats-Unis du Brésil de 1891, art. 16, art. 30; Constitution politique des Etats-Unis Mexicains de 1917 (1964), art. 50, art. 56, al. 1.

[10] Constitution de la République du Venezuela de 1961, art. 138, al. 1, art. 148.

11 Constitution de la Confédération d'Australie de 1900, art. 1, art. 7.

12 Constitution de la République Fédérative du Nigeria de 1963, art. 41, art. 42. Le Sénat de la période écoulée avait la même composition. L'élection de quatre sénateurs a été faite par le Gouverneur Général comme représentant de la Reine. La Reine a fait part composante du Parlement de la Fédération (Constitution de la Fédération du Nigeria de 1960, art. 36, art. 37); Constitution de la Fédération de Malaisie de 1957, art. 44, art. 45.

13 Amendement VIII de 1968 à la Constitution de 1963.

14 Loi fondamentale de la République Fédérale d'Allemagne de 1949, art. 50, art. 51, p. 2 et 3; Constitution du Reich allemand de 1849, chapitre IV, art. 1, § 85, art. 2, § 86, 87; Constitution d'Allemagne de 1871, III, p. 6; Constitution du Reich allemand de 1919, art. 60, art. 61.

15 Constitution Fédérale de la République d'Autriche de 1920, art. 24, art. 34; Loi constitutionnelle fédérale de 1929, art. 24, art. 34; Loi constitutionnelle fédérale de 1929, art. 24, art. 34.

16 Acte concernant l'Union et le Gouvernement du Canada, de la Nouvelle-Ecosse et du Nouveau-Brunswick de 1867, art. 17, art. 21, art. 22; Constitution de l'Union Birmane de 1947, art. 65, art. 87, Deuxième annexe; Constitution de l'Inde de 1950, art. 79, art. 80, annexe IV, Loi de 1956 portant amendement n° VII – annexe IV.

17 Constitution de la Fédération du Mali de 1959, art. 26; Constitution du Pakistan de 1962, art. 19, art. 20.

18 Constitution de la RSF de Yougoslavie de 1974, art. 291, al. 1, art. 292, al. 1.

19 Constitution de l'URSS de 1977, art. 95; Constitution de l'URSS de 1936, art. 35; Loi constitutionnelle de la Fédération Tchécoslovaque de 1968, art. 31; Constitution des Etats-Unis d'Amérique – Amendement XVII de 1913; Constitution de l'Union Birmane de 1947, art. 88, art. 89; Constitution de la Confédération d'Australie de 1900, art. 7 et autres; Constitution politique des Etats-Unis Mexicains de 1917 (1964), art. 56; Constitution du Brésil de 1967, art. 43; Constitution de la République des Etats-Unis du Brésil de 1891, art. 30, art. 28; Constitution de la République du Venezuela de 1961, art. 148; Loi d'Election des Députés Populaires dans l'Assemblée Constituante (Yougoslavie) de 1945, art. 4; Constitution de la RFP de Yougoslavie de 1946, art. 54.

20 Les Constitutions des Cantons suivants prévoient les élections directes: Appenzell Rhodes-Extérieures, art. 23; Argovie, art. 25; Bâle-Campagne, art. 13; Bâle-Ville, art. 27; Grisons, art. 4; Lucerne, art. 44 bis; Schaffhouse, art. 25; Schwyz, art. 24; Soleure, art. 20; Tessin, art. 33; Thurgovie, art. 6; Valais, art. 85 bis; Zoug, art. 31. Les constitutions des cantons suivants prévoient les élections par l'assemblée du peuple (Landsgemeinde): Glaris, art. 35; Nidwald, art. 4; Obwald, art. 24; Uri, art. 52, mais les modifications ultérieures prévoient les élections secrètes; Appenzell Rhodes-Intérieures, art. 20 bis; Zürich, art. 30. Dans le canton de Vaud, ces élections sont de la compétence des assemblées de communes, art. 26 bis.

21 Constitution fédérale de la République d'Autriche de 1920, art. 24, art. 25; Constitution des Etats-Unis du Venezuela de 1931, art. 60; Constitution des Etats-Unis d'Amérique de 1787, art. I, titre 3, al. 1; Amendement VIII de 1968 à la Constitution de la RSF de Yougoslavie de 1963. Les constitutions des cantons suisses: Neuchâtel, art. 39; Berne; art. 26; Fribourg, art. 45; Genève, art. 63 (plus tard, les élections directes sont introduites dans ce canton); Saint-Gall, art. 88; Constitution de la République Islamique du Pakistan de 1973, art. 59.

22 Loi fondamentale de la République Fédérale d'Allemagne de 1949, art. 51; Constitution du Reich allemand de 1919, art. 63.

23 Constitution du Reich allemand de 1849, art. 88, art. 89; Constitution de la Nation Argentine de 1853, art. 46, art. 81, etc...

24 Acte concernant l'Union et le Gouvernement du Canada, de la Nouvelle-Ecosse et du Nouveau-Brunswick de 1867, art. 24, art. 25; Constitution du Royaume de Libye de 1951.

[25] Constitution de la Fédération de Malaisie de 1957, art. 45, Annexe VII; Constitution du Royaume de Libye de 1951.

[26] Constitution de la République Fédérative du Nigeria de 1963, art. 42 (Constitution de 1960, art. 37).

[27] Constitution de l'Inde de 1950, art. 80, Annexe IV, Loi de 1956 portant amendement n° VII - Annexe IV.

[28] Constitution de la Fédération du Mali de 1959, art. 26; Constitution du Pakistan de 1962, art. 161, art. 162.

[29] Constitution de la RSF de Yougoslavie de 1974, art. 291, al. 5, art. 292, al. 2.

[30] Voir, Miodrag Jovicic: Le fédéralisme contemporain, pp. 106, 107, 125; Zdzislaw Kedzia: Le parlement socialiste, p. 73; Maurice-Pierre Roy: Les régimes politiques du tiers monde, pp. 50 et s.; Jovan Stefanovic: Droit constitutionnel, p. 562, etc...

Yoïchi Higuchi

Je voudrais dire un mot seulement sur l'importance *sociologique* des activités des unités locales à l'égard de leur pouvoir extérieur, soit sur le plan national, soit sur le plan international. En effet, cette importance est loin d'être négligeable, même s'il ne s'agit pas en fait d'actes se basant sur des compétences juridiques, mais simplement d'actes soutenus par certains sentiments plus ou moins profonds des habitants. Je ne cite qu'un exemple: presque un dixième des municipalités japonaises (290 villes) ont adopté la déclaration anti-nucléaire, et ceci a une répercussion considérable sur la politique nationale et internationale de l'Etat.

Abdelfattah Amor

Ce texte n'a pas l'ambition de faire la synthèse des débats de la 4ème section et encore moins de présenter une réflexion générale autour du «pouvoir extérieur des unités décentralisées». Il se propose, simplement, de faire état des principales questions débattues à la suite de l'introduction par laquelle le rapporteur général M. P. Saladin, a su provoquer une discussion fort riche et intéressante et qui l'était d'autant plus que les notions – ou parfois simplement la terminologie – utilisées ne semblaient pas avoir la même signification pour tout le monde. Il en a été ainsi, notamment, pour la notion d'«unité décentralisée» et la notion de «pouvoir extérieur».

S'agissant des «unités décentralisées» elles ont pu avoir un sens restrictif pour certains, et un sens extensif pour d'autres.

Restrictivement entendues, les unités décentralisées désignent des collectivités et organismes personnalisés soumis à la tutelle de l'Etat. C'est là une délimitation qu'impose une perception administrativiste des notions et des choses.

Dans un sens extensif, et que lui donnaient bien des constitutionnalistes présents à Morat, les unités décentralisées désignent au-delà des collectivités et organismes personnalisés soumis à la tutelle de l'Etat, des entités régionales et fédérales bénéficiant d'une autonomie politique. On regrettera que la ligne de démarcation n'ait pas été toujours faite, de manière nette, entre les unités décentralisées d'un côté et les unités fédérées et celles qui présentent des similitudes par rapport à ces dernières – comme c'est le cas aujourd'hui en Espagne et en Italie – de l'autre côté.

En effet la logique de la décentralisation et celle du fédéralisme sont, malgré tout, bien différentes. Elles postulent des autonomies de nature différente: essentiellement administrative dans le premier cas, elle est foncièrement politique dans le second. Elles appellent aussi, et à titre principal, l'application de normes différentes, de par leur objet et de par la place qu'elles occupent, généralement, dans la hiérarchie des normes juridiques: normes de droit administratif d'un côté et normes de droit constitutionnel de l'autre.

Relativement à la notion de pouvoir extérieur, on retrouve souvent, au niveau des débats, les mêmes ambiguïtés. Strictement entendue par certains, elle l'était moins par d'autres.

Au sens strict du terme le pouvoir extérieur désigne le pouvoir qui se manifeste au niveau des relations avec l'étranger par rapport à l'Etat, que l'Etat soit unitaire ou fédéral. En d'autres termes l'extériorité commence au-delà de l'Etat.

De manière moins orthodoxe, le pouvoir extérieur peut englober, – et les participants l'ont admis implicitement ou l'ont soutenu explicitement – outre les relations extérieures stricto-sensu:

1° les relations entre les unités décentralisées ou fédérées et l'Etat central ou fédéral,
2° les relations entre les unités décentralisées d'un même Etat,
3° les relations entre les unités fédérées d'un même Etat fédéral.

C'est dire, finalement, que le pouvoir extérieur des unités décentralisées et fédérées s'avère ainsi à contenu variable et à portée variable. Cela a été de nature à faire du débat un débat d'une extraordinaire richesse parce que portant sur un domaine particulièrement étendu. Il aurait été, pourtant, possible d'organiser une confrontation d'idées plus poussée, si la discussion avait porté exclusivement sur le sens étroit du pouvoir extérieur, car *la recherche sur les questions de savoir si et dans quelle mesure les unités décentralisées et les unités fédérées bénéficient d'un pouvoir extérieur, constitue, aujourd'hui, une recherche prioritaire*. S'il en est ainsi, c'est parce que *toute interrogation sur le pouvoir extérieur des unités décentralisées et des unités fédérées est une interrogation sur l'Etat lui-même*. Il ne peut pas en être autrement, tellement il est vrai que *toute reconnaissance d'un pouvoir extérieur aux entités infra-étatiques engage et présuppose sinon une reconceptualisation de l'Etat, du moins une rectification de l'idée que l'on s'en fait généralement*.

Il est un fait, aujourd'hui, que les unités décentralisées et les unités fédérées se laissent de moins en moins enfermer dans la seule logique traditionnelle de l'Etat. Cette réalité semble avoir constitué la toile de fond des débats de Morat. Elle n'avait pas, cependant, assez de force pour marginaliser la question des rapports entre les unités infra-étatiques (décentralisées et fédérées) et l'Etat.

La question des rapports entre les unités infra-étatiques et l'Etat a permis d'envisager, mais de manière très inégale, d'une part les rapports entre les unités décentralisées et l'Etat unitaire et d'autre part les rapports entre les Etats fédérés et l'Etat fédéral.

En ce qui concerne les rapports entre unités décentralisées et Etat, il y a lieu de dire qu'ils témoignent de l'absence de modèle de décentralisation. C'est dire que la portée du principe de décentralisation varie en fonction de la forme de décentralisation retenue. La décentralisation, telle que pratiquée en Espagne ou en Italie ressemble très peu à celle que retient la loi française de 1982 et pas du tout à celle que consacre la loi tunisienne de 1975.

On comprendra, dès lors, aisément, le caractère difficilement saisissable de la notion d'intérêt local. Se suffisant à lui-même et pouvant être objectivement apprécié dans certaines expériences de décentralisation, il est « délocalisé » dans d'autres au profit d'un autre intérêt considéré, non seulement comme distinct, mais comme supérieur, l'*intérêt local demeure en tout état de cause inséparable de l'intérêt national. C'est ce qui en fait une notion existentielle et non une notion essentielle.*

Il en résulte, tout naturellement, des modes variables de gestion et de représentation des intérêts locaux. Cette variabilité ne méconnaît pas cependant deux constantes. La première concerne la tutelle de l'Etat : une unité décentralisée est congénitalement frappée d'une inaptitude à échapper à la tutelle de l'Etat. La deuxième constante est que la représentation des intérêts locaux à l'échelle nationale n'atteint ni en individualisation ni en considération celle des intérêts des Etats fédérés.

Il ne peut pas en être autrement puisque c'est l'Etat lui-même qui définit le degré d'autonomie ainsi que les modes de gestion et de représentation des unités décentralisées. C'est dire, au total, que *la protection des unités décentralisées est bien fragile.* Il en est nécessairement ainsi dans tout Etat où les rapports pouvoir central-unités décentralisées se posent en termes d'antinomie et de confrontation. Mais il n'en est pas, en réalité, nécessairement tout à fait autrement dans les Etats où ces rapports sont censés être fondés sur d'autres bases.

Relativement aux rapports Etat fédéral-Etats fédérés, l'idée générale qui semble se dégager des débats est que ces rapports n'obéissent pas à un schéma global préétabli, tant et si bien qu'il serait plus approprié de porter l'examen davantage sur les expériences fédérales que sur le concept de fédéralisme. C'est là une question cardinale, une question clef qui ne peut être approfondie dans le cadre étroit du présent propos. Quoiqu'il en soit, trois interrogations sont de nature à permettre de saisir les rapports possibles entre l'Etat fédéral et les Etats fédérés :
comment défendre les intérêts fédérés ?

– qui défend les intérêts fédérés ?

– la défense des intérêts fédérés est-elle effective ?

La réponse donnée à la première interrogation est que dans tout Etat fédéral, il y a nécessairement, au moins une chambre, au sein du parlement, de laquelle relève la défense des intérêts fédérés. En d'autres termes, le parlement d'un Etat fédéral, est, au moins bicaméral, l'une des deux chambres étant chargée de la représentation des Etats membres. Il n'en a été autrement que dans le cadre de l'expérience fédérale, tentée en 1963, par le Cameroun.

En principe, et en principe seulement, la Chambre des Etats fédérés, assure la représentation de ces derniers sur un pied d'égalité, et cela indépendamment du poids démographique, économique ou politique des Etats. Les exceptions à ce principe ont tendance à se multiplier et les équations tendant à la relativisation du principe d'égalité se font de moins en moins rares, tant et si bien que certains en tirent argument pour dire que *la recherche de l'unité, qui sous-tend l'Etat fédéral, se réalise naturellement aux dépens de la sauvegarde de la diversité, qui justifie la survie des Etats fédérés, condamnant ainsi l'Etat fédéral à évoluer en direction de l'Etat unitaire.*

La chambre représentant les Etats est, par ailleurs, généralement une chambre qui dispose de pouvoirs plus ou moins égaux à ceux confiés à la chambre représentant la population fédérale. Là aussi il ne s'agit que d'une tendance générale puisque les pouvoirs de la chambre des Etats varient. La variation va parfois de la simple consultation au véritable droit de veto, en passant par différentes formules de collaboration entre Etat fédéral et Etats fédérés. Là aussi, donc, il y aurait une sorte de *mouvement pendulaire allant des confins de l'Etat unitaire à ceux de la confédération d'Etats.*

Quant à la deuxième interrogation – portant sur la question de savoir qui défend l'intérêt des Etats fédérés – , elle appelle, elle aussi, une réponse qui témoigne des possibilités et des limites du fédéralisme.

Initialement, les délégués des Etats fédérés, ou plus précisément, des gouvernements des Etats fédérés, avaient pour mission première de défendre les intérêts de leurs Etats. Tirant leur légitimité des gouvernements qui les ont investis, les délégués disposaient d'un mandat, plutôt impératif, au point qu'il paraissait parfois difficile d'imposer la volonté fédérale à un Etat fédéré qui n'y avait pas consenti.

Lorsqu'en 1913, les Etats-Unis d'Amérique avaient consacré l'élection des sénateurs au suffrage universel direct, le problème de l'indépendance personnelle des membres du Sénat s'était posé dans de nouvelles dimensions. Cela ne pouvait pas être sans effet sur la consistance même du concept de fédéralisme. La question s'était posée, notamment, de savoir si les sénateurs devaient être de simples porte-paroles des intérêts fédérés, ou s'ils pouvaient disposer d'un mandat plus général, leur permettant de bénéficier d'une grande liberté en matière d'initiative et d'action.

De nos jours, de manière générale, les membres des chambres représentant les Etats, tirent, directement ou indirectement, leur légitimité des peuples des Etats. Evolution, en porte-à-faux par rapport à la philosophie initiale du fédéralisme, et qui conduit souvent à des situations conflictuelles. Les représentants des Etats au sein de la seconde chambre du Parlement fédéral, n'ont pas et ne peuvent pas avoir le monopole en matière de défense des intérêts fédérés. Les gouvernements des Etats fédérés se présentent souvent comme étant les mieux placés pour servir les intérêts fédérés et les défendre. Les institutions fédérales, elles-mêmes, n'entendent pas s'inscrire en termes d'opposition, et encore moins d'antinomie, par rapport aux intérêts fédérés.

Relativement enfin à la troisième interrogation portant sur l'effectivité de la défense de l'intérêt fédéré, il y a lieu de retenir l'effectivité relative de cette défense.

D'abord des domaines importants de la vie politique échappent de plus en plus aux Etats fédérés. Presque partout l'Etat fédéral bénéficie d'un monopole en matière de définition et de réalisation de la politique économique et monétaire du pays; monopole qui vient s'ajouter aux monopoles traditionnels en matière de politique extérieure et de politique de défense. Cette emprise de l'Etat fédéral se fait également sentir de plus en plus en matière de politique de l'environnement et en matière de «politique» des droits de l'homme.

L'effectivité de la défense des intérêts des Etats fédérés est relative, parce qu'ensuite, entre les rapports de l'Etat fédéral avec les Etats fédérés tels que définis par la Constitution et ceux qui se manifestent réellement, notamment, sous l'effet des partis politiques, il peut y avoir plus que des nuances. *Le pouvoir politique a tendance à se laisser mouvoir en dehors du cadre - souvent étroit - établi par le pouvoir constituant.* Le rôle des partis, aujourd'hui, constitue un facteur important de polarisation sur la politique fédérale et d'intégration de l'intérêt fédéré dans le cadre de l'intérêt fédéral très souvent considéré comme étant en rapport de supériorité, et non de simple interdépendance, avec l'intérêt fédéré. *Rejeter cette appréciation au motif que les juges veillent à la défense des intérêts fédérés, notamment dans les pays fédéraux qui ne connaissent pas le parti unique, n'emporte qu'une conviction relative, tant il est vrai que les juges ne sont pas politiquement frigides.* L'expérience de la politique du New Deal aux Etats-Unis en témoigne amplement.

Reste, enfin, à préciser que la deuxième chambre du parlement fédéral est, en réalité, conçue beaucoup plus pour assurer la participation des Etats fédérés à la formation de la volonté de l'Etat fédéral que pour prendre en charge la défense des intérêts fédérés.

Est-ce à dire, au total, qu'il y a une tendance à la marginalisation des Etats fédérés, sous l'effet de la centralisation qui se réalise progressivement au profit de l'Etat fédéral. On aurait été tenté de le dire s'il n'y avait pas, paradoxalement, une évolution en sens contraire et qui permet aux entités infra-étatiques, et spécialement aux Etats fédérés, d'émerger sur la scène internationale et d'aspirer à une forme de présence leur permettant de faire valoir leurs spécificités et leurs préoccupations propres.

Théoriquement les entités infra-étatiques n'ont pas, si l'on fait abstraction du cas de l'Ukraine et de la Biélorussie, de compétence à l'échelle internationale: «Leurs compétences ne s'étendent pas à l'étranger», pour reprendre une expression de la Cour constitutionnelle italienne.

La présence des entités infra-étatiques sur la scène internationale est, pourtant, une réalité quotidienne et qui n'épargne pratiquement presque aucun domaine. Sans qu'il soit nécessaire d'évoquer les exemples classiques du Québec, de la Bavière ou des cantons suisses qui bénéficient d'une expérience bien établie en matière de relations internationales, on peut relever *une tendance chez de nombreuses entités infra-étatiques, à tenter de prendre en charge la dimension internationale de leurs activités ou de leurs sensibilités propres.* La municipalité d'Hiroshima continue, de manière régulière, à faire appel à la dénucléarisation. En cela elle est souvent imitée par de nombreuses autres municipalités, spécialement au Japon. Des régions françaises se manifestent de plus en plus à l'échelle internationale pour promouvoir leurs activités économiques ou assurer leur rayonnement culturel.

Ce phénomène est encore plus accentué quand les entités relevant d'Etats différents sont impliquées dans des rapports de voisinage. Il en est ainsi, notamment, de certaines contrées italiennes et autrichiennes, suisses et françaises, tunisiennes et algériennes, etc ... .

C'est dire, finalement, l'importance et l'actualité, de la question du statut international des entités infra-étatiques. Une question qui a un triple enjeu: un *enjeu institutionnel* qui pose des problèmes de droit constitutionnel d'autant plus aigus à résoudre qu'ils sont généralement ignorés par la Constitution; *un enjeu politique* qui permet de confronter notamment l'idée de liberté qui sous-tend le fédéralisme et la décentralisation, au risque de dépendance et de déstabilisation voire même de mise en cause de l'Etat; *un enjeu proprement international* où les questions de souveraineté se trouvent réactualisées et alimentées par l'inépuisable droit des peuples à disposer d'eux-mêmes. En somme la question de la détermination des sujets du droit international se trouve ainsi exposée à des difficultés accrues. *L'ambition de relever directement de l'ordre juridique international semble constituer un dénominateur commun à des entités infra-étatiques toujours plus nombreuses.* Dès lors l'unité de la personnalité internationale de l'Etat se trouve soumise à rude épreuve. Faut-il, au nom d'une théorie et d'une pratique sélectives relativement à la définition des sujets du droit international ignorer ce qui aujourd'hui constitue un aspect important des relations internationales? Faut-il au contraire, et au nom du réalisme, remettre en cause l'ordre juridique international et «désétatiser» les relations internationales. Jusque-là l'Etat tient bon. Il est le seul à pouvoir conclure des traités au sens de la convention de Vienne. Il oppose et impose aux entités qui lui sont inférieures une personnalité internationale que protège le droit positif. En matière de responsabilité internationale, la théorie de la double responsabilité de l'Etat et des entités qui vivent en son sein, n'a pas encore de prise. Il en est de même de la théorie de la responsabilité principale de l'Etat qui est subsidiaire de ses entités composantes.

Les relations extérieures des entités infra-étatiques se trouvent, en d'autres termes, renvoyées vers d'autres espaces, dont notamment «l'espace international non étatique». On ne s'étonnera pas dès lors de voir la doctrine éprouver de grandes difficultés à cerner cet aspect nouveau des relations «non-internes», d'autant plus que le droit international public continue, généralement, à manifester une attitude hautaine à l'égard de ce qui, manifestement, est en train de ronger ses fondements.

L'échafaudage théorique et juridique axé autour de l'Etat subit les assauts de la nouvelle réalité, sans vouloir encore la récupérer de manière nette et franche. *Autant la remise en cause de l'Etat semble être aujourd'hui une utopie, autant l'ignorance de la contribution des entités infra-étatiques aux relations internationales constitue une myopie.* En tout l'excès est insignifiant. *Le pouvoir extérieur des entités infra-étatiques appelle à une reconsidération des normes et théories axées sur l'Etat. Et non à leur mise en cause.*

SECTION V

FINANCIAL AUTONOMY

L'AUTONOMIE FINANCIÈRE

L'autonomie financière

François LUCHAIRE

Introduction

Qu'entre la décentralisation et le fédéralisme la différence soit plus de degré que de nature, voilà qui est peu contestable car il est impossible de trouver un critère permettant de distinguer la première du second et d'une application générale ne permettant pas d'exception suffisamment grave pour lui retirer toute valeur.

Dans les systèmes fédéraux, il est en effet assez rare que l'Etat fédéré puisse, librement et sans aucun contrôle de l'Etat fédéral, imposer librement ses habitants et dépenser sans contrôle; c'est en Amérique du Nord que l'autonomie financière est la plus large.

En Allemagne Fédérale, l'Etat central dispose à peu près seul du pouvoir fiscal; certes les «Länder» perçoivent des recettes fiscales mais ce ne sont pas eux qui les décident; par contre, s'ils paraissent beaucoup plus libres de leur emploi, il n'en est pas nécessairement de même pour les villes.

Dans les Etats unitaires, une très grande variété de régimes financiers se constate; les recettes fiscales des collectivités locales peuvent venir d'un simple supplément aux impôts d'Etat; impôts locaux et impôts nationaux ont alors la même assiette; mais ils peuvent au contraire avoir des assiettes différentes, l'Etat se contentant de préciser les matières ou les activités que les collectivités territoriales peuvent imposer; les deux systèmes peuvent d'ailleurs s'additionner; quant aux dépenses des collectivités locales, il est rare que l'Etat unitaire renonce à les contrôler. Mais surtout, une observation commune peut être faite pour tous les Etats unitaires: les subventions de l'Etat constituent les ressources essentielles de la collectivité locale: 50% en Grande-Bretagne, 30% en France.

Je crois donc, sans parler de critère absolu, que l'on peut dire que plus la subvention versée par l'Etat à la collectivité locale est importante par rapport aux dépenses de celle-ci, plus on se rapproche de l'Etat unitaire et plus on s'éloigne de l'Etat fédéral, c'est donc là un très sérieux *indice*. Indice d'autant plus important que ses conséquences sur les libertés locales sont particulièrement graves; en effet, il est évident que celui qui subventionne veut nécessairement contrôler; car il a le sentiment que c'est avec son argent que la collectivité locale fonctionne.

L'autonomie financière d'une collectivité locale suppose deux conditions:

- que la collectivité ait la maîtrise de ses ressources,
- que la collectivité ait la maîtrise de ses dépenses.

Recettes et dépenses figurant dans le budget, l'autonomie financière peut-elle alors se résumer par l'autonomie budgétaire? Pas exactement car s'il y a des recettes permises, il y a aussi des dépenses imposées et les premières se doivent à satisfaire les secondes; il en résulte qu'une collectivité locale, maîtresse de ses recettes, ne le sera pas nécessairement de son budget; de plus, même dans le cadre de son budget, il est rare qu'une collectivité locale puisse dépenser comme elle veut; le degré plus ou moins grand de liberté budgétaire doit donc s'apprécier non pas seulement à propos de l'établissement du budget mais aussi à propos de son exécution.

Enfin, si les recettes figurent au budget, l'évaluation, au moins approximative d'une partie d'entre elles, précède son établissement.

Pour toutes ces raisons, l'autonomie financière nous paraît devoir s'apprécier sous les deux aspects suivants:

- maîtrise plus ou moins grande des ressources,
- maîtrise plus ou moins grande du budget (établissement et exécution) ou plus exactement de sa gestion.

Dans un Etat unitaire, cette double maîtrise est impossible; cependant il existe des mécanismes permettant aux collectivités territoriales de dépendre le moins possible du pouvoir central.

Ces mécanismes consistent à:

- assurer aux collectivités locales, en complément des recettes établies par elles-mêmes, des ressources (subventions) attribuées selon des critères objectifs ne dépendant donc pas de choix arbitraires,
- limiter le contrôle de la gestion financière à un contrôle de légalité excluant toute appréciation d'opportunité.

Le régime qui s'établit en France depuis les réformes de décentralisation de 1982 s'oriente dans ces directions; mais il témoigne de bien des hésitations et retours en arrière qui en freinent le mouvement.

Première partie:
La collectivité est-elle libre de ses ressources?

D'où proviennent les ressources des collectivités territoriales?

Quelques chiffres permettent de donner une réponse grossière à cette question.

En 1983, le montant des dépenses des communes et de leurs groupements a atteint, en France, le chiffre de 260 milliards de francs; le montant des dépenses totales des départements a atteint 102 milliards de francs; ce total de 362 milliards de francs représente presque 40% des dépenses *civiles* de l'Etat; or, la même année, les concours financiers de l'Etat aux collectivités locales se sont élevés à 120 milliards de francs, soit 30% de leurs dépenses.

En 1984, l'ensemble des dépenses des collectivités locales doit s'établir à 402 milliards de francs (800 000 fonctionnaires locaux) dont 15,1 milliards pour les régions.

Mais il ne faut pas croire que:

- pour ces 30%, l'Etat ait un pouvoir arbitraire de répartition,
- pour les 70 autres %, la collectivité territoriale ait un choix discrétionnaire.

A) Les recettes fiscales

En 1983, les ressources fiscales des collectivités s'élevaient à 121 milliards de francs, soit 3,07% du produit intérieur brut (P.I.B.) alors que les ressources fiscales de l'Etat (833,5 milliards) représentaient 21,06% du même P.I.B.; la pression fiscale des collectivités territoriales était donc sept fois plus faible que celle de l'Etat.

I) *Les impôts locaux* sont les suivants:

Communes:

a) Les quatre contributions:

- taxe d'habitation,
- taxe foncière sur les propriétés bâties,
- taxe foncière sur les propriétés non bâties,
- taxe professionnelle.

b) Versement pour dépassement du plafond légal de densité

c) Taxes sur la publicité.

Départements:

- Taxe additionnelle aux quatre contributions,
- vignette sur véhicule à moteur,
- taxe de publicité foncière,
- partie des droits de mutation à titre onéreux.

Régions:

(77% des ressources de la région)

- Taxe additionnelle aux quatre contributions,
- taxe sur les permis de conduire,
- certificats d'immatriculation des véhicules à moteur (carte grise),
- taxe additionnelle aux droits de mutation immobilière,
- taxe additionnelle aux droits de publicité foncière.

II) *Modes d'établissement*:

1°) *L'assiette* de l'impôt local est pour l'essentiel déterminée par l'Etat. La collectivité territoriale ne peut pas créer d'autres impôts que ceux que l'Etat l'autorise à percevoir; tout ce qu'elle peut faire c'est de ne pas imposer (taxe professionnelle et taxes sur les propriétés bâties) les entreprises nouvellement créées.
2°) le *taux* de l'impôt est fixé par la collectivité qui a donc le choix entre taxer plus les habitants (taxe d'habitation), les propriétaires (taxes foncières) ou les activités professionnelles (taxe professionnelle); mais cette liberté n'est pas sans limite.

Ainsi la région ne peut disposer d'un montant total de recettes fiscales supérieur à une moyenne de 150 francs par habitant; la croissance maximum de la taxe professionnelle est plafonnée; celle des trois autres taxes ne peut, pour les communes, dépasser 2,5 fois la moyenne nationale constatée l'année précédente; les taux de la vignette sur les véhicules à moteur doivent respecter un certain rapport entre chaque catégorie de véhicules etc.

La diversité entre les divers régimes fiscaux locaux est donc faible: elle soulève cependant de nombreuses protestations: la taxe d'habitation est différente d'une commune à l'autre (et donc souvent d'un trottoir à l'autre), la vignette automobile n'est pas la même selon le département d'immatriculation; les communes-dortoirs se plaignent de ne pas toucher la taxe professionnelle qui profite à la grande ville alors que la première doit faire face à tous les travaux de viabilité... Un fonds national de péréquation (4,2 milliards en 1985) de la taxe professionnelle permet d'ailleurs de redresser certaines inégalités. Bref, ce que l'on reproche à ce système c'est la diversité, tellement les Français sont attachés à l'uniformité!

Les recettes fiscales ne peuvent suffire aux collectivités locales; il est à craindre qu'elles ne le pourront jamais; en effet, s'il n'est pas impossible d'affecter aux collectivités locales un ensemble d'impôts dont le produit couvrirait la totalité de leurs dépenses, il en résulterait des inégalités, impossibles à supporter, entre les collectivités riches et les collectivités pauvres; il faudrait alors une péréquation et on ne voit pas alors comment, pour la réaliser, se priver du concours de l'Etat.

B) Les concours financiers de l'Etat

Dans le budget 1984, ils s'élevaient à 128 milliards de francs. Les collectivités territoriales reçoivent surtout des «dotations»; le mot est joli. Sous l'ancien régime, les dotations étaient destinées aux princes de sang pour leur permettre de tenir leur rang!

Pourquoi pas des subventions? Précisément pour éviter l'image de dépendance que ce *terme* évoque. Bien des procédés ont été recherchés d'abord pour éviter, autant que faire se peut, l'arbitraire dans la distribution mais ensuite pour imposer aux collectivités bénéficiaires un usage bien précis des fonds que l'Etat leur apporte.

En 1985, selon le projet de loi de finances, l'Etat versera aux collectivités locales 116,4 milliards de francs. A cet égard, trois types de concours financiers doivent être distingués.

I) *Les concours financiers à compétences inchangées*:

Il s'agit de dotations (ou de subventions) qui existaient avant les lois de décentralisation.

Les différents procédés pour éviter l'arbitraire sont les suivants:

- l'une de ces dotations est, en réalité, payée par les collectivités territoriales elles-mêmes; celles-ci, en effet, payent la T.V.A. sur leurs propres dépenses d'investissement; l'Etat ne la leur «rembourse» pas mais la leur «compense» par l'intermédiaire d'un «fonds de compensation pour la T.V.A.» (1984: 9,5 milliards; 10,8 pour 1985),
- une autre, la dotation globale d'équipement, est la répartition d'une somme globale fixée chaque année par la loi de finances; elle est répartie pour l'essentiel (70%) entre les collectivités en proportion de leurs investissements (non subventionnés) et en partie suivant des critères objectifs (voirie, enfants scolarisés, insuffisance du potentiel fiscal etc.).

Les réformes décentralisatrices ont voulu supprimer tout contrôle de l'Etat sur l'objet de ces dépenses d'investissement; c'est pourquoi cette dotation dite globale remplace toutes les subventions spécifiques; en 1985, il ne devrait plus y avoir de subventions spécifiques d'équipement; il en restera cependant encore quelques-unes (- 16,70%) notamment dans le domaine de la culture; mais on peut se demander si cette technique ne va pas ressurgir avec les contrats de plan (voir plus loin).

II) *Les ressources financières à compétences transférées*

Les réformes de décentralisation (lois du 2 mars 1982 et 7 janvier 1983) ont voulu établir un grand principe; toute compétence transférée par l'Etat aux collectivités territoriales (communes, départements, régions) doit s'accompagner d'un transfert de ressources équivalent à ce que l'exercice de ces compétences coûtait à l'Etat; la moitié de ce transfert de ressources devrait s'effectuer par des transferts d'impôts et l'autre moitié par le versement d'une dotation nouvelle appelée dotation de décentralisation; cette nouvelle dotation devrait évoluer chaque année en fonction de deux paramètres qui reposent l'un sur l'évolution du produit net de la T.V.A., l'autre sur l'évolution de la rémunération des fonctionnaires de l'Etat. En 1985, ces transferts représenteront 13,8 milliards de francs (+ 51% par rapport à 1984).

L'idée primitive était très respectueuse de la liberté des collectivités locales car la dotation devait être globale; elle devait donc permettre à la collectivité territoriale de procéder aux arbitrages qu'elle jugerait utiles entre les différentes activités relevant désormais de sa compétence, mais, par la suite, le législateur a craint que les collectivités territoriales ne consacrent pas suffisamment de fonds à certaines des activités transférées; le législateur, notamment dans la loi du 22 juillet 1983 a donc cherché des procédés pour contraindre les collectivités locales à affecter les ressources ainsi transférées aux nouvelles activités dont elles ont désormais la charge; leur liberté s'est donc trouvée sensiblement limitée.

Les procédés sont les suivants:

a) Certains crédits sont spécifiquement affectés à des dépenses précises et ne peuvent être utilisés autrement; c'est le cas pour les dépenses relatives aux établissements d'enseignement car ils ne sont pas compris dans la dotation générale de décentralisation; de plus, ils ne peuvent être utilisés que pour des établissements dont l'Etat s'est engagé à rémunérer le personnel.

b) D'autres crédits sont bien compris dans la dotation générale de décentralisation mais ils y font l'objet d'un «concours particulier» qui précise donc leur affectation (investissement dans les ports, mise en oeuvre des documents d'urbanisme).

c) Certaines dépenses sont obligatoires; c'est le cas, notamment pour les départements:

– des prestations légales d'aide sociale,
– du financement des services sociaux transférés,
– des dépenses résultant de l'application du code de la santé publique.

d) Certains droits ne peuvent être perçus qu'à raison d'opérations précises; ils correspondent à des services rendus; ils ne peuvent donc être utilisés à d'autres fins (opérations commerciales ou de séjour des navires dans les ports par exemple).

e) Des obligations sont imposées: par exemple obligation de consacrer 1% du montant des investissements à l'invention d'oeuvres d'art dans toutes les constructions qui, avant le transfert, faisaient l'objet de la même obligation à la charge de l'Etat.

f) Certaines dotations spécifiques sont encore prévues; l'une pour l'action culturelle, une seconde pour le logement des instituteurs, une troisième pour la participation au fonctionnement de la justice; mais cette dernière disparaîtra lorsque l'Etat prendra directement en charge les dépenses correspondantes.

Tous ces mécanismes donnent le sentiment aux collectivités territoriales de recevoir de nouvelles responsabilités certes mais avec peu de liberté pour les mettre en oeuvre.

III) *Les concours liés à des conventions*

a) La législation relative à la planification a prévu des concours apportés par l'Etat aux collectivités (loi du 29 juillet 1982); ces contrats de plan comportent des engagements réciproques en vue de l'exécution du plan et des programmes prioritaires.

En principe, cette procédure devrait permettre d'éviter les subventions spécifiques et arbitraires attribuées aux collectivités territoriales, car ces concours s'inscrivent dans un programme très général de planification démocratiquement établi; mais le plan est lui-même très large (ou très vague); les contrats de plan sont eux-mêmes très larges et donnent lieu, pour leur application, à des contrats particuliers soumis à un accord finalement assez discrétionnaire (quelles que soient les instances préalablement consultées) des ministres concernés; or, comme le note l'exposé des motifs de la loi précitée, «la décision ministérielle d'attribution permet d'exercer un véritable contrôle d'opportunité; en fait, ils sont en effet subordonnés à l'acceptation, par la collectivité territoriale, d'un certain nombre de prescriptions; on en revient ainsi à une certaine forme d'autorisation préalable et donc de tutelle.

b) Des établissements publics nationaux peuvent prêter aux collectivités territoriales à des conditions avantageuses (36,3 milliards de francs en

1984); c'est le cas pour la caisse d'aide à l'équipement des collectivités locales et la caisse des dépôts et consignations; mais les intérêts des emprunts (9,75 à 12,5%) constituent une charge assez lourde (32,5 milliards de francs en 1984) qui progresse plus que l'ensemble des dépenses.

C) Les concours financiers d'une collectivité à une autre

La décentralisation n'a pas donné, à l'administration française, la forme d'une boîte chinoise dont chaque partie recouvre celle du dessous. Il n'y a pas de hiérarchie entre la commune, le département et la région; aucune collectivité ne dépend des autres.

Toutefois, dans le domaine financier, certaines exceptions apparaissent à ce principe.

1°) Le département a hérité de certaines dotations qui reprennent des subventions auparavant distribuées directement par l'Etat aux communes; il s'agit de fonds destinés à l'alimentation en eau potable et à l'électrification en milieu rural; ces aides financières sont désormais versées sous forme d'une dotation globale aux départements; ceux-ci la répartissent ensuite librement entre les communes; ce mécanisme a soulevé bien des critiques car les communes risquent de se trouver, pour ce genre de travaux, livrées à la faveur et à l'arbitraire des élus du département; le favoritisme politique est ici beaucoup plus à craindre de la part du département qu'il ne l'était de la part de l'Etat. Dans cette mesure, la centralisation peut donc être regrettée.

2°) La région qui élabore un plan régional complémentaire du plan national peut aussi conclure, avec des collectivités territoriales, des contrats de plan dans les mêmes conditions que l'Etat.

3°) Les collectivités territoriales peuvent conclure entre elles toutes conventions relatives à leur service public; un département comme d'ailleurs une grande ville, peut donc offrir aux communes toutes sortes de prestations. Certes, en principe, ces prestations sont payantes. Mais le prix convenu peut être de faveur; là encore, l'arbitraire et le favoritisme ne sont pas exclus.

4°) Les communes participent aux dépenses d'aide sociale; ces participations étaient, avant le 1er janvier 1984, versées à l'Etat; elles le sont désormais au département (loi du 7 janvier 1983) mais celui-ci peut majorer les contributions antérieures dans certaines limites cependant, afin, a voulu le législateur, «d'éviter toute tutelle du département sur la commune».

Les critères de répartition de cette charge entre les communes sont donc fixés par l'Etat (potentiel fiscal, nombre de bénéficiaires de l'aide sociale, situation de l'emploi, répartition de la population par classe d'âges) ; la participation d'une commune ne peut être majorée de plus de 3 points par rapport au taux d'augmentation de la contribution de l'ensemble des communes.

On s'aperçoit ainsi que, pour éviter la tutelle du département sur la commune, l'Etat doit préciser avec beaucoup de détails les modalités des concours financiers des communes. Où se trouve alors la liberté locale ?

Deuxième partie: La collectivité est-elle libre de sa gestion financière?

La collectivité territoriale ne peut être maîtresse de sa gestion financière pour une raison évidente provenant de ce qui vient d'être dit: en effet la collectivité est soumise à certaines obligations; elle doit assurer la couverture de certaines dépenses obligatoires; un grand nombre de ses recettes doivent être impérativement affectées à certaines dépenses. Enfin – et ceci est sans doute très spécifique à la décentralisation et presque inconnu du fédéralisme – *son budget doit être équilibré.* Toute une série de mécanismes de surveillance vont donc contraindre la collectivité à respecter ces diverses obligations.

Mais le contrôle va plus loin : le budget ainsi établi doit être strictement exécuté ; la collectivité territoriale ne peut dépenser que dans le cadre de ce budget et là encore un mécanisme de contrôle l'empêche de faire autrement; dans ces conditions on peut s'interroger sur la responsabilité des élus qui agiraient, malgré tous les freins et techniques de surveillance, contrairement aux devoirs qui leur sont imposés.

A) L'établissement du budget

Les lois décentralisatrices ont supprimé toute tutelle d'opportunité ; mais elles ont établi de solides mécanismes pour obliger une collectivité territoriale, d'une part à pourvoir aux dépenses obligatoires, et d'autre part de ne disposer que d'un budget strictement équilibré. Dans ce but elles ont institué un organisme nouveau, la chambre régionale des comptes, dont l'intervention déclenche celle du bras séculier, c'est-à-dire le commissaire de la République qui représente le Gouvernement.

1°) *La chambre régionale des comptes*

Cette chambre est une juridiction placée sous le contrôle (par la voie de l'appel) de la Cour des comptes ; c'est pourquoi ses membres sont des magistrats (administratifs) bénéficiant de l'inamovibilité.

Mais par une curiosité juridique assez étrange, lorsqu'elle intervient dans l'établissement de budget d'une collectivité territoriale, elle ne le fait pas en tant que juridiction, mais en tant que simple commission administrative, ayant un pouvoir de constatation mais non de décision ; c'est le commissaire de la République qui décide.

Les textes envisagent 4 situations.

a) *Le budget n'a pas été voté le 31 mars de l'exercice*

Dans ce cas, le commissaire de la République saisit la chambre régionale des comptes ; celle-ci établit un projet de budget ; le commissaire de la République l'établit et le rend exécutoire ; il ne peut s'écarter de la proposition de la chambre que par une décision motivée.

b) *Le budget est voté en déséquilibre*

Le commissaire de la République saisit la chambre des comptes qui constate le déséquilibre (ou le caractère fictif de l'équilibre) et fait des propositions pour assurer l'équilibre.

La collectivité territoriale a alors 1 mois pour rectifier le budget, qui repart devant la chambre des comptes ; si celle-ci constate que l'équilibre est réalisé, la procédure est terminée ; dans l'hypothèse contraire on se trouve ramené au cas précédent et le commissaire de la République règle le budget dans les conditions qui précèdent.

c) *Le budget ne couvre pas les dépenses obligatoires*

La procédure est la même que précédemment, avec cette différence que la chambre régionale des comptes peut être saisie par tout comptable public intéressé, et même par toute personne intéressée.

d) *L'arrêté de compte fait apparaître un déficit important*

Il s'agit d'un déficit de l'exercice précédent d'au moins 10% pour les communes de moins de 20 000 habitants et de 50% pour toutes les autres collectivités.

La chambre régionale des comptes est automatiquement saisie de l'arrêté de compte et propose des mesures pour rétablir l'équilibre ; le budget de l'exercice suivant est également soumis automatiquement à la chambre des comptes qui examine si ce nouveau budget résorbe le déficit de l'année antérieure ; dans le cas contraire elle propose les mesures nécessaires et le commissaire de la République établit le budget ; dans cette situation l'Etat peut venir au secours de la collectivité par une subvention exceptionnelle ; mais c'est de sa part une décision absolument discrétionnaire.

Dans tous ces cas la décision appartient au commissaire de la République; l'intervention de la chambre régionale des comptes n'est qu'une mesure préparatoire; il en résulte que la décision du commissaire de la République peut faire l'objet d'un recours en excès de pouvoir devant le tribunal administratif (qui statue à charge d'appel devant le Conseil d'Etat); il résulte encore que tout intéressé – et notamment un contribuable local – peut saisir le tribunal administratif si le commissaire de la République n'a pas réglé le budget en équilibre et de telle façon qu'il couvre les dépenses obligatoires; dans les mêmes conditions le tribunal administratif peut être saisi si le préfet a réglé lui-même le budget, et notamment augmenté les impôts alors que le budget avait été voté conformément à la loi par la collectivité; le tribunal administratif n'est pas lié par la constatation de la chambre des comptes; ainsi il peut estimer que le budget était régulier alors que la chambre régionale des comptes avait estimé le contraire.

B) L'exécution du budget

La collectivité territoriale est obligatoirement liée par les dispositions du budget; elle ne peut s'en écarter; là encore toute une série de mécanismes permettent d'éviter toute dérive.

1°) Un premier contrôle est assuré par le comptable; celui-ci n'est pas nommé par la collectivité territoriale mais par le ministre du budget; ce dernier doit simplement aviser la collectivité de la nomination qu'il compte faire (afin d'éviter de désigner par exemple un adversaire politique); le comptable dépend donc de l'Etat.

Certes, il n'exerce aucun contrôle d'opportunité de la dépense; mais il peut, et même il doit, se refuser à mandater une dépense illégale; il doit aussi exiger toutes les pièces qui justifient la légalité de la dépense.

Certes encore, l'ordonnateur local (maire, président de l'Assemblée départementale ou régionale) peut lui adresser un ordre de réquisition auquel le comptable doit obéir; mais il doit s'y refuser dans les cas suivants:

- insuffisance des fonds disponibles
- dépenses ordonnancées sur des crédits irrégulièrement ouverts, ou insuffisants, ou sur des crédits autres que ceux sur lesquels elles devraient être imputées
- absence de justification du service fait
- défaut de caractère libératoire de règlement

Il en résulte que la collectivité locale n'a aucun moyen pour effectuer une dépense non prévue par le budget ni pour utiliser un crédit à d'autres fins que celles prévues par le budget.

Certes, le contrôle du comptable ne porte que sur la légalité et non sur l'opportunité ; il n'en réalise pas moins un contrôle véritablement préalable à la dépense ; la collectivité territoriale paraît libre de décider une dépense ; mais un agent de l'Etat pourra s'opposer à cette dépense s'il l'estime illégale.

2°) L'intervention de la chambre des comptes interdit toute « complaisance » du comptable à l'égard de la collectivité territoriale ; en effet sa comptabilité est automatiquement soumise au contrôle de la chambre régionale des comptes, statuant cette fois en tant que juridiction, et à charge d'appel devant la Cour des comptes ; les décisions de celle-ci peuvent faire l'objet d'un pourvoi en cassation devant le Conseil d'Etat.

Si le comptable a laissé passer une dépense illégale il en sera personnellement responsable sur ses propres deniers ; bien qu'il ait souscrit une assurance spéciale et perçu à cette fin une prime de risque, il y a là une sanction grave qui le conduit à assurer un contrôle efficace de la légalité des dépenses locales.

Le système est donc parfaitement verrouillé.

3°) Certes ce contrôle, qui est en réalité un contrôle préalable, ne porte que sur la légalité.

Mais il ne faut pas croire que la collectivité échappe à tout contrôle d'opportunité ; mais cette fois il s'agit d'un contrôle à posteriori.

Celui-ci est exercé par la chambre régionale des comptes ; mais il n'est pas systématique et n'a pas de caractère juridictionnel.

En effet, la chambre régionale des comptes *peut* contrôler la gestion de toute collectivité territoriale et de tout organisme en dépendant ; elle dispose pour cela de tout pouvoir de vérification et d'investigation. Elle peut adresser à ces collectivités ou organismes toutes les observations qui lui paraissent utiles.

De même la Cour des comptes dans son rapport public peut aussi souligner toutes les erreurs, les imprudences et les fautes dans la gestion des collectivités ou organismes relevant des chambres régionales des comptes.

Certes, ces observations et ce rapport n'ont aucun caractère juridictionnel et donc aucune force contraignante. Mais elles sont connues du public ; le rapport de la Cour des comptes est publié au journal officiel, les observations de la chambre des comptes sont évidemment communiquées aux assemblées locales ; il s'y trouvera toujours une opposition à la majorité locale pour en assurer la diffusion.

Ceci conduit à s'interroger sur la responsabilité des élus locaux dans la gestion financière des collectivités qui leur ont fait confiance.

C) La responsabilité des élus

La décentralisation a accru les secteurs d'intervention des collectivités locales; le Gouvernement, et plus particulièrement Monsieur Gaston DEFERRE, aurait voulu qu'en conséquence les responsabilités personnelles des élus soient accrues; le Parlement ne l'a pas suivi car il a pensé que trop de responsabilités auraient écarté les bons citoyens de la gestion des affaires locales.

Il convient d'ailleurs de distinguer les différentes catégories de responsabilité.

1°) *La responsabilité civile,* c'est-à-dire pécuniaire, des élus locaux est en fait inexistante.

Certes, à plusieurs reprises les textes disposent que les élus agissent sous leur «responsabilité» (art. L 122. 11 du code des communes, articles 15, 25, 55, 73 et 82 de la loi du 2 mars 1982, articles 1, 5 et 7 de la loi du 22 juillet 1982, etc...); mais conformément à la théorie générale du droit administratif l'élu n'est responsable qu'en cas de faute personnelle, c'est-à-dire détachable du service; dans l'exercice de ses fonctions l'élu engage donc la responsabilité civile de la collectivité qu'il représente et non la sienne propre.

2°) *La responsabilité disciplinaire*

a) L'élu local ne fait pas partie d'une hiérarchie; il n'a donc aucune responsabilité disciplinaire devant des supérieurs.

Ce principe comporte cependant une exception qui concerne les maires et adjoints au maire: ceux-ci sont à la fois des agents de la commune et des agents de l'Etat car ils exercent certaines compétences au nom de celui-ci; c'est pourquoi ils peuvent être révoqués ou suspendus de leurs fonctions par le Gouvernement.

Mais, bien qu'ils n'y ait point encore de jurisprudence depuis les lois de décentralisation, il faut considérer que ces sanctions ne peuvent intervenir qu'en cas de faute dans l'exercice des compétences de l'Etat ou encore en cas d'infraction pénale car les maires et adjoints sont chargés de l'exécution des lois et ne peuvent donc les transgresser.

b) Le Gouvernement aurait voulu que, comme les fonctionnaires, les élus locaux soient responsables devant la Cour de discipline budgétaire qui peut infliger des sanctions pécuniaires de nature disciplinaire à tout agent public qui a commis une faute dans sa gestion financière. Mais le Parlement s'y est refusé; l'élu n'est donc pas responsable devant la Cour de discipline budgétaire alors que le chef de service auquel il a délégué sa signature est responsable devant cette Cour.

Il y a cependant un cas ou l'élu est responsable devant cette Cour ; il en est ainsi lorsque l'élu s'est refusé à mandater une somme d'argent que la collectivité devait payer en vertu d'une décision passée en force de chose jugée ; la poursuite peut alors être déclenchée par le créancier.

3°) *La responsabilité comptable*

L'élu est un ordonnateur, il n'est pas un comptable ; il n'a donc en principe aucune responsabilité dans le maniement des deniers publics et ne relève donc pas de la juridiction de la chambre régionale des comptes.

Toutefois, dans deux cas sa responsabilité peut être engagée en lieu et place de celle du comptable et dans les mêmes conditions que celle de ce dernier.

a) Il en est d'abord ainsi lorsqu'il se fait comptable de fait des deniers publics, lorsqu'il se constitue une caisse noire c'est-à-dire intervient dans le recouvrement des recettes ou le maniement des fonds ou valeurs qui devraient se trouver dans une caisse publique.

De toute façon c'est évidemment un procédé irrégulier ; et l'ordonnateur peut être condamné à une amende ; mais de plus il doit tenir une comptabilité dont il est responsable sur ses deniers personnels dans les mêmes conditions qu'un comptable de droit.

b) Il en est encore ainsi lorsqu'il a « réquisitionné » le comptable ; celui-ci n'est en effet plus responsable (sauf s'il a obéi dans les cas où il aurait dû s'y refuser) ; comme il faut bien un responsable ce sera l'élu qui a délivré l'ordre de réquisition.

4°) *La responsabilité pénale*

Aucune disposition des lois de décentralisation n'augmente ou ne réduit la responsabilité pénale des élus.

Celle-ci reste déterminée par le code pénal qui a prévu certaines infractions pouvant être commises par des citoyens chargés d'un ministère public ; on peut citer :

- l'ingérence c'est-à-dire la confusion entre l'intérêt personnel et l'intérêt public
- le faux en écriture publique
- l'immixtion dans le fonctionnement de la justice
- les délits commis en matière électorale

De plus certains des pouvoirs nouvellement reconnus aux élus peuvent faire surgir de nouvelles infractions.

Ainsi ils peuvent donner valeur authentique aux contrats conclus par leur administration; une procédure d'inscription en faux peut alors les conduire devant la Cour d'assise.

Ainsi encore ils ont reçu mission de constater le caractère exécutoire des actes pris par les diverses autorités territoriales de leur circonscription; là encore un faux se trouve réprimé par la réclusion criminelle lorsqu'une constatation inexacte a causé un préjudice ou est susceptible d'en causer.

5°) *La responsabilité politique*

La responsabilité de l'élu est essentiellement d'ordre politique; mais comment peut-elle être engagée?

a) Elle ne s'engage pas devant une assemblée, c'est-à-dire l'organe délibérant de la collectivité locale.

Certes le gestionnaire, c'est-à-dire l'ordonnateur des dépenses, c'est le chef de l'exécutif et quel que soit son titre (maire, Président du conseil général, Président du conseil régional) ou sa circonscription (commune, département, région) il a été désigné par l'assemblée délibératoire; mais il n'est pas responsable devant cette Assemblée qui ne peut absolument pas le contraindre à se démettre.

Certes, l'assemblée peut refuser le budget préparé par son président; certes encore, elle peut refuser d'approuver le compte administratif qu'il lui présente en rendant compte de sa gestion.

Mais il n'en résulte aucune conséquence politique sur la situation du chef de l'exécutif local; le budget n'est pas voté; le représentant de l'Etat l'établira sur proposition de la chambre régionale des comptes; si le projet de budget préparé par l'exécutif local est bien équilibré pourquoi les représentants de l'Etat ne l'adopteraient-ils pas?; si le compte administratif n'est pas approuvé, on s'en passera et cela ne changera rien.

Certes encore, s'il apparaît un dissentiment grave au sein des organes de la collectivité territoriale, dissentiment persistant et mettant en péril grave la gestion des affaires de la collectivité, le Gouvernement peut dissoudre l'assemblée délibérante, ce qui met automatiquement fin au mandat de l'exécutif local; mais c'est alors la responsabilité de l'assemblée elle-même plus encore que celle de son président qui se trouve ainsi engagée.

b) La responsabilité politique du gestionnaire s'engage donc devant les électeurs et au moment de sa réélection. Un rapport de la chambre régionale ou de la Cour des comptes condamnant sévèrement la gestion d'un ordonnateur sera évidemment largement utilisé par ses adversaires politiques; si l'ordonnateur appartient à un parti politique bien structuré celui-ci pourra être conduit à lui refuser son investiture.

Conclusion

De tout cela faut-il conclure que, faute d'une véritable liberté dans le domaine des finances, l'autonomie de la collectivité locale n'est qu'une illusion ?

N'allons pas si loin.

En premier lieu, même lorsque des crédits sont nécessairement affectés à une activité déterminée, il y a bien des manières de les utiliser.

Faut-il par exemple, pour tout ce qui est intervention, créer un service public spécial, utiliser les prestations du service public d'une autre collectivité publique ou recourir au concours du secteur privé ?

En second lieu, une fois qu'il est pourvu aux dépenses et aux services obligatoires, la collectivité territoriale retrouve toute la liberté que les facultés contributives de la localité lui permettent à condition toutefois de respecter l'équilibre du budget.

Depuis la mise en vigueur des réformes décentralisatrices, bon nombre de collectivités territoriales se plaignent de ne pas disposer des moyens nécessaires pour faire face à leurs nouvelles responsabilités et ne s'estiment pas alors suffisamment autonomes ; mais certaines d'entre elles n'ont-elles pas créé plus de services et d'emplois qu'il n'était nécessaire ? Le problème se pose surtout pour le département dont les services étaient auparavant confondus avec ceux de l'Etat sous l'autorité du représentant de ce dernier ; la région ne dispose actuellement que de peu de services publics ; les responsabilités nouvelles de la commune n'ont pas nécessité la création de beaucoup de nouveaux services publics ni un développement important des anciens services publics ; de plus la récession a entraîné une forte baisse du produit de la taxe professionnelle.

En réalité l'autonomie se heurte à quatre obstacles difficilement franchissables :

- les possibilités contributives des administrés
- l'équilibre du budget
- les dépenses et services obligatoires
- le contrôle du comptable

La tradition unitaire est en France beaucoup trop forte pour que ces barrières puissent disparaître en dépit du souffle décentralisateur des nouvelles lois.

Ce n'est peut-être pas une caractéristique propre à tout Etat unitaire mais c'est une donnée essentielle de l'unité de la République française.

Faire disparaître ces obstacles serait pour l'esprit français s'engager dans la voie du fédéralisme, c'est-à-dire dans la voie d'une révolution, non seulement dans les institutions mais aussi dans les moeurs et les sentiments.

L'autonomie financière des collectivités locales françaises

Loïc PHILIP

L'autonomie financière des collectivités locales françaises: communes, départements et régions [1] a été profondément modifiée par la réforme sur la décentralisation intervenue en 1982 [2].

Avant 1982, cette autonomie était très limitée. Les collectivités locales disposaient d'une certaine autonomie budgétaire, mais seules les communes avaient la maîtrise de leur budget. Les budgets du département et de la région étaient préparés et exécutés par le préfet, c'est-à-dire par le représentant de l'Etat.

Il existait une fiscalité locale, mais celle-ci était limitée: elle ne permettait de financer qu'une part relativement faible des dépenses locales. Les collectivités locales n'étaient compétentes ni pour fixer l'assiette de leurs impôts, ni même pour en fixer le taux [3].

Enfin, l'exécution matérielle des budgets locaux était assurée par des agents comptables de l'Etat et soumis à un contrôle assez étroit.

L'autonomie financière des régions était encore plus limitée. Celles-ci ne bénéficiaient pas du statut de collectivités locales. Elles n'avaient pas de services propres et leur budget était presque exclusivement un budget d'investissement. Les dépenses régionales étaient constituées, pour l'essentiel, par des subventions versées aux collectivités inférieures et destinées au financement de leurs dépenses d'équipement.

La réforme de 1982 a considérablement accru l'autonomie financière des collectivités territoriales. Il s'agit d'une réforme d'une très grande ampleur qui n'est pas encore achevée [4].

La nouvelle politique de décentralisation se caractérise par trois grands principes: uniformité du régime, allègement du contrôle, élargissement des compétences.

1) *Uniformité du régime*

Les mêmes règles budgétaires s'appliquent à toutes les collectivités, qu'il s'agisse de petites communes rurales ou de grandes communes urbaines, qu'il s'agisse de communes, de départements ou de régions [5].

2) *Assouplissement du contrôle*

Le contrôle de caractère préventif exercé par le délégué de l'autorité centrale (contrôle de tutelle) est, en principe, supprimé. Désormais, les décisions des autorités locales sont exécutoires de plein droit, à condition toutefois d'avoir été transmises au représentant de l'Etat. Celui-ci n'a plus le pouvoir de les suspendre. Il peut seulement saisir le juge administratif d'une demande en annulation. En matière budgétaire, il ne peut intervenir que dans certains cas, après avoir saisi le juge financier (la chambre régionale des comptes).

3) *Elargissement des compétences*

La réforme de décentralisation a opéré une nouvelle répartition des compétences entre l'Etat et les autres collectivités locales.

Auparavant, la compétence des communes et des départements n'était, en principe, pas limitée, mais ces collectivités se trouvaient, en fait, dans tous les secteurs, étroitement dépendantes de l'Etat. Désormais, une certaine spécialisation est opérée. L'Etat a renoncé à exercer directement sa compétence dans certaines matières qui relèvent plus particulièrement de telle ou telle collectivité. Ainsi, par exemple, la région est chargée de l'organisation de la formation professionnelle, de l'apprentissage; le département de l'aménagement, des transports scolaires et de l'action sociale; la commune de l'urbanisme. Ou encore, en matière d'éducation, les écoles primaires relèvent de la commune, les collèges du département et les lycées de la région.

Le principe a été posé que les transferts de compétences devaient entraîner un transfert intégral des moyens financiers correspondants [6].

La réforme de la décentralisation se traduit, au niveau des collectivités locales, par une plus grande liberté et par davantage de moyens financiers. Toutefois, cet accroissement de l'autonomie financière connaît encore de sérieuses limites, surtout si l'on compare la situation de la France à celle de la plupart des autres pays développés.

Personne ne conteste, en France, que la réforme de 1982 a entraîné un développement important des pouvoirs et des responsabilités des collectivités locales. Mais beaucoup estiment que de nombreuses collectivités ne pourront exercer effectivement leurs attributions faute de moyens financiers suffisants.

I - L'accroissement de l'autonomie financière

Il est sensible pour toutes les collectivités et à tous les niveaux, qu'il s'agisse aussi bien des ressources et des dépenses locales que de l'exercice du pouvoir budgétaire.

1°) *Une plus grande liberté en matière de ressources*

C'est sans doute à ce niveau que l'autonomie financière s'est le plus développée. Les collectivités locales disposent, désormais, d'un véritable pouvoir de décision en matière fiscale. Elles sont moins dépendantes du pouvoir central en matière de subventions et elles peuvent emprunter plus librement.

a) *Un pouvoir fiscal accru*

Il résulte de deux facteurs, l'accroissement du nombre des impôts locaux et une plus grande liberté dans la fixation de leur taux.

- On assiste en France, depuis quelques années, à un transfert de recettes fiscales de l'Etat au profit des différentes collectivités locales. Ce transfert a commencé à s'opérer au niveau de la Région sur des impôts d'importance secondaire (taxe sur les permis de conduire et sur les cartes grises), puis, il s'est effectué au profit du département sur des impôts plus importants (droits d'enregistrement sur les ventes d'immeubles, taxe sur les voitures).
- En ce qui concerne le deuxième facteur, il résulte d'une loi de 1980 qui a autorisé les communes et les départements à fixer eux-mêmes le taux des différents impôts directs locaux. Auparavant, ils se bornaient à voter le rendement global de la fiscalité directe locale, l'administration étatique se chargeant, ensuite, de calculer le taux de chaque impôt qui allait frapper les contribuables.

Ces changements ont eu pour effet d'accroître sensiblement le poids de la fiscalité locale. Celle-ci représentait environ 3% du produit intérieur brut dans les années 1970, elle en représente aujourd'hui plus de 6% (166 milliards de francs en 1985). La fiscalité directe locale a pratiquement doublé entre 1974 et 1984. La fixation du taux des impôts directs locaux constitue, désormais, la principale décision financière des assemblées locales. Il s'agit, chaque année, au moment de l'établissement du budget, de choisir entre le renoncement à certaines dépenses locales et l'augmentation des impôts locaux.

b) *La globalisation et l'indexation des subventions*

Les subventions versées par l'Etat sont désormais attribuées, pour la plupart, dans le cadre de dotations globales et selon des critères objectifs.

Les subventions étatiques sont regroupées au sein de trois grandes dotations. La dotation globale de fonctionnement regroupe toutes les aides destinées au fonctionnement des services locaux. La dotation globale de décentralisation regroupe le financement des compétences qui sont transférées par l'Etat aux collectivités locales. Enfin, la dotation globale d'investissement regroupe la plupart des subventions destinées aux équipements locaux[7].

Ces subventions sont indexées sur des critères objectifs. La dotation globale de fonctionnement est calculée en fonction du principal impôt de l'Etat (la T.V.A.). La dotation globale de décentralisation correspond à une compensation financière intégrale des compétences transférées. Enfin, le montant de la dotation globale d'équipement évolue au même rythme que la formation brute de capital fixe (c'est-à-dire des investissements des administrations publiques).

Les ressources des collectivités locales dépendent ainsi de moins en moins du pouvoir d'appréciation d'agents de l'autorité centrale.

c) *Une plus grande liberté d'emprunter*

Dans presque tous les pays, à l'exception de la Suisse, le pouvoir central contrôle l'endettement des collectivités locales[8].

Avant 1982, la décision d'emprunter était, en fait, soumise à l'approbation de l'autorité centrale. Il existait, dans la pratique, une liaison étroite entre l'octroi d'une subvention pour la réalisation d'un investissement et le recours à l'emprunt pour compléter le financement de cette opération.

Désormais, le recours à l'emprunt est déterminé par les règles budgétaires de la loi du 2 mars 1982. La section d'investissement du budget doit être votée en équilibre. Cet équilibre est considéré comme étant réalisé lorsque les recettes de cette section (auto-financement + subvention d'équipement, mais à l'exclusion du produit des emprunts) sont suffisantes pour couvrir le remboursement en capital des annuités d'emprunt à échoir au cours de l'exercice. En d'autres termes, la collectivité ne peut avoir recours à l'emprunt pour assurer le remboursement de sa dette. Mais, à cette réserve près, sa liberté d'emprunter a été accrue.

Par ailleurs, la globalisation des prêts permet à l'organisme prêteur (généralement la caisse des dépôts et consignations, les caisses d'épargne ou la caisse d'aide à l'équipement des collectivités locales) d'apporter un concours global pour les dépenses d'équipement sans se préoccuper de la nature de l'opération. Outre la simplification qu'elle procure, la globalisation permet la suppression du lien subvention-prêt, c'est-à-dire la subordination de l'octroi d'un prêt à l'existence d'une subvention de l'Etat[9].

2°) *Une plus grande liberté en matière de dépenses*

La globalisation des subventions et des prêts se traduit, évidemment, par un plus grand pouvoir de décision en matière de dépenses.

Cette plus grande autonomie résulte, également, d'une réduction de la liste des dépenses obligatoires. Depuis la loi du 2 mars 1982, ne sont obligatoires que les dépenses nécessaires à l'acquittement des dettes exigibles et les dépenses pour lesquelles la loi l'a expressément décidé. (article 11).

Mais, c'est surtout la possibilité d'intervention des collectivités locales en matière économique et sociale qui augmente leur liberté en matière de dépenses.

La loi de 1982 dispose en effet que, sous réserve du respect de la liberté du commerce et de l'industrie, du principe de l'égalité des citoyens devant la loi, ainsi que des règles de l'aménagement du territoire définies par la loi approuvant le plan, les collectivités locales peuvent désormais intervenir en matière économique et sociale. Une collectivité peut ainsi accorder des aides pour favoriser le développement économique, pour soutenir des entreprises en difficulté, ou encore, pour maintenir des services nécessaires à la satisfaction des besoins de la population en cas de défaillance ou d'absence de l'initiative privée.

Le Conseil d'Etat a ainsi jugé qu'une commune pouvait racheter une usine dans le but du maintien de l'activité économique et de l'emploi sur le territoire de la commune[10].

3°) *Une plus grande liberté budgétaire* [11]

a) Elle résulte, d'une part, du principe selon lequel les délibérations et actes des autorités locales sont désormais exécutoires de plein droit, dès lors qu'ils ont été transmis au délégué de l'Etat. En matière budgétaire celui-ci ne peut désormais intervenir directement que dans trois cas:

- Si le budget n'est pas voté en temps utile,
- en cas de déséquilibre budgétaire,
- afin de faire inscrire au budget des dépenses obligatoires qui n'y figurent pas,
  mais il doit, auparavant, recueillir l'avis de la chambre régionale des comptes.

b) Elle résulte, d'autre part, de l'octroi du droit de réquisition aux exécutifs locaux.

Le budget des collectivités locales est toujours exécuté par les services financiers de l'Etat. Chaque collectivité dispose d'un agent comptable, mais il s'agit d'un agent des services de l'Etat nommé par le Ministre des Finances après information de l'exécutif local.

Avant 1982, l'exécutif local n'avait pas le pouvoir de contraindre le comptable à exécuter une dépense en cas de refus de paiement pour irrégularité financière. Depuis 1982, il dispose du droit de réquisition qui lui permet de contraindre le comptable à payer. Ce dernier ne peut maintenir un refus de paiement qu'en cas d'insuffisance de crédits, d'absence totale de justification du service fait ou de défaut de caractère libératoire du règlement.

II - Les limites à l'autonomie financière

Malgré la réforme de la décentralisation, les collectivités sont encore loin de disposer d'une véritable liberté en matière financière. Mais il s'agit là d'une situation qui est assez fréquente. A l'exception de quelques pays, tels que la Suisse et la Yougoslavie, on constate que les collectivités locales se trouvent toujours dans une situation de dépendance plus ou moins grande vis-à-vis du pouvoir central.

La question qui se pose, en ce qui concerne la France, est de savoir si la réforme de 1982 aura pour effet de placer les collectivités locales dans une situation comparable à celle de la plupart des autres pays ou si la tradition centralisatrice va persister et limiter l'exercice effectif de leur autonomie financière.

Cette deuxième hypothèse est assez probable car l'instauration d'une véritable autonomie financière se heurte à plusieurs limites.

1°) *Une première limite* résulte du contrôle de constitutionnalité exercé sur les lois mettant en oeuvre la nouvelle politique de décentralisation.

Dès la mise en vigueur de la réforme de 1982 le Conseil constitutionnel a précisé, dans une décision du 25 février 1982, que le principe posé par l'article 72 de la Constitution, selon lequel les collectivités territoriales s'administrent librement par des conseils élus, n'était pas incompatible avec le contrôle du pouvoir central. Ce principe d'autonomie doit se concilier avec celui du contrôle administratif du délégué du Gouvernement sur les actes des autorités locales qui est posé par le même article 72. Il en résulte que les décisions locales ne sauraient être exécutoires avant leur transmission au représentant de l'Etat [12].

Par ailleurs, la mise en oeuvre de la décentralisation ne peut avoir pour effet de remettre en cause le principe de l'indivisibilité de la République qui est aussi un principe de valeur constitutionnelle.

L'exercice de l'autonomie locale ne peut avoir pour effet de restreindre l'application des lois relatives aux libertés publiques. Ainsi, dans une décision du 18 janvier 1985, le Conseil constitutionnel a considéré que le principe de l'unité de la République ne permettait pas à une collectivité territoriale d'entraver la signature d'un contrat d'association entre l'Etat et un établissement d'enseignement privé [13].

Il en résulte que les collectivités territoriales, même dans les secteurs qui relèvent en principe de leur compétence, comme c'est le cas pour l'organisation de l'enseignement, doivent respecter les choix opérés au niveau national.

Bien que la différence entre décentralisation et fédéralisme ne soit qu'une question de degré, il est exclu que le système français puisse évoluer progressivement du premier vers le second sans se heurter à un obstacle constitutionnel infranchissable.

2°) *La deuxième limite* résulte de l'absence de véritable maîtrise des collectivités locales sur leurs ressources. Celles-ci n'ont pas acquis un réel pouvoir fiscal et une trop large part de leurs budgets demeure alimentée par des transferts étatiques.

a) *Les collectivités locales françaises n'ont pas le pouvoir de créer de nouveaux impôts* comme c'est le cas aux Etats-Unis ou en Suisse. Le pouvoir d'imposer est une prérogative exclusive des autorités centrales. Le pouvoir fiscal au niveau local se limite à la fixation du taux des impôts locaux autorisés par le Parlement et à la décision de recourir, ou non, à certains impôts facultatifs.

Le pouvoir central demeure le véritable maître de la fiscalité locale. Bien que la fixation du taux des impôts locaux relève, en principe, des assemblées locales, il lui arrive souvent de décider, unilatéralement, une modification du taux de certains impôts locaux [14], quitte à verser une compensation financière lorsque cela se traduit par une baisse du rendement fiscal pour les collectivités locales.

Malgré l'accroissement du nombre et des taux des impôts locaux, la fiscalité locale demeure encore faible au regard de la fiscalité étatique laquelle est quatre fois plus lourde.

Les principaux impôts locaux sont les suivants:

- La taxe professionnelle qui frappe toutes les activités professionnelles. Son rendement était de 58 milliards en 1984.
- La taxe d'habitation qui frappe tous les locaux d'habitation (rendement de 29 milliards en 1984).
- La taxe sur les propriétés bâties qui frappe les immeubles (25 milliards en 1984).
- La taxe sur les propriétés non bâties, qui frappe les terres (6 milliards en 1984).

b) *Les ressources non fiscales* présentent une très grande rigidité. Les ressources propres sont relativement peu importantes et difficilement extensibles. Les subventions étatiques sont déterminées selon des critères précis, le recours à l'emprunt est limité par la capacité d'endettement de la collectivité.

Le seul cas où la collectivité peut obtenir de nouvelles ressources non fiscales est celui où sa situation financière est tellement désastreuse qu'elle réclamera à l'Etat une subvention exceptionnelle d'équilibre. Mais, alors, elle perd pratiquement toute son autonomie financière.

Les aides financières en provenance du budget de l'Etat tiennent une grande place parmi les recettes des collectivités locales. Elles représentent plus du quart du total des budgets locaux (116 milliards sur un total de 402 milliards en 1985).

En 1985, les principaux concours financiers de l'Etat se répartissaient de la manière suivante:

1. *Prélèvement sur les recettes de l'Etat*

1.1. Dotation globale de fonctionnement	66 024
1.2. Fonds de compensation pour la T.V.A.	10 808
1.3. Fonds de péréquation de la taxe professionnelle	4 203
1.4. Autres prélèvements	391
TOTAL	*81 426*

2. *Subventions de fonctionnement*

2.1. Dotation générale de décentralisation	12 450
2.2. Transfert de ressources fiscales	3 000
2.3. Aide sociale et santé	1 376
2.4. Remboursement de l'exonération de la taxe foncière sur les propriétés bâties	3 150
2.5. Autres subventions	5 400
TOTAL	*25 376*

3. *Subventions d'équipement (AP)*

3.1. Dotation globale d'équipement	4 261
3.2. Fonds national pour le développement des adductions d'eau	622
3.3. *Subventions spécifiques*	4 765
TOTAL	*9 648*
TOTAL GENERAL	*116 450*

Ce chiffre de 116 milliards représentait près de 12 % des dépenses budgétaires de l'Etat soit, pratiquement, le montant du déficit.

Même si l'existence de subventions étatiques n'accroit pas nécessairement la dépendance financière des collectivités locales, celles-ci ont pour conséquence d'accroître la rigidité des budgets locaux.

3° *La troisième limite* à l'autonomie financière des collectivités locales est liée au contrôle de l'exécution des budgets locaux et au contrôle de gestion.

L'exécution des dépenses et des recettes locales, opérée par des agents relevant de l'autorité centrale, est soumise à un contrôle de légalité et à un contrôle financier.

a) Si *le contrôle de tutelle* de type administratif a, en principe, disparu [15] les décisions financières peuvent faire l'objet de recours en annulation devant le juge administratif qui peut être saisi, notamment, par le représentant de l'Etat.

b) *Les comptes des collectivités locales* sont soumis au contrôle de la chambre régionale des comptes laquelle peut engager la responsabilité du comptable. Ce contrôle de comptabilité est important car il est utilisé par le juge dans le cadre de son contrôle de gestion.

c) Le juge régional exerce en effet *un contrôle sur la gestion* des différentes collectivités territoriales qui l'amène à adresser des observations aux responsables locaux. Les élus ne peuvent pas être traduits devant un organisme disciplinaire pour faute de gestion, comme c'est le cas des fonctionnaires locaux, mais les observations de la chambre régionale peuvent, éventuellement, faire l'objet d'une publication dans le cadre du rapport annuel de la Cour des comptes.

On constate ainsi, qu'à tous les niveaux, le contrôle des finances locales reste placé sous la surveillance du pouvoir central et de ses tribunaux.

Conclusion

Les collectivités locales ont certainement acquis avec la décentralisation une autonomie de gestion plus grande. Malheureusement, elles ont peu de chances (compte tenu de la situation économique actuelle) de disposer, dans les années à venir, des moyens financiers leur permettant d'user effectivement de cette plus grande autonomie. Le point faible du système français demeure l'insuffisance de la fiscalité locale. Celle-ci aurait besoin d'impôts plus rentables, tels que ceux qui alimentent le budget de l'Etat. Une solution pourrait consister à leur octroyer une part de l'impôt sur le revenu dont le rendement pourrait être augmenté car il est beaucoup plus faible que dans les autres pays. Mais cela présenterait l'inconvénient d'accroître encore la pression fiscale globale laquelle est déjà parmi les plus élevées.

Annexe

Quelles sont les collectivités locales?

Les collectivités locales:

– On désigne par collectivités locales **les départements** (101) et **les communes** (36 545), **les régions** (26) (depuis la loi du 2 mars 1982), c'est-à-dire les collectivités de nature territoriale.

– Lorsque le cadre traditionnel de la commune se révèle insuffisant pour la réalisation d'équipements ou l'exploitation de services mettant en oeuvre des moyens coûteux et complexes, les communes se regroupent volontairement ou, dans quelques cas, par décision législative, et transfèrent une partie de leurs compétences et activités à un établissement public qui peut être **communauté urbaine** (9), **district** (157) ou **syndicat** (14 813).

– Les communes et départements sont par ailleurs conduits, lorsqu'ils désirent assurer des activités à caractère industriel et commercial, à créer des régies (467).

– Les communes et les départements peuvent décider de créer pour certaines de leurs activités, soit **des établissements publics locaux** tels que bureaux d'aide sociale (31 913) et caisses des écoles (8.023) soit des **services à budgets annexes** qui peuvent disposer de l'autonomie financière ou seulement comptable (7337 services communaux et 240 services départementaux).

Importance des dépenses des collectivités locales en 1982

Organismes	(en million de F) Fonctionnement	Investissement	TOTAL
Communes (y compris Paris)	124 749	69 158	193 907
Départements	75 809	22 371	98 180
Régions	970	6 792	7 762
Organismes de coopération intercommunale	16 243	21 279	37 522
TOTAL	217 771	119 600	337 371
Total des dépenses civiles de l'Etat	*626 719*	*76 294*	*703 013*

Notes

1 On ne traitera pas ici des organismes regroupant plusieurs collectivités et des collectivités extérieures au territoire métropolitain (départements, régions et territoires d'outre-mer).

2 Loi du 2 mars 1982 relative aux droits et libertés des communes, des départements et des régions, modifiée et complétée par la loi du 22 juillet 1982. Loi du 7 janvier 1983 relative à la répartition des compétences entre les communes, les départements, les régions et l'Etat, complétée par la loi du 22 juillet 1983.

3 C'est une loi du 10 janvier 1980 qui leur donnera ce droit.

4 De mars 1982 à avril 1985, soit en trois ans, elle s'est traduite par 20 lois et 180 décrets. La réforme comprend trois grands volets : une réforme du statut des collectivités locales, une réforme relative à l'étendue de leurs compétences et une réforme de la fiscalité locale. Ce troisième volet n'a pas encore été réalisé. Finances communales et décentralisation, revue française de finances publiques, n° 13, L.G.D.J., 1986.

5 Les régions deviennent des collectivités territoriales comme les communes et les départements. Les membres des conseils régionaux ont été élus au suffrage universel direct pour la première fois en mars 1986.

6 Mais toute la question est de savoir si l'exercice d'une compétence au niveau local, n'est pas plus onéreuse que lorsqu'elle est exercée directement par le pouvoir central.

7 cf. tableau, infra.

8 cf. Elisabeth Vessilier : «L'endettement public local», chronique d'actualités de la SEDEIS, T. 31, n° 10, 15 octobre 1984.

9 A. Bournazel : Les finances départementales guide des finances locales, Mouvement national des élus locaux, 1984.

10 CE. 10 mai 1985, commune de Neuf-Brisach.

11 Sur ce point cf. le rapport général de M. François Luchaire.

12 Comme le prévoyait le texte initialement voté par le Parlement.

13 Le texte originaire soumettait la validité du contrat à l'accord de la commune sur le territoire de laquelle se trouvait l'établissement.

14 Ce fut le cas, en 1984, avec la baisse de la taxe professionnelle et, en 1985, avec la baisse de la taxe d'habitation.

15 Sous réserve du contrôle budgétaire évoqué plus haut.

Les relations financières dans l'Etat fédéral d'Autriche

Theo OEHLINGER

1. Introduction

1.1. Les grands traits du système fédéral de l'Autriche

L'Autriche a une constitution fédérale. L'art. 2 de la Constitution fédérale de 1920 [1] proclame explicitement cette forme de gouvernement. La Constitution a bien sûr les traits caractéristiques d'une constitution fédérale. D'abord : les parlements sont élus d'une part au niveau du Bund et d'autre part au niveau des Länder ; ensuite, il existe une deuxième chambre de la législation fédérale, le Bundesrat (conseil fédéral), dont les membres sont délégués par les parlements des Länder (Landtage) et représentent les Länder sur le plan de la promulgation des lois fédérales [2].

Cet Etat fédéral a cependant son propre caractère historique. Son caractère distinctif est – au point de vue international – sa structure extrêmement centralisée. Celle-ci constitue l'héritage de la fin de la monarchie unitariste des Habsbourg et le résultat d'un compromis entre les deux grands camps politiques de l'Autriche. Les socio-démocrates se montraient ennemis de l'Etat fédéral entre 1918 et 1920. Ils envisagèrent plutôt un Etat central sur la base d'autonomie administrative sociale. Il m'est impossible d'entrer dans les détails de l'histoire et des institutions de la constitution autrichienne dans le cadre de cet exposé. Néanmoins il faut d'abord esquisser les caractéristiques nécessaires à la compréhension du sujet [3].

L'élément crucial de l'Etat fédéral autrichien est la répartition des compétences législatives et exécutives entre le Bund et les Länder [4]. D'après la technique juridique de cette répartition, toutes les compétences du Bund sur le plan de l'exécutif et du législatif sont énumérées de manière explicite et exhaustive [5], tandis que toutes les matières non mentionnées dans cette énumération (qui de son côté est encore complétée par des réglementations constitutionnelles spéciales) font partie du «domaine autonome» [6] des Länder [7]. Cette technique de répartition des compétences donne l'impression d'une position juridique très forte des Länder. Cependant, l'énumération des compétences du Bund est tellement volumineuse que les Länder n'ont en vérité que des compétences limitées et réduites. Ce sont surtout les compétences législatives des Länder qui sont vraiment très restreintes. Mais on ne doit pas omettre le fait que, par la construction juridique esquissée, les Länder ont connu dans leur domaine un accroissement de quelques matières très importantes au cours des dernières années, surtout sur le plan de l'aménagement du territoire et de la protection de l'environnement, dont on n'avait pas reconnu l'importance en 1920 et qu'on n'avait donc pas attribués tout d'abord à la compétence du Bund.

Les compétences exécutives des Länder sont un peu plus étendues. Plus précisément, il y a différents types de compétences. Dans un cas, le Bund n'a qu'une compétence législative [8], dans l'autre il n'énonce même que les principes législatifs généraux [9], tandis que les Länder règlent le reste. Le pouvoir exécutif appartient dans les deux cas au «domaine autonome» des Länder. (Mais les limites de cet élargissement des compétences des Länder se montrent par exemple dans le fait que le Bund est compétent pour la juridiction entière, y compris la juridiction constitutionnelle et administrative, qui contrôle la législation et l'exécutif des Länder. On voit ici très clairement l'héritage de la monarchie constitutionnelle dans laquelle le souverain quasi ex definitione était maître de la juridiction entière).

Le ressort des autorités des Länder – non pas le domaine autonome des Länder comme Etats-membres – subit un élargissement remarquable grâce à l'article 102 de la Loi constitutionnelle. Cette disposition prévoit le principe que le pouvoir exécutif du Bund n'est pas exercé par les autorités du Bund même, mais par le «Landeshauptmann» – le chef du gouvernement du Land – et par les autorités du Land, qui lui sont soumises («administration fédérale indirecte»). Il est interdit au Bund d'établir ses propres autorités dans des cas autres que ceux énumérés par la Loi constitutionnelle; pourtant le Bund a la possibilité de déléguer ces affaires aux autorités du Land. Bien que le Ministre fédéral compétent ait le droit d'instruction et des droits de contrôle étendus en matière d'administration fédérale indirecte vis-à-vis du chef du gouvernement du Land et bien que, dans beaucoup de cas, il y ait une suite d'instances jusqu'au ministre compétent [10], cette institution soutient substantiellement la position des Länder dans le système constitutionnel autrichien. Elle ne corrige cependant pas le caractère centraliste de l'Etat fédéral, au contraire, elle le souligne plutôt, car les Länder ne sont pas mis au même rang que le Bund, mais lui sont subordonnés dans le cadre de l'administration fédérale [11].

La réglementation des relations financières dans le cadre du système constitutionnel fédéral se base sur ce système de répartition des attributions entre le Bund et les Länder. Deux autres réglementations de la Constitution fédérale, qui sont utiles pour la compréhension des relations financières doivent être préalablement examinées.

1.2. L'unité de la zone monétaire, de la région économique et du territoire douanier

Conformément à l'art. 4 de la Loi constitutionnelle fédérale, l'Autriche forme une zone monétaire, une région économique et un territoire douanier homogène. Il est interdit d'établir des frontières douanières intermédiaires ou d'autres restrictions à la libre circulation des marchandises. Il est interdit aux Länder et aux communes de percevoir des impôts qui violeraient l'unité de la zone monétaire, de la région économique et du territoire douanier ou qui équivaudraient à des «douanes intermédiaires» ou à d'autres restrictions du trafic [12]. Le législateur fédéral est autorisé à édicter des réglementations, qui garantissent cette obligation des Länder et des communes [13].

L'autonomie des Länder, qui est caractéristique du système fédéral est ainsi subordonnée à l'évolution économique constante de l'Etat entier. L'idée fédéraliste d'une multiplicité et d'une concurrence des régions, qui en résulte ne s'applique pas également sur le plan économique. Le caractère extrêmement centraliste des relations financières entre le Bund et les Länder trouve ici une certaine légitimation constitutionnelle.

1.3. La condition juridique des communes

Les communes elles aussi tiennent une position très importante dans le système fédéral d'Autriche. Les communes sont de vraies unités d'autonomie administrative. La Constitution fédérale leur garantit leur «propre domaine autonome», libre d'instructions et à l'exclusion de la suite d'instances de l'administration du Bund [14]. Le propre domaine autonome inclut aussi la condition juridique des communes comme un appareil économique indépendant avec le droit garanti par la Constitution fédérale d'avoir des biens de toute sorte et de disposer librement de ses biens, ainsi que de diriger des entreprises économiques, de gérer leur budget indépendamment et de lever des impôts dans le cadre de la Constitution fiscale [15].

C'est surtout dans le cadre de la Constitution fiscale que les Länder et les communes sont presque sur un pied d'égalité. On peut même dire que les communes bénéficient parfois d'un traitement de faveur.

2. La Constitution fiscale

Les relations financières entre les représentants du système fédéral autrichien – le Bund, les Länder, les communes – sont réglées d'une manière approfondie et très détaillée dans une loi constitutionnelle particulière appelée «la Loi portant sur la Constitution fiscale» (F-VG), qui date de 1948. Beaucoup de ces particularités résultent de la situation extraordinaire de l'époque d'après-guerre. Tout de même, cette loi est restée intacte, bien que les modifications du droit constitutionnel soient très fréquentes en Autriche. (Depuis l'entrée en vigueur de la Loi portant sur la Constitution fiscale on peut enregistrer environ 300 modifications sur le plan du droit constitutionnel!) Pourtant, on a critiqué cette loi au cours des années passées surtout de la part des Länder et on a élaboré des propositions de réforme [16].

3. Le principe du support interne des dépenses

Le rapport entre la répartition générale des compétences entre le Bund, les Länder et les communes et le système des relations financières entre ces collectivités territoriales est établi par le § 2 de la Loi portant sur la Constitution fiscale. Il pose le principe que le Bund, les Länder et les communes doivent supporter eux-mêmes les dépenses qui résultent de la gestion de leurs fonctions. Ce principe unit donc la responsabilité active pour les fonctions à la responsabilité passive pour les frais. Celui qui a le droit d'agir, supporte d'un autre côté l'obligation de payer [17].

Ce principe typiquement fédéral de l'auto-financement des dépenses supposerait que chaque collectivité territoriale dispose de ses propres recettes pour pouvoir payer elle-même ses dépenses. Mais cela n'est même pas réalisé dans des états fédéraux qui ont en principe une gestion financière séparée, comme par exemple les Etats-Unis. Aussi dans ces états fédéraux, la fédération est obligée de créer des péréquations financières par des dotations de fonds et des subventions.

En Autriche il y a une relation très dense et compliquée entre les finances des collectivités territoriales. Elle est dominée à un haut degré par le Bund et implique une dépendance vigoureuse des Länder. Encore plus que dans tous les autres domaines de la Constitution fédérale, la Constitution fiscale est très centralisée en Autriche.

4. La répartition des impôts

4.1. *La répartition des droits d'imposition et du rendement provenant des impôts*

C'est un fait connu que les sources de revenus les plus importantes des collectivités territoriales sont les impôts, c'est-à-dire les taxes, les droits de douane, etc... . La répartition des compétences dans cette matière forme donc le centre de la Constitution fiscale. C'est justement du point de vue fédéral que la méthode de cette réglementation dans la Loi portant sur la Constitution fiscale mentionnée est vraiment curieux.

Alors que la Loi portant sur la Constitution fiscale ne prévoit aucune répartition des impôts concrets – comme dans le cas de la Constitution de la République Fédérale d'Allemagne (art. 106) – elle contient plutôt une typologie abstraite et très bizarre des impôts, que je vais esquisser tout de suite. Il faut remarquer que la classification d'un impôt concret dans ce système – par exemple l'impôt sur le revenu, l'impôt foncier, l'impôt professionnel – relève de la compétence du législateur fédéral [18]. D'après la position d'un impôt concret dans ce système abstrait, on détermine soit la collectivité territoriale autorisée à lever un tel impôt soit celle à qui le revenu de l'impôt sera transféré.

La portée de cette réglementation très particulière est de facto, que c'est au législateur fédéral [18] de répartir la base fiscale et le produit des impôts. Il dispose donc en matière d'impôts de la «compétence-compétence», qui dans le fond reviendrait au législateur constitutionnel [19]. Cette compétence-compétence de la législation fédérale en matière d'impôts présente sans doute l'élément le plus caractéristique de la Constitution fiscale autrichienne. Du point de vue fédéral, il s'agit d'une compétence très problématique.

La typologie abstraite de la Loi portant sur la Constitution fiscale se présente comme suit:

a) *les impôts appartenant exclusivement au Bund, les impôts appartenant exclusivement aux Länder et les propres impôts communaux*:

le produit de ces impôts revient exclusivement au Bund, aux Länder et aux communes respectivement;

b) *les impôts partagés* entre le Bund et/ou les Länder et/ou les communes:

Il y a ici des classes subordonnées:

aa) *les impôts communs du Bund*: ils sont perçus par le Bund, mais certaines quotes-parts des produits sont destinées aussi aux Länder et aux communes. De la même façon, il y a le type de *l'impôt commun du Land*, qui est levé par le Land, une quote-part étant transférée pourtant aux communes;

bb) *les surtaxes*: elles se composent d'un impôt ordinaire du Bund ou du Land et des surtaxes du Land et/ou des communes;

cc) *les impôts du même objet contributif*: le Bund, les Länder et/ou les communes lèvent des impôts sur le même objet contributif.

Seuls les impôts appartenant exclusivement au Bund et les impôts communs du Bund ont une importance pratique.

Partant de cette typologie constitutionnelle, la Loi portant sur la Constitution fiscale règle par la suite la compétence législative de régler les impôts et leur exécution [20]. Elle prévoit que la réglementation des «impôts appartenant exclusivement au Bund», des «impôts communs du Bund» et des impôts qui sont levés pour le Bund sur le plan des «surtaxes» et des «impôts du même objet contributif» rentre dans la compétence du législateur fédéral. La réglementation des autres impôts relève en principe de la compétence de la législation du Land, le Bund exerçant pourtant des pouvoirs législatifs particuliers.

Or, on doit souligner encore une fois, que le législateur fédéral détermine lui-même le (les) type(s) d'impôt(s) constitutionnel(s) dans le(s)quel(s) un impôt concret sera classé. Par conséquent le législateur fédéral a la possibilité de répartir de manière unilatérale ses propres pouvoirs législatifs ainsi que les pouvoirs législatifs du Land.

Vestige d'une souveraineté fiscale originelle, les Länder ont le droit d'étendre à leur profit le catalogue des impôts déclarés par le Bund comme impôts appartenant exclusivement aux Länder ou aux communes. Ils ont donc *un droit d'invention d'impôts* [21]. Mais il s'agit ici d'une marge limitée, parce qu'un tel impôt ne peut pas être en contradiction avec une contribution classée explicitement par le législateur fédéral dans le système d'impôts de la Loi portant sur la Constitution fiscale. Ce catalogue d'impôts du législateur fédéral est pourtant si détaillé qu'il n'a guère de place pour des nouveaux impôts qui de leur côté ne seraient pas en conflit avec des contributions existantes. On s'aperçoit aussi que le Bund déclare certains impôts comme impôts qui lui appartiennent exclusivement ou comme impôts communs et les retire ainsi de la disposition des Länder bien qu'il n'envisage pas du tout de lever effectivement une telle contribution.

La doctrine est d'avis que la répartition du droit d'imposition entre le Bund et les Länder n'est pas réglée ainsi d'une manière fédérale. Alors que le § 2 de la Loi portant sur la Constitution fiscale proclame le principe fédéraliste du support interne des dépenses, une répartition adéquate du droit d'imposition n'y correspond pas. Le droit d'imposition des Länder dépend plutôt formellement de celui du Bund et il est très restreint en ce qui concerne le contenu.

La plénitude de compétences du Bund dans le cadre de la Constitution fiscale contient pourtant l'obligation de faire des réglementations en conformité à la répartition des charges de l'administration publique et de prendre en considération que les limites de la capacité des collectivités territoriales ne soient pas dépassées[22]. La portée de cette disposition constitutionnelle est controversée: certains y voient la simple affirmation d'un principe général dépourvu de sanction juridique; d'autres la considèrent au contraire comme une règle normative dont l'application est soumise au contrôle de la Cour constitutionnelle.

La législation fédérale doit observer les types d'impôts prévus dans la Constitution fiscale. Il est interdit au Bund par exemple d'introduire à côté d'un «impôt commun du Bund» un impôt semblable appartenant exclusivement au Bund. Lorsque les grands traits du système de répartition d'impôts ne sont pas modifiables facilement au point de vue politique – je parlerai de ce thème encore plus tard –, on se voit posé devant une limite perceptible de la législation fédérale. Il s'agit d'une limite contrôlée par la Cour constitutionnelle de la manière la plus stricte[23].

4.2. La péréquation financière

La répartition des droits d'imposition et du produit des impôts qui est déterminée pour la plus grande partie par le Bund d'une manière unilatérale, se trouve dans une loi fédérale dont l'application est limitée à quelques années, dite «*la Loi sur la péréquation financière*»[24]. Des négociations laborieuses entre les collectivités territoriales précèdent la promulgation de cette loi fédérale par le parlement fédéral (le conseil national avec la collaboration du conseil fédéral, qui n'a pourtant aucune importance politique). Pas sur le plan juridique, mais sur le plan politique, le contenu de cette loi est *négocié*[25] entre le Bund, les länder et les représentants des villes et des communes. La position faible des Länder du point de vue constitutionnel est compensée largement de l'autre côté par une position formelle relativement forte lors des négociations: le ministre des finances se trouve en face de 9 experts de finances des Länder.

Les lois respectives sur la péréquation financière reconnaissent ce fait dans la mesure où elles obligent le Bund à négocier des mesures en matière politique fiscale qui pourraient avoir des conséquences négatives pour d'autres collectivités publiques territoriales. Pourtant, cette règle n'est pas sanctionnée et il y a des exemples d'infractions par le Bund. C'est pour cette raison que les Länder demandent avec insistance que leur position de négociation soit revalorisée aussi du point de vue juridique.

La loi sur la péréquation financière actuelle est entrée en vigueur le 1er janvier 1985. Elle est limitée jusqu'à la fin de l'année 1988[26].

Le caractère centraliste de la Constitution fiscale apparaît dans le *contenu* de la péréquation en vigueur. Pour la plus grande partie il n'a pas été changé depuis 1948. Les impôts les plus importants et productifs sont ou bien des «impôts appartenant exclusivement au Bund» ou bien des «impôts communs du Bund». Surtout les «impôts communs du Bund» ont une position centrale et constituent un *système intégré*[27]. Des «impôts communs du Bund» sont par exemple l'impôt sur le revenu, l'impôt sur les salaires, l'impôt sur le chiffre d'affaires et d'autres impôts. Il n'y a pas de système économique qui en est à la base. Au total la quote-part des impôts communs du Bund à la recette totale d'impôts en Autriche se monte à 61,72 % (1982)[28].

Il appartient au législateur fédéral de faire une réglementation sur ces impôts, surtout en ce qui concerne la fixation de la base imposable et le taux de l'impôt. C'est à l'administration fiscale fédérale de percevoir cet impôt. La répartition des revenus des impôts fait l'objet de la loi sur la péréquation financière. Cette péréquation s'effectue en plusieurs étapes:

a) la loi sur la péréquation financière détermine d'abord le pourcentage qui revient au total au Bund, aux Länder et aux communes[29].

Par exemple:

– l'imposition des revenus

le Bund	les Länder	les communes
env. 42%	31%	27%

– l'impôt sur les salaires

le Bund	les Länder	les communes
env. 59%	23%	18%

– l'impôt sur le chiffre d'affaires

le Bund	les Länder	les communes
env. 69%	19%	12%

b) Puis les quotes-parts appartenant à l'ensemble des Länder et des communes doivent être partagées parmi eux[30].

Cette répartition se produit en substance sur la base de plusieurs critères, dont trois ont une importance particulière:

aa) D'après le principe du rendement fiscal[31]: Cela implique l'attribution d'une quote-part selon le rendement fiscal dans le Land concerné.

bb) D'après le principe du nombre de la population [32]: Il s'oriente sur le nombre de la population du Land ou de la commune concernées.
cc) Le chiffre gradué de la population [33]: Il s'agit ici d'une multiplication du nombre de la population de la commune dépendant de la hauteur avec un certain code, qui augmente à proportion du nombre de la population. Ce chiffre est basé sur l'hypothèse que les besoins financiers des communes augmentent plus que proportionnellement à l'augmentation de la population. Aujourd'hui, cette hypothèse n'est plus incontestée [34].

En 1982, la souveraineté sur les revenus des impôts communs du Bund se monta à:

63,50 % pour le Bund, 16,46 % pour les Länder à l'exception de Vienne, 8,44 % pour les communes à l'exception de Vienne et 11,60 % pour Vienne [35].

4.3. La position des Länder

Les quotes-parts du produit des impôts communs du Bund sont la source des revenus la plus importante des Länder. Vis-à-vis de ces quotes-parts, les surtaxes, les impôts du même objet contributif et les impôts appartenant exclusivement aux Länder – donc les impôts qui appartiennent à la souveraineté de réglementation des Länder – ne jouent qu'un rôle modeste ou même aucun rôle. Ils constituent 2 % des recettes d'impôts des Länder, les quotes-parts des revenus aux impôts communs du Bund constituent par contre 98 %. Le champ libre des Länder pour développer une politique financière sur le plan des impôts est donc très restreint.

Il faut ajouter que les Länder ont la possibilité de «déléguer» aux communes leurs besoins qui ne seraient pas couverts par d'autres revenus. Mais la législation fédérale peut y intervenir et peut fixer une marge limite [36]. Cette réglementation, qui est dans le fond un élément étranger dans le système donné, introduit en vérité un impôt sur les quotes-parts des communes. Elle a été attribuée aux Länder en 1948 en remplacement du fait que la souveraineté fiscale n'est plus rétablie comme elle exista avant la guerre. Elle offre aux Länder une source de revenus considérable: La quote-part respective à la recette totale d'impôts des Länder se monta à 7,2 % en 1982. Pourtant, les communes exigent l'élimination de cette charge.

4.4. La position des communes

Contrairement aux Länder, les communes peuvent disposer d'impôts importants et productifs, comme l'impôt foncier, l'impôt professionnel et l'impôt sur les boissons. Ainsi les communes peuvent couvrir environ 17 % de leurs revenus globaux des impôts appartenant exclusivement aux communes[37]. Pourtant, les quotes-parts aux impôts communs du Bund sont sans doute la source de revenus la plus importante. Elles forment plus d'un quart de leurs revenus globaux.

En ce qui concerne la forme, il faut remarquer que les communes peuvent être autorisées par des lois fédérales ou des lois des Länder, à établir des impôts sur la base d'une décision libre du conseil municipal[38]. Elles ont donc une certaine autonomie sur le plan des impôts.

Vienne, en raison de sa position exceptionnelle, a le statut légal d'un Land et d'une commune et présente une prépondérance frappante en ce qui concerne le nombre des habitants et la capacité économique. Donc, Vienne reçoit les quotes-parts d'un Land et d'une commune sortant des «impôts communs du Bund». Mais pourtant la loi sur la péréquation financière établit un montant maximum exprimé en pour cent[39].

4.5. La répartition quantitative

Une vue d'ensemble de la péréquation financière nous permet de prendre connaissance de ses dimensions effectives. Suivant cela, les quotes-parts proportionnelles des collectivités publiques territoriales se montent en 1982[40]:

		Million de AT.S
pour le Bund à	70,02	214.559
pour les Länder à l'exception de Vienne à	10,58	32.404
pour les communes à l'exception de Vienne à	12,08	37.029
pour Vienne à	7,32	22.417
	100,00%	306.408

Si on répartit les revenus de Vienne suivant ses fonctions comme Land et comme commune, il en résulte la relation suivante entre le Bund, les Länder et les communes: 70, 13, 17[41]. Une comparaison avec les états voisins, qui ont également une structure fédérale, la Suisse et la RFA, est instructive: la proportion est 50, 25, 25 (pour la Suisse), respectivement 55, 30, 15 (pour la RFA).

On voit ici d'une manière très claire la position dominante du Bund et celle des Länder plus faible en Autriche.

4.6. L'administration d'impôts

Le poids démesuré des impôts appartenant exclusivement au Bund et des impôts communs du Bund a pour conséquence, qu'environ 95 % du produit total des impôts en Autriche sont perçus par les autorités du Bund. Il en résulte que seul le Bund dispose d'une organisation développée d'autorités administratives sur le plan fiscal: en première instance il y a les bureaux des contributions directes et les bureaux de douane, en instance supérieure (avec une compétence territoriale d'un Land) les Directions Fiscales Régionales (en général comme autorités de recours) et comme autorité administrative suprême le Ministère des Finances. Les Länder renoncent souvent à établir leur propre administration d'impôts et délèguent leurs compétences modestes en cette matière-là aux autorités d'impôts du Bund. C'est un processus prévu explicitement par la Constitution fédérale [42]. Le principe de l'administration fédérale indirecte appliqué pour le domaine restant de l'administration est donc renversé dans le domaine des impôts. De l'autre côté un appareil administratif approprié des Länder justifie vraiment cette répartition des impôts.

5. La répartition des dépenses

Auparavant on a mentionné la réglementation fondamentale du § 2 de la Loi portant sur la Constitution fiscale qui exprime que le Bund, les Länder et les communes doivent supporter eux-mêmes les dépenses qui résultent de la gestion de leurs fonctions.

5.1. L'incorporation des frais [43]

Ce principe n'est pas toujours valable. Le Bund peut au contraire imputer les dépenses d'une affaire étant de la compétence du Bund sur les Länder ou les communes. C'est la même chose pour les Länder envers les communes.

En raison de cette autorisation le Bund a par exemple transféré les dépenses de personnel et les dépenses de matériel de l'administration fédérale indirecte sur les Länder [44].

5.2. La prise en charge des frais [45]

Comme dans le cas d'une incorporation des frais, le § 2 de la Loi portant sur la Constitution fiscale, en dérogeant au principe du support interne des dépenses, permet une prise en charge des frais de la gestion des fonctions d'une autre collectivité publique territoriale. La constitution prévoit aussi plusieurs participations aux frais et plusieurs préfinancements des Länder aux gestions qui sont de la compétence du Bund (par exemple sur le plan des universités et des écoles secondaires, de la construction des autoroutes et de l'agrandissement des entreprises de transport public). En général, on peut constater que la méthode du financement commun de grands projets se trouve sans doute dans la phase de progression.

5.3. Paiements de transfert du Bund

Finalement, le § 3 de la Loi portant sur la Constitution fiscale prévoit que la législation fédérale peut accorder aux Länder et aux communes des dotations de fonds pour leurs besoins administratifs ou bien des subventions pour certains buts. On prend conscience de la signification de cette réglementation au point de vue des Länder, quand on constate qu'environ 37 % (1982) des revenus des Länder sont des revenus de transfert, tandis que 33 % des revenus sortent d'impôts surtout de quotes-parts de revenus aux impôts communs du Bund[46]. Environ 7 % des revenus des communes sont des revenus de transfert[47].

Les fondements juridiques de ces paiements de transfert sont très différents. Les paiements de transfert sont réglés d'une part dans la loi sur la péréquation financière, mais aussi dans des lois extraordinaires. Le financement des hôpitaux par exemple est basé sur un accord entre le Bund et les Länder[48].

5.3.1. Les dotations de fonds[49]

Les dotations de fonds sont accordées par le Bund à ces Länder dont les quotes-parts du produit des impôts communs du Bund – malgré l'indice compliqué de répartition –, restent au-dessous de la moyenne de l'ensemble des Länder, fixée selon le nombre des habitants[50]. De plus, il y a aussi des dotations de fonds du Bund aux communes selon certains critères.

5.3.2. Les subventions[51]

Le Bund accorde aux Länder – pour la gestion des matières étant de leur compétence – des dotations à la condition que les Länder eux-mêmes y ajoutent une prestation primaire[52]. Ainsi, le Bund influence leur structure de dépenses. De plus, le Bund a la possibilité d'attacher aux dotations certaines charges qui obligent les Länder ou la personne particulière bénéficiaire des prestations de prendre certaines mesures.

Il dispose de cette façon d'un moyen d'action – reconnu par le tribunal constitutionnel [53] comme moyen concordant avec la Constitution fédérale – qui est un instrument subtil, mais très efficace pour introduire des règlements sur le plan des matières qui ne sont pas de sa compétence législative. Il est évident que la répartition des compétences déjà très précaire entre le Bund et les Länder est sans doute encore plus affaiblie par ce phénomène.

6. L'administration (de droit) privé(e) [54]

La répartition constitutionnelle des compétences entre le Bund et les Länder – comme esquissée dans l'introduction – se rapporte seulement à la législation et à l'administration (la juridiction appartient exclusivement à la compétence du Bund). Elle ne s'étend pas par contre aux domaines de l'administration publique que la jurisprudence appelle «l'administration de droit privé» ou «l'administration de l'économie privée». Cette distinction a une portée très importante pour tout le droit public en Autriche [55]. Il faut dire que l'administration de l'économie privée ne couvre pas seulement une véritable gestion en matière de l'économie privée du Bund ou des Länder comme par exemple la direction des entreprises étatisées ou certaines formes d'une administration fiscale. «Privée» veut plutôt dire, que la gestion administrative n'est pas conduite dans les formes précises et limitées dont disposent les organes comme autorités publiques à la différence des personnes privées. Au niveau du contenu, l'administration de l'économie privée n'est pas restreinte. Au contraire, en principe chaque gestion publique du Bund ou des Länder peut être faite sous forme de l'administration de l'économie privée. L'adjudication des subventions constitue un domaine central de l'administration de l'économie privée.

L'administration de l'économie privée n'est donc pas prévue dans le catalogue des compétences de la Constitution fédérale. Cela veut dire que le Bund et les Länder peuvent exercer des activités sous forme d'administration de l'économie privée, même quand elles sont de la compétence d'une autre collectivité publique territoriale. Par conséquent, il n'existe pas de répartition constitutionnelle des fonctions en matière d'administration de l'économie privée comme le présupposerait au fond le § 2 de la Loi portant sur la Constitution fiscale. Donc là il n'y a pas de critère normatif pour la répartition des moyens dans les débats sur la péréquation financière.

L'absence d'une répartition normative des fonctions qui sont exercées sous forme d'administration de l'économie privée fait que les moyens disponibles y deviennent un critère crucial de l'extension du domaine administratif. Mais comme c'est le Bund qui dispose en fin de compte des ressources, c'est lui qui dispose également du moyen de limiter l'extension des actions des gestions des Länder. La possibilité susmentionnée du Bund d'accorder des dotations aux Länder sous certaines conditions lui permet en outre d'influencer le contenu de l'administration de l'économie privée. Cela a du poids parce que ce domaine de l'administration n'est réglé que d'une façon très rudimentaire par la législation. La liberté de compétence de l'administration d'économie privée et la recevabilité des dotations grevées d'une charge se révèlent comme des points vraiment vulnérable de l'autonomie des Länder.

7. En résumé

Les relations financières dans le système fédéral d'Autriche sont – comme je l'ai esquissé – caractérisées par une prédominance significative du Bund du point de vue juridique et réelle dans la pratique. De cette manière, l'Autriche s'écarte du modèle idéal fédéral d'une telle façon que la question s'est déjà posée de savoir si l'Autriche, justement à cause de sa Constitution fédérale, peut encore être qualifiée d'Etat fédéral dans le vrai sens du mot.

Mais ce système centraliste a aussi ses avantages. Il empêche l'apparition de fortes différences de prospérité et de production entre les régions particulières et permet une politique économique et une politique structurelle fiscale au niveau du Bund.

Mais indépendamment de son évaluation du point de vue fédéral et économique, l'examen du modèle autrichien permet de comprendre dans quelle mesure une organisation fédérale peut être réalisée, en reconnaissant une priorité absolue de l'unité économique de l'Etat entier.

La tension entre la multiplicité fédérale et la tendance unitaire économique est toutefois un problème élémentaire de chaque Etat fédéral.

Bibliographie

Azizi J.: Zum Verfassungsgebot der Wirtschaftsgebietseinheit und zu seiner wirtschaftspolitischen Tragweite, dans: Oesterreichischen Juristen-Zeitung (öJZ) 1985, 97, 134;

Boes D.: Eine österreichische Theorie des Finanzausgleichs, Vienne – New York 1971;

Boes D.: Das Finanzsystem, dans: Schambeck (éd.), Das österreichischen Bundes-Verfassungsgesetz und seine Entwicklung, Berlin 1980, 717;

Ermacora F.: Ueber die bundesstaatliche Kostentragung gemäss § 2 F-VG, Vienne 1979;

Gantner M.: Der abgestufte Bevölkerungsschlüssel als Problem der Länder und Gemeinden, 1978;
Institut fuer foederalismusforschung in innsbruck: Berichte über die Lage des Föderalismus in Oesterreich, Vienne 1977 - 1983;
Lager A.: Bundesstaat und Finanzverfassung, ihr Einfluss auf das Steuerwesen, dans: Oesterreichische Juristen-Zeitung (öJZ) 1954, 308;
Matzner E.: Oeffentliche Aufgaben und Finanzausgleich, Vienne 1977;
Melichar E.: Die österreichische Finanzverfassung, dans: Andreae (éd.), Handbuch der österreichischen Finanzwirtschaft, Innsbruck 1970;
Oehlinger T.: Die föderative Verfassung Oesterreichs, dans: Die öffentliche Verwaltung (DöV) 1978, 897 - 906;
Oehlinger T.: Les relations financières entre l'Etat fédéral et les Länder en Autriche, dans: Grimm, Kelley, Oehlinger, Aubert, Quertainmont, Les problèmes financiers dans l'Etat régionalisé, Bruxelles 1981, 49–74.
Pernthaler P.: Federal Fiscal Relations in Austria, Canberra 1983;
Pernthaler P.: Oesterreichische Finanzverfassung. Theorie – Praxis – Reform, Vienne 1984;
Pfaundler R.: Die Finanzausgleichsgesetzgebung 1948 - 1958, 1958 (2ème édition);
Ruppe H. G.: Finanzverfassung im Bundesstaat, Vienne 1977;
Ruppe H. G.: Aufgabenfinanzierung, dans: Oeffentliche Aufgaben und Finanzausgleich (éd. Matzner), 227 - 242;
Ruppe H. G.: Erscheinungsformen und Rechtsprobleme des stillen Finanzausgleichs, dans: Oeffentliche Aufgaben und Finanzausgleich (éd. Matzner), 329 - 334;
Ruesch G. – Schoenbaeck W.: Steuerliche Ausbeutung Vorarlbergs durch Rest-Oesterreich, dans: Finanznachrichten (FN) 44, 2.11.1979;
Schachner – Blazizek: Finanzausgleich in Oesterreich, Graz 1967;
Schambeck H.: Zur Gegenwartslage des österreichischen Föderalismus, dans: Oesterreichische Juristen-Zeitung (öJZ) 1974, 447 - 482;
Seipelt A.: Der Finanzausgleich 1979, dans: Oesterreichische Gemeindezeitung (öGZ) 1 - 2/1979, 3 - 9;
Smekal Ch.: Wirtschafts- und finanzpolitische Probleme des österreichischen Finanzausgleichs, dans: Theorie und Praxis des Bundesstaates, éd. Ernst Hellbling, Th. Mayer-Maly, H. Miehsler, Salzbourg – Vienne 1974, 173 - 219;
Stoll G.: Les principes de la fiscalité autrichienne par rapport au droit fiscal international, dans: Bulletin for International Fiscal Documentation, Amsterdam 1977, 381 - 394;
Thoeni E.: Privatwirtschaftsverwaltung und Finanzausgleich, Wien 1978;
Wissgott F. X.: Der Finanzausgleich im Oesterreich der zweiten Republik, Wien 1973.

Notes

[1] «Loi constitutionnelle fédérale du 1er octobre 1920, par laquelle l'Autriche est instituée comme Etat fédéral», appelée «Loi constitutionnelle fédérale de 1929» lors de sa seconde publication à l'occasion de l'amendement de 1929. C'est cette seconde appellation qui est toujours le titre officiel, malgré les nombreux amendements ultérieurs.

[2] La Cour constitutionnelle autrichienne est d'avis qu'il s'agit des deux éléments les plus caractéristiques d'un Etat fédéral (voir l'arrêt du 16.12.1952, No. 2455/1952): a) la répartition des fonctions publiques (le pouvoir législatif et le pouvoir exécutif) entre une autorité centrale (le Bund) et des autorités régionales (les Länder), b) la coopération des Länder sur le plan du pouvoir législatif du Bund.

[3] Voir OEHLINGER: Die föderative Verfassung Oesterreichs, DöV 1978, 897 - 906.

[4] Les art. 10 à 15 de la Loi constitutionnelle fédérale.

[5] Les art. 10 à 12 de la Loi constitutionnelle fédérale.

[6] «Selbständiger Wirkungsbereich».

[7] L'art. 15 alinéa 1 de la Loi constitutionnelle fédérale prévoit:«Les matières non déléguées explicitement au législatif ou à l'exécutif du Bund par la Constitution fédérale restent dans le domaine autonome des Länder».

[8] L'art. 11 de la Loi constitutionnelle fédérale.

[9] L'art. 12 de la Loi constitutionnelle fédérale.

[10] L'art. 103 de la Loi constitutionnelle fédérale.

[11] Voir ESTERBAUER: Kriterien föderativer und konföderativer Systeme, Wien 1976.

[12] § 8 alinéa 4 de la Loi portant sur la Constitution fiscale.

[13] § 7 alinéa 4 de la Loi portant sur la Constitution fiscale.

[14] L'art. 118 de la Loi constitutionnelle fédérale.

[15] L'art. 116 alinéa 2 de la Loi constitutionnelle fédérale.

[16] Voir le «2. Förderungsprogramm der Bundesländer (Titre C: «Förderungen in Finanzangelegenheiten»); de même que: «Verhandlungen des 6. Oesterreichischen Juristentages» à Innsbruck, Tome II.3 («Der Föderalismus in Oesterreich»), p. 15, 31, 98.

[17] Voir RUPPE: Finanzverfassung im Bundesstaat, Vienne 1977, p. 70.

[18] «Einfacher Bundesgesetzgeber».

[19] «Bundesverfassungsgesetzgeber».

[20] §§ 7 et 8 de la Loi portant sur la Constitution fiscale.

[21] «Abgabenerfindungsrecht».

[22] § 4 de la Loi portant sur la Constitution fiscale.

[23] Voir la décision de la Cour constitutionnelle du 10 mars 1977, No. 7995/1977.

[24] «Finanzausgleichsgesetz».

[25] «paktiert».

[26] Cette dernière loi de péréquation financière est édictée dans BGBl. No. 544/1984.

[27] «Verbundsystem».

[28] Voir «Gebarungsübersichten 1982», publié sous la direction du «Statistisches Zentralamt», Vienne 1984, 13.

[29] «Oberverteilung».

[30] «Unterverteilung».

[31] «Aufkommensprinzip».

[32] «Volkszahlprinzip».

[33] «Abgestufter Bevölkerungsschlüssel».

[34] Voir M. GANTNER: «Der abgestufte Bevölkerungsschlüssel als Problem der Länder und Gemeinden», 1978.

[35] Voir «Gebarungsübersichten 1982» (note 28), 15.

[36] § 3 alinéa 2 de la Loi portant sur la Constitution fiscale.

[37] Voir «Gebarungsübersichten 1982» (note 28), 34.

[38] § 7 alinéa 5 et § 8 alinéa 5 de la Loi portant sur la Constitution fiscale.

[39] § 9 de la Loi sur la péréquation financière.

[40] Sans paiement de transfert (voir «Gebarungsübersichten 1982» – note 28 –, 18). En considération des paiements de transfert (voir 5.3.) il y a la relation suivante (voir «Gebarungsübersichten 1982» – note 28 –, 24): pour le Bund, 55,30 %; pour les Länder à l'exception de Vienne, 21,48 %; pour les communes à l'exception de Vienne, 12,69 %; pour Vienne, 10,03 %.

[41] Voir «Gebarungsübersichten 1982» (note 28), 24, 31.

[42] L'art. 97 de la Loi constitutionnelle fédérale, § 11 de la Loi portant sur la Constitution fiscale.

[43] «Kostenüberwälzung».

[44] § 1 de la Loi sur la péréquation financière.

[45] «Kostenübernahme».

[46] Voir «Gebarungsübersichten 1982» (note 28), 27.

[47] Voir «Gebarungsübersichten 1982», 34.

[48] BGBl. No. 118/1983.

[49] «Finanzzuweisungen».

[50] § 20 de la Loi sur la péréquation financière.

[51] «Zweckzuschüsse».

[52] § 2 de la Loi sur la péréquation financière.

[53] Voir la décision de la Cour constitutionnelle du 16 décembre 1975, No. 7720/1975.

[54] «Privatrechtliche Verwaltung» resp. «Privatwirtschaftsverwaltung».

[55] Voir OEHLINGER: «Die föderative Verfassung Oesterreichs», DöV 1978, 897 - 906.

Financial Autonomy: Australia

Cheryl SAUNDERS

Taxing power

1. The Australian federation comprises a central government, called the Commonwealth, and six regional governments, called States. A system of local government also exists which is created and invested with power by State law. The federal Constitution is established by the Commonwealth of Australia Constitution Act 1901 (U.K.) which can be amended only with the consent of the central legislature and the electorate at referendum.

2. The Constitution allocates specific powers to the Commonwealth, leaving the residue with the States. Most Commonwealth powers are concurrent and therefore can be exercised by either the Commonwealth or the States. In the event of an inconsistent exercise of power the Commonwealth law prevails and the State law is invalid, to the extent of the inconsistency. A few Commonwealth powers, including the power to impose duties of customs and excise, are exclusive. The significance of this is discussed below.

3. Section 51(2) of the Constitution invests the Commonwealth Parliament with power to legislate with respect to:

> "Taxation; but so as not to discriminate between States or parts of States."

The power is a concurrent power. Until recently it was assumed that there could be no inconsistency between Commonwealth and State laws on taxation because a federal taxation power is different in kind from a State taxation power. Doubt has been thrown on this assumption by statements of four of the seven justices of the High Court in the recent case of

Hematite v Victoria (1983) 57 ALJR 591. If these statements are confirmed in subsequent cases, such financial autonomy as the Australian States possess will be seriously eroded.

4. Only one form of taxation, the power to impose duties of customs and excise, was withdrawn from the States by the Constitution and vested exclusively in the Commonwealth (section 90). The reasons for this are largely historical. One of the main motives for federation was to create an internal free trade unit in Australia and in particular to remove the tariff barriers that had grown up between the colonies during the nineteenth century. This could be achieved only by withdrawing from the federated States the power to impose customs duties. The withdrawal of excise duties apparently was based on the assumption that they complemented customs duties and otherwise could be used to frustrate a federal tariff policy.

5. Excise duties were defined by the High Court in the years immediately following federation to mean taxes on the production or manufacture of goods calculated by reference to their quantity or value: *Peterswald v Bartley* (1904) 1 C.L.R. 497. Since then the definition has progressively been expanded to the point where it now refers to any taxes in substance imposed on goods up to, but not including, the point of consumption. Thus in *Hematite* v *Victoria* (1983) 57 ALJR 591 the High Court invalidated a State Act which imposed a licence fee of $10 million per annum for the operation of a trunk pipeline, on the ground that the Act in substance taxed the oil or gas that was carried through the pipeline. The significance of this development for present purposes is that, with one anomalous exception, the Australian States are unable to impose any taxes on goods. They thus are denied access to sales taxation, which is a major revenue source for subnational units in many other federal countries.

6. It is relevant to mention here the guarantee in section 92 of the Constitution that "... trade, commerce, and intercourse among the States ... shall be absolutely free." The section has been interpreted to proscribe any taxation of inter-State trade and commerce. It provides an avenue of evasion of some State taxes and charges. If the States were to be given access to taxes in the category of excise duties, section 92, as presently interpreted, might impede the creation of an efficient and equitable taxation regime.

7. All other forms of taxation constitutionally are available to the Australian States. However the States have not levied income taxation since 1942 when a series of Commonwealth Acts, partially supported by the defence power, gave the Commonwealth a monopoly over that form of taxation. Since then the legal constraints on States re-entering the field

of income tax have been removed, but practical and political constraints remain. Chief among these is the level of the Commonwealth income tax, which is widely accepted to preclude any further use of that tax source. In 1978 the then Commonwealth government sponsored legislation which purported to encourage the States to re-enter the income tax field by providing a collection facility for an income tax surcharge imposed by any State which adopted the bases of assessment of the Commonwealth tax. There was no corresponding reduction in Commonwealth tax rates. No State has taken advantage of this opportunity.

8. In effect, therefore, the Australian States impose neither taxes on goods nor income taxes. Their major tax sources are payroll tax, land tax, gambling taxes, stamp duties, a financial institutions tax and various licence fees. Local government levies only property rates. Proportionately the States and local government levy only 19 per cent of total taxation in Australia. This imbalance necessarily requires substantial revenue transfers from the Commonwealth to the States and local government. The method by which this presently takes place is described later in this report. First, however, a discussion of the principles of financial adjustment is necessary.

Financial Adjustment

9. Since federation there has been some financial adjustment annually to the positions of one or more States. Initially the adjustment took place under a special provision in the Constitution relation to Western Australia, which enabled that State to continue to impose customs duties at gradually diminishing levels over a period of five years on goods imported from other States. After that provision expired, occasional ad hoc payments were made by the Commonwealth to the three States who at that time were deemed to be poorer than the others: Western Australia, Tasmania and South Australia. In 1933 this process was systematized through the establishment of the Commonwealth Grants Commission to advise the Commonwealth Government on the amounts that should be paid to claimant States for purposes of fiscal equalisation. In recent years these special grants or fiscal equalisation payments have been absorbed into the tax sharing system, with results that are described below.

10. The principle of fiscal equalisation as it applies in Australia was stated by the Commonwealth Grants Commission in 1936, in its Third Report, as follows:

> "... special grants are justified when a State through financial stress from any cause is unable efficiently to discharge its functions as a member of the federation and should be determined by the amount

of help found necessary to make it possible for that State by reasonable effort to function at a standard not appreciably below that of other States." [1]

It remains the accepted principle. The amount to which a State is entitled is calculated by comparing its expenditure needs and revenue disabilities with those of a standard State or States. Until 1959 the standard comprised the average of the non-claimant States: thereafter it comprised the average of the two most prosperous States, New South Wales and Victoria. When fiscal equalisation payments were absorbed into the tax sharing arrangements it became inpracticable to use any one State as a standard and a six State rotating standard was adopted instead.

Revenue redistribution

11. A system of revenue redistribution from the Commonwealth to the States has been necessary in Australia since federation. Initially it resulted from the transfer of exclusive power to impose customs and excise duties to the Commonwealth. In 1942 it was further entrenched when the Commonwealth acquired a monopoly over income taxation as well. The States now depend heavily on general revenue funds received from the Commonwealth. The extent of this dependence in one State, Victoria, is illustrated by the following simplified table of estimated receipts and payments of the Victorian Consolidated Fund in 1984-85. The position of other States is comparable.

Table 1

Estimated receipts and payments of the Victorian Consolidated Fund for the year ending 30 June 1985

	$
Balance 1 July	28 126 811
Estimated receipts	
State taxation	2 687 650 000
Other State sources	1 618 947 100
Commonwealth general revenue payments	2 388 829 000*
Other Commonwealth grants	425 511 318
	7 120 937 418
Advances and Loans	1 784 589 915
	8 902 527 333
Total Funds	8 930 654 144

Estimated payments	
Special appropriations	1 274 316 153
Recurrent appropriations	5 875 829 101
Works and services appropriation	1 782 508 890
Total Payments	8 930 654 144

* Includes $ 344 299 000 by way of "identified health grants".

Source: *Receipts and Programm Expenditures 1984–85.* Victorian Budget Paper No. 1984–85, p. 3.

12. It can be seen from this table that estimated general revenue payments from the Commonwealth to Victoria in 1984-85 are not much less than the State expects to raise by taxation from its own sources. Total Commonwealth payments exceed estimated State tax receipts. Commonwealth general revenue payments account for more than one third of recurrent appropriations by the State for the year. If the matter is considered from the standpoint of the Commonwealth, more than one fifth of its total revenue raised by taxation is presently transferred to the States as general revenue payments.

13. Only two sections of the Constitution deal directly with the basis on which Commonwealth revenues should be redistributed to the States. Section 89 provides that for at least the first ten years after federation three-quarters of the customs and excise revenue of the Commonwealth should be distributed to the States. It has long since expired. Section 94 requires the surplus revenue of the Commonwealth to be returned to the States. Since 1908 the Commonwealth has taken care not to have a technical surplus which would attract the operation of that section. The result is that the Constitution makes no permanent provision for revenue redistribution, although it was recognized that it would be a practical necessity.

14. Since 1910 various methods of revenue redistribution have been adopted. From 1910-1926 payments of 25/- per capita were made to the States. From 1926-1942 the Commonwealth met interest charges on State debts in lieu of revenue payments. From the introduction of the uniform income scheme in 1942 to 1975, general revenue grants were made, calculated by reference to formulae which at first reflected the amounts of income tax foregone by the several States and subsequently were based on criteria which enabled a rough assessment of needs. In 1975 a form of tax sharing was introduced. Despite various modifications, revenue redistribution is still effected through tax sharing. The current arrangements are due to expire on 30 June 1985. It is not yet clear what will take their place. They were replaced by a system of general revenue grants for the three year period 1985–86 to 1987–88.

15. Under the States (Tax Sharing and Health Grants) Act 1981 (Cth) the States collectively are entitled to 20.72 per cent of the total tax collections of the Commonwealth in the preceding year. All decisions about the incidence, bases of assessment and collection of the shared taxes are made by the Commonwealth unilaterally. Particular taxes can be excluded from the scheme by the Commonwealth. The amounts which the States receive have increased annually, but at an uneven rate as the result of decisions in which the States have not taken part. In some years the Commonwealth has agreed to supplement the tax sharing payments with an additional general revenue grant. In other years it has refused to do so.

16. A major problem of the tax sharing arrangements is the basis on which the total State share is distributed between the States. When tax sharing was introduced, in 1976, the total was distributed in accordance with the population of each State, adjusted by factors which produced a distribution in the same proportions as those which applied under the previous arrangements. Those proportions in turn were the result of a process of historical development in which needs were a significant, but by no means an exclusive, consideration. The variation between the State factors was considerable. Victoria, for example, at one end of the scale had a factor of one, whereas Tasmania at the other had a factor of more than two.

17. The tax sharing legislation provided for a review of the State factors by the Commonwealth Grants Commission on the basis of equalisation principles. Section 13(3) of the States (Personal Income Tax Sharing) Act 1976 enabled the Commonwealth Minister to refer to the Commission the question whether any change was desirable in the State factors

a) on the basis of the principle that the respective payments to which the States are entitled under this Act should enable each State to provide, without imposing taxes and charges at levels appreciably different from the levels of the taxes and charges imposed by the other States, government services at standards not appreciably different from the standards of the government services provided by the other States;

b) taking account of
aa) differences in the capacities of the States to raise revenues; and
bb) differences in the amounts required to be expended by the States in providing comparable government services; and
c) in the light of an examination by the Commission of
aa) the matters that influenced the determination of the State factors;

and

bb) any events that have occurred since those State factors were determined that, in the opinion of the Commission, affect the appropriateness of the continued application of those factors.

18. The Grants Commission has twice conducted such a review, in 1981 and 1982. On each occasion it has assessed factors which would dramatically alter the distribution of tax sharing payments between the States. On the basis of the factors assessed in the 1981 report, for example, $300 million per annum would have been lost by three States collectively and gained by the other three. Predictably, it was not considered politically palatable for the changes to be made. In 1981 the solution found was to refer the matter to the Grants Commission again. In 1982 a decision was taken to "phase in" the newly assessed factors over a period of three years, subject to a guarantee for each State of continued growth in payments in real terms which significantly retarded any movement towards the new factors. At the time of writing the matter of inter-State relativities has been referred to the Grants Commission for the third time, with a request that it report by 31 March 1985. There is no reason to expect that it will be any easier to deal with this report than with the earlier two. On this occasion, however, the report co-incides with a review of the entire tax sharing system, including the distribution of tax sharing powers between the Commonwealth and the States. The opportunity exists for the problem of inter-State relativities in the distribution of general revenue funds to be met at a more fundamental level.

19. The earlier function of the Commonwealth Grants Commission, of determining applications for special grants by claimant States on the basis of needs, was lost in the process. The three States who stood to gain from the introduction of the new relativities in 1981 were persuaded not to press their case and to allow the matter to be referred back to the Commission. They received in return payment of amounts by way of compensation which nevertheless fell far short of the amounts they might have received had the new relativities been implemented. The payments were made on condition that no State applied for a special grant in the current financial year. That condition has remained a part of the tax sharing arrangements ever since.

Other grants

20. The Commonwealth Constitution expressly empowers the Commonwealth to make conditional grants to the States. Section 96 provides that:

"...the Parliament may grant financial assistance to any State on such terms and conditions as it thinks fit."

The power has been interpreted widely by the Court. It is settled that its exercise does not require a prior demonstration of financial need by a State. Nor are the terms and conditions that may be attached to a grant limited to matters pertaining to the grant itself. These points were established at a relatively early stage, in *Victoria v Commonwealth (Roads* case) (1926) 38 CLR 399.

21. They were illustrated most graphically, in the two cases in which the validity of the uniform income tax scheme was upheld: *South Australia v Commonwealth* (1942) 65 CLR 373 and *Victoria v Commonwealth* (1957) 99 CLR 575. In both cases the Court upheld the validity of an Act making grants to the States on condition that they refrain from imposing income tax of their own. In effect, therefore, the granting Act created the need which the grant was designed to satisfy.In rejecting the argument that this was beyond the power conferred by section 96 Chief Justice LATHAM in the *First Uniform Tax* case said that the scheme:

"... could be applied to other taxes so as to make the States almost completely dependent, financially and therefore generally, upon the Commonwealth. If the Commonwealth Parliament, in a grants Act, simply provided for the payment of moneys to States, without attaching any conditions whatever, none of the legislation could be challenged by any of the arguments submitted to the Court in these cases. The amount of the grants could be determined in fact by the satisfaction of the Commonwealth with the policies, legislative or other, of the respective States, no reference being made to such matters in any Commonwealth statute. Thus if the Commonwealth Parliament were prepared to pass such legislation, all State powers would be controlled by the Commonwealth – a result which would mean the end of the political independence of the States. Such a result cannot be prevented by any legal decision. The determination of the propriety of any such policy must rest with the Commonwealth Parliament and ultimately with the people. The remedy for alleged abuse of power or for the use of power to promote what are thought to be improper objects is to be found in the political arena and not in the Courts." (65 CLR 373, 429)

22. It may be doubted in fact whether this analysis is entirely accurate, if taken literally. It is quite clear from section 96 that the conditions attached to a grant must at least be authorized, if not actually imposed, by the Parliament. It also is possible that any attempt by the Commonwealth to condition its grants on satisfaction with State policies generally would

cause the Court to reconsider its interpretation of section 96. Nevertheless, on the basis of current authority, the ambit of the power of the Commonwealth to make conditional grants is very wide indeed. The only limitations which the Court has imposed on the power are first, that States cannot be compelled to accept a grant and secondly, that the conditions cannot require the States to act in a way that is beyond their constitutional power. Despite this latter restriction it appears that the Court nevertheless may be prepared to countenance schemes involving the grants power under which the Commonwealth and the States pool their powers in a way that in effect enables constitutional guarantees or prohibitions to be avoided.

23. Conditional or specific purpose grants from the Commonwealth to the States in fact are made for a variety of purposes and subject to a variety of conditions. The level of such grants in proportion to the level of general revenue payments varies, usually in accordance with the federalist philosophy of the current federal government. In 1984-85 total general purpose grants from the Commonwealth to the States were estimated at $10,980 million whereas total specific purpose grants for recurrent and capital purposes were estimated at $7,662 million. This figure for general purpose grants includes the health grants and certain capital grants as well as the tax sharing grants.

24. There are currently at least 90 grant programs for specific recurrent and capital purposes. Grants are provided in the areas of disaster relief and emergency services, education, health, social security and welfare, aboriginal advancement, housing, urban and regional development, the environment, culture and recreation, transport and other economic services. No systematic methodology has yet been developed at either the Commonwealth or the State level for deciding whether grants should be made or accepted and if so, on what conditions; for monitoring their expenditure; and for assimilating them within the public accounting processes.

Borrowing

25. Since at least 1927 government borrowing in Australia has been co-ordinated. The level of colonial debt and the effect of the competition between colonies for relatively scarce capital was another motivating force for federation. In fact these issues were not resolved until 1927, when the Commonwealth and the States entered into a Financial Agreement. The Agreement was given constitutional force by a new section 105A which was included in the Constitution following a referendum. Section 105A empowers the Commonwealth to "make agreements with

the States with respect to the public debts of the States". Under section 105A(5) such agreements are to be binding on the parties "notwithstandig anything contained in this Constitution or the Constitution of the several States or in any law of the Parliament of the Commonwealth or of any State".

26. The Financial Agreement restricts the powers of all parties to borrow, other than in accordance with the Agreement. It establishes a Loan Council to which, with minor exceptions, the Commonwealth and each State must submit their borrowing programs for the year. The Loan Council comprises a government representative from the Commonwealth and each State. Most decisions are made by majority, with the Commonwealth having two votes and a casting vote. The Loan Council decides the total amount that can be borrowed each year, and its allocation between the parties. The actual borrowing is made by the Commonwealth and the funds disbursed to the States. The Commonwealth is directly liable on all loans: interest is paid by the States to the Commonwealth.

27. The Financial Agreement covers only the borrowing of governments, not their authorities. Since 1936 the borrowings of the latter have been covered by an informal, so-called "Gentlemen's Agreement", whereby the parties agree to submit the authorities' borrowing to overall Loan Council control. The stringency of control varies from time to time. At present only two controls apply. One is that each State is expected to keep its authorities' borrowing within a stipulated "global limit" as far as possible. The second is that there is a limit on the amount that the authorities can borrow outside Australia. The Gentlemen's Agreement is in a state of flux: it is unlikely that the present situation will last for long.

28. The Commonwealth now dominates decision-making by the Loan Council. One of the reasons for this is that since the early 1950s the Commonwealth has "underwritten" State capital programs in the sense that if there is any shortfall in the amount of the approved Loan Council program that could be borrowed for each State on the agreed terms and conditions it would be made up by the Commonwealth itself. At this point, the Commonwealth became a lender to the States. In due course, the underwriting agreement became conditional on the States agreeing to certain decisions in the Loan Council, including the amount of approved borrowings both for governments and for statutory authorities. The point has now been reached where almost all the financial arrangements negotiated annually by the Commonwealth and the States at the Premiers' Conference and the Loan Council are put to the States by the Commonwealth as a single package, on which the renewal of the underwriting agreement depends.

29. The final component that should be mentioned are the interest free capital grants now made by the Commonwealth annually to each State. In 1970 the States jointly produced a paper in which they pointed out that the effect of the underwriting agreement was that the Commonwealth lent to the States, with interest, moneys that should have been paid to them as surplus revenue under section 94 of the Constitution. In response the Commonwealth took over $1.000 million by way of State debt and agreed that in future a proportion of the Loan Council programs should be provided to the States by the Commonwealth as interest free capital grants. At present one-third of the States capital programs are met in that way. Whatever the immediate financial benefit to the States of this arrangement, its long term effect was to further entrench the dominance of the Commonwealth in the Loan Council. It has made fundamental review of the intergovernmental borrowing arrangements impracticable without a comparable review of the revenue arrangements.

Note

1 Quoted in *Equality in Diversity: Fifty Years of the Commonwealth Grants Commission*, A.G.P.S., 1983, p. 37.

Christian STARCK

In the fields of tax-legislation and distribution of tax revenue there are major differences between federal states and unitarian states with decentralized units. In his written report Prof. LUCHAIRE gave us an excellent survey of the situation in unitarian states, particularly in France. In regard federal states the legal situation is quite different concerning tax legislation(A), apportionment of tax revenue(B), and the fiscal administration including the budget(C).

A. Tax legislation

Tax legislation must be distributed between the federation and the states on the constitutional level. Among the federal states this matter is dealt with in very different ways with priority either to the federation or to the states.

In the Fed. Rep. of Germany tax legislation is almost exclusively a federal matter. The Federation has exclusive or concurrent power to legislate on all taxes the revenue of which accrues to it wholly or in part as well as in cases where the need for regulation by federal legislation exists. The "Länder" themselves only have the power to legislate on *local taxes* "as long and in so far as they are not identical with taxes imposed by federal legislation" (Art. 105 IIa Basic Law).

B. Apportionment of tax revenue

Financial independence of the individual states is absolutely vital to any form of true federalism. In apportioning the tax revenue a federal constitution must not only guarantee that the states have sufficient means to fulfill their tasks. Furthermore, the apportionment itself must be managed on the *constitutional level* in order to protect the autonomy of the states against federal legislation.

The apportionment of tax revenue in Germany is based on the principle that the federation and the"Länder" shall meet separately the expenditure resulting from the discharge of their respective tasks. This constitutional principle bases on the understandig "who pays, decides". The Basic Law uses two systems of apportionment: (1) The revenue from certain taxes (income, corporation, and turnover tax) shall accrue jointly to the Federation and to the "Länder" (*system of joint taxes*). Art. 106 III 2 BL specifies that the Federation and the "Länder" shall have an equal share of the revenue from income tax and corporation tax. The respective shares of the "revenue from the turnover tax shall be determined by federal legislation requiring the consent of the Bundesrat" (Art. 106 III 3 BL). This legislation, however, must strictly observe federal principles (Art. 106 III 4 BL). (2) The revenue from the remaining taxes is allotted separately to the Federation, to the "Länder", and to the communes (*system of separate taxes*). The Federation is entitled to the revenue from customs duties, excise taxes in so far as they are not to be allotted differently, capital transfer tax, and insurance tax, to name a few (Art. 106 I BL). The "Länder" are entitled to the revenue for instance from property (net worth) tax, inheritance tax, motor vehicle tax, and such taxes on transactions as are not separately allotted to the Federation or jointly allotted to both the Federation and the "Länder" (Art 106 II BL). The communes, finally, are entitled to the revenue from taxes on real property and business and from local excise taxes (Art. 106 VI BL). They also receive a share of the revenue from the joint taxes which is, however, specified by "Land" legislation (Art. 106 VII BL).

This system, distinguishing between joint and separate taxes enables only a fairly crude apportionment of tax revenue. The final balancing, which must adequately consider the differences in financial capacity and requirements of the "Länder", is achieved by a system of financial equalization both in a horizontal and in a vertical sense, specified in Art. 107, Art. 106 IV, VIII, and Art. 104a II-IV BL.

Particularly, the competence of the Federation to grant the "Länder" financial assistance for important investments by the "Länder" or the communes (Art. 104a IV) weakens the financial independence of the "Länder". The conditions for granting such financial assistance are very vague and contain virtually no restrictions as long as they are meant to promote economic growth or to equalize differences of economic capacities within the federal territory. The Federal Constitutional Court has tried to interpret this clause in a restrictive manner. (Bundesverfassungsgericht, Decisions vol. 39, 1975, p.96 sqq.) – Furthermore, one must take into consideration the difference between the apportionment of tax revenue and financial assistance. According to the German system of financial equalization, which is quite clear in this point, the means for long-term financing of tasks are to be provided by apportioning the turnover tax. The pertinent rules for the apportionment focus on the necessary expenditures of the "Länder", their financial strength, or the particular weakness of certain "Länder". On these grounds the Federal Constitutional Court should have emphasized the character of financial aids as an exception more strongly, and as a consequence have established a strict subsidiarity of financial aids. The so-called financing competence of the Federation according to Art. 104a IV BL is – as its first element clearly illustrates – a reserve competence. Long-term financial aids to the "Länder", however, are not in accordance with the constitutional system of financial equalization.

It is of greatest importance that the apportionment of tax revenue is determined on the *constitutional level* thus binding (tax) legislation, because in the German system this automatically enables constitutional review. This is what constitutes the very ***backbone of federalism*** in Germany!

C. Fiscal administration

"Customs duties, fiscal monopolies, and excise taxes subject to federal legislation... shall be administered by federal authorites" (Art. 108 I 1 BL). The administration of all other taxes is business of the "Länder" (Art. 108 II BL).

Most important is the guarantee of a separate budget to the "Länder". This essential element of federalism is laid down in Art. 109 I BL: "The federation and the "Länder" shall be autonomous and independent of each other in their budget." Only a very limited influence of the Federation is permitted in this field. It may be exerted by way of federal legislation to establish basic principles governing budgetary law, fiscal administration, and financial planning (Art. 109 III BL).

I conclude with the remark that in the Basic Law also the financial autonomy of the local authorities is safeguarded under the aspect of allocation of finances on the constitutional level.

Thomas FLEINER-GERSTER

Il ne fait aucun doute que la question de l'autonomie financière est la plus cruciale parmi toutes celles qui doivent être traitées dans le cadre de la détermination du degré d'autonomie d'un Etat décentralisé ou d'une unité fédérale. Aucun Etat industrialisé moderne n'est en mesure d'accorder une autonomie illimitée aux unités décentralisées dans le domaine financier. La possibilité de faire face à des charges toujours plus considérables dépend, pour les Etats, de la contribution de chaque citoyen, ce qui a certainement pour conséquence une diminution de l'autonomie locale des unités décentralisées dans le domaine financier. C'est la raison pour laquelle on trouve autant d'inter-relations et de dépendances étroites entre les finances de l'Etat central et celles des unités décentralisées.

Il existe néanmoins, même dans le domaine financier, des distinctions assez importantes entre les différents types d'Etat. En ce qui concerne la taxation, on peut relever le fait que chaque unité décentralisée a le droit de prélever des taxes limitées. La différence principale entre les Etats centralisés et les Etats fédéraux consiste en ce que ces derniers accordent une autonomie beaucoup plus importante à leurs Etats fédérés dans le domaine de la taxation. Aux Etats-Unis et en Suisse notamment, les Etats décentralisés ont le droit de prélever des taxes sur le revenu et la fortune. La Constitution suisse prévoit même que la part des taxes prélevées sur le revenu et la fortune et revenant à la Confédération doit être limitée afin de laisser aux cantons une plus grande autonomie dans le domaine des contributions versées par les citoyens. Ainsi, un tiers du revenu total de l'Etat helvétique doit être payé à la commune, un autre au canton et le dernier à la Confédération. Même aux Etats-Unis, l'autonomie financière des Etats fédérés ne va pas aussi loin. Leur revenu est normalement limité à peu près à 20 % du revenu total de l'Union et des Etats décentralisés.

Si l'on veut faire une distinction entre la décentralisation des Etats centralisés et celle des Etats fédéraux on peut dire que, dans le domaine de la taxation, les Etats fédérés reçoivent une contribution plus importante de la part de leurs citoyens que les unités décentralisées. De plus, les taxes que peuvent prélever les unités décentralisées sont limitées à des domaines particuliers souvent de peu d'importance, ainsi la taxe pour les chiens. Dans les Etats fédéraux en revanche, le droit de demander des contributions aux citoyens est accordé aux Etats fédérés par la Constitution elle-même.

Comme les Etats fédérés ont des charges propres et doivent assumer les dépenses qui en découlent, ils sont ainsi directement dépendants des subventions accordées par l'Etat central. Le problème du subventionnement des Etats fédérés et de la dépendance qui en résulte pour eux vis-à-vis de l'Etat central est un problème typique d'un Etat fédéral ou qui, du moins, ne se fait pas sentir dans la même mesure dans un Etat centralisé comprenant des unités décentralisées. Parmi les Etats fédéraux, on peut signaler des différences assez importantes quant au subventionnement des Etats fédérés. Aux Etats-Unis par exemple le Congrès peut, par le biais de la création d'un «grants committee» octroyer des subventions aux Etats fédérés si ceux-ci se conforment aux conditions posées par ce comité. En Suisse, un subventionnement n'est possible que si la Confédération en a la compétence et prévoit une législation à cet effet. C'est également le cas en Allemagne. Le pouvoir presque illimité du Congrès américain (the power of the purse), montre que ce pays n'est pas aussi sensible au pouvoir centraliste des subventions que ne le sont par exemple les Etats fédéraux d'Allemagne et de Suisse.

S'il y a subventionnement dans un Etat centralisé, les subventions ne sont normalement pas accordées aux unités décentralisées en tant que telles, mais directement aux citoyens, c'est-à-dire aux services décentralisés qui ont besoin d'un financement supplémentaire pour exercer leur tâche.

De même que le subventionnement, la péréquation financière est une question qui relève surtout de l'Etat fédéral et qui ne pose pas autant de problèmes dans un Etat centralisé. En effet, une péréquation n'est nécessaire que si les unités décentralisées elles-mêmes dépendent de la contribution de leurs citoyens et que des inégalités s'instaurent au niveau des revenus en raison des différences régionales. Ceci dit, l'Etat centralisé doit aussi prévoir une péréquation financière entre ses différentes régions. Cependant, il ne donne pas ces moyens financiers aux unités décentralisées, mais directement aux industries et aux services.

Si l'on parle d'autonomie financière, il faut aussi aborder les notions de pouvoir budgétaire et de planification financière. Dans le cadre de ce colloque, nous avons pu voir que l'autonomie budgétaire des Etats fédérés est beaucoup plus grande que celle des unités décentralisées. Le pouvoir budgétaire des départements français par exemple nous semble être très limité puisqu'ils sont obligés, d'une part de ne pas prévoir de déficit, et d'autre part d'utiliser tous leurs revenus,et cela sous le contrôle de l'Etat central. Ce n'est pas le cas des unités des Etats fédéraux. Les cantons suisses ont par exemple la possibilité de faire des emprunts s'il s'avère nécessaire pour eux de recourir à ce moyen afin de couvrir leurs dettes éventuelles. D'un autre côté, ils conservent dans leur caisse leurs gains et revenus. Enfin, ils peuvent établir dans le domaine budgétaire leurs propres principes de comptabilité, raison pour laquelle il est particulièrement difficile de comparer les budgets des différents cantons.

Les exigences actuelles au niveau des finances rendent nécessaire une planification de plus en plus détaillée à moyen et à long terme. Cette planification semble avoir un effet centralisateur, puisque les différentes unités étatiques dépendent les unes des autres dans le domaine du développement financier. Il est pour cette raison essentiel de développer les conceptions d'une planification décentralisée permettant aux unités décentralisées de garder leur autonomie financière. De tels principes semblent avoir été développés en Allemagne par l'Etat fédéral. En Suisse, les cantons et la Confédération ont également adopté ces principes en fonction de leurs besoins spécifiques.

La discussion sur le problème financier a démontré très clairement qu'il s'agit là d'un point crucial, dépendant dans une grande mesure des possibilités financières. Il semble donc important que l'on fasse, dans le domaine financier notamment, de nouvelles recherches sur l'autonomie des Etats décentralisés.

SECTION VI

DECENTRALIZATION AND THE PROTECTION OF BASIC RIGHTS

DÉCENTRALISATION ET LA PROTECTION DES DROITS FONDAMENTAUX

Federalism, Decentralization and Human Rights

Louis HENKIN

There is no necessary correlation between federalism or other forms of decentralization and a state's respect for human rights. A state's constitutional dispositions or its international obligations in respect of human rights, and its capacity and willingness to respect them, do not ordinarily depend on whether it is a unitary or a federal state or on the degree of centralization of its political institutions.

Nevertheless, whether a state is unitary or federal, centralized or decentralized, is not irrelevant to its human rights system and condition. A centralized government can effectively establish human rights standards applicable throughout the state and see to their enforcement. In the United Kingdom, for example, without a written constitution and with parliament supreme, respect for the rights of individuals is the responsibility of the central government. The doctrine of ultra vires can be invoked to ensure that local authorities do not violate basic rights protected by national law. Complaints against local authorities may be brought to the appropriate minister in the national government. Citizens may bring grievances for violation of human rights before national ombudsmen, which may investigate and publicize violations. Local officials may also be held personally liable for illegalities. The United Kingdom is party to the European Convention on Human Rights as well as to the International Human Rights Covenants, and the Government is responsible for violations of those agreements by local as well as national officials. (In one case, the United Kingdom was held to be in violation of the European Convention because birching was practiced as punishment on the Isle of Man; but the special constitutional relationship of the Isle of Man to the United Kingdom is such that the central government could not repeal the offending local regulations but had to depend on persuasion and voluntary compliance.)

Of course, federalism and other forms of decentralization respond to political and societal concerns that implicate human rights. Especially when federalism results in small political units with substantial autonomy, as in Switzerland, it builds a sense of community and permits more meaningful individual participation in self-government. In many countries, the autonomy granted to local units is designed to assure self-determination and the rights of minorities and their members against abuse by national majorities. Moreover, in some federal or otherwise decentralized states, constituent units have sometimes been able to take the lead to advance human rights beyond the national level and raise human rights standards, which other political units would follow and which might become the national standard. In particular instances, however, a state's federal character and its historic development may explain constitutional and institutional anomalies where human rights are concerned. In some localities, moreover, as a result of federalism or other decentralization, the national constitutional mandate as to individual rights is not effectively enforced. Federalism has also been a consideration in a governmental decision to refuse or to limit adherence to international human rights agreements, and has sometimes frustrated the effective implementation of such agreements.

Implications for human rights will differ, of course, with the form and degree of federalism or decentralization. They may depend, too, on the particular history of constitutional and institutional development. The experience of the United States, which has a long history both as a federal state and as a state constitutionally committed to human rights, may offer some guidance both as to paths others might follow and pitfalls they might avoid.

The development of U.S. federalism and human rights

In the history of the United States, the constituent states antedated the Union. For domestic purposes, there were thirteen independent states on the North American continent between 1776, when independence from Great Britain was declared, and 1789 when the U.S. Constitution came into effect establishing a federal state. Each of the thirteen states had its own constitution; each had its own government.

The constitutions of the thirteen states were not dissimilar. In somewhat different formulations, all reflected the theory of government described in the Declaration of Independence of 1776, including a view of the individual as having autonomy and freedom – rights to life, liberty, property and "the pursuit of happiness" – before entering society, and a view of society as formed by a social contract which established government to secure those rights. Each of the state constitutions had a bill of rights, which included familiar civil and political rights. Each of these bills was implemented by the institutions and laws of the particular state.

The United States Constitution was not designed to modify the dependence of individual rights on the constituent states. After the Constitution came into effect the basic relations between individual and government were, as before, those with the State government and controlled by the State Constitution and laws. Even the right to vote for the U.S. House of Representatives was to be governed by State constitutions and laws. The U.S. Constitution was concerned with relations between States and with the need for and the consequences of union. The new central government projected by the Constitution, it was thought, would not impinge on the individual; it was therefore not necessary to include a bill of rights to secure rights against invasion by the U.S. government. Nor was thought given to prescribing in the U.S. Constitution for the rights which the individual has vis-à-vis his/her state, or to give to national institutions authority to scrutinize whether a state was respecting the rights of the individual as set forth in the State Constitution.

The references to rights in the original U.S. Constitution therefore were few and distinctly exceptional, having special relation to the limited authority of the federal government. The Constitution established certain safeguards for trials for treason, which was primarily a national rather than a State concern. Invasion or rebellion was also a national concern with which the federal government would have responsibility to deal and it might be impelled to address individual rights in that context; hence, the provision that in such circumstances the privilege of the writ of habeas corpus could be suspended (by Congress) if the public safety required it. The Constitution addressed the treatment of individuals by the State only if they were citicens of other states. Exceptionally there was also a prohibition on bills of attainder by State (as well as federal) governments, and a prohibition against State impairment of the obligation of contracts, provisions which were apparently considered to be of particular concern to the nation or to other States.

In respect of a State's own citizens and inhabitants, then, the coming of the U.S. Constitution essentially made no difference: rights were between the individual and the State, governed exclusively by State constitution and State law, implemented exclusively by State courts and other institutions. Indeed, the U.S. Constitution expressly confirmed the situation as to rights where the State consitutions left it in one unfortunate respect: the U.S. Congress was forbidden to interfere with the importation of slaves (presumably under its power over foreign commerce) for at least 20 years; and the Governor of a State was required to return any slave fugitive from another State.

As is well known, in fulfilment of promises made to allay fears expressed when the U.S. Constitution was being considered for ratification, the Constitution was amended shortly after it came into effect, and the Bill of Rights was added. That Bill of Rights – the first ten amendments to the U.S. Constitution – protects basic civil and political freedoms, the security and privacy of the home, and the integrity and fairness of the criminal process. But the Bill of Rights applied only to the federal government. It required the U.S. Congress, the President, and U.S. courts to respect individual rights. The Bill of Rights did not apply to the States, did not affect the status and rights of the individual vis-à-vis State government and State laws and institutions. Federal courts, including the U.S. Supreme Court, were given no jurisdiction to monitor a State's compliance with its own constitution, although, in principle, State courts, like federal courts, were available to monitor compliance of the federal government with the federal constitution.

That situation obtained in the United States for nearly a hundred years. During that time the federal government passed few laws and took few actions that impinged on individual rights and there was virtually no federal rights jurisprudence. The Supreme Court successfully established the authority of the courts to invalidate actions that were contrary to the Bill of Rights but there were hardly any such cases. Only the provisions forbidding states to impair the obligation of contracts came to court with some frequency, establishing a jurisprudence of protection for rights under contract, but not for "human rights".

During that time rights were asserted under State constitutions and in State courts. Individual States recognized additional rights, borrowing from each other or from the U.S. Bill of Rights. Some States added a right to public education, setting an example for other States to follow. (Congress began to use its spending power to further education, but it was seen as a public act for the general welfare, not a recognition of an individual right.) State courts interpreted provisions in State constitutions, setting examples for courts in other States interpreting similar provisions. Since the U.S. Bill of Rights had provisions similar to some in State bills of rights, State court interpretations were also available to shape federal rights jurisprudence. For example, the later construction by federal courts that found in the clause requiring "due process of law" important substantive limitations on governmental regulation of life, liberty or property, had its roots in State court interpretation of a similar clause in State constitutions.

The nationalization of individual rights

After the Civil War (1861-65) the United States Constitution was amended to provide some national protection for individual rights against their violation by the States; in time these amendments effectively nationalized individual rights in the United States.

One amendment (Amendment XIII) outlawed slavery throughout the United States, and Congress was given power to enforce that prohibition by appropriate legislation. That amendment has been construed to authorize federal legislation directed also against "badges of slavery or servitude", including private discrimination on grounds of race.

A more radical change in the character of U.S. federalism was made by the Fourteenth Amendment. It declared all persons born or naturalized in the United States to be citizens of the United States and of the State in which they reside. It provided that no State may "make or enforce any law which shall abridge the privileges or immunities of citizens of the United States; nor shall any state deprive any person of life, liberty or property without due process of law; nor deny to any person within its jurisdiction the equal protection of the laws". Congress was given power to enforce those provisions by appropriate legislation.

The Fourteenth Amendment imposed substantive limitations on the States and on all agencies of State government, on their legislatures, executives and courts. Those limitations are enforced by federal (as well as State) courts, and the United States Supreme Court is the final arbiter as to the meaning, content and scope of the constitutional provision, as to whether the State committed a violation, and as to the remedies available under the Constitution and laws. Even if suits against the State itself might be barred by notions of sovereign immunity, State laws can be declared unconstitutional and state officials enjoined from enforcing them or from committing an unconstitutional act. It is the national Congress which decides what federal laws should be enacted to enforce the provisions of the Amendment, although the U.S. Supreme Court might decide that a particular law was not within the scope of the authority granted to Congress by the Constitution. In fact, Congress has enacted several major civil rights acts providing both criminal penalties and civil remedies against State officials or other persons acting under color of State law who violate individual rights, although certain State officials might enjoy immunity from some proceedings and remedies.

Other Constitutional amendments have further federalized individual rights. In particular, a state is forbidden to deny the right to vote on account of race, or gender, or age (for persons over 18), or – in elections for federal officials – for failure to pay a tax. And the general provision forbidding States to deny to any person the equal protection of the laws has been interpreted to require generally-equal representation so that every person would have a roughly equal vote. Congress has passed far-reaching legislation to assure against State denial of the vote on account of race, including rules and procedures that in this respect impinge heavily on the autonomy and sovereignty of the States.

Individual rights against the States under the federal constitution, regulated by federal statutes and monitored principally by federal courts, are the principal safeguards for the individual and a large part of U.S. Constitutional jurisprudence. In time, the Court interpreted the Fourteenth Amendment as rendering almost all of the provisions of the Bill of Rights originally applicable only to the Federal Government to be applicable equally to the States. In time, rights have been "homogenized" in other respects too, so that in very large measure an individual in the United States enjoys the same rights in relation to the States and to the United States. The very important due process clause which is to be found in both the Bill of Rights applicable to the United States and in the Fourteenth Amendment applicable to the States has been held to provide the same protections, substantive and procedural, against federal and state governments. But the clause has been held to equalize also other protections: the Federal clause has been held to require the United States Government not to deny the equal protection of the laws, or impair the obligation of contracts, requirements that are expressly provided only in regard to the States.

Increasingly, then, the Constitutional rights of the individual apply in the United States against local as well as national governments, and considerations of federalism retain little significance in these respects. But State Constitutions continue to have a life of their own and to exert an independent influence on individual rights. State Constitutions include some guarantees for individual rights that exceed those in the federal Constitution. State supreme courts are free to interpret provisions in State constitutions as affording larger protection than is held by the U.S. Supreme Court to be required by provisions in the federal Constitution. State legislatures have enacted human rights laws and provided remedies that go beyond those in federal law. In fact, at different times in U.S. history some State legislatures and courts have been a bulwark for individual rights when the U.S. courts were restrictive in their construction of safeguards provided in the U.S. Constitution. Some States were pioneers in according what are now called economic and social rights, setting an example for other States and even for the U.S. government and courts.

The history of the United States is its own, not shared or duplicated in other federal states. But as the oldest federal state, its experience has doubtless provided lessons for others as to what might be attempted and what should be avoided. Indeed, U.S. rights jurisprudence, both federal and State, repay study even for unitary states which must decide how much centralization, how much decentralization, is desirable for the protection of individual rights.

International human rights

Since the Second World War, human rights have been substantially "internationalized". Virtually all states, whether unitary or federal, have accepted the Universal Declaration of Human Rights, and some have borrowed from it or incorporated its provisions by reference in their constitutions. The Universal Declaration, however, does not indicate how a state shall ensure respect for its provision, by what law and institutions.

At least some of the provisions of the Declaration have become binding legal obligations as customary international law, or as elaborations of general provisions in the UN Charter, an international agreement to which virtually all states are party. In addition, almost all states have adhered to one or more international human rights agreements, and more than half the states of the world are party to the principal international covenants, the Covenant on Civil and Political Rights and the Covenant on Economic, Social and Cultural Rights.

International obligations are obligations of the national government, whether the state is a federal or a unitary state, whether government is centralized or decentralized. The national government may delegate authority, or otherwise rely on its constituent units or on local government generally, to carry out the state's international obligations, but the national government remains internationally responsible for any failure to perform the international undertaking.

International human rights agreements are largely a post-World-War phenomenon, and some states underwent constitutional doubts as to whether the national government had authority to adhere to such agreements without the consent of the constituent States, and whether the national government could itself implement them or would have to rely on the institutions of constituent units for enforcing the obligations. Whether from a sense of constitutional need, or from considerations of comity between central government and constituent units, efforts were made to introduce a "federal state clause" which would modify somewhat the international undertaking and the responsibility of the federal government for its implementation. But although there was a desire to attract as many states as possible to these treaties, and reservations to the agreements were permitted, there was strong resistance to introducing a federal state clause in the human rights agreements. The Covenant on Civil and Political Rights (article 50) expressly provides that "the provisions of the present Covenant shall extend to all parts of federal States without any limitations or exceptions", and reservations to that clause are precluded. Some federal states have nonetheless adhered to that Covenant, for example, Canada.

Individual rights, both in their constitutional and international character, are limitations on state power and inevitably implicate the governmental forms through which state power is exercised. Relations between a federal state and the individual are inevitably more complex than in the case of a unitary state. But the federal character of a state cannot be allowed to diminish or derogate from every society's obligations to respect and ensure the rights essential to the dignity of every human being.

Louis Henkin

There being no other national report on the subject of Federalism and Human Rights, what I have prepared is not really a general report on the subject but essentially a report on federalism and human rights in the United States. I do not imply that our history and our present situation and jurisprudence are typical. It has been suggested that differences between different federalisms may sometimes be greater and more significant than those between some federalist and some unitary states; the differences between U.S. federalism and some others are deep and wide.

It has been said that geography is the mother of history; perhaps both are parents of ideology. There has been a reference to the "classic theory of federalism": I did not know there is one. Surely, there was not any at the beginning. Unlike the separation of powers, federalism, I stress, was not born of any political theory; it was a pragmatic improvisation to meet a particular situation. Federalism is the name given later to a division of authority between the 13 states on the American Continent and the central government they were creating to achieve and maintain union – "the United States". It was a division designed to allay the states' fears of powerful central government, by leaving the states a large measure of autonomy ("sovereignty"), while giving the new central government-to-be limited, enumerated powers to address common problems. Federalism attempted to resolve the tensions between the autonomy of each individual State and their need for some unity. It was not claimed that this new "federalism" would achieve efficiency in government. Federalism was not designed nor did it claim to promote greater democracy. Our political ancestors were republicans, not democrats; although the sovereignty of the people was accepted in principle, that did not imply universal suffrage or any other particular form of "republican" government. But whatever the preferred form of government, federalism was not seen as relevant to it. If some of us believe today that federalism is sometimes more democratic and conducive to more meaningful individual participation in government, that seems to have been a later rationalization, perhaps a fortuitous and fortunate by-product of an invention for other purposes. Here, theory, if any, has followed experience.

In any event, U.S. federalism is not typical. To the question asked, whether U.S. federalism resulted from a delegation of authority by a central government to constituent units, or from contributions of governmental authority by the units to a central authority, the U.S. answer is, in principle, "neither". "We, the people" ordained the U.S. Constitution and the central authority, as the people of each state had earlier ordained their State constitutions and their State institutions. Unlike other federal systems that have been described, that of the United States consists of two complete, essentially separate systems of government, each with its legislative, executive and even judicial branches, each with its own (though overlapping) citizenry. As with other governments, federalist or unitary, for the United States, too, there are large differences between the formal and the real. I am not suggesting hypocrisy, but rather constitutional development in response to necessity and experience, without formal revision of the constitutional blueprint to reflect the reality.

Thus, for example, on the face of the Constitution, the central government is a government of limited, enumerated powers. But fifty years ago, in response to the changing character of U.S. society and economy, and to the forces pressing for centralization to meet the perceived needs of a modern welfare state, constitutional jurisprudence accepted nearly unlimited powers for the central government, principally through broad conceptions of the power to regulate commerce, to tax, and to spend for the general welfare (very broadly defined). One can say that the United States remains a federal state only by grace of Congress, which has refrained from exercising all the authority which in constitutional principle it might legitimately exercise. But the abnegation of Congress has itself reflected the realities of political life. State and local interests are powerful in Congress because they support and permeate the political system and process. Other political realities also modify the formal system – the inequality in fact of states equal in principle, inequalities of geography, of economic and political power. Political realities determine that the ability of the central government to tax has led to huge federal funding programs, subject to conditions, in matters which in theory are under control of the states. State participation is theoretically voluntary, but the attraction of federal spending buys up State constitutional authority, and efforts like Reagan's New Federalism cannot in fact undo what has become basic to the U.S. system.

The United States is also not typical in respect of human rights, the subject of my report. The United States, I believe, has reason to be proud of the condition of human rights of its inhabitants, though there is also much still to be improved. The forces that maintain rights are doubtless embedded in stable political and social institutions, including the separation of powers. The role of an independent, largely apolitical judiciary in maintaining respect for human rights is well-known and has been widely emulated, though it is not always possible to transplant institutions into other systems and societies and achieve the same results. And some countries have accepted the idea of constitutional review but with important differences. In France, for example, review of legislation for conformity to the Constitution is by a constitutional Council rather than by the courts. Review there is essentially part of the legislative process: it can only be initiated before legislation comes into effect, at the behest of certain high officials or of a number of legislators. In the United States, the constitutionality of legislation can be challenged only after it is enacted, and only by private persons threatened by that legislation.

In the United States, as I have indicated in my written report, federalism was once an important element in determining the condition of human rights and the system for protecting them. For the first hundred years, human rights were essentially the responsibility of the States. It was the States that governed the daily lives of the citizen, and respect for individual rights depended on State constitutions, State law, State political authority, State courts. The Bill of Rights in the U.S. Constitution applied only to the central government, and during that time the U.S. government hardly acted in ways that impinged on individual life, activity and rights. Only one human rights case reached the Supreme Court of the United States before the Civil War (1861-65), in 1857, when the Court saw fit to uphold property rights in a slave rather than the freedom granted the slave by Congress. The development of the federal Bill of Rights and of judicial review to safeguard individual rights did not really happen until well into this century (largely after the Second World War).

Human rights were nationalized, centralized, following the Civil War, principally through the Fourteenth Amendment to the Constitution. That Amendment established national citizenship and forbade the States to deprive persons (even aliens) of their life, liberty or property without due process of law, or deny them the equal protection of the laws. That Amendment effectively gave the courts, both State and federal, the task of monitoring State compliance with the provisions of the Amendment. And, though with occasional backsliding, the courts have expanded the content and reach of those provisions, and by imaginative constitutional construction have homogenized the 14th Amendment and the U.S. Bill of Rights so that today an inhabitant of the United States enjoys essentially the same rights and the same protection against State and federal governments. The Fourteenth Amendment also gave Congress authority to legislate to protect individual rights, which Congress has done through a series of civil rights acts. In a kind of *pas-de-deux,* Congress and the courts have frequently cooperated and have led to the system we have today, including – finally – universal and equal suffrage.

And yet, federalism is not irrelevant to rights in the United States. The States still largely govern the daily lives of the citizen and it is largely the States that must respect the individual's rights. Where State laws fail, where State officials fail, rights fail, until the individual seeks and obtains judicial relief, and courts do not always provide it. For sixty years the courts "misinterpreted" the Constitution and tolerated racial segregation by the States, until the famous case of Brown v. Board of Education, in 1954.

Federalism, and State and local forces, bear substantial responsibility also for the failure of the United States to adhere to international human rights instruments. Concern for "States' rights", inter alia, led to a powerful campaign (1950-55) to amend the U.S. Constitution to make it impossible for the United States to adhere to international human rights covenants. That proposed amendment was defeated but it evoked a commitment by President EISENHOWER that the United States would not in fact adhere to the human rights agreements. Later, the United States (with some other federal states) sought – unsuccessfully – the insertion of a "federal-state" clause that would modify the international obligations of federal states under those conventions. When President CARTER finally sent the principal conventions to the U.S. Senate for its consent to ratification he suggested reservations that would essentially limit the obligations of the United States in a number of ways, including some designed to favor "States' rights".

On the other hand, federalism sometimes favors human rights. On occasions in the past, State constitutions, laws and institutions provided protections or rights not provided by federal laws and institutions. State laws regulated wages and hours before Congress attempted to do so, although for a time the courts found State efforts, too, unconstitutional as abridging the freedom of contract. The coming years may again find increasing reliance on the states for their protection of rights: restrictive constitutional interpretations by federal officials and federal courts may impel individuals to resort to State constitutions and State courts for additional protection. State constitutions can provide protections not provided by the Federal Constitution. State courts can interpret language in a State constitution as providing greater protection than is provided by identical language in the Federal Constitution as construed by the Supreme Court.

The U.S. brand of federalism has had different consequences for economic and social rights. While some rights denominated "economic-social" – e.g., the freedom to choose one's work, the right to join a trade union – are liberties protected by the U.S. Constitution, there is no right under the U.S. Constitution to education, social security, housing, health care, other welfare services. The United States is a welfare state today not by constitutional mandate but by law, although statutory rights are supported by constitutional requirements of equality and fair procedures, but federal laws can be repealed or modified, and services depend on Congressional appropriation of funds. The States, on the other hand, can supplement federal aid or recognize additional rights and can give economic-social rights constitutional status. Public education in the United States, for example, was an early initiative of the States and in different degrees there is a right to an education under a number of State constitutions. Federalism has different significance for State participation in federal welfare programs. Due to federalist influences, State participation in such programs is voluntary, and a State may offer fewer services, or spend less, or encourage needy persons to go to other states. (However, laws denying aid to persons not long resident in the State were declared unconstitutional as denying the freedom of travel and residence.)

(At the end of the session, in summary of the discussion, Professor Henkin added:)

I should not have said in my written report that federalism is largely irrelevant to human rights; I should have said that it ought to be irrelevant. As we heard, federalism may enhance democracy and freedom from invidious discrimination against minorities; it does not necessarily mean either more or less respect for human rights generally. But federalism ought not prevent the adoption of a minimum if not an optimum standard of respect for human rights, corresponding, at least, to the international standard reflected in the Universal Declaration and the international covenants and conventions. Considerations of federalism should not be allowed to prevent adherence to such international instruments, and if their implementation is to some extent left to State or local law and authorities, the central government is ultimately responsible for compliance with such standards and should retain constitutional authority to carry out that responsibility. Neither should kinds of "reverse federalism" – the joining of supra-national institutions – be allowed to make it more difficult to maintain that responsibility to respect and ensure human rights.

Since, we have heard, federal states differ widely and the United States is hardly typical, U.S. jurisprudence and experience may not suggest principles warranting distillation and generalization, and need not be a model for others to follow. In the United States, where the States were first and the original federal government small and weak, geography and history, industrialization and urbanization, have engendered centralization, and created a society in which human rights have generally found better protection in national standards and through central institutions. Other countries may find Switzerland a more relevant model, where, as I understand, geography and history have shaped a different federalism, in which centralization has remained limited, the cantons have retained their primacy, and serve some human rights values. Other states, with their particular geography and history may seek a federalism that is less "territorial" than Switzerland's, or might combine religious-cultural with territorial divisions.

What matters is that each particular federalism be most conducive to and supportive of human rights. The human rights standard applicable everywhere in a federal state must be no lower than the international standard, and the state's federal system – as a whole – must assure maximum compliance with that standard. If in large countries, with rampant urbanization and modernization, assurance of human rights suggests the need for strong central institutions, it may be that in smaller, less-centralized countries, the enforcement of common human rights standards might better be left to local institutions. In any federal system smaller polities might enhance human rights and human dignity above what is required by the common national and international standards.

It may be necessary to interject here that while we all favor human rights and human dignity and their enhancement, one ought not lightly to assume that "human rights" are all equal and fungible, that they are a quantifiable good, that we know what we mean by "more" human rights, and that more is better. More human rights for some may result in fewer rights for others, and may limit what can be done by democratic societies in the public interest. Subject to that *caveat*, however, there is ample room for higher standards and better protection for individual human rights, and the political institutions of federalism should enhance rather than hamper individual human dignity, which is (or ought to be) the purpose of federalism as of all human institutions.

The discussion raised a number of other issues that require further attention and study. Little was said of limitations on rights (for example, for public safety or *ordre public*), or of derogation from rights in national emergency, both permitted even by enlightened national constitutions and constitutional jurisprudence and by international human rights instruments. Limitations on rights may include some governed by local law and it is important that the standard for permissible limitations or rights, like the minimum standard for human rights, be a national standard satisfying international standards. Derogation from human rights in emergency should also be by a national standard satisfying the international instruments (notably those of article 4 of the International Covenant on Civil and Political Rights). I am pleased to note that the U.S. Constitution does not provide for emergency rule, for government by decree, for suspension of the Constitution, of the Bill of Rights or of other Constitutional rights. Only the privilege of the writ of habeas corpus may be suspended, only by Congress, only in case of invasion or rebellion, only if the public safety requires it. The use of the word "privilege" should not be read to mean that habeas corpus is only a "privilege" not a "right"; indeed, the clause has been read to mean that the writ cannot be suspended, though the privilege of issuing it may be temporarily suspended by Congress in the emergencies indicated.

The discussion also revealed differences as to the content of "human rights". There has been an international consensus on the meaning and content of that term, but the consensus, it is worth noting, is not based on any agreed philosophical basis for rights. While in the West human rights are generally related to natural rights (whether or not religiously based), sometimes also to social contract, the international instruments, striving for the widest consensus, avoided philosophical-ideological justification. The only articulated basis for rights is that they are essential to human dignity. The content of rights was not derived from any ideology or justification: agreement was reached on a series of specific rights articulated in the Universal Declaration and the covenants: the right to life and to personal integrity, to freedom from torture or mistreatment, to freedom from slavery, forced labor or arbitrary detention, to fair trial in the criminal process, to privacy and autonomy in personal matters, to freedom of thought, conscience and expression, as well as specific economic-social rights.

Human rights therefore are not to be confused with or treated as the equivalent of "democracy", however defined. The Universal Declaration, and the Covenant on Civil and Political Rights, include a right to participate in government, by free and authentic vote reflecting the will of the people, but in principle that could be satisfied in a number of ways. It does not preclude – or require – proportional representation, or any other particular form, provided it is an authentic expression of the popular will.

Federalist arrangements are surely not precluded and some will prefer them as being more democratic, as providing more meaningful individual participation (in smaller units). They may also provide greater assurance against racial, religious or cultural discrimination, whether federalism follows territorial lines, or provides for degrees of autonomy for religious, cultural or linguistic communities.

In my view, however, federalist arrangements, even when they contribute to better democracy and greater group autonomy, should not be confused with or be permitted to violate other individual rights. The international political system did indeed find a need for minority protection in the minority treaties of the 19th and early 20th centuries. Minority protection was apparently deemed unnecessary when the international human rights movement was born, it being assumed that if the individual's rights were protectet he/she would enjoy those rights regardless of membership in a minority group; discrimination on grounds of group membership was also expressly, firmly and repeatedly forbidden. Indeed, it was probably thought necessary to protect individuals even when the group of which they were part enjoyed equal status and security.

It may be that international human rights need to strengthen group rights and the rights of individuals as members of groups, even beyond what is provided in the Covenant on Civil and Political Rights (art. 29). But federalism designed to reflect group rights, and to improve individual participation, must not be allowed to violate individual rights and to subject the individual to the tyranny of the majority, even if the local majority is a minority group. Indeed, it is particularly important to be concerned for individual rights in federalist arrangements, for individual freedom is sometimes particularly vulnerable to local coercion and repression.

The Relationship between Federalism and Rights

Thomas Fleiner-Gerster

Federalism and Fundamental Rights

The relationship between federalism and human rights may be considered as ambiguous. Federalism confers autonomy to religious, linguistic or political minorities on a territorial basis. It enables minority groups to develop their own respective religious or linguistic tradition within a certain political unit. On the other hand it must be considered that minorities living within another minority group may have lesser rights and freedom with regard to their own heritage.

Take the language problem as an example. The Swiss Supreme Court decided that language has to respect the territorial concept. This means that French speaking parents living in a German speaking environment must send their children to a German speaking school. The Canadian Supreme Court on the other hand took the opposite position. According to the Canadian Supreme Court people living in whatever territorial environment in Canada are entitled to have their children educated either in a French or in an English speaking school.

Their also seems to be great ambiguity with regard to the principle of equality. On one hand the Swiss cantons are financially very autonomous and the power to levy taxes belongs to them rather than to the Confederation, this results in citizens paying different (=unequal) amounts of taxes in different cantons. On the other hand in the Federal Republic of Germany the system of taxation is more centralized and the principle of equality as it is understood there does not allow the different "Länder" to levy unequal amounts of taxes.

Federalism grants more democratic and political rights, because it gives small groups more power. If for example only 14'000 citizens have to decide how schools should be organized, every single citizen has much greater power in the decision making process than if the same decision has to be arrived at in a political unit of 7 million citizens. Thus federalism and especially the separation of power between the centralized federal unit and the decentralized units open possibilities to enlarge individual political power.

Furthermore we have to consider that federalism not only can increase individual rights, but also gives rights to groups. Such rights of autonomous groups might come into conflict with individual rights. Therefore it is the federal unit's duty to decide which rights should have preference in cases of conflict. In deciding such conflicts the federal authorities have to consider what the impact will be upon the peaceful relationships between the different minority groups. If the Swiss Supreme Court, for instance, gave up the principle of territoriality with regard to the language, this might create important conflicts between the different linguistic groups in Switzerland.

In the run of the historical development of almost all federal states individual rights have been enlarged while rights of groups were diminished. However it seems that only under regimes which were liberal as well as federal such developments were possible. The development of the equal political rights for men and women for instance began in the cantons of Switzerland and only after a considerable number of cantons had given women equal political rights, it was possible to convince the majority of the whole of the (male) Swiss electorate to accept that women should have the right to vote on the federal level. The two half cantons of Appenzell insist still today that it is their autonomous right to decide on their own whether they will grant equal political rights for men and women within their territory. They deny that the federal government has the power to enforce equal rights within their canton. In their view the political independence they claim must be given priority to a centralized conception of individual right.

Federalism and Minority Rights

The influence of the U.S. Constitution on federalism and rights is in large due to the principle of dual sovereignty which the Founding Fathers established. This principle allowed states to develop minority rights on a territorial basis. If we take rights seriously we should not only consider the fundamental individual rights such as habeas corpus, freedom of speech etc., but also the political rights. The right to participate in the decision making process is a very essential part of liberty in Switzerland.

Political rights have an important link to property rights, especially to taxation. The fact that citizens can decide on the cantonal level about their own taxes is one of the most important reasons for Switzerland's low taxes and efficient administration. The control of authorities through political assemblies of citizens can prevent authorities from abusing their power. In continental law countries, where the courts are not given very much power, a great part of protection of individual liberties is up to democratic and majoritarian institutions. Thus federalism in the continental law system grants better protection of individual rights through better political control.

Federalism and Division of Power

Up to the first federal State established by the U.S. Constitution as far as I know no philosophical scholar and no political theory developed the original idea of creating a new State based on an union of existing sovereign states. This union was to be just as republican as were the member States. The establishment of a republican government was thought to be only possible in a centralized way according to the principles of the French Revolution, which influenced centralism in so many european states, which developed republican ideas in the 19th and 20th century. Had the Founding Fathers of the American constitution not established the concept of dual sovereignty, the only possibility of establishing a republican government would have been on the basis of centralized sovereignty.

Thus the important feature of the concept of federalism of the Founding Fathers is to be found in the concept of sovereingty and division of powers. Although one might argue that Hamilton and Madison never accepted the idea of a divided sovereignty, they separated clearly the notion of power from that of sovereingty. So they could accept the concept of checks and balances with regard to the federal branches as well as with regard to the relationship between the federal and the state government. "In a single republic all the power surrendered by the people, is submitted to the administration of a single government; and usurpations are guarded against by a division of the government into distinct and separate departments. In the compound Republic of America, the power surrendered by the people is first divided between two distinct governments, and then the portion allotted to each subdivided among distinct and separate departments. Hence a double security arises to the rights of the people. The different governments will control each other; at the same time that each will be controlled by itself.".

The original American Constitution did not only install governments within the central government putting their checks on the central government, it developed also the idea of delegated power of the central government and residual power of the decentralized government. "The powers delegated by the proposed Constitution to the federal government are few and defined. Those which are to remain in the State governments are numerous and indefinite. The former will be exercised principally on external objects, as war, peace, negotiation, and foreign commerce; with which last the power of taxation will, for the most part be connected. The powers reserved to the several States will extend to all the objects which, in the ordinary course of affairs, concern the lives, liberties, and properties of the people, and the internal order, improvement, and prosperity of the State.".

This concept of division of powers between the central and the decentralized states was probably the most influential concept of U.S. federalism on European countries. However this concept has been developed and adapted to the continental civil law system.

European constitutionalism has been strongly influenced by the principles of Bodin and Hobbes. Although these authors do not share most of their political ideas, they are clear and plain about the concept of an absolute and non divisible sovereignty. According to both there can be only one sovereignty. Thus neither a real division of powers in the American sense of checks and balances could be introduced into an European constitution nor was it possible to get the concept of dual sovereignty to be adopted by European political thinkers.

With regard to the separation of powers according to European concepts powers have to be separated, but they are not equal. There remains one primarily legislative power, which controls and supervises the other powers. According to the French doctrine, powers have to be separated, but they shall not be given any power to check each other. Thus for instance the courts have no right to check the legislative power nor can they control whether the administrative power has been acting ultra vires. The entire administrative control has been given to a special body, the Conseil d'Etat, which has developed the new revolutionary administrative law model. Up to the middle of this century it served as *the* model for the administrative law in civil law countries.

Considering this view of separation of power, it is not surprising that the concept of dual sovereignty was not even discussed in European doctrines, because they did not share any view accepting division of sovereignty. Even in pragmatical politics it was not possible to develop those ideas, because the tradition of a monarch as head of state did not fit the idea of separate but equal powers, and only through this latter principle the United States could develop its new concept of presidency.

Michael BOTHE

1. Defining the subject

The Colloquium, to bring the complex discussions to a common and simple (perhaps oversimplified) point, has dealt with the attribution of government functions to particular levels of government, to higher (centralization) or lower (decentralization) ones. For this purpose, it is appropriate to distinguish four levels of government:

- international or "supra"-national
- national
- intermediate or regional
- local

The ensuing fundamental question is: what kind of government problem is solved at which level of government? This is a question of vertical division of powers. Or to put it more precisely: some rules (not necessarily the legal ones!) attribute certain powers to one of these levels of government and thus determine the level of problem solution. As to this vertical division of powers, we can distinguish various models or options: An international or supranational option stresses problem solving at a level above the nation-state, favours international integration. This is often, especially in Europe, labeled as "federalist".

The centralist model emphasizes the concentration of government powers at the national level. In contradistinction, other models stress the attribution of powers to lower levels of government, to the intermediate or regional level (federal or regional model) or local government units (which may then be granted a sphere of autonomy protected against both national and intermediate level supremacy – local autonomy model).

What are the specific criteria of each of these models? How can they be distinguished? Is there, in particular, any specific characteristic of the federal approach? We will revert to this question in the concluding part of this paper under the heading of criteria of the federal state.

In order to give a meaningful answer to these problems, we have to address a number of issues where the distinction between these models or options may be relevant in one or the other way.

The first and perhaps fundamental question is that of the reason for attributing specific powers to a specific level of government, in other words the reasons for centralization or decentralization. We then have to turn to the problem of the form of a decision concerning centralization or decentralization and the procedure of arriving at such a decision. The next problem is that of the content of such a decision. How are the various systems of government shaped? What kinds of functions and powers have to be distributed?

2. Centralization versus decentralization some rational explanations[1]

Two different questions must be distinguished in this context: that between the historic reasons for the adoption of a particular approach and that of its (objective?) virtues and/or disadvantages. It is at least overly optimistic to assume that a particular form of government organization is adopted because its advantages objectively outweigh its disadvantages. As a rule, a certain form of governmental organization is adopted in a particular moment of history for a number of historic reasons. Among these reasons are certainly the perceptions of the relevant decision-makers of that time about advantages and disadvantages of that particular form of governmental organization. But a number of additional factors influence the adoption of a particular approach. Thus, the historic reasons for the choice of a particular form of governments must be distinguished from rational explanations of its pros and cons which generally come afterwards (and sometimes put a veil of ink over historic reality).

It is not the purpose of this report to give a comprehensive review of advantages or virtues of decentralization which are discussed in the legal and political literature. A few examples suffice to show that these advantages or disadvantages are rather ambivalent. One of the virtues, often mentioned, of decentralization is that it provides an additional guarantee of individual freedom, being an additional element of checks and balances in a given system of government. But there are cases where the problem is uncontrolled abuse of local power, where consequently centralization constitutes a better means of protecting individual freedoms. In the United States, although the Founding Fathers praised federalism as a means to preserve individual freedom, the federal system was, not at least, the form of government that allowed the co-existence of slavery and abolition states. It was the action of the central government which abolished slavery, and it was the center (Congress, the President and the Supreme Court) which promoted the cause of human rights against resistance in the 1950ies and 1960ies [2].

Another argument for decentralization is that decentralized governmental units provide an additional opportunity for democratic participation, for developing grass-root democracy. But here again, there may be cases where the decentralization rather means the conservation and protection of a local quasi-feudal system. Last but not least, effiency is an advantage claimed by both centralization and decentralization [3].

The virtues or disadvantages of one or the other form of governmental organization thus really depend on the concrete historic circumstances. Whether a particular system of government actually possesses these (or other) advantages or not is determined by a number of historic factors. Generalizations are impossible, no sweeping conclusion may be drawn on the advantages or disadvantages of federalism, centralism or local autonomy in general.

This leads us to the historic question why a particular form of governmental organization, of centralization or decentralization is adopted. Again, it is important to distinguish two questions. The first one is how to explain the formation of a particular type of government. It is the question of the factors determining the creation of that form of government. The second question is that of the reasons for the development and maintenance of that particular type of government. It is one thing to explain why the founding fathers of the United States adopted a federal form of government. It is another question to explain why this system has been maintained and/or modified as it has over two centuries.

Local autonomy, where it exists, has very often its roots way back in history, a history of local self-government. The local community quite often appears a kind of natural cell of political organization. The degree to which this is the case of course varies from country to country. The concentration of state power with the person of the sovereign which is a significant feature of the development of many continental European states and led to the absolutist State also reduced traditional local autonomy, but reforms tending towards a reanimation of local governments were undertaken, for instance in Prussia in the early years of last century.

In the frontier situation of North America, the local community has played a more important role for individual life, a fact which has left its traces in North American political culture.

As to the formation of federal or regionalized systems, we can determine a number of factors which favour centralization or decentralization, integration or desintegration, which are centripetal or centrifugal. Among the centralizing forces we may mention the existence of an external threat (e.g. USA), the economic necessity of forming or developing a common market (e.g. USA, Canada), national political conscience and culture (e.g. Germany), the existence of national political organizations, and, last not least, what can be called the quest for a "better" government ("to form a more perfect Union", as the Preamble of the U.S. Constitution puts it), that is to say the assumption that specific problems are better solved on the national level. Among the decentralizing forces we can mention the inertia of existing governmental units (for example the pre-existing colonies in the case of United States and Australia), religious and/or ethnic diversity (where the different groups have a well determined geographic basis, e.g. Switzerland and Canada), foreign political pressure (where outside powers have an interest in a divided political structure on the assumption that this structure would be weaker than a centralized system, e.g. the Allied influence in the formation of the Federal Republic of Germany), the existence of regional political organizations and also the quest for a better government (based on the assumption that a particular problem is better solved on the regional level). This is, beyond all theoretical, rationalizing explanations, *the* explanation for most federal systems in the world. We can see that the latter criterion is again ambivalent, it depends on the problem to be solved and on the perception that the relevant actors have of that problem.

As to the second question, the maintenance and development of a particular system of governmental organization as an historic process, the same elements may be decisive, but not necessarily so, nor necessarily in the same way. A functioning political system tends to be self-perpetuating. If the system fulfills the requirements of problem solving capacity in a given society, it tends to be maintained. Over the time, vested interests develop in the system. If the system does not fulfill the requirements of problem solving, interests in change may also develop. We are thus brought back to the question of "efficiency", of problem solving capacity. It is not only important that problems are solved, but also *how* they are solved.

It is a commonplace that a particular system of government may favour certain societal interests and neglect or even repress others. This holds also true for federal systems – and may lead to the development of conflicting interest in relation to the system, to an antagonism between a vested interest in the status quo and interest in change (which may petrify the status quo). A good showcase for this potential is the situation in Canada during the last thirty years where relevant actors in Quebec have felt the current federal-provincial arrangement did not serve the interest of French-Canadians well and, therefore, advocated a fundamental change, «souveraineté – association» for Quebec [4], while other groups, including a significant part of French-Canadians, rather favoured the maintenance of the present federal system, subject to some adjustments, because they were of the opinion that it still served their interest well.

A federal system may be efficient for a certain stage of development of a society, but not for others. There seems to be a certain tendency to assume that for societies of developing countries, centralized systems would be more efficient. Despite the apparent failure of federalism in some developing countries and the replacement of the federal by a unitary system (Uganda, Cameroon, some phases of the Nigerian development) or the breaking up of the State (Pakistan, Nigeria-Biafra), this author is reluctant to unreservedly accept that thesis. The history of federalism in developing countries is not merely a failure. Malaysia and India, despite the existence of centralizing elements, have stabilized a federal equilibrium. Nigeria reverted to a federal solution after a centralizing military regime, Argentina and Brazil have also reanimated the federal element in their political system after the military episode. Federalism might have a potential to give an institutional framework to some of the deep cleavages in developing nations. But it would be beyond the scope of this paper to really address the issue.

3. The form of a decision on centralization/decentralization

The fundamental structure of a state will as a rule be determined by its constitution. Thus, the adoption of a federal or regionalized model will take the form of constitutional provisions. The United Kingdom, having no written constitution, is of course a special case, but it is significant in this context that the devolution legislation was not simply enacted by parliament, but was submitted to some kind of "constitutional" decision-making (popular referendum) which finally (?) led to its failure.

More important, however, than the form of the final decision (constitutional provision) is the procedure preceding that decision, in particular the question whether the component units of the system have an input in the decision-making process. It is sometimes said that the participation of the component units in the constitutional decision is an essential criterion for a federal state. There is an obvious element of plausibility in this argument. Where and to the extent that the creation of a system of government is politically based on the voluntary concurrence of the component subdivisions, it is more likely that the result is characterized by an important degree of subdivisional autonomy. Many federal constitutions are, politically speaking, regardless of the legal form of adoption of the constitution, the result of negotiations between the representatives of pre-existing governmental units. But this is only part of the picture.

On the other hand, unilateral elements (in particular majority decisions) can also be discovered in federal constitution making processes (e.g. Federal Republic of Germany). Quite often, the making of a federal constitution possesses both contractual and unilateral elements – a fact which has quite often resulted in doctrinal controversies on the "true" character of a federal system, on the sovereignty of the component units, on the nature of the constitution (statute or compact), on the right of secession.

The legal and doctrinal arguments advanced in these discussions may be powerful weapons in a political battle, but their onesidedness often renders them inappropriate as a tool of political analysis of the compromise character of many federal systems.

4. The structure of regionalized or federal systems

4.1. Introduction

The question of the structure of regionalized or federal systems of government may be approached in various ways. A traditional lawyers'approach is that of the theoretical construction of a federal system. Political scientists or historians may be more interested in the actual functioning of a system, whether or not based on legal concepts. The following lines try to adopt an intermediate approach which takes into account both legal concepts and actual political reality [5].

4.2. Numbers and size

There is one basic rule of legal logic: A federal state must be composed at least of two component units (and there are examples for this kind of federal system) [6]. But there is certainly no maximum, and probably no optimum. The number of component units, however, determines the functioning of the system. It is certainly more easy to bring about meaningful intergovernmental co-operation in a system with six or ten actors (= component units), as in the case of Australia, Canada and the Federal Republic of Germany, than it is with fifty, as in the case of the USA.

The size of a country does not seem the decisive for the adoption of a particular system. There are huge centralized states [7], there are very small federal states. This does not exclude that in certain historic cases, the size of a country has played the role as a factor favouring a federal solution. Distances presenting obstacles to communication, for instance have to a certain extent at least been a desintegrative factor and thus an element favoring a decentralized approach (Canada and certain Latin American States in the last century).

There are federal or regionalized (composite) systems of government which are so to say "symmetrical", which are composed of a number of component units enjoying equal status (quite often in law, less often also in fact). But decentralization and even federalization may also be used to accord a special status to particular areas of a country presenting specific problems: special status regions in Italy, autonomous areas in Portugal. The Spanish regional system may be described as systematically asymmetric in this sense. Attempts to solve the problems of Canadian cleavages also have recourse to such "asymmetric" concepts, to create a federal system, *inter alia*, with a special status for Quebec.

4.3. Regional participation in federal decision-making

It is often said that it is a role of second chambers in national parliaments to provide an opportunity for regional participation in national decision-making. To say the least, this is an over-simplification. The second chamber may have the function of protecting smaller component units, where the component units have an equal vote in this chamber as is the case with the Council of States in Switzerland and the American Senate. But this principle of equal representation is no guarantee of an effective input in terms of regional interests into the national decision-making process. Other federal states do not have this system of equal representation, and their second chamber is nevertheless an effective protector of regional interests. Whether the second chamber indeed plays this role as an effective protector of regional interests at the national level depends on a number of political and constitutional factors. Among these factors are the mode of selection of the members of the chamber, the centralizing or decentralizing effect of political parties, to mention only two.[8]

4.4. Regional powers

Regionalized or federal systems usually attribute or leave certain powers to the component units which these units may use an autonomous way. The essential problem of federal or regionalized systems is the degree, the meaning, the content of this autonomy.

A conceptual barrier must be overcome before we can enter the discussion of this problem. There are theorists who think that the notion of "autonomy" is inappropriate to describe the position of member "states" of a federal system, that "autonomy" means only freedom of action granted from above by a superior level of government, but not the "original" (often even styled "sovereign") freedom of action the component states enjoy in their own and underivative right. Here we are in the core of "the" definition of federalism, and we will revert to the problem. At this stage, suffice it to say that "autonomy" as the term is used here is meant to cover also the freedom of action member states of federal system, whatever it may distinguish from other regionalized forms of government.

Autonomy may relate to the legislative, administrative, judicial functions of the state. It may relate to the financial resources of the state. The vertical division of powers thus concerns legislation, administration, the judiciary and, last but not least, finance. In addition, there are forms of mutual influence between the levels of government which do not fit into this scheme. These are discussed under the heading of intergovernmental relations, an example of which is tutelage over the lower levels of government.

The questions of legislative, administrative and judicial centralization or decentralization have often been discussed. More complex are probably the questions of financial centralization or decentralization [9]. It has to be born in mind that financial arrangements in federal or regionalized states serve different purposes. One problem is the allocation of financial resources according to the functions which have to be performed by the various levels of government, the allocation of resources to the level which needs them. A second goal is effective economic policy, including economic stability and the possibility to conduct an anti-cyclical economic policy. Social justice is another consideration which may require equalization in various directions. The maintenance of a federal balance of power has also to be taken into consideration. There are different ways to achieve these different ends. What is good for one purpose may be bad for the other, however. Independent powers of taxation for the component units may be welcome if the purpose is to maintain a strong powerbase for the component units and an allocation of resources according to need. But that system may be very inefficient for the purpose of making possible an anti-cyclical economic policy and may also be very bad for social justice.

If one wants to form a judgement on the decentralized or centralized character of a system of government (and even distinguish between federal and other decentralized systems of government), it is a judgement concerning a political balance. And if one attempts to draw up a balance-sheet, all the autonomous powers have to be viewed together with the possibilities of regional input into national decision-making. There are systems where a lack of regional autonomy is compensated by a stronger role which the component units play at the national level.

If it is true that the balance of power in this system is determined by the combination of all these factors, it remains hard to form a judgement on this balance, because there is no certain yardstick for political power.

The argument is quite sometimes put forward that there is a convergence between states which historically had been more centralized and those which had been more decentralized, in the sense that former centralized systems tend to decentralize, formerly decentralized systems tend to centralize. It is true that in a number of federal states, important centralizing factors could be observed after the Depression Years and after the Second World War. In a number of states which this writer has analyzed, this centralizing movement has lost momentum and has to a certain extent been reversed in the 1970ies and 1980ies.

On the other hand, it is well known that there has been a considerable move towards decentralization and regionalization in a number of important states in the 1960ies and 1970ies, not always with success. This writer would be reluctant, however, to conclude from these observations that there is a kind of convergence between different systems of governmental organization. If a general conclusion is possible, it would probably be that the systems of governmental organization have become more sophisticated over the years and that relevant decision-makers had become more aware of the importance of choosing the right level of the government for the solution of a particular problem.

Considerations of this type, however, not only have to take into account the choice of governmental level within a state, but also the role decision-making at the international or supra-national level has to play in solving modern societal problems.

This brings us to a further consideration of the relation between federalism and the decision-making requirements of modern society. The trends of centralization which can be observed in the history of federal systems (in times of war, after the World Wars, in economic depressions or other crisis, but more generally as a consequence of the development of the modern welfare state) co-incided with a growing demand of state activities and services. Centralization was to a certain extent the child of growth of government in general. New government functions more naturally seemed to accrue to the center and not to the regions or decentralized units of government. It is only later that regional units of government, in particular component units of federal states, have become conscious of their own problem solving potential and sought a new role of their own in composite systems of government.

There remains the fact that many modern societal problems transcend the boundaries of the component units of composite states, or are to complex that they do not fit well into the system of division of powers between the center and the lower levels of government.

The solution of such problems of an interjurisdictional character presuppose an interjurisdictional solution which can only (and is generally) brought about by co-operation. Thus, if the growth of governmental functions has not resulted in centralizations, it has had as a consequence a system of co-operative federalism, of interaction between levels of government. The degree to which this has been the case varies from country to country, not in all federal countries it has produced the same political culture of interwoven political action (Politikverflechtung) and unitarisation as it has in the Federal Republic [10]. The problem-solving capacity and problem solving style of composite systems of government are the product of an entire political culture, where a federal division of powers, interaction between levels of government, co-operative devices are only one element. Again, generalizations are impossible, at least dangerous. It is submitted, however, that centralization, unitarisation and interwoven decision-making – no more than the steady growth of governmental function, are not a matter of fatal necessity for all composite states, nor are they irreversible [11]. It may well be that new societal priorities [12], the quest for smaller units where effective participation of the individual still is possible, may lead to a desintegration or disjunction of complex integrated political processes, to a new decentralization by deburocratization.

5. Criteria of the federal state: the sense or non-sense of comparison

Is it really useful to give a definition of *the* federal state?

Federalism is an historic phenomenon, invented in the United States for solving a particular historic problem. It has been copied or modified by other systems in order to solve similar, or shall we say more or less similar problems. The first states to follow the United States'example where some countries of Latin America (where the problems probably were very different). Then followed by Switzerland and Germany, where there was a significant number of similarities. Federalism is thus a type of governmental organization we can observe in the reality of political life. It is an empirical notion, not a normative one. A precise and general definition of federalism is either impossible or superfluous. Certain authors have fabricated such a definition by choosing certain elements they found or thought to find in certain examples of federal states, as rule the United States and Switzerland. But this kind of definition, with due respect, is irrelevant. Of what use is the conclusion that a certain other state is not a federal state in the sense of that definition, is not a "real" federal state? All it says that this state presents a number of features which are different from the United States or Switzerland. The author which comes to such conclusion should then ask himself the question why such a state calls itself a federal state.

Federalism is a generic notion. It is part of a political terminology and describes a system of government which is characterized by a division of power between a national and regional levels and leaves significant power to the latter level. But it is neither possible nor useful to try to sort out various specific states according to a preconceived definition. What is essential in political reality is the power balance between the national government and the component units. But there is no formal, or operational yardstick for that power balance. Thus, a categorisation of composite systems of government according to a general definition of federalism is a futile exercise – and should not be made the object of comparative studies of federalism.

Why then should we compare composite, centralized or decentralized political systems and analyze their differences and similarities. Is it just scientific curiosity? Is it an intellectual exercise for its own sake, *l'art pour l'art*? Or may it be useful in some way, for instance the solution of political problems? That possibility of course depends on the question whether different systems have common problems or whether the problems to be solved are too specific in the various countries. Again, generalizations are dangerous. But if one wants to use comparison as a resource for solving problems in a particular country, and comparison is indeed often so used, it is useful to distinguish a number of questions. The first question is that of a purpose sought. And if the political purpose and goal are clear one has to ask whether a certain institution found in a certain country serves a similar purpose, and if so why and how. Then the important question is whether a copy of this institution would function in a similar way when it is transplanted into a different environment. An example of such an attempt is the discussion about the transferability of the model of the German Second Chamber, the Bundesrat to Canada. The attractiveness which the German model possessed in the eyes of some Canadian leaders apparently was the fact that it assures a more effective input of regional interest into the federal decision-making process than is currently provided by the Canadian Senate – a goal certainly not shared by all Canadian political leaders. But even if this goal were shared by a significant majority, it is by no means sure that a chamber composed by representatives of provincial governments (this is the essential principle of the composition of the Bundesrat) would work as smoothly in the Canadian political context as it does in the German one.

Another problem where the question how to draw lessons from comparative studies has been debated is that of the usefulness of decentralization for developing countries. It has often been said that these countries need some kind of central planning and direction. To the extent that they still have a nation building problem, decentralization may be disadvantageous to that nation building. Thus, centralized systems of government are often advocated for these countries and there seems to be a strong trend towards centralization, in fact often more then in law.

This is however, not the entire picture. It must be recalled that a modern theory of underdevelopment explains the current and unsatisfactory situation by the center/periphery model. The center prevails over the periphery, even exploits the periphery, the center periphery relationship existing between developed and developing country, is then copied and reflected within the developing country, where the capital with its elites maintains a privileged position *vis-à-vis* the poor and backward hinterland. It is thus centralization, the perpetuation of the predominance of the centre over the periphery which is said to be one of the causes and/or effects of underdevelopment. With this theory in mind, it would appear somewhat difficult to advocate a kind of centralization which might foster this center periphery disequilibrium. Federalism or another decentralized system may be a better means to integrate basic cleavages of a developing society, to integrate diverging parts of a new nation (or of an old one) reverting to sovereignty after a period of colonization.

Federalism, centralization/decentralization are issues which remain on the agenda of the continuing quest for a better and more effective government of many countries and peoples of the world. A good understanding of the working of decentralized, federal forms of government can be fostered by comparative analysis – one of the aims of this Colloquium which will remain a vital challenge for our profession.

Notes

1 Cfr. K. Weber, Kriterien des Bundesstaates, 1980, pp. 28 et seq.

2 Cfr. Bothe, Die Entwicklung des Föderalismus in den angelsächsischen Staaten, Jahrbuch des öffentlichen Rechts, vol. 31, 1982, pp. 109 et seq., 117 et seq.

3 Cfr. Frenkel, Föderalismus und Bundesstaat, vol. 1, 1984, pp. 151 et seq.

4 Cfr. Brossard, L'accession à la souveraineté et le cas du Québec, 1976.

5 On more details see Bothe, Die Kompetenzstruktur des modernen Bundesstaates in rechtsvergleichender Sicht, 1977, pp. 8 et seq.; Frenkel, Föderalismus und Bundesstaat, vol. 1, 1984, pp. 92 et seq.

6 Cameroon; if we adopt a broad definition of a federal state, one can also cite Belgium and Pakistan (composed as it was by East and West Pakistan).

7 The world's largest country, the USSR, is a federal State (with strong centralizing elements, however), but its major component unit, the RSFSR, covers a huge area. Zaïre, although having a "federal" history, can now also be considered as a centralized state.

8 Cfr. Bothe, Le Bundesrat. La protection des intérêts des Länder selon la Loi fondamentale allemande, in: La réforme des institutions fédérales canadiennes. Actes du IIème Colloque international de droit constitutionnel de la Faculté de Droit de l'Université Laval, 1985, pp. 93 et seq.

[9] Anastopoulos, Les aspects financiers du fédéralisme, 1979.

[10] See R. O. Schultze, Entwicklungen der Föderalismus in Deutschland, Kanada und Australien: Wieder den Fatalismus unbefragter Unitarisierungsannahmen, (1984) Zeitschrift für Parlamentsfragen, 291.

[11] Schultze, loc. cit.; contre (?) Orban, la dynamique de la centralisation pp. 472 et seq.

[12] See Benz, Zur Dynamik der föderativen Staatsorganisation, 25 Politische Vierteljahresschrift (1984), p. 53.

[13] See the contribution on the reform of the Canadian Senate in: La réforme des institutions fédérales canadiennes, op. cit. supra, pp. 79 et seq.

REPORTS WITH GENERAL CONTENT

RAPPORTS À CONTENU GÉNÉRAL

The English System of Local Government

John Bridge

1. Decision on decentralisation

England is part of a unitary or centralised state (the United Kingdom of Great Britain and Northern Ireland), but English local government has developed not so much from a move towards decentralisation but from the democratisation of local affairs in both urban and rural areas. Whilst local government in England inevitably involves an element of concern for administrative affectiveness by the transfer of functions from the central, national government, its predominate function and purpose has always been to enable the exercise of democratic control over a range of regional and local matters.

An English local authority has the following characteristics:

i) It is created by and derives its authority from an Act of the national parliament; (See Annex A)
ii) It has its own legal personality;
iii) Its powers and functions relate to a specific geographical area;
iv) It is elected directly on an adult franchise by the inhabitants of that area;
v) It is financed, in part, by a form of local property tax paid by those inhabitants.

Subject to the terms of the Act which created it, the powers of an English local authority are principally executive and administrative in character, with some legislative powers. (See Annex B) English local authorities have no organic constitutional status and they can be altered or abolished or their powers and functions varied by Act of the national parliament. While they may be consulted concerning any such changes, they are not direct participants in the decision-making processes which may produce such changes. Those processes take place at national governmental and parliamentary levels. This is illustrated by current proposals before the United Kingdom Parliament to abolish the present local authorities for London and other conurbations and to transfer their functions to other authorities and bodies.

Acts of the national parliament concerning local government, in common with all national legislation in the United Kingdom, are not subject to judicial review. But measures to implement that legislation are, of course, challengeable under the rules of English administrative law, particularly by virtue of the doctrine of ultra vires.

2. Structure of the decentralised units

English local authorities are not merely localised agencies of the United Kingdom government. They have, in principle, been established as responsible bodies competent to discharge their own functions in their own right. But such independence and autonomy is functionally qualified in that a local authority may only act within the terms of the enabling national legislation which is in force at the particular time. Over the past fifty years the United Kingdom Parliament has made many changes in the constitution and structure of local authorities, in the geographical areas they serve, and in their functions and responsibilities.

Each English local authority has a directly elected governing body known as a Council. The franchise for such elections is basically the same as for national parliamentary elections: everyone aged 18 years or over registered as resident in the area of a local authority on the qualifying date. Councillors are elected for a four year term and may seek re-election. Any British subject who is at least twenty-one years old may seek election provided he or she possesses one of the following qualifications: is registered as an elector for the area; occupies property in the area; works in the area; is resident in the area. Councillors are not paid a salary but they may claim an attendance allowance up to a maximum of £ 14 per day when on approved Council duties.

The structure and basic organisation of local authorities and their Councils are determined by national legislation and are not subject to local autonomy. At present, the relevant legislation provides that there shall be a two or three tier structure with the various local government functions distributed between them and in some cases shared. (See Annex C) The present system may be illustrated by the following diagram.

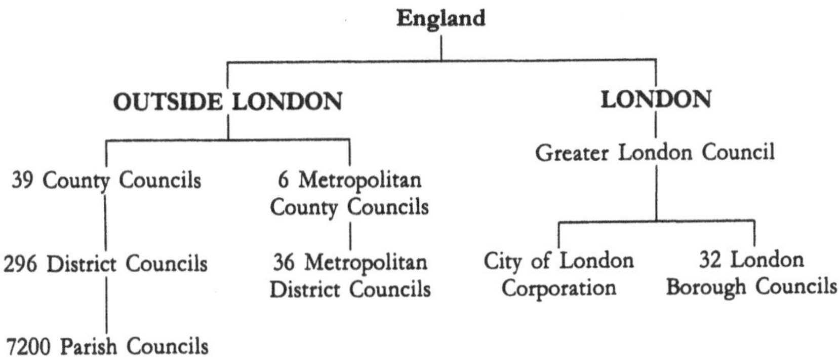

Outside London, the counties/districts/parishes are in the largely rural areas of the country, although they may contain some fairly large areas of population; the metropolitan counties/metropolitan districts are the large conurbations. In London, the Greater London area is roughly equivalent to a metropolitan county and the London boroughs and the City of London (the historic central area) are equivalent to districts. Although this is known as a tiered system it is not a hierarchy of greater and lesser authorities. There is no general supervisory power exercised by a county over the districts within it, nor by a district over the parishes within it. Each tier has a range of functions entrusted to it (See Annex C) and on the basis of such distributed competences they are partners in local government.

The geographical areas of local authorities, the distribution of councillors and the electoral arrangements are kept under review by permanent Local Government Boundary Commissions. Reviews are normally undertaken every ten to fifteen years, unless otherwise requested by the Secretary of State for the Environment. (The Department of the Environment is the department of the national government which is principally concerned with local authorities). The Boundary Commissions make recommendations to the Secretary of State who may implement them by secondary legislation.

Subject to the terms of the relevant national legislation, local authorities have considerable freedom over the conduct of business, procedures and internal organisation. In practice a broadly similar pattern is followed: a Council will be aided by a number of specialist committees each made up of a small number of councillors; those committees will work in close collaboration with the officers, the senior employees of the Council, who direct the Council's various departments. By law Councils generally must meet once a year; in practice most meet monthly and some more often. Council meetings are comparatively formal affairs and follow a type of parliamentary procedure. Meetings are conducted and controlled in accordance with Standing Orders which may be based on a model code drawn up by Parliament. The Chairman of a Council (in some cases the ancient title Mayor is retained) is chosen by the Councillors from among their own number. He tends in practice to be a non-partisan chairman rather than a political force. Control of Council business will lie with the majority group or groups of councillors, usually divided in terms of the national political parties. Members of the public may attend Council meetings as observers.

In principle the power of decision in a local authority rests with the full Council. But national legislation confers wide powers of delegation and great use is made of this. A great deal of decision-making is delegated to the Council committees and to senior officers. Important policy matters will be reserved to the full Council and the committees must report to the Council on the discharge of their functions. The Council therefore retains the ultimate decision-making authority.

3. Autonomy of decentralised units

It has been pointed out above that the establishment, functions and responsibilities of English local authorities are matters to be decided from time to time by the United Kingdom Parliament. (See Annex A) But subject to that general constraint there are ways in which a local authority may acquire further functions or enlarge its field of activities. While some local government functions are mandatory, e.g. the maintenance of highways and refuse collection, others are permissive, e.g. provision of entertainments and financial assistance with home improvements. A local authority cannot be compelled to carry out such latter functions and it can decide itself whether to do so or not. In some other cases national legislation makes provisions which will only apply in a particular local authority if its Council has specifically resolved to adopt them, e.g. whether to demand rates (i.e. local taxes) in respect of unoccupied property or whether to license private hire vehicles. A local authority, other than a parish, may also seek to extend its powers beyond those conferred by general legislation by asking the national parliament to confer powers on it by a special Act known as a Local Act of Parliament. This is a complex, lengthy and expensive procedure which is used sparingly. Where such an Act is made it will confer the powers exclusively on the local authority which asked for it. Recent examples have authorised the building of a new bridge over a river and the banning of vehicles from a city centre to help conserve its historic character.

Local authorities have certain legislative power to make a form of secondary legislation known as byelaws. National legislation gives all local authorities such powers to varying degrees. In order to be enforceable a local authority's byelaws must be confirmed by the Secretary of State for the Environment. Typical examples would be to suppress nuisance or to promote the quality of the environment. A local authority's byelaws will be enforceable within its area. Enforcement is normally by means of criminal proceedings in the ordinary courts.

The capital expenditure of English local authorities on such items as buildings, schools or vehicles is traditionally financed by loans paid back with interest over an extended period. Every local authority is given the power by national legislation to borrow money for capital purposes. Loans are obtained either from the Public Works Loan Board, a national government agency set up for the purpose, or by a range of other means such as mortgage loans, the sale of bonds, or overdraft facilities. The national government exercises controls over the level of borrowing each year so as to keep it consistent with overall national expenditure. These controls take the form of annual approval of capital expenditure programmes concerned with housing, education, transport, welfare services and communal services (excluding police). Annual budgets are prepared which commonly take account of a local authority's long term plans and the estimated future needs of the community.

The local government service (i.e. civil service) consists of paid employees whose duty it is to implement the policy decisions of the elected Councils. There is no national, unified local government service; each local authority recruits, appoints and employs its own staff. Salaries and conditions of service are, however, largely standardised through trade union activity and the establishment of national negotiating machinery. Members of the local government service enjoy a high degree of security of tenure.

The appointment of teachers in state schools is under the control of local authorities in their capacity as education authorities. A local authority has a statutory responsibility for the provision of secular education in its schools. Teaching methods, curricula and standards are matters for each local authority, but the demands of the syllabuses of national public examinations exercise a strong harmonising influence in practice. State schools are also under a statutory duty to provide religious instruction and worship; this is subject to important qualifications so as to protect the interests of minorities.

The autonomy of local authorities is protected judicially through the rules of English administrative law relating to the doctrine of ultra vires. If a local authority acts within its statutory powers, its actions will be upheld by the courts. Conversely, if it acts outside those powers, its actions will be open to appeal and/or judicial review.

4. External power of decentralised units

English local authorities, as a species of local self-government, are required to work in partnership with, and are subject to controls exercised by the national government. Local authorities must operate within the framework of national policies which relate to their functions and responsibilities, e.g. education and housing. The national government will therefore be concerned to secure the general national interest over and above the purely local. This can cause difficulties and tensions, especially when one political party is in power nationally and another is in control of particular local authorities.

There are both formal and relatively informal points of contact between the national government and local authorities. Formal contacts include the powers to give directions under statute; to approve local schemes designed to implement national policy; to arbitrate in disputes between a local authority and its inhabitants; and, in extreme cases, to intervene and assume the administration of local services where a local authority is failing to provide a satisfactory service or is otherwise failing in its statutory duty. Informal, but not necessarily less influential, contacts include: the availability of advice and comment; inspection by nationally appointed officers of schools and the police and fire services; review of the provision of welfare services. The national government also regularly issues circulars and other memoranda to local authorities to elaborate government policy, to explain new legislation, or to convey information. (Financial controls will be discussed under 5, below).

Close working relationships are also necessary between the local authorities themselves and are achieved in a variety of ways. Some functions, such as planning, are shared. Others, such as highway maintenance and the provision of amenities, necessarily involve co-operation. Consultation between a county and its districts on the provision of welfare services is common. De facto liaison can result from overlapping membership of the councils on the various tiers of local authority. Local authorities often set up joint committees to provide a forum for the discussion of common problems and matters of mutual interest.

Local government functions may only be exercised jointly on the basis of statutory authority. On such a basis education in the inner London area is administered by a special joint authority. Police forces, which are a local responsibility (there is no national police force in the United Kingdom), are administered in many cases by joint local committees. The supply of water, the provision of sewage facilities and the control of water pollution are the responsibility of regional Water Boards. Hospitals and the health service are administered by District Health Authorities.

English local authorities, by virtue of their constitutional status, have no treaty-making power, have no right to participate in the decisions of the national government (although they may be consulted on relevant issues) and, of course, have no power of veto.

5. Financial autonomy

English local authorities obtain their finances from three main sources: a) rates (local taxes); b) miscellaneous revenue; and c) grants from the national government.

a) Rates are a form of local tax levied on landed property. All such property (unless exempt) is given a rateable value which is assessed periodically by an agency of the national government on the basis of uniform principles. Each year the rating authorities, which by law are always the District Councils and their equivalents, fix a rate in the pound, i.e. an amount which the occupier of property must pay in respect of each pound of the rateable value. For example, if the rate in the pound is 75 pence and the rateable value of a property is £ 300, the tax payable would be 75 pence x 300 = £ 225. When computing the rate each year a District Council, as rating authority, must take into account not only its own needs but also its share of those of the County in which it is situated and the needs of the Parishes within its own area. An estimate will be made of the gross sum needed by the relevant local authorities in a given year. Grants from the national government and revenue from other sources will be deducted from that gross sum so as to arrive at the net sum which must be financed by rates. Then on the basis of the total rateable value in the local authority area, a rate in the pound can be fixed so as to produce the net sum needed.

E.g. Estimated gross expenditure		£ 40,000,000
Estimated grants	£ 20,000,000	
Estimated miscellaneous revenue	5,000,000	£ 25,000,000
Amount to be provided by rates		£ 15,000,000
Total rateable value		£ 20,000,000

Rater per pound is $\frac{15{,}000{,}000}{20{,}000{,}000}$ = 75 pence per pound of rateable value.

If a local authority overspends it is not permitted to impose a supplementary rate. This is part of current national policy to exercise firm control over local authority expenditure. Nationally rates account for some 30 % of local authority income.

b) The miscellaneous revenue of local authorities comes from a range of sources: licence fees; interest on loans; proceeds of local lotteries; sale of property; trading activities; rent from housing; charges for the use of amenities. Nationally these sources amount to almost 20 % of local authority income.

c) The balance of some 50 % is received in the form of grants by the national government. Some grants are made for specific purposes: police, housing and transport. But the largest proportion of national government funding takes the form of what is called the Rate Support Grant. For the purpose of calculating that Grant, a forecast of the total expenditure of all local authorities for the coming year is agreed between the national government and representatives of the local authorities. The national government then decides what proportion of that total it is going to finance. After deducting the sums earmarked for specific grants, the remaining sum, the Rate Support Grant, is available for allocation. It is distributed to individual local authorities by reference to their needs, resources and any special financial factors. The Rate Support Grant scheme has recently been subject to an important variation which is designed to keep local government expenditure in line with overall national economic policy. The national government now sets target expenditures for local authorities based on an assessment of their true needs. If a local authority spends in excess of its target it will not receive the same level of Rate Support Grant as those authorities which keep within the target figure. This is conceived as a method of penalizing spendthrift authorities whilst not harming those who exercise financial restraint.

In addition to the controls over budget and expenditure, the accounts of local authorities are subject to external, independent audit. This is carried out either by District Auditors appointed by the national government or by professional accountants who have been approved by the government. The aims of local government audit are i) to detect fraud, ii) to promote sound financial practices and iii) to prevent or uncover unlawful payments or the failure to collect payments due. If any of the latter are discovered the courts may order the responsible Councillors and officials to make repayment or payment as the case may be. Recent changes require auditors also to apply a value-for-money approach. Local authority accounts are available to the public prior to audit and members of the public have the right to make objections or raise questions about the accounts with the auditors. A report is published at the conclusion of an audit.

6. Decentralisation and the protection of basic rights

On the international level, alleged violations of basic rights by English local authorities may be the subject of complaints under the terms of the European Convention on Human Rights 1950 and Protocols, to which the United Kingdom is a party. Although the rights contained therein are not a formal part of English law, subject to the exhaustion of local remedies, individuals may petition the European Commission of Human Rights that rights under the Convention have been violated. If an amicable settlement cannot be reached, the matter may be referred to the European Court of Human Rights for a binding decision. To this extent the Council of Europe has provided for its members an independent, international court with jurisdiction over basic rights. British subjects have invoked these procedures to complain that the use of corporal punishment in a local authority's schools was in violation of the Convention.

On the national level, the general rules of English law protecting basic rights, e.g. the statutes concerned with racial and sex discrimination, apply to local authorities. Also, as has been mentioned above, the doctrine of ultra vires can be invoked to ensure that local authorities do not violate basic rights by acting contrary to their statutory powers. In addition there are special statutory provisions which are designed to promote and maintain high standards of conduct in local government. Mention has already been made of financial controls by means of external audit and of the possibility of councillors and officers being made personally liable for illegalities. The general law relating to councillors also includes provisions to prevent a conflict of interests arising between a councillor's own benefit or interest and the interests of the community which he represents. Any councillor who has a direct or indirect financial interest in any matter which is before his Council must disclose that interest and refrain from speaking or voting on the matter. Breach of this provision is a criminal offence. There are comparable laws designed to prevent corruption on the part of the members and officers of local authorities. The soliciting, taking or offering of bribes are criminal offences which, upon conviction, may lead to imprisonment, fine, surrender of the bribe and disqualification from office. A further safeguard at the national level is provided by the opportunity to complain about the conduct of a local authority to the appropriate minister in the national government, for most purposes the Secretary of State for the Environment.

On the local level there are a range of steps which a citizen with a grievance can take to secure his rights. Complaints can, of course, be made to one's local councillor and many councillors hold regular sessions for this purpose. Complaints may similarly be made to the local member of the national parliament. Since 1974 the "ombudsman" or "grievance officer" concept has been applied to local authorities. For England there are three Commissioners for Local Administration, appointed on the recommendation of the Secretary of State for the Environment, who serve the country on a regional basis. Their function is to investigate and report on any claim by a member of the public that injustice has been suffered as a result of maladministration by a local authority. The brief of these Commissioners is essentially to deal with grievances about local government which are not covered by other remedies or procedures. Complaints may be submitted either through a local councillor or by the complainant personally if a councillor fails to pass a complaint on. If on the complaint being brought to the attention of the local authority concerned no satisfactory response is forthcoming, a Commissioner will proceed with his investigation. For this purpose he has access to documents in the possession of the local authority (subject to derogation in the public interest). He may also take oral and written evidence from anyone whom he believes can provide relevant information. Investigations are conducted in private. The Commissioners have no executive or enforcement powers; they proceed by way of a published report with the possibility of renewed investigation if the local authority concerned does not take appropriate remedial action. Maladministration is not defined by the law and much is left to the Commissioners' discretion. In practice it tends to be concerned with faulty administration in the way in which a decision has been reached rather than with its merits. Maladministration therefore covers administrative action or inaction based on or influenced by improper considerations or improper conduct. Injustice includes anxiety, inconvenience and financial loss.

Annex A

Principal legislation of the United Kingdom Parliament concerning English local authorities

Local Government Acts 1972 and 1974
London Government Act 1963 General Rate Act 1967
Local Government Social Services Act 1970
Local Government, Planning and Land Act 1980
Local Government Finance Act 1982

Annex B

Categories of local government responsibilities and functions

1. *Protective:* Fire; Police; Consumer Protection; Disease of Animals; Licensing.

2. *Environmental:* Highways; Transport; Planning; Public Health.
3. *Personal:* Education; Careers; Housing; Welfare Services; Residential Care.
4. *Cultural and Recreational:* Sports Facilities; Museums and Galleries; Libraries; Theatres; Camp Sites.
5. *Commercial:* Markets; Public Transport; Allotments (i.e. land for cultivation).
6. *Fiscal:* Rates (i.e. local taxation).

Annex C

Distribution of local government responsibilities and functions

Counties	Districts	Parishes
Highways (except main roads)	Public Health	Allotments (i.e. land for cultivation)
Education	Housing	Footpaths
Libraries	Planning	Open spaces and recreation areas
Planning	Entertainments	Cemeteries
Welfare Services	Refuse collection	
Fire	Cemeteries	
Police	Crematoria	
Museums and Galleries	Markets	
Consumer protection	Recreation	
Parks and open spaces	Rates (i.e. local taxes)	
Refuse collection		
Residential care		

Constitutional Problems of Territorial Decentralization in Federal and Centralized States

Ivan Kristan

The problems scheduled for discussion at the round table meeting this year, organized by the IACL, can be treated from several aspects. This is obvious already from the organization of the session which is working in six sections. These sections will more or less cover all the important angles of the overall topic, yet it would be possible to discuss the problems also from other points of view – especially if wanting to study particular problems in great detail. In a certain sense, the system of round tables would be adequate when only a few, selected problems were on the agenda, thus for instance the problem of legislation, the problem of constitutionality and legality (the problem of constitutional courts), and the like.

Focusing attention on constitutional problems of territorial decentralization, there emerge, from the institutional point of view, three most important questions:

- first, the creation of territorial units,
- second, the competences of territorial units, or rather, the question of the allocation of competences among territorial units and the federation/or: central state/, and
- third, the participation (cooperation) of territorial units in the execution of the competences of the federation.

In the questions addressed to the first section of the Round Table it is asked whether the decision on creating a decentralized unit should be passed at the constitutional level, or at the statutory level, or at the administrative level. If decentralization is here meant to include the entire scale of various status forms of decentralization, from independent federal units to not-independent administrative units (which in fact points to the deconcentration of the central administration), then we should have in mind all three ways of creating a decentralized unit. But here it stands to reason that for the decentralization in the form of independent *federal units* the only acceptable way is to create them at the *constitutional* level. Whatever is created at a lower level is essentially not a federal unit.

The creating of federal units at the constitutional level is primarily necessary to ensure not only their *independence* but also their *existence*. If the constitution either provides for the creating of federal units or if it spells out a specific procedure for the creation thereof, this means a guarantee for the federal units within the framework of the existing constitutional order. Changes of the federal units are of course possible, but with the consent of the constitutional power and according to the procedure provided for changes in the constitution. In the same manner other constituent elements of the constitutional order may be changed.

If federal units are named as such in the constitution, their continued existence is thereby guaranteed. This is also the case in the Socialist Federal Republic of Yugoslavia. It is interesting to observe, that, for instance, in the Federal Republic of Germany where the constitution (Grundgesetz) does not permit the abolition of federal system but – according to the German interpretation – this does not guarantee the continued existence of the concrete federal units of West Germany. This specific feature, however, is true only of the Grundgesetz valid today, something that in a sense could be taken as provisional. But otherwise it would be reasonable to argue that if the currently existing structure of the German federation with its eleven states (Bundesländer) was to change, the "Grundgesetz" would also have to be changed. Which clearly means that in any particular case the principle is applied that for changing a concrete organization of federal units and their status it is necessary first to change the constitution.

In the constitutional system of Yugoslavia, based on the constitution promulgated in 1946, there is a formulation not often encountered – that the federation is defined as an "open federation". Despite the fact that in the Constitution there were listed the federal units (Article 2, Constitution of Federal Peoples' Republic of Yugoslavia) the Constitution specified among the competences of the federation (Article 44) that the federation shall decide on forming new constituent republics and autonomous provinces. This provision was later on dropped, it is not contained either in the Constitution promulgated in 1963 or in the Constitution currently in force, passed in 1974.

The United States Constitution, here for the sake of comparison, provides that the Congress shall have the competence to accept new member states into the American federation. What stands out here is the fact that, according to the Constitution (Article 4, Item 3), no federal unit can be created on an area of an already existing federal state or can not be created through merging two or more federal states without prior consent of the legislative bodies of the states involved and without the consent of the U.S. Congress. This means, also in the case of the U.S.A. federal units are guaranteed in their existence and cannot be abolished as such without their consent.

Hence, it is our conclusion that in states organized as a federation the overall principle is applied that federal units should be created at the constitutional level, which constitutionally guarantees their existence.

The second question, likewise from the institutional viewpoint important for the status of decentralization, is the question about their competences. Two things are here of special significance: first, the scope and kind of competences; and second, how are the competences assigned. For federal units both is important. The status of a federal unit can be spoken about only when the unit has certain competences in the sphere of legislation – and not only in executive power and jurisdiction. A decentralized unit without legislative competences cannot be ranked among federal units.

As far as legislative competences are concerned one notes in the applied field a considerable span from minimally legislatively independent federal units to units enjoying in legislative function optimal independence. In federations (one usually can find) federal laws are divided into three classes. The first would be exclusively federal laws, the second competitive laws, and the third general federal laws. In the first field relevant here, federal units are of no official power for regulating the state of affairs unless a specific federal law empowers them for that. In the second field there come together the federal legislature and the legislature of federal units more or less on equal footing – hence the term: competing legislature. The third are the so-called skeleton laws (Rahmengesetze) representing the framework of the legislation of federal units, but the direct legislative regulation is in hands of federal units.

In the Socialist Federal Republic of Yugoslavia this kind of system was valid until 1974, when the currently adopted Constitution came into force. According to our present Constitution the tri-partite division of federal legislature is discontinued. The federation issues in the fields assigned to it by the constitution only one kind of laws, and the federal units enjoy the right to pass here their own laws, within the framework of their constitutional rights and duties (this being valid also if the federation has not as yet passed a particular law).

Which all indicates that the current Yugoslav constitutional system has abolished the system of the so-called exclusive competences of the federation and that the federal units pass their own laws in all the fields if that is compatible with their constitutional rights and duties and in the interest of the realization of their constitutional functions, (Article 268, Constitution of the S.F.R.Y.).

But as regards the status of federal units – or the degree of their independence – there is another significant question: who decides on the competence of federal units. According to the traditional theory of the state the federation has the so-called *"competence over competences"*, in other words the right to regulate entirely and at any time the competences of its federal units. Most federations have followed this traditional state theory. But it is necessary to point out that current state theory, stresses the point that the federation cannot exploit the competence over competences in a sense that would diminish the competence of federal units to a degree where a federal system would be abolished.

The constitutional system of the Socialist Federal Republic of Yugoslavia, as declared by the 1974 Constitution, does not follow this theory of the state, according to which the federation should have the competence over competences. According to our Constitution federal units are primary and original units – proponents of competences which they transfer over onto the federation as a higher formation operating in the interest of federal units. The Constitution lays down that (Basic Principles, I, Section 2) the working people, nations and nationalities shall exercise their sovereign rights in the federal units, and at the federal level only those of their joint interests which are specified as such in the Constitution. The federation emerges thus as a secondary category, derived from the federal units, and operates as their permanent common function. Thus also, the competences of the federation are essentially the competences of the federal units, transferred onto the federation – or more precisely: carried out as joint competences of all the federal units. And in the Constitution these competences are precisely formulated (the enumeration principle) and the federation cannot extend these competences at the expense of its federal units. And, from the other angle, in favour to federal units there is the principle of assumption of competences.

The principle of the enumerative assignment of competences for the federation and the assumption of competences in favour to federal units is applied in most of the federations today. There are just a few exceptions, with this principle reversed: namely the assumption of the competences in favour to the federation. In the literature such cases in point would be Canada and India.

The third question, characteristic in the connection with the status of decentralized units, above all with the status of federal units, is the participation (cooperation) of the federal units in exercising of federal competences. In all the federations, including those called in the theory "unitarian federations" there is a certain way in which the federal units participate in the performing of the functions of the federation. At minimum level, there is a second chamber in the federal parliament. The role of this second chamber is at least to ensure the representation of the federal units, either on the parity principle or through a combination of parity and numerical size of the federal units. In the main, however, most of the federations today ensure representation on parity principle in the second chamber of the federal parliament (house of states).

In the current constitutional system of Yugoslavia this principle of parity is not restricted to the second chamber of the federal assembly. According to the 1974 Constitution, the federal units are represented in the second chamber of the federal assembly (i.e. Chamber of Republics and Provinces) by the parity principle – 12 members from each constituent republic and 8 from each autonomous province – and additionally the first chamber (Federal Chamber), is elected on the parity principle too. It is composed of 30 delegates from each constituent republic and 20 delegates from each autonomous province. Other main federal organs, are composed in accordance with the same principle – such as the Presidency of the S.F.R.Y. – a collective Head of State, the Federal Executive Council, the Constitutional Court of Yugoslavia and the Federal Court.

In addition to the *parity principle* ensuring for the federal units equally valid representation in all the decision-making federal organs, the present Yugoslav Constitution provides for a participation (cooperation) of all federal units in all the major functions of the federation, notably for their *free consent* to all the most important decisions taken at the level of federal organs. Here it should be pointed out that the Chamber of Republics and Provinces decides on economic decisions on the basis of discussions or consent of the assemblies of the federal units (Article 286, Constitution of S.F.R.Y.), thus it passes the social plan of Yugoslavia, determines the total volume of expenditure of Yugoslav federation, brings decisions concerning the monetary system, foreign exchange, import taxes, etc. Furthermore, the federal units give their consent to certain international treaties concluded by federal organs (Article 271, Constitution of S.F.R.Y.). The point at issue here is the formulation of new laws or changes in the laws currently valid – specifying obligations of one or more federal units. The most significant participation (cooperation) of federal units lies in amending the federal Constitution. Our federal Constitution can be amended only through the participation of all federal units, hence from all the constituent republics and autonomous provinces.

The procedure for amending or changing the Constitution of the S.F.R.Y. is a considerably formalized one, therefore our Constitution ranks, justly, among rigid constitutions. The entire procedure, spelled out for changing it, (Articles 398 – 403), can be seen in five stages: (1) the initiative for change, (2) a draft of changes, (3) proposal of changes, (4) the consent of the federal units to the proposal accepted already by the Federal Chamber, and (5) the official promulgation of the constitutional change(s).

Federal units are active mostly in the second and in the fourth stage. In the second stage federal units voice their opinion to the draft of changes passed by the Federal Chamber. On the basis of the opinion of the assemblies of federal units, and of general public discussion, a proposal for change(s) in the Constitution is made, to be adopted by a two thirds majority of the Federal Chamber. Evidently, this calls for a qualified two-third majority of members of the federal chamber, and not just a relative majority of those present. The participation of the federal units at the fourth stage is yet more important. The proposal of changes, already adopted by the Federal Chamber, becomes valid not before all the federal units (their assemblies) have given consent to these changes of the constitution. This time *full consensus* is required, and not just a majority word. Only when the federal units all of them have given consent to a change or amendment can the Federal Council of the S.F.R.Y. Assembly promulgate the change of the Constitution.

Accordingly, as regards the procedure for the revision of the constitution, we in Yugoslavia have been working towards ensuring equality among all federal units. Still, the entire system of amending the Constitution by full consensus of all federal units, started only after 1971, when the first major revision of the Constitution was made. On the contrary, according to the 1946 and the 1963 Constitutions a system of bi-cameral decision-making in the federal parliament was in force.

The system of including the federal units in the procedure for changing the constitution was, as it is known, first introduced in the United States, next in Switzerland, but in neither case does it require full, absolute consent of all federal units. Here, the Socialist Federal Republic of Yugoslavia went further, replacing the majority principle with consensus.

In connection with the current system of the relations at the federal level in Yugoslavia there has been more than once word: is this not a shift from federation to confederation. Prof. Ojo, General Reporter of the Second Section – in his summary has put the question of Dr Lidia BASTA – is Yugoslavia not more a confederation than a federation.

The whole issue, however, remains at the level of *terminology*. The two expressions "con-federative" and "federal" have had and continue to have in given historical circumstances a specific sense. But a certain denomination, be it called federation or confederation, surely cannot designate social relations as existing in one or another, but different, communities or societies. Hopefully you might share my opinion that none of the existing federations is the same as another federation and that all of them are clearly different. Each of them, it is my claim, has an existence of its own, seeking future perspectives from its own ground.

It would be bad if designations such as federal or con-federative should acquire a pejorative meaning. In practice that might well happen. Those all in favour of centralism or unitarism, use both the words, federal and con-federative, with a negative overtune. When arguing, they say that in Yugoslavia the federalism is over-emphasized what, leads to a con-federation instead of federation.

It is my considered opinion, viewing it theoretically, that the current *Yugoslav system cannot be designated as a confederation.* If remembering such models of con-federation as Switzerland before 1848 or the United States before 1887, it is safe to claim that – on the basis of its Constitution promulgated in 1974 – the Socialist Federal Republic of Yugoslavia is in no case a con-federation. The individual institutional solutions provided for by the Yugoslav Constitution, specifically the constitutional position of federal units, the parity principle in federal agencies, the consent to some important decisions made by federal agencies, do not at all signal any introduction to confederation, but – with full emphasis – ensure a position of equality of all federal units. This principle, the principle of equality, is – above and beyond any doubt – the one guiding principle of any federation, and especially of the multi-national federation of Yugoslavia.

Principe de territorialité et principe de personnalité en fédéralisme comparé

Théorie générale et conséquences en matière de décentralisation: Le cas du Liban

Antoine Nasri Messarra

Si le fédéralisme et la décentralisation visent à la protection des minorités, à l'efficacité de l'appareil administratif et au respect de la volonté du peuple et à l'augmentation de son influence démocratique, la théorie du fédéralisme et de la décentralisation devrait, en vertu même de ces principes, être moins occidentalo-centriste et puiser dans les sociétés plurales des critères d'analyse qui permettent de généraliser la théorie et de la rendre plus fonctionnelle. On peut en effet parler de fédéralisme éclaté quand les minorités pluri-linguistiques, pluri-ethniques ou pluri-confessionnelles sont entremêlées, c'est-à-dire là où les frontières communautaires ne correspondent pas à des frontières géographiques définies à l'intérieur du territoire national. Il faudra dans ce cas, pour réaliser l'autonomie, des transferts inhumains et violents de populations et, si cela est d'un coût exorbitant avec de maigres bénéfices, l'adoption d'une autonomie sur d'autres bases, autonomie qui n'est pas nécessairement de moindre portée.

Etat unitaire et Etat fédéral sont-ils d'ailleurs deux catégories opposées comme l'enseigne la théorie traditionnelle? Cet antagonisme inspire les constitutionnalistes qui ne parviennent pas à comprendre d'autres aménagements qu'ils considèrent comme des phénomènes spécifiques, sinon anachroniques. Considérer qu'il ne peut y avoir de fédéralisme sans découpage en unités géographiques fédérées, c'est forcer les minorités de plusieurs sociétés plurales, sinon à l'extermination, du moins au déplacement ou à l'assimilation violente. La théorie fédérale, qui visait au départ la sauvegarde des particularismes, s'inspirait en fait du modèle jacobin en vogue de l'Etat national. Le principe romain: *Ejus regio ejus religio* a été inversé par la pensée jacobine pour devenir: *Ejus religio ejus regio*, ce qui constitue un grave contresens et une déformation du principe initial, relativement libéral. On mesure le danger de l'inversion dans une société plurale comme celle du Liban où, par le fait d'une culture jacobine, chaque communauté a cherché par une violence inutile à se tailler *sa région* en tant qu'option unique et absolue. L'histoire du Proche-Orient, et ottomane en particulier, permet, comme on le verra plus loin, la formulation d'un principe moins susceptible de déviation: *Ejus communio ejus religio* (A chaque communauté sa religion). Fédéralisme et décentralisation risquent de ne pas remplir leurs objectifs si le principe de la territorialité n'est pas remis en question en tant que fondement implicite, général et absolu.

I. Le fédéralisme suivant le principe de personnalité dans les traditions constitutionnelles

Le fédéralisme est-il nécessairement une division du pouvoir entre des unités définies géographiquement? Les définitions du fédéralisme impliquent l'autonomie et la délégation du pouvoir de législation et de décision, mais aucune des définitions classiques n'implique un découpage territorial pour l'exercice de cette autonomie et de ce pouvoir. Certes toute autorité politique s'exerce sur un territoire, mais cet élément nécessaire à l'exercice de la souveraineté nationale et étatique peut ne pas l'être pour l'exercice d'une autorité à l'égard et entre des communautés ne jouissant pas d'une localisation géographique définie. L'extension de fait du fédéralisme suivant le principe de territorialité a amené les constitutionnalistes à introduire dans la définition du fédéralisme les notions de provinces et de régions. Aussi William H. Riker définit-il le fédéralisme en tant qu'« organisation politique dans laquelle les activités du gouvernement sont divisées entre les gouvernements *régionaux* et le gouvernement central de manière que chaque forme de gouvernement jouit d'un pouvoir de décision final dans certaines activités » [1]. Ivo Duchacek considère, dans le titre de l'ouvrage comparatif sur le fédéralisme, que le fédéralisme implique une « dimension territoriale » [2]. Daniel Elazar considère cependant qu'il est « théoriquement possible de créer un système fédéral où les unités constitutives sont déterminées, mais non sur une base territoriale », mais il dénie le caractère fédéral « authentique » à tout autre fédéralisme, car « aucun système *fédéral authentique* n'a existé sans une base géographique de division fédérale » [3].

Or dans des sociétés plurales, le fédéralisme peut êre appliqué sur une base territoriale, quand les clivages principaux coïncident avec les frontières géographiques, mais il *peut* être appliqué suivant le principe de personnalité quand les clivages ne coïncident pas avec des frontières définies. Le fédéralisme suivant le principe de personnalité, tel qu'il a été appliqué dans l'histoire et tel qu'il s'applique aujourd'hui, remplit toutes les conditions du fédéralisme quant à l'autonomie des unités fédérées et à leur pouvoir de légifération et de décision. La notion d'unités fédérées est ainsi plus adéquate dans la définition générale du fédéralisme que celle de «gouvernements régionaux», de provinces ou de régions.

Otto BAUER et Karl RENNER avaient proposé un système de fédéralisme personnel comme solution au problème des nationalités de l'Empire austro-hongrois. Ils se sont référés dans leur projet à un fédéralisme sur la base du «principe de la personnalité», en opposition au principe territorial habituel. Chaque individu devrait pouvoir déclarer à quelle nationalité il souhaite appartenir, et ces nationalités deviendront des *Kulturgemeinschaften* autonomes. BAUER trace explicitement un parallèle entre ces communautés culturelles proposées et les communautés religieuses (catholiques, protestants et juifs) coexistant fréquemment et gérant librement leurs propres affaires religieuses et civiles[4]. Au début du siècle, Otto BAUER, dans sa volonté de maintenir la cohésion de l'Empire austro-hongrois avait bien vu que l'aspiration première des nations était l'aspiration à préserver et développer leurs cultures propres, et d'abord leurs langues. Le programme national des années 20 insiste sur la promotion de *toutes les cultures nationales à égalité.*

D'autres auteurs, souvent considérés comme des déviants par les classiques du fédéralisme, se réfèrent explicitement à BAUER et RENNER ou les rejoignent. Robert A. DAHL emploie l'expression de fédéralisme «sociologique» pour désigner le fédéralisme territorial[5]. William LIVINGSTON parle de «société fédérale» quand les segments sont géographiquement concentrés[6]. Carl J. FRIEDRICH développe la notion de fédéralisme intégré (*corporate federalism*) en se référant à Otto BAUER et Karl RENNER et au cas de la Constitution chypriote de 1960[7]. Kenneth D. MAC RAE distingue entre «principe de personnalité» et «principe de territorialité»[8]. Karl AUN analyse, suivant le principe de personnalité d'après les propositions de BAUER et RENNER, le système de sauvegarde des minorités ethniques en Estonie en 1925[9].

D'après le grand penseur libanais Michel CHIHA, on peut qualifier le fédéralisme personnel de fédéralisme de «législation». Il écrivait dans *Le Jour* du 30 juillet 1947:«La Chambre des députés, au Liban, représente au fond un aspect original du fédéralisme. Comme en Suisse, il y a des cantons, il y a ici des communautés confessionnelles. Les premiers ont pour base un *territoire,* les seconds seulement une *législation,* l'adhésion à un statut personnel»[10]. En effet, dans le «fédéralisme intégré» (*corporate),* personnel ou de «législation», l'autonomie et le pouvoir de légifération et de décision ne se concrétisent pas sur des espaces régionaux, mais couvrent des unités culturelles quelle que soit la localisation géographique des personnes ou des institutions qui en relèvent. Ce sont les *personnes,* physiques ou *morales,* qui sont définies et des *lois spéciales* leur sont appliquées. Le fédéralisme géographique a pour base des territoires autonomes, alors que le fédéralisme personnel a pour base des unités culturelles autonomes. Dans le premier cas, les unités géographiques délèguent leurs représentants à une seconde Chambre fédérale autre que la Chambre des représentants, alors que dans le second cas, les unités culturelles délèguent leurs représentants, soit à une première chambre suivant des quotas affectés à chaque unité culturelle, ou à une seconde chambre sénatoriale, et les postes administratifs sont affectés suivant un quota pour chacune des unités culturelles.

Le fédéralisme territorial comporte certes de nombreux avantages. Il est plus aisé de déléguer des responsabilités gouvernementales et administratives à des unités territorialement concentrées qu'à des unités culturelles sans base régionale. Le fédéralisme territorial, parce que ses frontières sont mieux perçues, institue des relations moins quotidiennes entre les segments et, par la suite, réduit les occasions de conflit. La territorialité jouit d'un autre avantage : En cas de conflit, la sécession ou la partition est possible si son coût est faible et ses bénéfices supérieurs à ceux de l'union. Enfin le fédéralisme territorial consacre moins le cloisonnement et la classification des individus. Celui qui est gêné par les lois d'une province peut aller vivre dans une autre où la législation est différente, alors que dans le fédéralisme personnel la personne est soumise aux lois de son statut. Mais la catégorisation n'est pas fatale. Ce n'est pas en tout cas en *territorialisant* le fédéralisme qu'on le rend ouvert. Une territorialisation forcée, dans le but d'homogénéiser des régions historiquement non homogènes, signifie des mutations douloureuses de populations avec peut-être un coût disproportionné par rapport au profit de l'opération.

Le fédéralisme suivant le principe de personnalité comporte cependant, lui aussi, des avantages. Il peut être moins coûteux sur le plan administratif que le fédéralisme territorial qui contraint à la multiplication des unités locales. Le fédéralisme personnel favorise aussi le développement d'organisations communautaires dans chaque segment, organisations qui peuvent promouvoir un développement endogène des communautés. Ce fédéralisme permet surtout de limiter l'auto-segmentation exclusivement aux problèmes les plus conflictuels, alors que la fédéralisation territoriale contraint de segmenter outre mesure là où il est peut-être superflu de segmenter. Le fédéralisme personnel peut ainsi être facteur d'union parce que, justement, il ne provoque pas de ruptures dans les relations intercommunautaires quotidiennes dans un système où tous les segments peuvent, en termes de coût et profit, tirer profit de l'union à un coût acceptable. Mais le principe de personnalité implique, comme pour la copropriété immobilière, une perception psychologique claire des frontières du système et le respect de ces frontières, en vertu du principe de base d'un modèle consociatif : « Les bonnes frontières font le bon voisinage ».

L'histoire des sociétés précoloniales et celle des pays arabes, surtout sous l'empire ottoman, offre des exemples de l'adoption du principe de personnalité pour la sauvegarde des identités culturelles. L'histoire constitutionnelle du Liban, plus que celle des autres pays sous l'empire ottoman, permet de dégager la dialectique et le modèle du fédéralisme personnel. Déjà M. G. Smith, dans son analyse des sociétés précoloniales en Afrique, a décrit un type de société auquel il a donné l'étiquette de consociation, c'est-à-dire une association de «collectivités intégrées, séparément constituées en tant que partenaires égaux, et intérieurement autonomes dans une société commune»[11].

Sous l'empire byzantin, la juridiction des évêques avait pour but d'assurer aux chrétiens des juges impartiaux qui n'étaient sans doute pas les édiles et autres magistrats en majorité païens. Par une Constitution du 23 juin 318, l'empereur Constantin accorda pour la première fois à chaque chrétien le droit de réclamer la juridiction épiscopale pour toute affaire civile et celui de faire évoquer par le tribunal ecclésiastique tout procès pendant devant le juge civil. En vertu des lois d'Arcadius et d'Honorius, les juifs de l'Empire bénéficiaient des mêmes privilèges juridictionnels que les chrétiens. Ils pouvaient recourir à leurs tribunaux confessionnels qui leur appliquaient leurs lois propres au lieu du *jus civile* romain. Les sentences des tribunaux rabbiniques avaient force de chose jugée et étaient légalement exécutoires par les autorités romaines. Les Arabes ont maintenu l'organisation administrative byzantine, telle qu'ils l'avaient trouvée et réservèrent le même sort à l'organisation judiciaire. En Perse, à l'époque de l'invasion arabe, du fait du caractère religieux de la législation persane, les juifs et les chrétiens relevaient de leurs tribunaux ecclésiastiques. Parfois ce ne sont pas des religieux qui jugent, mais des magistrats de la communauté des plaignants. En Espagne, les litiges entre chrétiens étaient jugés par un magistrat de leur religion dont la nomination était homologuée par l'administration califale. On l'appelait *qâdî al-nasâra* ou *qâdî al-'ağam*[12].

Sous l'empire ottoman, les sujets non musulmans sont réunis en Communautés religieuses, dont l'existence officielle est reconnue par le gouvernement ottoman. Ces communautés ont la pleine liberté d'action en ce qui concerne l'exercice de leur culte, leur statut personnel, l'administration de leurs établissements destinés au culte, à l'enseignement et à la bienfaisance et l'autonomie de juridiction. Elles ont le droit d'enseigner dans leur propre langue et dans leurs écoles spéciales. Les questions de statut personnel sont jugées d'après les statuts de la communauté et les sentences sont rendues, dans les limites de la juridiction accordée à la communauté par des chartes ou, à défaut, dans celle que lui laisse la tolérance du Gouvernement. Le Hatti-Hamayoun du 18 février 1856 stipule à l'alinéa 12:«Toutes les affaires commerciales, correctionnelles et criminelles entre des musulmans et des sujets chrétiens ou autres non musulmans, ou bien des chrétiens ou autres de rites différents non musulmans, seront déférées à des tribunaux mixtes». Une crise se produit en 1880 lorsque Djevdet PACHA, ministre de la justice, voulut substituer une procédure unique aux juridictions des communautés non musulmanes. Cette tentative, justifiée dans un autre milieu, devait échouer en Turquie où les traditions ont force de loi et où les communautés chrétiennes trouvent un appui à l'étranger.

Un document de 1902 est de première importance pour l'histoire de la Turquie en Europe. La communauté orthodoxe d'Uskub, formant d'après la règle une paroisse de l'archevêché d'Uskub, est érigée en Communauté indépendante, administrant elle-même ses intérêts et ayant le droit d'organiser et de diriger toutes ses affaires, par les organes légalement élus par elle, à savoir: «le Conseil des Anciens, le Comité de l'Eglise, l'Ephorie des Ecoles, etc...». En ce qui concerne les communautés valagues en Serbie, une *Iradé* (volonté impériale) du 23 mai 1905 stipule que «leurs communautés désignent des moukhtars conformément aux règlements en vigueur; qu'à l'instar de ce qui se pratique pour les autres communautés les membres valagues soient également admis, suivant la règle, dans les Conseils administratifs, et que des facilités soient accordées par les autorités impériales aux professeurs nommés par les dites Communautés pour l'inspection de leurs écoles et l'accomplissement des formalités édictées par les lois de l'Empire pour l'ouverture de nouveaux établissements scolaires». Le Règlement de la communauté arménienne grégorienne en Turquie du 24 mai 1860 prévoit la création de quatre commissions (Ecoles, Finances, Justice et Couvents) et trois directions (Comptabilité, Testaments et Hôpitaux), pour la plupart laïques et chargées de la gestion des affaires de la communauté.

En faveur des Ottomans protestants, un firman du 14 novembre 1850 stipule:«Comme à cause de leur croyance, les sujets déjà mentionnés forment une communauté distincte, ma volonté impériale et compatissante est que par tous les moyens, il soit adopté des mesures pour faciliter l'administration de leurs affaires, de sorte qu'ils puissent vivre tranquilles, en paix et en sécurité (...). Toi, mon ministre (...), tu veilleras à ce que, comme dans les autres communautés de l'Empire, ils rencontrent les *facilités* et l'assistance dont ils auront besoin dans toutes les affaires et toutes les matières qui concernent leurs cimetières et leurs lieux de réunion. Tu ne permettras point qu'aucune autre communauté se mêle en aucune sorte de leurs rites ou de ce qui concerne leur religion, en un mot d'aucune de leurs affaires, *soit séculières soit religieuses* (...) et, en cas de besoin, il leur (soit) permis de faire des représentations sur leurs affaires à la sublime Porte par l'entremise de leur agent.» On notera que le terme «*facilités* » employé dans ce Firman du 14 novembre 1850 revêt la même signification que dans le débat constitutionnel actuel en Belgique. Un règlement du 11 mars 1878 régit d'autre part les modalités de représentation de la Communauté protestante :« L'enseignement dans leurs écoles est permis dans les limites de l'art. 16 de la Constitution, comme aux autres Communautés ».

Le statut de la communauté israélite est régi par le règlement du 1er avril 1864. Outre les attributions spirituelles de la communauté, le chapitre V est intitulé : « Conseil laïc et ses devoirs ». L'article 43 dispose :« Le Conseil laïc s'occupera des affaires temporelles de la Nation israélite et de ses intérêts matériels ; de l'exécution de ce règlement ; de l'encaissement des contributions nationales et de la protection des propriétés des orphelins » [13].

Ces divers règlements régissent non seulement les affaires du statut personnel et de l'enseignement, mais aussi la juridiction civile. A titre de modèle, le Hatti Hamayoun du 18 février 1856 stipule que « les affaires commerciales, criminelles et correctionnelles entre des sujets chrétiens et des musulmans ou autres non musulmans, ou bien entre des chrétiens ou autres de rites différents non musulmans sont déférées à des tribunaux mixtes. Ce Hatti Hamayoun et le traité de Berlin de 1878 réaffirment les privilèges des communautés non musulmanes et les garanties, sur la demande expresse des puissances européennes [14]. En Bosnie Herzégovine, les questions matrimoniales des chrétiens relevaient de leurs autorités ecclésiastiques, alors que les affaires familiales et successorales des musulmans étaient jugées, en premier ressort, par le sous-préfet, assisté d'un juge de la *charī'a*, et en dernier ressort par la cour suprême de Sarajevo. Les autorités communiquaient entre elles et avec les autorités étrangères en allemand, avec les administrés en bosniaque (serbo-croate). En matière de *charī'a*, elles se servaient aussi de la langue ottomane.

L'autonomie segmentaire en vertu du principe de personnalité a continué à régir, après la chute de l'empire ottoman, tous les pays sous mandat. L'article 6 de la Charte du Mandat français sur la Syrie et le Liban du 24 juillet 1922 impose la sauvegarde du statut personnel, des intérêts religieux et de la direction des *waqf* (biens de mainmorte) des communautés. L'article 8 souligne que « les communautés ne seront pas privées du droit d'avoir leurs écoles et d'enseigner dans leurs langues. L'article 9 dispose que le gouvernement mandataire n'interviendra pas dans les affaires qui relèvent des communautés » [15].

L'article 5 de la loi fondamentale du gouvernement de Jebel Druze, publié par arrêté du Haut commissaire du gouvernement français du 14 mai 1930, permet aux communautés d'avoir leurs écoles [16]. Les articles 5 et 9 de la loi fondamentale de Lattaquieh, publiés par arrêté n° 3113 du 14 mai 1930 par le commissaire français, stipulent que chaque communauté conserve son statut personnel et son droit d'avoir ses écoles [17]. L'article 113 de la Constitution syrienne, publié le 14 mai par arrêté n° 113 du

Haut commissaire français, stipule d'une manière encore plus précise :« Les affaires des tribus bédouines (*ᶜâchâᶜir*) sont gérées par une administration spéciale dont les fonctions seront définies par une loi qui sauvegarde leur situation particulière». En vertu de l'article 114:« Les biens de mainmorte (*waqf*) sont la propriété exclusive de la communauté musulmane et leur gestion est du ressort de conseils élus par les musulmans». L'article 15 stipule que «l'Etat garantit aux populations des diverses communautés la sauvegarde de leurs intérêts religieux et de leur statut personnel»[18]. La loi fondamentale administrative et financière de la région alawite du 1er juillet 1939 prévoit «la répartition des fonctions publiques d'une manière équitable entre les différentes communautés de la région en conformité avec les besoins de la bonne administration»[19].

L'article 23 de la Charte du mandat anglais sur la Palestine, approuvée par la Société des Nations à Londres le 24 juillet 1922, stipule :« L'administration de la Palestine reconnaît les jours fériés pour chacune des communautés de Palestine en tant que jours de chômage officiel pour les membres de chacune de ces communautés.» L'article 9 de la Charte dispose que le « gouvernement mandataire garantit la sauvegarde du statut personnel et des intérêts religieux des populations et des communautés, notamment en ce qui concerne l'administration des *waqf* en vertu de la législation religieuse et des conditions des testataires.» La Charte du mandat britannique sur la Palestine, approuvée par la Société des Nations à Londres le 24 juillet 1922, stipule aussi dans son Préambule que « rien ne doit être fait portant atteinte aux droits religieux et civils dont jouissent les communautés non juives établies en Palestine, ni aux droits et au statut politique dont jouissent les juifs dans les autres pays»[20].

Les deux Caimacamats : Personnalité ou territorialité

Le choix entre principe de territorialité et principe de personnalité pour l'aménagement constitutionnel du Liban s'est posé en termes aigus à la suite de la décision, sur proposition de METTERNICH, approuvée le 15 septembre 1842, de diviser le Liban en deux caimacamats. Adel ISMAIL résume les différentes interprétations par les notions de «système de nationalité ou de l'extra-territorialité» et «système de la territorialité»[21]. Jean CHARAF analyse l'institution de la fonction de *wakîls* (procureurs) druzes et chrétiens dans chacun des deux caimacamats chargés des affaires de leurs coreligionnaires, à condition que ces wakîls relèvent directement de chacun des deux caimacamats[22]. Le mélange de populations autrefois comme aujourd'hui au Liban permet de poser le problème en termes clairs : S'agit-il d'une division territoriale en faisant abstraction de l'appartenance communautaire de la population ou d'une division communautaire de manière que chaque communauté soit régie par ses propres chefs ? Le problème s'est posé à propos des zones mixtes dans chacun des deux caimacamats surtout dans le caimacamat druze où les zones mixtes sont nombreuses. Les solutions préconisées furent, soit le transfert de populations entre les zones mixtes en vue d'homogénéiser les deux caimacamats ou de désigner des *wakîls* druzes et chrétiens chargés des affaires de leurs communautés. Eugène POUJADE, consul de France à Beyrouth, a proposé de faire gouverner les chrétiens par les chrétiens et les druzes par les druzes par l'intermédiaire de *wakîls* relevant les uns du caimacam chrétien et les autres du caimacam druze. L'enclave de Deir el-Kamar serait gouvernée par deux *wakîls,* l'un chrétien et l'autre musulman[23]. L'empire ottoman a réglé le dilemme en adoptant cette solution. Le 7 décembre 1842, la Montagne a été divisée en deux caimacamats, druze et chrétien, séparés par la route Beyrouth-Damas, avec un statut spécial pour le village mixte de Deir el-Kamar.

Le principe de nationalité consistait à faire dépendre tous les chrétiens, où qu'ils fussent et quels que fussent les anciens liens de vassalité qui les liaient aux cheikhs druzes, au caimacam chrétien. Par contre, tout ce qui était druze dépendra du caimacam druze. Cette thèse de l'émir Haidar et des chrétiens fut soutenue par le Consul de France. Les chrétiens faisaient en effet remarquer qu'il n'existait pas au Liban une partie habitée exclusivement par les druzes et une autre habitée exclusivement par les chrétiens. Quant au principe de territorialité, il consistait à diviser la Montagne en deux parties géographiques. La partie au sud de la route Beyrouth-Damas serait gouvernée directement et exclusivement par le Caimacam druze, et la partie au nord de cette route par le Caimacam chrétien. C'était la thèse des druzes, soutenue par le colonel ROSE. Les druzes invoquèrent en faveur de cette thèse les traditions féodales qui faisaient dépendre d'eux toutes les familles attachées à la culture de leurs terres ou celles attachées à leur service personnel, qu'elles fussent chrétiennes ou druzes. La solution consistant à muter des populations entre les deux caimacamats a été abandonnée en raison de son caractère dangereux et impraticable. En attendant le règlement qui tardait à venir, la Porte ottomane décida de placer provisoirement sous sa juridiction les chrétiens du caimacamat druze et les druzes du caimacamat chrétien. Les pachas KHALIL et ASSAAD, après en avoir référé à Constantinople, décidèrent en septembre 1844 de régler définitivement cette question en dotant Deir el-Kamar du statut de ville autonome, gouvernée par deux wakîls, l'un chrétien, l'autre druze, choisis par leurs communautés respectives. Chacun aura pour attribution de veiller aux intérêts de ses coreligionnaires. Les deux wakîls dépendraient de leurs Caimacams respectifs. Eugène POUJADE a proposé la généralisation du système de gouvernement de Deir el-Kamar à tous les districts mixtes. Les principales dispositions du système étaient les suivantes :

1. Le Liban serait divisé en deux caimacamats, l'un chrétien, l'autre druze, pour les régions à grande majorité druze et chrétienne.
2. Chaque district mixte aurait deux wakîls, l'un chrétien, l'autre druze, élus chacun par les membres de sa communauté et dépendant de leurs Caimacams respectifs.
3. Un conseil serait établi à Beyrouth dans lequel siègeraient des membres représentant toutes les communautés libanaises. Ce conseil aurait pour compétence de juger les différends qui surviendraient entre individus de communautés différentes.

Lord Aberdeen, ministre anglais des Affaires étrangères, demanda à Bouree le 25 juin 1845 :« Mais vous qui avez vu les choses de près, en quel remède auriez-vous foi ? Je n'en connais qu'un, my lord, répondis-je, dit Bouree, et non seulement je ne connais que celui-là, mais je ne crois pas qu'il en existe d'autres ; *on a échoué en voulant diviser ce qui était indivisible,* le remède serait de revenir à l'unité »[24]. Adel Ismail, qui expose les problèmes soulevés par la division de la Montagne et les différents projets, écrit que ce problème « fut incontestablement le plus délicat et le plus épineux de la Question du Liban au XIXème siècle »[25].

Personnalité de juridiction

Le principe de personnalité couvre non seulement la représentation, l'exercice de la décision et son assiette, le statut personnel et l'enseignement, mais aussi la juridiction même civile.

L'article 7 du règlement du 9 juin 1861 organisant la justice au Mont-Liban institue, dans chaque district, un juge de paix pour chaque rite. Dans chaque arrondissement, un majlis (tribunal) de première instance est composé de trois à six membres représentant les divers éléments de la population. Au siège du gouvernement, un majlis supérieur est composé de douze membres, deux pour chacune des six communautés (maronite, druze, grecque-orthodoxe, grecque-catholique, sunnite, chiite ou metwali). On adjoindra à ces majlis un représentant des cultes protestant et israélite, toutes les fois qu'un membre de ces communautés aura des intérêts engagés dans le procès. La présidence des majlis sera exercée trimestriellement et à tour de rôle par chacun de leurs membres. L'article 11 régit les affaires mixtes entre particuliers appartenant à des communautés différentes. En vertu de cet article, les magistrats devaient être choisis et désignés, après une entente avec les notables, par les chefs de leurs communautés respectives et institués par le gouverneur. Le règlement du 6 septembre 1864 est venu modifier le nombre des tribunaux de première instance dans la Montagne en les fixant à trois tribunaux « composés chacun d'un juge et d'un substitut, nommés par le gouverneur, et de six défenseurs d'office, désignés par les communautés ».

L'organisation judiciaire établie par le règlement de 1864 a été assimilée depuis au système *nizamiyé* introduit dans l'Empire. Il y a un tribunal de première instance dans chaque chef-lieu de caza et deux cours d'appel civile et criminelle au siège du gouvernement, la première présidée par un maronite, la seconde par un druze et composée chacune de cinq assesseurs pris parmi les autres rites du Liban. Toutes les affaires commerciales ainsi que les contestations entre Libanais et sujets étrangers relèvent du tribunal de commerce de Beyrouth. La cour de Cassation de Constantinople connaît des pouvoirs en cassation.

L'application en Estonie et en Pologne

Nous trouvons l'autonomie segmentaire suivant le principe de personnalité dans les attributions reconnues à des communautés culturelles de gérer leurs institutions répandues sur l'ensemble du territoire.

Les propositions de Bauer-Renner ont été appliquées en Estonie en 1925, suivant la description qu'en fait Evald Ustalu. Le 12 février 1925 la loi d'autonomie culturelle est devenue exécutoire. Elle donne aux minorités une autonomie en matière culturelle, ce qui signifie le droit d'enseigner dans leurs langues propres dans les écoles privées et officielles. Les minorités étaient libres de créer tout genre d'institutions, y compris les théâtres, les bibliothèques et les clubs. Les conseils culturels étaient financés par l'Etat et par les conseils locaux. L'aide de l'Etat a encore couvert les écoles des minorités *à égalité* avec les institutions éducationnelles estoniennes[26]. Les minorités allemandes et juives d'Estonie ont vite profité des chances offertes par la loi et ont créé des communautés culturelles autonomes en 1925 et 1926. Quant aux minorités russes et suédoises reconnues par la loi en tant que minorités couvertes par l'autonomie segmentaire, elles ont décidé de ne pas l'appliquer. La raison en est, selon Karl Aun, qu'« elles étaient concentrées dans des régions où elles étaient majoritaires et où elles pouvaient réaliser leurs objectifs culturels à travers les institutions du gouvernement local »[27]. Renner appelle cette mesure « la plus parfaite tentative d'instituer un auto-gouvernement constitutionnel pour les nationalités dans un Etat multi-national »[28].

En Pologne, les juifs avaient longtemps bénéficié d'un statut d'autonomie segmentaire en vertu du principe de personnalité.

En Pologne, les juifs qui représentaient près d'un million d'âmes constituent le dixième de la population. Groupés en quartiers populeux dans les villes (Cracovie, Posen) ou vivant dans des villages et hameaux perdus, ils appartiennent à un corps politique dont l'expression nationale, le **Wa^cad ^cArba Arasot** (Conseil des quatre pays : Grande-Pologne, Petite-Pologne, Ruthenie, Volhynie-Podolie) est reconnu par le roi. Le Wa^{c}ad se réunit à Lublin et à Yaraslav lors des foires annuelles, répartit l'impôt, légifère et juge en appel les procès. Il délègue un représentant auprès du roi et de la diète polonaise. Sous l'impulsion du Wa^{c}ad, les juifs adoptent un système d'enseignement généralisé. Ce grand âge du judaïsme polonais se clôt en 1648 avec la révolte des cosaques ukrainiens de Khmielnitsky [29].

II. Le fédéralisme suivant le principe de personnalité dans les sociétés plurales contemporaines

Ces traditions constitutionnelles séculaires ne sont-elles qu'un vestige historique d'un temps archaïque que les exigences de la modernité devraient effacer? Le prétendre, c'est privilégier le principe de territorialité dans le fédéralisme, en vertu de critères contestables de la construction nationale, de l'Etat national et de l'intégration, et dénier par le fait même à nombre de sociétés plurales où les segments sont entremêlés toute chance de construction nationale sans «mutations de populations», *people engineering,* selon une expression de Moshe Shamir [30]. C'est aussi exclure de la notion de fédéralisme toute perspective autre que territoriale et condamner nombre de pays, dont la Belgique, le Liban, et des pays du tiers monde où les minorités sont peu consistantes ou non concentrées, à des solutions qui visent à l'extermination, à l'assimilation forcée ou au déplacement qui est une forme chirurgicale d'exclusion. Le fédéralisme, s'il se limite exclusivement au principe de territorialité, s'inspire finalement d'une culture majoritaire, même s'il vise à protéger les minorités. Le fédéralisme géographique ne croit en effet qu'aux minorités consistantes et concentrées, donc majoritaires sur un espace bien à elles. Solution idéale peut-être, mais solution impossible dans beaucoup de pays, ou trop coûteuse, comme le montre l'exemple libanais où aucun segment ne réussit à «se tailler», sinon d'une manière trop artificielle et approximative, un espace à lui malgré des années de violence.

La recherche comparative permet de montrer que le fédéralisme suivant le principe de personnalité existe dans beaucoup de pays. Toutefois la culture dominante assimilant le fédéralisme à une provincialisation fait que dans ces pays le fédéralisme personnel, de «législation» ou «intégré» est interprété avec les schèmes culturels classiques de l'Etat unitaire et de l'Etat fédéral. Aristide R. Zolberg parle de «fédéralisation sans fédéralisme» à propos de la Belgique [31]. Ni Robert Senelle, ni F. Coppieters ne qualifient le système belge de fédéral. «Il s'agit en fait, écrit F. Coppieters, d'une évolution *vers* une structure fédérale» [32]. Robert Senelle écrit:«Ce qui, en revanche, semble certain à la lecture des travaux préparatoires, c'est que le constituant a voulu exclure les minorités linguistiques du champ d'application du nouvel article 6 bis («les droits et libertés des minorités idéologiques et philosophiques»), *afin de ne pas mettre en cause le principe de la territorialité de la législation linguistique* » [33]. D'autres constitutionnalistes belges appellent la structure belge « semi-fédérale ». Or le système belge règle essentiellement un transfert de pouvoirs par la nation à des entités subnationales qui sont les communautés et les régions.

La Belgique représente en tout point un système fédéral suivant le principe de personnalité, ou du moins mixte, à la fois territorial et personnel. Le cas de Bruxelles, non encore résolu, ne peut l'être sans la référence à des critères autres que ceux de la fédéralisation territoriale et en s'inspirant des expériences historiques comparatives.

La structure politique de la Belgique est-elle celle d'un « Etat unitaire » suivant la terminologie classique qu'emploient même les constitutionnalistes belges, structure où le pouvoir de décision appartient seulement à l'autorité centrale ? La Belgique est un Etat fédéral, puisque l'Etat unitaire a cédé une part de son pouvoir de légifération et de décision aux communautés et aux régions. Le règlement du Statut de Bruxelles, du statut de la communauté allemande et l'aménagement d'un système plus symétrique, de sorte que les institutions soient les mêmes du côté néerlandais et francophone, impliquent la référence théorique au principe de personnalité dans le fédéralisme.

Belgique : Principe de personnalité

Les amendements constitutionnels en Belgique adoptés à la fin des années 1970 et les modifications des 17 et 29 juillet 1980 et du 23 janvier 1981 divisent tous les membres du Parlement en deux Conseils culturels séparés qui servent de parlement pour chaque communauté linguistique. Les lois affectant l'autonomie culturelle doivent être adoptées par une majorité des deux tiers, comprenant la majorité de chaque groupe linguistique. La minorité de langue française peut en appeler au cabinet contre tout projet de loi qui menace ses intérêts. Le cabinet est composé d'un nombre égal de personnes d'expression flamande et française. La ville bilingue de Bruxelles est régie par un arrangement similaire. Les intérêts des communautés linguistiques sont efficacement organisés et représentés au moyen de cette structure fédérale suivant le principe de personnalité touchant néanmoins les institutions et non les personnes.

En vertu de l'article 3 ter de la Constitution :« La Belgique comprend trois communautés culturelles : la communauté française, la communauté flamande et la communauté germanophone. Chaque communauté a les attributions qui lui sont reconnues par les Constitutions ou par les lois prises en vertu de celles-ci. » La communauté française groupe les habitants de la région linguistique (la Wallonie) et les francophones habitant Bruxelles-Capitale. La communauté flamande groupe toute la population qui parle le néerlandais, c'est-à-dire les habitants de la région linguistique néerlandaise (la Flandre) et les néerlandophones habitant Bruxelles-Capitale. La communauté germanophone groupe toute la population qui parle l'allemand.

Il existe par ailleurs trois régions qui ne coïncident pas totalement avec les communautés précitées. La région wallone couvre l'ensemble de la Wallonie ainsi que la région de langue allemande (sur le plan administratif, celle-ci fait partie de l'arrondissement de Verviers de la province de Liège). La région flamande couvre l'ensemble de la Flandre. La région bruxelloise couvre les 19 communes de Bruxelles-Capitale. Cette dernière agglomération, habitée par des néerlandophones et des francophones, constitue une région bilingue.

La compétence en matière d'emploi des langues dans le domaine administratif n'a pas été attribuée à la Communauté germanophone. Dans le secteur de cette communauté, les matières communautaires sont gérées par le Conseil de la Communauté composé des membres élus par la voie directe par la population germanophone. Les parlementaires nationaux germanophones et les conseillers provinciaux germanophones en font partie avec voix consultative.

Une abondante réglementation s'est efforcée de mettre fin à de nombreuses controverses linguistiques, non seulement en partageant le pays en régions linguistiques mais aussi en instituant des «facilités». Dans chaque région linguistique, la langue de la région est employée, sous réserve des situations particulières.

Dans la Région de langue française et la Région de langue néerlandaise, quelques communes de ces deux régions (les communes dites de la frontière linguistique où des habitants parlent l'allemand) sont dotées d'un régime spécial en vue de la protection de leurs minorités. Six communes dites périphériques qui avoisinent Bruxelles-Capitale possèdent également un statut linguistique spécial. Les services publics utilisent la langue néerlandaise, mais des *facilités* sont accordées à la minorité d'expression française.

Dans la Région de langue allemande, les services publics font usage de la langue allemande, mais toute la région est dotée d'un régime spécial de protection de la minorité d'expression française. Ces *facilités* concernent uniquement les *particuliers* et sont identiques à celles accordées dans les communes de la frontière linguistique.

Dans la Région bilingue de Bruxelles-Capitale, les services publics locaux et régionaux utilisent soit le français, soit le néerlandais, selon la localisation de l'affaire, *la langue choisie par le particulier* ou à défaut la langue de l'agent à qui l'affaire est confiée. Les actes qui concernent les particuliers, les certificats, déclarations et autorisations qui leurs sont délivrés sont rédigés en français ou en néerlandais selon le désir de l'intéressé. Quant aux avis, communications et formulaires destinés au public, ils sont rédigés en français et en néerlandais.

Les services centraux, c'est-à-dire ceux dont l'activité s'étend à tout le pays, utilisent dans leurs rapports avec les services locaux et régionaux des régions de langue française, néerlandaise ou allemande, la langue de cette région. Dans leurs rapports avec les particuliers et dans la rédaction des actes, certificats, déclarations et autorisations, ils utilisent celle des trois langues dont les particuliers font usage ou requièrent l'emploi.

Dans leurs services intérieurs et leurs rapports avec les services de Bruxelles-Capitale, les services centraux utilisent la langue déterminée par la localisation de l'affaire, *par l'intervention du particulier* qui l'introduit ou par le rôle linguistique de l'agent à qui elle est confiée. L'agglomération bruxelloise étant bilingue, c'est la langue de l'intéressé, inculpé ou défenseur, qui est retenue.

En matière de procédure civile, c'est la langue du défenseur qui est déterminante. En vertu de l'article 7, lorsque les parties demandent de commun accord que la procédure soit poursuivie dans l'autre langue nationale, la cause est renvoyée à la juridiction de même ordre, la plus proche dans l'autre région linguistique ou à celle désignée par le choix commun des parties. Dans la procédure pénale, et dans la région bruxelloise, la langue, en vertu de l'article 11, est déterminée par le choix de la personne. Dans les communes de langue allemande, la langue à utiliser est l'allemand, sauf dans certaines régions où l'intéressé peut choisir le français.

Pour les tribunaux établis à Bruxelles, la langue de la procédure est déterminée par le domicile de l'inculpé s'il demeure en dehors de l'agglomération bruxelloise (art. 15). S'il habite l'agglomération, le choix de l'inculpé est déterminant (art. 16). Devant les tribunaux de police d'Eupen et Saint-Vith, la procédure est faite en allemand. Dans les régions bilingues allemand-français, l'inculpé peut choisir l'une de ces deux langues (art. 17).

La loi règle l'emploi des langues non seulement pour les tribunaux de police et les tribunaux correctionnels, mais aussi pour les tribunaux de commerce, les tribunaux de travail, les juridictions militaires, les cours d'assises, les cours d'appel et la Cour de cassation.

Dans l'armée, la loi organise le regroupement des soldats par unités linguistiques d'expression française, néerlandaise et allemande, afin que l'instruction complète se donne dans la langue maternelle. La loi prend aussi toutes les dispositions nécessaires afin que l'instruction, les ordres et communications, les commandements, les relations de service et l'administration courante aient lieu dans la langue de l'unité. La loi, en même temps qu'elle vise à consolider l'unité de l'armée en garantissant l'égalité de tous les citoyens en son sein, assure son identification au corps social.

La langue de l'enseignement

Le problème se pose de savoir quelle langue adopter dans la région de Bruxelles-Capitale. La législation considère que «la langue maternelle détermine la langue d'enseignement et instaure l'enseignement obligatoire de la seconde langue nationale». L'organisation de l'enseignement dans la zone française ou dans la zone néerlandaise est soumise à différentes réglementations *selon que la communauté* le détermine. La loi du 30 juillet 1963 prohibe l'organisation de l'enseignement dans une autre langue que celle de la région, sous réserve «qu'un certain nombre de chefs de famille en font la demande», invoquant «l'éloignement où ils se trouvent d'un établissement de leur langue».

Pour ce qui est de l'enseignement dans la région de langue allemande, certaines exceptions sont admises et constituent une atténuation au principe général qui veut que la langue de la région soit celle de l'enseignement. En effet, dans la région allemande, «une partie du programme peut être donnée en français dans les écoles de langue allemande, et en allemand dans les écoles de langue française à partir de la $3^{\text{ème}}$ année primaire». Selon l'article 6 de la loi du 30 juillet 1963, il ne peut être dérogé au principe général de l'enseignement gardien et primaire que *pour les enfants dont l'allemand* n'est pas la langue maternelle ou usuelle.

Le cas de l'Université catholique de Louvain, francophone et établie dans la région de langue néerlandaise, a été réglé par l'article 132 de la Constitution sous le titre:«Dispositions transitoires»: «Jusqu'au moment où l'Université catholique de Louvain, y compris ses auxiliaires d'enseignement moyen et technique, aura été transférée en dehors de la région de langue néerlandaise, le Conseil culturel pour la communauté culturelle française par dérogation à l'art. 59 bis, paragraphe 4, al. 1, est compétent pour cette institution». En application du principe de territorialité cette université aurait dû dépendre du Conseil culturel néerlandais puisque établie dans une région linguistique néerlandaise. Or l'enseignement étant organisé en langue française, le constituant a décidé de soustraire cette université à la compétence du Conseil culturel néerlandais, en vertu du principe de personnalité.

Un bicaméralisme fédéral

Le système belge institue un bicaméralisme fédéral. Selon l'article 36 bis, «les membres élus de chaque Chambre sont répartis en un groupe linguistique français et un groupe linguistique néerlandais». Selon l'article 38 bis, «une motion motivée, signée par les trois quarts au moins des membres d'un des groupes linguistiques (...) peut déclarer que les dispositions d'un projet ou d'une proposition de loi qu'elle désigne sont de nature à porter gravement atteinte aux relations entre les communautés».

La section III institue des Conseils culturels. L'article 59 bis dispose :« Il y a un conseil culturel pour la communauté culturelle française comprenant les membres du groupe linguistique français des deux Chambres et un conseil culturel pour la communauté culturelle néerlandaise comprenant les membres du groupe linguistique des deux Chambres.»

Les conseils culturels, chacun pour ce qui le concerne, règlent par décret les matières culturelles, l'enseignement à l'exclusion de certaines matières et la coopération entre les communautés culturelles ainsi que la coopération culturelle internationale. En vertu du même article, les conseils de communauté, chacun pour ce qui le concerne, règlent par décret les matières personnalisables, de même que la coopération entre les communautés, ainsi que la coopération internationale en ces matières. Les décrets ont force de loi respectivement dans la région de langue française et dans la région de langue néerlandaise, ainsi qu'à l'égard des institutions établies dans la région bilingue de Bruxelles-Capitale qui, en raison de leurs activités, doivent être considérées comme appartenant exclusivement à l'une ou à l'autre communauté. Certaines *facilités* sont, là encore, consenties en faveur des institutions suivantes:

- les communes ou groupes de communes contigus à une autre région linguistique et où la loi prescrit ou permet l'emploi d'une autre langue que celle de la région dans laquelle ils sont situés;
- les services dont l'activité s'étend au-delà de la région linguistique dans laquelle ils sont établis;
- les institutions nationales et internationales désignées par la loi et dont l'activité est commune à plus d'une communauté.

Les décrets pris en application de ces dispositions ont force de loi respectivement dans la région de langue française et dans la région de langue néerlandaise, et «à l'égard des institutions établies dans la région bilingue de Bruxelles-Capitale qui, en raison de leur organisation, doivent être considérées comme appartenant exclusivement à l'une ou à l'autre communauté».

Représentation fédérale, personnelle et paritaire

La représentation en Belgique est aussi fédérale suivant le principe de personnalité. Les communautés flamande et néerlandaise sont représentées d'une manière paritaire. «Le premier ministre éventuellement excepté, dispose l'article 86 bis, le Conseil des ministres compte autant de ministres d'expression française que d'expression néerlandaise.» Pour chacune des Chambres, l'article 107 quater impose la majorité des suffrages dans chaque groupe linguistique de chacune des Chambres. Au niveau des agglomérations, les membres du Conseil de l'agglomération sont répartis en un groupe linguistique français et un groupe linguistique néerlandais. Le collège exécutif est composé d'un nombre impair de membres. Le président excepté, il compte autant de membres du groupe linguistique français que du groupe linguistique néerlandais (art. 108 ter). Dans l'agglomération, il existe une commission française de la culture et une commission néerlandaise de la culture, composées d'un même nombre de membres élus respectivement par le groupe linguistique français et par le groupe linguistique néerlandais du conseil d'agglomération. Les décisions des Commissions réunies ne sont adoptées que si elles obtiennent dans chaque commission la majorité des voix émises.

La Belgique opte pour la fédéralisation suivant le principe de personnalité, sous le coup des contraintes culturelles, sans cependant aller jusqu'au bout de sa logique. Aussi le statut de la région bruxelloise n'a-t-il pas été réglé par les réformes de 1980. Le fédéralisme personnel est-il discriminatoire ? Le gouvernement belge a répondu à une question sur les risques de discrimination entre le secteur des institutions publiques et celui des institutions privées : les institutions privées auront le libre choix de se rattacher à l'une ou à l'autre communauté. Par contre, les institutions du secteur public n'auront aucun choix, puisque par l'effet de la loi sur l'emploi des langues en matière administrative elles sont obligées d'observer un strict bilinguisme. Le gouvernement belge a formulé les précisions suivantes :

> « 1. Le nouveau texte de la Constitution n'impose aucune contrainte aux particuliers. Il est donc inexact de prétendre qu'il est imposé un choix déterminé aux personnes individuelles. Le pouvoir des communautés dans le domaine des matières personnalisables à Bruxelles *ne touche que les institutions* ».
>
> « 2. On pourrait penser que le nouveau texte de la Constitution permet l'instauration à Bruxelles d'une sorte de sous-nationalité, mais il y a lieu d'écarter résolument cette option ou ce résultat ».
>
> « 3. L'appartenance d'une institution bruxelloise à l'une ou à l'autre Communauté ne peut, d'aucune manière, y entraver l'accès des particuliers, qu'ils soient néerlandophones ou francophones ».
>
> « 4. L'autonomie des communautés implique qu'elles définissent elles-mêmes les critères auxquels une institution bruxelloise doit répondre pour être reconnue comme appartenant exclusivement à cette communauté (...) ».

« 5. C'est l'agréation d'une institution par les autorités communautaires qui consacre, au point de vue formel, l'appartenance d'une institution à cette communauté. Cette agréation peut résulter d'un décret, d'une décision de subsidiation ou de toute autre mesure émanant de l'autorité communautaire »[34].

La réforme des institutions en Belgique n'a pas encore atteint la phase finale. Plusieurs problèmes attendent encore une solution. Si, par exemple, le statut de Bruxelles est considéré comme le plus difficile à régler, c'est parce qu'il ressemble bien au problème épineux du Statut de la Montagne au Liban durant les négociations en 1864 sur le Caimacamat qui ont débouché, comme on l'a vu, sur l'adoption du principe de personnalité.

Le fédéralisme personnel chypriote

La Constitution de la République de Chypre du 16 août 1960 adopte délibérément le principe de personnalité, avec une définition de ses communautés en termes non pas religieux, mais culturels. En 1960, lorsque les communautés grecque et turque étaient entremêlées (*interspersed*), il n'était pas possible de créer un fédéralisme territorial. Les deux communautés ont bénéficié d'une autonomie segmentaire au moyen de conseils locaux élus avec des attributions législatives dans les domaines religieux, éducatif et culturel et du statut personnel, et des conseils municipaux séparés dans les cinq grandes villes de l'île.

Si le système a échoué à Chypre, ce n'est pas parce qu'il porte en lui-même les germes de sa corruption, mais parce que *les rapports de force à Chypre sont trop disproportionnés* entre les deux communautés turque (18% de la population) et grecque, ce qui n'est pas le cas ni au Liban ni en Belgique. Il ne faut donc pas attribuer l'échec de la coexistence à Chypre à la nature même de son aménagement fédéral, mais aux rapports de force dans la société. Le principe de personnalité a en effet régi les rapports intercommunautaires dans les pays sous l'empire ottoman et sous mandat français et anglais durant plus de quatre siècles, comme il régit aujourd'hui la Belgique.

C'est de l'article 2 qu'on peut le mieux dégager une théorie du principe de personnalité :

Aux fins de la présente Constitution :

1. La Communauté grecque comprend *tous les ressortissants* de la République qui sont d'origine grecque et dont la langue maternelle est le grec, qui sont de tradition culturelle grecque, ou qui appartiennent à l'Eglise orthodoxe grecque.

2. La Communauté turque comprend tous les ressortissants de la République qui sont d'origine turque et dont la langue maternelle est le turc, qui sont de tradition culturelle turque, ou qui sont musulmans.

3. Les ressortissants de la République ne tombant pas sous le coup des dispositions des paragraphes 1 et 2 ci-dessus doivent, dans le délai de trois mois suivant la date d'entrée en vigueur de la présente Constitution, opter à titre individuel pour la Communauté grecque ou turque; toutefois, s'ils appartiennent à un groupe religieux, il doivent opter en tant que groupe religieux et, à la suite de cette option, ils seront considérés comme membres de la Communauté choisie.

Etant entendu que tout ressortissant de la République qui appartient à un tel groupe religieux est libre de ne pas accepter l'option dudit groupe et peut, par déclaration écrite et signée adressée au fonctionnaire compétent de la République et aux Présidents des Chambres de communauté grecque et turque dans un délai d'un mois à dater de l'option du groupe, choisir d'appartenir à la Communauté qui n'est pas celle à laquelle le groupe sera réputé appartenir.

Etant entendu, en outre, que si l'option d'un tel groupe religieux n'est pas acceptée du fait que ses membres n'atteignent pas le nombre requis, tout membre dudit groupe peut, dans un délai d'un mois à dater du rejet de ladite option, opter dans les conditions prévues ci-dessus, à titre individuel, pour la Communauté à laquelle il désire appartenir.

Aux fins du présent paragraphe, l'expression «groupe religieux» signifie tout groupe de personnes résidant ordinairement à Chypre, ayant la même religion, qui appartiennent au même rite ou sont soumises à la même juridiction religieuse, et qui, à la date d'entrée en vigueur de la Constitution, dépassent le nombre de mille, dont cinq cents au moins deviennent à cette même date ressortissants de la République.

4. Toute personne qui devient ressortissante de la République, à une date quelconque, trois mois après l'entrée en vigueur de la présente Constitution, doit opter dans les conditions prévues au paragraphe 3 du présent article, dans un délai de trois mois après la date à laquelle elle est devenue ressortissante de la République.

5. Tout ressortissant grec ou turc de la République tombant sous le coup des dispositions des paragraphes 1 et 2 des présents articles peut cesser d'appartenir à la Communauté dont il dépend et appartenir à l'autre sur:

a) déclaration écrite et signée indiquant qu'il désire ce changement, adressée par lui au fonctionnaire compétent de la République et aux Présidents des Chambres de communauté grecque et turque; et sur:

b) approbation de la Chambre de communauté de l'autre communauté;

6. Tout individu ou groupe religieux réputé appartenir à la Communauté grecque ou à la Communauté turque, aux termes du paragraphe 3 du présent article, peut cesser d'appartenir à l'autre sur:

a) déclaration écrite et signée indiquant qu'il désire ce changement, adressée par ledit individu ou groupe religieux au fonctionnaire compétent de la République et aux Présidents des Chambres de communauté grecque et turque; et sur:

b) approbation de la Chambre de l'autre communauté;

7. a) Une femme mariée appartient à la communauté de son mari;

b) Les mineurs de vingt et un an, des deux sexes, non mariés, appartiennent à la communauté de leur père ou, si le père est inconnu et qu'ils n'aient pas été adoptés, à la communauté de la mère.

La Constitution de 1960 régit l'emploi des langues, la célébration des fêtes et la représentation politique suivant le principe de personnalité.

En vertu de l'article 3, les documents administratifs et les autres documents officiels adressés à un Grec ou à un Turc sont rédigés respectivement en langue grecque ou turque. Les débats judiciaires sont conduits et les jugements rédigés en langue grecque si les parties sont grecques, en langue turque si les parties sont turques, et dans les langues grecque et turque si les parties sont grecque et turque. Le texte de toute loi ou décision d'une Chambre de Communauté sera le texte établi dans la langue de la Chambre de communauté en question. Chacun a, par ailleurs, le droit de s'adresser aux autorités dans l'une ou l'autre des deux langues officielles.

Quant aux jours de fêtes, les communautés grecque et turque ont le droit de célébrer les jours de fêtes nationales grecques et turques respectivement.

Le principe de personnalité régit en tout point l'exercice du pouvoir. C'est ainsi que les pouvoirs exécutifs exercés par le Président de la République consistent notamment à nommer et révoquer les ministres grecs, alors que les pouvoirs exécutifs exercés par le vice-président de la République consistent notamment à nommer et révoquer les ministres turques (art. 48 et 49). Le Président de la République et le vice-président peuvent exercer le droit de gracier les condamnés à mort «appartenant à leur communauté respective». Lorsque la victime et le condamné n'appartiennent pas à la même communauté, le droit de grâce doit être exercé par accord entre le Président et le vice-président de la République. En cas de désaccord entre eux, la décision de clémence doit prévaloir (art. 53).

Les ministres restent en fonction s'ils sont grecs, tant qu'ils ne sont pas révoqués par le Président de la République et, s'ils sont turcs, tant qu'ils ne sont pas révoqués par le vice-président de la République (art. 59). Un secrétariat commun du Conseil des ministres est dirigé par deux secrétaires, l'un appartenant à la Communauté grecque, et l'autre à la Communauté turque (art. 60).

L'élection des députés se déroule en collèges séparés, à raison de 70% de députés grecs et 30% de députés turcs. Les membres de la Communauté grecque ne peuvent être inscrits que sur la liste électorale grecque et les membres de la Communauté turque que sur la liste électorale turque (art. 63).

Quant à la Chambre des représentants, elle ne peut être dissoute que sur sa propre décision adoptée à la majorité absolue comprenant un tiers au moins des députés élus par la Communauté turque (art. 67). Le Président de la Chambre des Représentants sera grec et élu par les députés de la communauté grecque, et le vice-président sera turc et élu par les députés de la communauté turque. En cas d'absence temporaire du Président ou du vice-président de la Chambre, leurs fonctions sont assumées par le doyen d'âge des députés de la communauté correspondante, à moins que les députés de ladite communauté n'en décident différemment (art. 72).

Le titre V de la Constitution concerne les Chambres de Communauté. Les communautés grecque et turque élisent chacune parmi leurs membres une Chambre de Communauté. Ces Chambres sont habilitées chacune pour leur communauté respective à exercer le pouvoir législatif dans les questions religieuses, les questions d'éducation, de culture et d'enseignement, le statut personnel, la composition et les compétences des tribunaux appelés à connaître les litiges de droit civil portant sur le statut personnel ou les affaires religieuses et les affaires dans lesquelles les intérêts et les institutions sont communautaires. L'article 89 détermine enfin les compétences à caractère personnel des Chambres communautaires. L'ensemble de la Constitution établit ainsi, et en tout point, un fédéralisme suivant le principe de personnalité [35].

Le fédéralisme personnel libanais

La Constitution libanaise n'est pas fédérale comme celle des Etats-Unis, de l'URSS ou du Canada, mais cela ne signifie pas que son fédéralisme est incomplet ou hybride. Ce fédéralisme se fonde sur le principe de personnalité, conformément à une tradition constitutionnelle ottomane que reprend l'école consociative d'aujourd'hui.

La Constitution libanaise de 1926 institue un fédéralisme suivant le principe de personnalité sur deux plans, celui de la représentation (art. 95) et celui de l'autonomie segmentaire en matière de statut personnel (art. 9) et d'enseignement (art. 10). Elle rejette le principe majoritaire en faveur d'un quota de représentation préalablement fixé pour chaque communauté. La carte d'identité libanaise qui indique la communauté de son titulaire détermine la «nationalité» de la personne à l'intérieur de l'Etat. La genèse de la Constitution du Liban est ottomane et libanaise et le régime appartient traditionnellement au modèle consociatif (*consociational democracy, proporzdemokratie* ou *Konkordanzdemokratie)* par opposition au modèle concurrentiel ou majoritaire[36].

Autriche, Pays-Bas, Malaisie, URSS, Inde.

On peut sans doute étendre la recherche comparative à d'autres pays. En Autriche, les Lager remplissent la forme d'un fédéralisme non territorial. Slovènes, croates et minorités hongroise, tchèque et slovaque ont leur statut juridique réglementé par une loi fédérale votée en 1976. C'est dans les affaires d'éducation et de communication que l'autonomie segmentaire en Autriche s'étend le plus[37]. Quant aux Pays-Bas, «ils peuvent être décrits, selon Arend LIJPHART, comme sociologiquement fédéraux»[38].

En Malaisie, la convention de l'Alliance entraîna pour les segments un important degré de liberté dans la conduite de leurs affaires internes culturelles et sociales.

A un degré moindre, les minorités en URSS bénéficient d'un statut restreint d'autonomie suivant le principe de personnalité, sans que cette autonomie revête tous les caractères du fédéralisme.

Les musulmans d'Union soviétique ont le droit de fonder des associations religieuses et de se réunir pour célébrer les cérémonies et accomplir les mariages religieux. Ces associations, qui jouissent de la personnalité civile, disposent gratuitement des lieux du culte, entretenus aux frais des fidèles. Le gouvernement autorise les associations religieuses à réunir les fidèles en assemblée, à publier des revues et à fonder des écoles pour la formation des serviteurs du culte.

La liaison avec le gouvernement était réalisée par le Conseil des cultes auprès du Conseil des ministres de l'URSS, fondé en 1944. En novembre 1951, le Conseil des cultes aurait créé la «Direction supérieure des Affaires musulmanes». La première tâche de cette organisation était de convoquer un Congrès des Muftis à la Direction des Affaires musulmanes.

Au Caucase du Nord, les premières mesures anti-islamiques n'ont été prises qu'en 1926 avec la suppression du *Narkomchari'yat,* l'attribution aux autorités civiles des affaires concernant l'état civil et le droit à l'enseignement coranique.

En dehors des Républiques Fédérées et Autonomes, il existe des groupes nationaux musulmans bien différenciés, mais qui sont, soit trop intimement mêlés aux autres nationalités, soit numériquement faibles, soit encore manquant de cadres intellectuels nécessaires pour jouir d'une autonomie réelle.

Le problème culturel des nationalités en URSS est essentiellement celui du compromis entre l'idéal internationaliste «conduisant à la fusion des cultures nationales en une seule culture commune» et la nécessité de ne pas trop brimer les identités culturelles subnationales. Les premières mesures anti-islamiques ont été prises en 1920 un peu avant et immédiatement après le Xème Congrès du Parti communiste. En 1928, avec le premier plan quinquennal et le raidissement des mouvements panturcs dans les Républiques musulmanes, le conflit entre dans sa phase critique. Il s'apaise à la veille de la guerre. Durant le deuxième conflit mondial, l'attitude du gouvernement devient plus libérale : l'enseignement coranique est autorisé de nouveau et les associations religieuses reçoivent la personnalité civile, ce qui leur permet d'acquérir et de posséder des biens immobiliers [39].

Les mouvements revendicatifs minoritaires d'aujourd'hui dans le monde ne visent pas toujours à l'obtention d'une autonomie du type régional. Parmi les 45 revendications des minoritaires sikhs de l'Inde figure «la mise à l'étude d'une législation sur les mariages, successions et autres affaires de famille sikhs» [40].

Nigeria et Soudan

C'est en analysant la crise du fédéralisme territorial dans des pays pluraux, les controverses qu'il suscite et les impasses auxquelles il aboutit qu'on mesure l'intérêt de la distinction entre les deux principes de territorialité et de personnalité.

Le fédéralisme territorial adopté au Nigeria a-t-il réduit les conflits ? L'expérience nigériane montre qu'un fédéralisme territorial dont les frontières géographiques ne coïncident pas avec les frontières ethniques et idéologiques ne contribue pas à résorber les divergences entre les segments d'une société plurale. Au Nigeria en effet les frontières fédérales, qu'on a modifiées à plusieurs reprises, ne suivent pas les frontières ethniques et les plus petits segments n'ont pas obtenu *leurs* provinces. Ben O. Nwabueze écrit :« Le fédéralisme au Nigeria a échoué dans son objectif de bâtir des unités gouvernementales sur des groupes sociaux suffisamment homogènes pour qu'ils puissent gérer leurs affaires internes dans l'unité de l'ensemble» [41]. Gisèle Kayata eid parle de «fédéralisme éclaté» à propos du Nigeria et préconise un «fédéralisme fonctionnel»[42].

Au Soudan, à l'occasion de l'application de la loi islamique, le Président du Conseil du peuple soudanais, Izzeddine Al-Sayyid, a déclaré le 13 juillet 1984 que les réformes constitutionnelles envisagées conformément à la *sharī'a* ne porteront pas atteinte aux libertés et aux droits des non-musulmans.

Du statut inférieur au statut égalitaire

L'histoire constitutionnelle ottomane offre le modèle et les variantes du principe de personnalité[43]. Sans doute le statut des non-musulmans était inférieur ou discriminatoire, puisque les non-musulmans étaient considérés comme des *dhimma*. La *dhimma* est la convention en vertu de laquelle les non-musulmans résidant sur des territoires conquis par les musulmans obtiennent de ces derniers la reconnaissance de certains droits publics et privés. D'après les grands dictionnaires arabes, le mot *dhimma* est synonyme de foi, pacte, contrat, garantie[44].

Le statut, bien qu'inférieur, est cependant autonome dans certains domaines. Par rapport à l'assimilation forcée ou à l'exclusion, l'autonomie segmentaire consentie aux communautés dans les matières culturelles et du statut personnel a sauvegardé les identités culturelles. Cette autonomie, si elle n'incluait pas toujours la participation au pouvoir *à égalité* avec les musulmans, ne mérite pas pour autant d'être considérée comme rétrograde. Le statut d'autonomie suivant le principe de personnalité a d'ailleurs souvent débordé, comme on l'a vu, le statut personnel stricto sensu, pour inclure la participation à des organes juridictionnels et représentatifs. Ce même régime d'autonomie a été maintenu, après la chute de l'empire ottoman, par les autorités mandataires en consacrant la participation au pouvoir des communautés suivant un quota préétabli.

Statut personnel inégalitaire

Depuis les années 50, les autorités de plusieurs pays du Proche-Orient ont supprimé le droit consenti aux communautés d'avoir leurs écoles, soit en nationalisant l'enseignement, soit en le contrôlant directement, sans que cela aboutisse à une plus grande intégration culturelle des groupes minoritaires. La représentation proportionnelle des communautés dans les assemblées politiques a également été progressivement supprimée. Quant au statut personnel, il n'est pas placé sur un pied d'égalité avec le droit musulman. Ce droit, qui s'incorpore au système juridique de l'Etat, «bénéficie d'une suprématie par rapport aux droits des communautés non musulmanes et s'applique d'emblée lorsqu'il se trouve en conflit avec ces derniers»[45].

Tel n'est pas le cas au Liban où aucun droit communautaire ne jouit d'une suprématie par rapport à l'autre, ce qui a d'ailleurs favorisé au Liban le recul de la fraude à la loi en matière de statut personnel. Pierre GANNAGE écrit que «les divers statuts personnels en vigueur (au Liban) sont placés sur un pied d'égalité et chacun d'eux ne peut, en raison de sa nature, constituer un système de référence exclusif pour l'analyse des prétentions des plaideurs, dans les litiges de caractère international»[46].

La solution égalitaire libanaise tant en matière de statut personnel (art. 9 de la Constitution), d'enseignement (art. 10) et surtout de participation au pouvoir (art. 95) peut être qualifiée de *pleinement fédérale* suivant le principe de personnalité. Le système libanais a aussi trouvé en principe le moyen de pratiquer un *fédéralisme personnel ouvert* en prévoyant, par l'arrêté 60 LR du 13 mars 1936, la création d'une communauté de droit commun, dont la législation ottomane ignorait l'existence. Ceux qui n'appartiennent à aucune communauté, ou qui désirent abandonner leur communauté de naissance, pourraient adhérer à la *communauté non communautaire* ou de droit commun. L'article 14 définit ainsi cette communauté:«Les communautés de droit commun organisent et administrent leurs affaires dans les limites de la législation civile». Aucun texte organique n'a cependant été publié pour l'organisation de cette communauté civile. Le Conseil d'Etat, dans sa 2ème chambre, a émis deux arrêts successifs, no 4 du 4 mars et no 5 du 4 juin 1976, considérant que la fondation d'une communauté de droit commun nécessite une autorisation émanant du législatif[47].

Fédéralisme personnel et islam

Le caractère fédéral du système politique libanais aux niveaux tant culturel que politique permet de poser la question: le fédéralisme personnel est-il compatible avec l'islam? L'aliénation culturelle du monde arabe est telle que les traditions constitutionnelles les plus ancrées et les pratiques autochtones les plus confirmées sont considérées comme «étrangères». Le droit du Proche-Orient a comblé ses lacunes les plus apparentes par des lois empruntées à la législation occidentale, sans se soucier de la complète disparité créée par la réunion d'éléments aussi hétérogènes, ni des ruptures avec des traditions séculaires qui avaient favorisé l'intégration progressive de toutes les subcultures nationales.

Le droit ottoman a fait de copieux emprunts au droit occidental après le Rescrit impérial de Gulkané en 1839 qui modifia la justice générale, mais sans toucher à la juridiction personnelle non musulmane et consulaire. La Constitution ottomane du 24 décembre 1876 a emprunté au droit occidental les notions de loi et de règlement administratif. Par loi, elle entend toute prescription *générale* et obligatoire votée par les majorités des deux chambres et sanctionnée par le Sultan. Par règlement administratif, elle entend les dispositions secondaires et complémentaires, nécessitées dans de nombreux cas pour assurer l'exécution de la loi et édictées, sans le concours des chambres, par le pouvoir exécutif. Le principe de la «généralité» de la loi n'a pas tardé à revêtir une signification jacobine. Or, la loi n'est pas générale au sens qu'elle s'applique obligatoirement à *tous les citoyens* sans distinction, mais à tous les citoyens dans *tous les cas prévus par elle*. Comme l'impôt sur le revenu ne s'applique qu'à ceux qui justifient d'un revenu, ce serait une suprême injustice que de soumettre tous les citoyens, dans des «matières personnalisables» suivant la terminologie belge, à une seule et unique loi qui, le plus souvent dans les sociétés plurales, est la loi du groupe dominant. La «généralité de la loi» au sens jacobin dans une société plurale équivaut à l'application de la loi du plus fort au détriment des groupes minoritaires dont toute revendication à la spécificité est qualifiée d'atteinte au principe de la «généralité de la loi».

La conception jacobine de la loi est en contradiction avec le droit musulman, qui est par essence un droit personnel. Emile TYAN relève le «caractère personnel et non territorial du droit musulman»[48]. On peut, en partant de cette caractéristique du droit musulman, distinguer trois sortes de juridictions dans l'empire ottoman: la *juridiction territoriale* qui statue sur les différends entre Ottomans, soit entre eux, soit avec l'Etat, soit avec les étrangers; la *juridiction consulaire* qui, en vertu des Capitulations et traités conclus entre la Porte et les Puissances, tranche les litiges des étrangers entre eux; et la *juridiction communautaire* qui régit les affaires communautaires.

III. Quelle décentralisation dans un fédéralisme personnel: Le cas du Liban

Cette analyse du fédéralisme suivant le principe de personnalité ne peut exposer, dans ses limites actuelles, l'applicabilité de ce fédéralisme, ses aménagements et surtout ses problèmes et ses difficultés. Mais dans le cadre d'une approche conceptuelle, on constate que le principe de territorialité qui domine la théorie fédérale se projette sur la théorie de la décentralisation. Une telle projection est manifeste dans la pensée politique libanaise qui, à défaut d'une territorialité fédérale, pourrait être tentée par une décentralisation territoriale dont l'application aboutit à une homogénéisation forcée. Or, la territorialité qui ne s'applique pas fédéralement ne s'applique pas sans frein par la décentralisation. Quelle est donc la décentralisation fonctionnelle qui répond aux besoins d'un système fédéral personnel comme celui du Liban, qui protège les minorités, assure le développement régional et accroît la participation démocratique?

L'exiguïté du territoire, la nécessité de sauvegarder le pluralisme communautaire et partisan, l'inégalité du développement régional, l'hétérogénéité communautaire de beaucoup de casas, la faible intégration des syndicats et des corporations professionnelles dans le système électoral et les traditions municipales sont autant de facteurs qui font que la décentralisation pose des problèmes particuliers dans un système consociatif comme celui du Liban. Sur les 24 casas, 9 sont à grande majorité chrétiens, 7 sont mixtes et 8 à majorité musulmans.

Déblocage, nouveau féodalisme et développement égalitaire

La décentralisation dans une société plurale se justifie par le besoin de débloquer le processus de la décision. Ce processus est souvent bloqué dans la société plurale quand un problème est porté devant un organisme central contraint de recourir davantage à l'accommodation. Dans le cadre de micro-unités, les enjeux sont moins importants et les partenaires et bénéficiaires moins nombreux, ce qui contribue à accélérer la décision dans un modèle consociatif, beaucoup plus qu'à l'échelle de la haute hiérarchie centrale.

Mais une décentralisation territorialisée outre mesure comporte des risques. En raison de la prédominance des élites au sommet et de l'allégeance inconditionnelle à ces élites par réflexe d'auto-défense, la décentralisation, au lieu de contribuer à la démocratisation, pourrait aboutir à l'institution d'un système féodal, mais avec une appellation moderne. Aucune loi ne contraint à un dosage communautaire dans la composition des conseils municipaux, mais les listes électorales sont constituées en fait en fonction de la composition communautaire de la population municipale[49]. Une décentralisation qui se traduit par un rejet de la loi de la *proporz* ou de partage du pouvoir municipal institue de mini-dictatures locales du type féodal. L'absence de structures locales autres que partisanes favorise l'institution de ces mini-féodalités. A défaut du contrôle équilibrant, les élus municipaux ne jouiront pas d'une réelle autonomie.

En raison du caractère hétérogène de plusieurs régions, l'existence d'une police régionale n'implique pas la « décentralisation de la sécurité ». Une telle décentralisation entraîne la soumission des groupes minoritaires dans les régions à la loi majoritaire du plus fort.

Une décentralisation consistant à aménager des *espaces* autonomes favorise-t-elle le développement socio-économique de la société plurale ? Les disparités socio-économiques et éducationnelles rendent les clivages cumulatifs, et par la suite plus conflictuels. Il faut donc se pencher sur les aspects socio-économiques de la décentralisation. On a tendance au Liban à associer décentralisation et développement, alors qu'une décentralisation au Liban, non stimulée par le pouvoir central, ne permet pas aux régions moins nanties d'assurer leur développement endogène, faute de ressources nécessaires.

Dans l'enquête menée sous la direction de Jean-Claude DOUENCE en 1974, les réponses des localités du Sud, de la Bekaa, et du Nord sont en faveur de l'action de l'Etat pour la création d'un simple dispensaire, action qui normalement doit être du ressort des municipalités [50]. La décentralisation, contrairement à l'opinion répandue, risque de défavoriser les régions déshéritées qui n'ont pas les moyens pour leur développement. La solidarité entre les régions et le rôle équilibrant de l'Etat doivent être sauvegardés. Le problème du fédéralisme et de la décentralisation est en effet celui de l'ajustement de ce qui doit être centralisé et de ce qui doit être décentralisé. Là où il faut égaliser, il faut centraliser. Pourquoi la fédération, s'il n'y a pas un minimum d'égalité entre ses parties composantes? [51]

En matière éducationnelle, l'autonomie en vertu de l'article 10 de la Constitution doit être consacrée dans ses applications pratiques, sans toutefois assimiler cette autonomie à l'indépendance. Une « indépendance » éducationnelle prive chacune des communautés des chances d'enrichissement mutuel et d'interaction. On peut certes créer des options différentielles, mais les *rendez-vous finaux* qui sont les examens officiels, les équivalences entre les diplômes et les exigences du marché de l'emploi constituent des mécanismes équilibrants de cohésion. Il s'agit en somme de « tracer une ligne de partage entre la décentralisation qui divise et la décentralisation qui unit », en considérant aussi que « la décentralisation ne peut être envisagée que lorsque l'Etat central est fort » [52].

Des conséquences du fédéralisme personnel

Les perspectives de décentralisation découlent finalement des données et des principes du fédéralisme libanais suivant le principe de personnalité. Un fort centralisme politique est nécessaire dans le système libanais, qui est un système pénétré, sinon chaque province se transforme -comme c'est le cas actuellement- en zone d'influence, protectorat et condominium. La persistance de la violence entre les zones confessionnelles prouve le caractère non stabilisant d'une provincialisation géographique sans un pouvoir politique central fort, détenant tous les pouvoirs en matière de politique étrangère, d'armement et de sécurité nationale.

Le centralisme politique est encore nécessaire afin de freiner les tentatives hégémoniques des communautés les unes à l'égard des autres, ces communautés n'ayant pas encore perçu dans leur culture politique que la loi de majorité est inefficace au Liban. Comme les communautés libanaises sont presque égales en nombre et réparties géographiquement, on ne peut pas appliquer la loi majoritaire dans chaque province sans créer des problèmes de minorités.

L'avantage du fédéralisme personnel libanais est qu'il donne à chaque communauté de l'influence sur tout le Liban et dessine en même temps les limites des attributions des communautés par rapport à l'Etat. Ces limites doivent être claires, de manière que les communautés n'empiètent pas sur l'Etat et qu'aucune communauté ne tente d'imposer à la société globale ce qui ne s'applique qu'à elle et ne correspond pas aux traditions des autres communautés. Le fédéralisme libanais délimite la délégation de certaines attributions dans des domaines conflictuels précis, alors que tout autre fédéralisme doit englober d'autres secteurs où la délégation serait superflue. Aussi Khaled KABBANI montre-t-il que les facteurs socio-économiques et administratifs «imposent la présence du pouvoir central à tous les niveaux de l'organisation administrative» et la nécessité que «chaque mohafazat groupe des communautés différentes»[53].

Conclusion: Centralisme communautaire et décentralisation

Une interprétation jacobine pourrait qualifier notre approche de «centraliste», en se référant au modèle français ou aux modèles classiques du fédéralisme et de la décentralisation, oubliant que le pouvoir central dans un modèle consociatif est collégial, puisque tous les segments y sont représentés.

Si l'on tient par habitude conceptuelle à la notion de centralisme, il s'agit au Liban d'un *centralisme communautaire*. Vouloir perturber ce centralisme consociatif au nom d'une décentralisation incontrôlée, c'est en fait vouloir instituer un pouvoir régional et homogénéisé d'une communauté sans oser donner à ce pouvoir une appellation aussi directe. La révision du découpage des mohafazats et de leur nombre ne s'inscrit dans le cadre d'une décentralisation *administrative* que si elle vise d'autres buts que la seule homogénéisation qui, au Liban, signifie la «division de l'indivisible», comme le montre l'expérience historique.

La tendance à territorialiser tant en matière de fédéralisme que de décentralisation dans la science politique internationale a rendu peu opérationnelle la recherche sur les aménagements de l'autonomie dans les sociétés plurales à balance multiple ou dont les segments ne sont pas géographiquement concentrés. N'est-il pas possible, par exemple, de décentraliser un budget? Ou de décentraliser, par exemple, des actions gouvernementales, comme ce fut le cas au moyen des «équipes polyvalentes» de développement régional au Liban durant le mandat du Président Chéhab?

Notre propos n'est pas de faire l'apologie du fédéralisme personnel, de législation ou intégré, fédéralisme qui est d'ailleurs d'une application spécifique à certaines sociétés plurales, mais de montrer que ce fédéralisme est un fédéralisme complet et qu'aucune raison absolue ne justifie son exclusion de la théorie fédérale. Si nous refusons d'ailleurs la catégorie fédérale aux systèmes que nous avons analysés, comment alors classer ces systèmes ? Les considérer comme fédéraux, c'est adopter les conséquences qui en découlent, dont la reconnaissance et la surreprésentation des plus petites unités culturelles, et cela dans la première Chambre, et la création d'une seconde Chambre sénatoriale chargée de débattre des questions communautaires. C'est aussi admettre qu'il peut y avoir un fédéralisme personnel centralisé où la décentralisation administrative est stimulée par le pouvoir central qui est un pouvoir collégial.

Notes

1 William H. Riker, « Federalism », *ap.* Fred I. Greenstein and Nelson W. Polsby (eds.), *Handbook of political science,* vol. 5, 1975, p. 101.

2 Ivo D. Duchacek, *Comparative federalism : The territorial dimension of politics,* New York, Holt, Rinehart and Winston, 1970, pp. 248-249.

3 Daniel J. Elazar, « Federalism », *ap.* David L. Shills (ed.) *International encyclopedia of the social sciences,* vol. 5, New York, Macmillan and Free Press, 1968, p. 356.

4 Otto Bauer, *Die Nationalitätenfrange und die sozialdemokratie,* Vienna, Wiener Volksbuchhandlung, 1907, pp. 353-63. Et Karl Renner, *Das Selbstbestimmungsrecht der Nationen in besonderer Anwendung auf Österreich,* Leipzig, Deuticke, 1918. Cités par Arend Lijphart : *Democracy in plural societies. A comparative exploration,* New Haven and London, Yale University Press, 1977, 248p., p. 43 ; *Democracies. Patterns of majoritarian and consensus government in twenty-one countries,* New Haven and London, Yale University Press, 1984, 229 p., p. 183 ; et « Consociation and federation : Conceptual and empirical links », in *Canadian Journal of Political Science,* XII (3), september 1979, pp. 499-515. Cf. également des textes de Bauer et Renner *ap.* Tom Bottomore and Patrick Goode (trans. and ed. by), *Austro-marxism,* Oxford, Clarendon Press, 1978, 308 p.

5 Cité par Sidney Verba, « Some dilemmas in comparative research », in *World Politics,* 20 (1), october 1967, p. 126.

6 William S. Livingston, « A note on the nature of federalism », *ap* Aaron Wildavsky (ed.), *American federalism in perspective,* Boston, Little-Brown, 1967, p. 37. Et Michael B. Stein, « Federal political systems and federal societies », in *World Politics,* 1968 (20), pp. 727-747.

7 Carl J. Friedrich : « Corporate federalism and linguistic politics », paper presented at the Ninth World Congress of the International Political Science Association, Montreal, 1973 ; *Trends of federalism in theory and practice,* New York-London, Oxford University Press, 1968, trad. française par André et Lucie Philippart, *Tendances du fédéralisme en théorie et en pratique,* Bruxelles, Institut belge de science politique, 1971, 205 p. Egalement : Robert R. Bowie et Carl J. Friedrich, *Etudes sur le fédéralisme,* Paris, Librairie générale de droit et de jurisprudence, « Bibliothèque de textes et études fédéralistes », 2 vol., 1960-1962.

8 Kenneth D. Mcrae, « The principle of territoriality and the principle of personality in multilingual states », in *International Journal of the Sociology of Language,* 4 (1975), pp. 33-34.

9 Karl AUN, «Cultural autonomy of ethnic minorities in Estonia: A model for multicultural society?», paper presented at the Third Conference of Baltic Studies in Scandinavia, Stockholm, 1 (1975), 11-12.

10 Michel CHIHA, *Politique intérieure,* Beyrouth, Trident, 1964, 316 p., p. 135.

11 M. G. SMITH, «Pluralism in precolonial African societies», and «Some developments in the analytic framework of pluralism», *ap.* Leo KUPER and M. G. SMITH, *Pluralism in Africa,* Berkeley, University of California Press, 1969, cité par Lijphart, *Democracy..., op. cit.,* p. 168.

12 Cf. Antoine FATTAL, *Le statut légal des non-musulmans en pays d'islam,* Beyrouth, Institut des lettres orientales de Beyrouth, Librairie Orientale, 1958, 394 p., pp. 344-345.

13 Sur l'ensemble de la législation ottomane, Cf. Georges YOUNG, *Corps de droit ottoman,* Oxford, Clarendon Press, 1905, 7 vol., vol. 2, notamment pp. 7-10, 67-109, 148-155. Sur la communauté arménienne: Mesrob K. KRIKORIAN, *Armenians in the service of the ottoman empire 1860-1908,* London, Routledge and Kegan Paul, Henley and Boston, 1978, 149 p.; et l'ouvrage précité de Young, pp. 79-92. Cf. également A. HEIDBORN, *Manuel de droit public et administratif ottoman,* Vienne-Leipzig, C. W. STERN éd., 2 vol., 1908, 234 p. et 295 p.

14 G. NORADOUNGHIAN, *Recueil d'actes internationaux de l'Empire ottoman,* Paris-Leipzig-Neuchâtel, 1902, vol. III, pp. 280 sv. Cf. également Baron I. de TESTA, *Recueil des traités de la Porte ottomane,* Paris, Muzard, vol. VI, 1884, pp. 338-345.

15 Hasan AL-HAKIM, *al-Wathâiq al-târikhiyya al-muta'alliqa bi-l-qadiyya al-sûriyya* (Les documents historiques relatifs à la question syrienne), 1915-1946, Beyrouth, Dâr Sâdir, 1974, 520 p., pp. 231-232.

16 *Ibid.,* pp. 299-300.

17 *Ibid.,* pp. 293-294.

18 *Ibid.,* pp. 267-286.

19 *Ibid.,* pp. 360-366.

20 *Ibid.,* pp. 235-243.

21 Adel ISMAIL, *Histoire du Liban du XVIIème siècle à nos jours,* Tome IV (1840-1861), Beyrouth, 1958, 418 p., pp. 216-217.

22 Jean CHARAF, *Sîghat al-ta'âyush al dustûrî fî Lubnân* (La formule de coexistence constitutionnelle au Liban), in *Panorama de l'actualité,* 33, hiver 1984, pp. 29-47.

23 Eugène POUJADE, *Le Liban et la Syrie (1845-1860),* Paris, Librairie nouvelle, 1860, p. 30.

24 Ismaïl, *op.cit.,* p. 232.

25 Ismaïl, *op.cit.,* p. 263.

26 Evald UUSTALU, *The history of Estonian people,* London, Boreas, 1952, p. 220. – Georg von RAUCH (trans. by Gerald ONN), *The Baltic States - Estonia, Latwia and Lithuania: The years of Independance, 1917-1940,* Berkeley, University of California Press, 1974.

27 Cité par Lijphart, «*Consociation and federation...*», *op.cit.,* pp. 499-515.

28 Cité par Carl J. FRIEDRICH, *Trends of federalism,* op.cit., p. 124.

29 L. FILKENSTEIN, *Jewish self-government in the Middle Ages,* New York, 2ème ed., 1964. Cf. aussi *Encyclopedia Universalis,* vol. 9, pp. 535-536.

30 In *Maariv* (Jérusalem), trad. en arabe in *al-Safîr,* 24 octobre 1983.

31 Aristide R. ZOLBERG, «Splitting the difference: Federalization without federalism in Belgium», *ap.* Milton J. ESMAM (ed.), *Ethnic conflict in the western world,* Ithaca, Cornell University Press, 1977, pp. 103-142. – Martin O. HEISLER, «Managing ethnic conflict in Belgium», in *Annals at the American Academy of Political and Social Science.* 433 (1977), pp. 32-46.

32 F. COPPIETERS, «Les structures politiques des communautés et des régions en Belgique», in *Fiche documentaire* (Institut belge d'information et de documentation, rue Montoyer 3, B-1040 Bruxelles), F.D 324/1984/1, 39 p., p. 4.

33 Robert SENELLE, *La réforme de l'Etat belge,* Bruxelles, Ministère des Affaires étrangères, du Commerce extérieur et de la Coopération au développement, 3 vol., vol. 3 (Les

structures régionales prévues par les lois des 8 et 9 août 1980), 1980, pp. 177-178. – Cf. également in *Acta Politica,* XIX, January 1984: J. Billiet, «On Belgian pillarization: Changing perspectives», pp. 117-128; L. Huyse, «A First meeting of Belgian and Dutch scholars of verzuiling», pp. 159-160; B. Pijnenburg, «Pillarized and consociational-democratic Belgium: The views of Luc Huyse», pp. 57-71; G. Dierickx, «The management of subcultural conflict: The issue of education in Belgium (1850-1975)», pp. 85-95. Nous remercions Mme Yetty Zahr, de l'Ambassade de Belgique à Beyrouth, pour son aide précieuse dans notre travail documentaire sur les changements constitutionnels en Belgique.

34 Doc. Sénat 100/27, S.E. 1979, p. 7, cité *ap.* Senelle, *op. cit.,* vol. 3, pp. 16.

35 *Constitution de la République de Chypre,* in *Notes et études documentaires,* n° 2.761, 17 mars 1961, 44 p.

36 Cf. notre ouvrage: *Le modèle politique libanais et sa survie. Essai sur la classification et l'aménagement d'un système consociatif,* Beyrouth, Publications de l'Université Libanaise, «Section des études juridiques, politiques et administratives», VII, Librairie Orientale, 1983, 545 p. Et notre communication :«Constitution libanaise et Pacte national en droit constitutionnel comparé. Cadre pour l'analyse d'une consociation intercommunautaire au Proche-Orient», XIXème Conférence du Comité national allemand de droit comparé, Bonn, 21-24 septembre 1983, 42 p. Cf. aussi Synaeve, «Evolution du régime politique libanais», in *Chronique de politique étrangère,* n° 5, 1971.

37 C.-S. Douin, *Le fédéralisme autrichien,* Paris, Librairie générale de droit et de jurisprudence, «Bibliothèque constitutionnelle et de science politique», n° 56, 1977.

38 Lijphart, *Democracy in plural societies...,* op. cit., p. 99.

39 «L'islam en URSS après 1945», in *Notes et études documentaires,* n° 1.812, 8 décembre 1953, 36 p., Cf. aussi: «Aperçu sur le problème musulman en URSS» n° 1.031, 8 déc. 1948.

40 In *Le Monde,* 30 avril 1984.

41 Ben O. Nwabueze, *Constitutionalism in the emergent states,* London, Hurst, 1973, pp. 113. Cité par Lijphart, *Democracy...,* p. 163.

42 Gisèle Kayata eid, *Pluralisme au Liban et au Nigeria. Essai de sociologie politique comparative,* mémoire DEA en science politique, Université Saint-Joseph, Beyrouth, 1983, 88 p.

43 Cf. notamment le Rescrit impérial suivant de 1856: «Tous les procès commerciaux et criminels entre sujets musulmans et non musulmans, aussi bien qu'entre non-musulmans de rite différent, seront déférés à des tribunaux mixtes. Les audiences de ces tribunaux seront publiques, les parties seront mises en présence et les témoins qu'elles amèneront confirmeront leur déposition par un serment prêté selon leurs coutumes et rites religieux. Les procès civils continueront d'être jugés publiquement d'après la loi et les règlements par devant les medjlis mixtes de province, en présence du gouverneur et du juge cheriyé du lieu. Les procès civils spéciaux, comme ceux de succession ou autres de ce genre, entre les ressortissants d'une même communauté chrétienne ou autre non musulmane, pouvant à leur demande être renvoyés par devant les medjlis des patriarches ou chefs spirituels. Les lois pénales et commerciales et les règles de procédure à appliquer devant les tribunaux mixtes seront le plus tôt possible complétées, fixées et coordonnées; il en sera publié des traductions dans toutes les langues en usage dans l'empire ottoman.». Les tribunaux civils et correctionnels en province étaient composés du juge du *sharî'a (nâ'bib)* comme président et d'assesseurs par moitié musulmans et non musulmans. Les tribunaux civils et correctionnels à Constantinople étaient présidés, sous le contrôle du ministre de la police, par des employés supérieurs de la préfecture de police et avaient des membres en partie musulmans et en partie non musulmans (A. Heidborn, *op.cit.,* pp. 222-223).

44 Cf. Fattal, *op.cit.,* pp. 72-73.

[45] Cf. Pierre GANNAGE, «Droit intercommunautaire et droit privé (A propos de l'évolution du droit libanais face aux droits proche-orientaux)», in *Journal du droit international,* 110 (1983), n° 3, juillet-sept. 1983, pp. 479-508.

[46] *Ibid.* p. 498.

[47] Arrêts cités par Edmond RABBATH, *La Constitution libanaise. Textes, documents et commentaires,* Beyrouth, Publications de l'Université Libanaise, Librairie Orientale, 1982, 557 p., pp. 101-102.

[48] Emile TYAN, *Histoire de l'organisation judiciaire en pays d'islam,* 2ème éd., Leiden, E. J. BRILL, 1960, 673 p., p. 93.

[49] Riad YOUNES, *Politik und Proporzsystem in einer südlibanesischen Dorfgemeinschaft,* München, Weltforum Verlag, 1975, 272 p.

[50] Jean-Claude DOUENCE, «Les municipalités devant l'opinion publique», in *al-Hayât al-niyâbiyya,* vol. 5, mars 1975, pp. 43-60, p. 50.

[51] Cf. Yves MENY, in n° spécial: «Fédéralisme et décentralisation», in *Revue française de science administrative,* n° 21, janv.-mars 1982, p. 32.

[52] Salim Hoss, *Nâfizat ʿala al-mustaqbal* (Regard sur l'avenir), Beyrouth, Dâr al-ʿilm lil-malâyîn, 1981, 276 p. notamment ch. 3 et p. 54.

[53] Khaled KABBANI, *al-Lâmarkaziyya wa mas'alat tatbîqiha fî Lubnân* (La décentralisation et le problème de son application au Liban), Préface de Salim Hoss, Beyrouth, Oueidât, 1981; et: *Nahû nizâm idârî-siyâsi jadîd li-Lubnân* (Vers un régime administratif et politique nouveau au Liban), in *Panorama de l'actualité,* 33, hiver 1984, pp. 13-28, p. 25. On renvoie aux travaux de Kabbani pour les autres problèmes et les techniques de la décentralisation au Liban, ainsi qu'à l'étude d'Antoine MOARBES, *Hal takûn al-fidirâliyya mîthâqan jadîdan li-l-taʿâyush fî Lubnân?* (Le fédéralisme sera-t-il un nouveau pacte de coexistence au Liban?), in *Panorama de l'actualité,* 21, février 1981, pp. 7-20.

La décentralisation en République Populaire de Chine

Youyu ZHANG

Les Etats unitaires et les Etats fédéraux constituent actuellement les deux principales formes d'Etats. Tout Etat, quelle que soit sa structure, doit faire face au problème de la décentralisation, condition du développement politique, économique et culturel d'un pays. La tendance est, pour les Etats, d'attacher une grande attention à la décentralisation et à son extension. La présente table ronde a choisi de traiter ce problème à juste titre. Il m'appartient à présent de donner un aperçu sur la décentralisation en Chine.

I. Les caractéristiques de la structure d'Etat et de la décentralisation en Chine

Prenant en considération son développement historique et son état actuel, la Chine a adopté, comme structure étatique, la forme d'un Etat unitaire complété par un système de régions autonomes à minorités nationales. Cela la différencie d'une part d'un Etat fédéral qui se définit comme une union d'Etats ou de républiques, d'autre part d'un Etat unitaire, qui, n'ayant qu'une nationalité unique n'a pas besoin de créer des régions autonomes à minorités nationales. Il existe en effet, en Chine, sous la direction du gouvernement central, non seulement des circonscriptions administratives ordinaires, mais aussi des zones autonomes à minorités nationales. Par conséquent, la décentralisation pratiquée en Chine présente des caractéristiques qui lui sont propres.

En Chine, la décentralisation désigne à la fois le partage du pouvoir entre le gouvernement central et les gouvernements locaux aux différents échelons et le partage du pouvoir entre le gouvernement central et les organes administratifs des zones autonomes à minorités nationales.

En vertu des dispositions de la Constitution, les organes locaux des circonscriptions administratives ordinaires sont compétents pour administrer les affaires politiques, économiques et culturelles de leurs régions respectives. Et les gouvernements populaires des régions autonomes sont à la fois les organes administratifs locaux et les organes d'administration autonome; ils disposent des mêmes pouvoirs que les autres organes administratifs ordinaires, mais bénéficient aussi des pouvoirs d'autonomie. Une des caractéristiques de la décentralisation consiste justement en la coexistence de ces deux types de partage de pouvoirs.

Il est encore à souligner que, conformément à la réalité de notre pays, la Constitution stipule:« l'Etat établit, s'il en est besoin, des régions administratives spéciales. Les systèmes à appliquer dans ces régions sont déterminés, selon la situation concrète, par l'Assemblée populaire nationale, en vertu des dispositions prévues par la loi». Les régions d'administration spéciale seront dotées de pouvoirs encore plus larges. Leur futur établissement est une création constitutionnelle de notre pays.

II. Les buts de la décentralisation

Faisant le bilan des expériences des quelques décennies qui ont suivi la fondation de la République populaire de Chine en 1949, la Constitution a consacré le principe essentiel à observer dans la pratique de la décentralisation en Chine, à savoir: mettre pleinement en jeu l'initiative et le dynamisme des pouvoirs locaux tout en maintenant la direction unique du pouvoir central. Cela signifie qu'il faut mettre en oeuvre l'initiative et de l'autorité centrale et de l'autorité locale. Le système de la décentralisation actuellement en vigueur en Chine correspond aux réalités de notre pays. Son application poursuit les buts suivants:

1. Promouvoir le développement économique

L'économie est la base de l'existence et du développement d'un pays, elle constitue aussi la clé du renforcement du pouvoir d'Etat. Son épanouissement est essentiel au développement de la culture, au renforcement et à la consolidation du pouvoir d'Etat et à l'amélioration graduelle des conditions de vie matérielle et culturelle du peuple. Comme la Chine s'étend sur un territoire immense et que son économie n'est pas très développée ni équilibrée entre les différentes régions, la situation est d'une extrême complexité.

Le développement de l'économie du pays repose sur la mise en jeu de l'initiative de l'autorité centrale et de l'autorité locale, sur un juste établissement des rapports entre elles et une juste délimitation de leurs pouvoirs respectifs. Sans direction unifiée exercée par le gouvernement central, un bon développement économique, harmonieux et intégral, ne sera pas garanti; par contre sans décentralisation, l'initiative des organes administratifs locaux ainsi que les avantages des localités n'étant pas mis en valeur, un développement économique conforme aux possibilités locales serait compromis. Toute négligence concernant la direction unifiée du gouvernement central ou concernant l'importance accordée aux organes administratifs locaux est à éviter. Et il est opportun d'accorder plus de pouvoirs à ces derniers dans le domaine économique. Pour promouvoir l'économie du pays, la Chine applique la politique d'ouverture vers l'extérieur et des zones économiques spéciales ont été établies et 14 villes ont été ouvertes.

2. Trouver une juste solution au problème des nationalités

Pour un pays multinational, la solution du problème des nationalités par voie de la structure d'Etat revêt une importance majeure. Pour ce faire, certains pays adoptent le fédéralisme. La Chine compte à côté des Hans, 55 minorités nationales qui, vivant pour la plupart en groupes compacts, se répartissent dans tout le pays. Elle est depuis toujours un pays unifié et centralisé. Les Hans et les autres nationalités ont créé en commun une civilisation brillante, et mené depuis 1840 une lutte commune contre l'impérialisme et le féodalisme. Partageant heurs et malheurs, ils ne peuvent que s'unir. A cet effet, la Chine applique, dans le cadre d'un Etat unitaire, un système d'autonomie des régions à minorités nationales, visant à régler le problème des nationalités. Par le système d'autonomie régionale des minorités nationales on entend que sous la direction unifiée de l'Etat, l'autonomie régionale soit appliquée là où les minorités nationales vivent en groupes compacts; à cet effet sont établis des organes d'administration qui exercent le droit d'autonomie. La fondation de la nouvelle Chine en 1949 a mis fin au régime d'oppression nationale, de nouveaux rapports entre les nationalités caractérisés par l'égalité, l'unité et l'entraide ont été établis et l'économie et la culture des régions des minorités nationales ont enregistré des progrès importants. Les faits ont démontré la justesse du système d'autonomie des régions à minorités nationales.

3. Mettre pleinement en jeu l'initiative des larges masses populaires, améliorer l'efficacité du travail des organes gouvernementaux

Avec la pratique de la décentralisation, les organes des gouvernements locaux se voient munis de pouvoirs plus larges dans l'administration des affaires locales et cela permet de mettre pleinement en jeu l'initiative des larges masses populaires dans la gestion des affaires politiques, économiques et culturelles. La mise en pratique de la décentralisation ainsi que la réforme des organes d'Etat et du système de gestion qui ne s'adaptent pas à l'édification socialiste contribueront à l'élimination du bureaucratisme de l'autorité centrale marqué par le chevauchement des structures, la pléthore du personnel et l'inefficacité du travail. Le bureaucratisme est né de l'ancienne société. Si, aujourd'hui, il subsiste encore, c'est à cause des défauts structurels, tels que la concentration excessive des pouvoirs, plus particulièrement celle qui se manifeste dans le régime de la gestion économique. Il est donc essentiel, pour améliorer l'efficacité du travail, de simplifier l'appareil administratif, de séparer les attributions des organes du pouvoir de celles des entreprises, et de décentraliser les pouvoirs d'une manière adéquate.

Par ailleurs, du fait des réalités historiques, certaines régions telles que Hongkong et Taiwan ne sont pas retournées à la patrie, et en cas de retour à la patrie, il serait impossible d'y appliquer intégralement le système qui est en vigueur sur le continent. Dans ces régions seront établies, selon le concept «un Etat, deux systèmes», des zones d'administration spéciale qui, à la différence des autres régions du pays, bénéficieront d'un haut degré d'autonomie. Ces zones d'administration spéciale seront une forme particulière de la décentralisation en Chine.

III. Le contenu de la décentralisation en Chine

Premièrement, il est établi des circonscriptions administratives locales aux différents échelons et institué des organes de décentralisation aux échelons correspondants. En vertu des dispositions de la Constitution, le pays est divisé en provinces, régions autonomes et municipalités relevant directement de l'autorité centrale ; les provinces et les régions autonomes sont divisées en départements autonomes, districts, districts autonomes et municipalités ; les districts et les districts autonomes sont divisés en cantons, cantons des nationalités et communes. Dans ces divisions administratives locales, sont établies des assemblées populaires locales et les gouvernements locaux qui sont respectivement les organes du pouvoir d'Etat et les organes administratifs locaux. Les organes administratifs sont l'émanation des organes du pouvoir d'Etat et sont responsables devant ces derniers. Les assemblées populaires locales à l'échelon du district et au-dessus établissent des comités permanents. Les fonctions de décentralisation sont assumées par les organes susmentionnés.

Deuxièmement, les assemblées populaires locales et les gouvernements locaux aux différents échelons, n'étant pas seulement compétents pour l'administration des services publics et de la protection sociale, bénéficient de larges pouvoirs dans l'administration des affaires locales. Ils gèrent certaines affaires en commun avec les organes de l'autorité centrale, comme par exemple l'éducation et la culture ; d'autres affaires, telles que l'urbanisme, sont de leur seule compétence. La Constitution définit les attributions qui appartiennent aux assemblées populaires locales :

1. Les assemblées populaires locales adoptent et émettent, dans leurs circonscriptions, des décisions, examinent et arrêtent les plans d'intérêt local concernant l'édification économique et culturelle et les services publics dans les limites des pouvoirs qui leur sont conférés; les assemblées populaires locales à l'échelon du district et au-dessus examinent et approuvent les plans du développement économique et social, les budgets de leurs circonscriptions administratives ainsi que les rapports sur leur état d'exécution; elles ont le pouvoir de modifier ou d'annuler les décisions mal fondées émanant des comités permanents des assemblées populaires de l'échelon correspondant.

2. Elles élisent et relèvent de leurs fonctions les membres des comités permanents des assemblées populaires à l'échelon correspondant et les responsables de leurs exécutifs, des tribunaux populaires et des parquets populaires du même échelon.

3. Les assemblées populaires locales des provinces, des régions autonomes et des municipalités relevant directement de l'autorité centrale et leurs comités permanents peuvent élaborer des règlements de caractère local.

4. Les comités permanents des assemblées populaires locales à l'échelon du district et au-dessus discutent et décident des questions importantes de leurs diverses activités dans le cadre de leur région administrative respective; contrôlent l'activité des gouvernements populaires, des tribunaux populaires et des parquets populaires à l'échelon correspondant; annulent les décisions et les ordonnances mal fondées émanant des gouvernements populaires à l'échelon correspondant; annulent les décisions mal fondées émanant des assemblées populaires de l'échelon immédiatement inférieur.

Quant aux attributions des organes administratifs locaux, la Constitution stipule que les organes administratifs locaux à l'échelon du district et au-dessus sont les exécutifs des organes locaux du pouvoir d'Etat, qu'ils dirigent, dans les limites des pouvoirs qui leur sont conférés par la loi et dans leur région administrative respective, le travail dans les domaines de l'économie, de l'éducation, de la science, de la culture, de la santé publique, des sports, de l'aménagement du territoire, des finances, des affaires civiles, de la sécurité publique, des affaires des nationalités, l'administration judiciaire, etc...; émettent des décisions et des ordonnances; nomment ou révoquent le personnel administratif. Toutes ces dispositions de la Constitution montrent que, dans notre pays, les organes locaux du pouvoir d'Etat aux différents échelons et leurs exécutifs bénéficient de larges pouvoirs.

Troisièmement, les régions autonomes à minorités nationales, plus que les autres circonscriptions administratives ordinaires, jouissent de droits d'autonomie. En vertu des dispositions de la Constitution et de la loi sur l'autonomie des régions à minorités nationales, les régions autonomes sont dotées de larges pouvoirs en ce qui concerne la promulgation des règlements, l'application de la loi, la nomination du personnel administratif, le contrôle de l'édification économique, la gestion des finances, l'administration des affaires éducatives et culturelles. Plus précisément:

1. Les organes d'administration autonome ont le pouvoir d'établir des règlements particuliers sur l'exercice de l'autonomie, d'appliquer les lois et la politique de l'Etat en fonction des conditions réelles de leur région; ils peuvent adopter une politique particulière et des mesures souples à condition de ne pas enfreindre la Constitution et la loi; au cas où les résolutions, les décisions, les ordres et les instructions des organes supérieurs de l'Etat ne correspondent pas à la situation réelle des régions d'autonomie nationale, ils peuvent les appliquer avec souplesse ou ne pas les appliquer du tout après avoir obtenu l'approbation des organes supérieurs de l'Etat.

2. Le président d'une région autonome ou le chef d'un département ou d'un district autonome sera un citoyen appartenant à la nationalité ou à l'une des nationalités exerçant l'autonomie régionale sur ce territoire et il en sera de même pour le président et les vice-présidents du comité permanent de l'assemblée populaire d'une région autonome, d'un département ou d'un district autonome; le personnel des gouvernements populaires des régions d'autonomie nationale doit comprendre le plus grand nombre possible de citoyens appartenant à des nationalités minoritaires.

3. Les organes d'administration autonome des régions d'autonomie nationale prennent en toute indépendance les dispositions qui s'imposent pour l'administration de l'oeuvre de construction économique de leurs régions sous la direction du plan d'Etat et l'élaboration des projets locaux de construction de base et ils contrôlent en toute indépendance les activités des entreprises et institutions de leurs régions.

4. Ils bénéficient de l'autonomie dans le domaine financier: toutes les recettes qui appartiennent aux régions d'autonomie nationale sont à leur disposition.

5. Conformément au système militaire de l'Etat et aux besoins réels de leurs régions, et avec l'approbation du Conseil des Affaires d'Etat, ils peuvent organiser les forces de sécurité publique pour maintenir l'ordre public.

6. Dans l'exercice de leurs fonctions, les organes d'administration autonome des régions d'autonomie nationale emploient, conformément aux

statuts sur l'exercice de l'autonomie de leurs régions respectives, la langue ou les langues parlées et écrites qui y sont communément en usage.

Quant à la région administrative spéciale de Hongkong qui sera établie en 1997, conformément à la Déclaration sino-britannique, elle sera directement placée sous l'autorité du gouvernement populaire central de la République populaire de Chine et jouira d'un haut degré d'autonomie. A l'exception des affaires étrangères et de celles de la défense, qui seront placées sous la responsabilité du gouvernement populaire central, la région administrative spéciale de Hongkong sera dotée des pouvoirs exécutifs et législatifs, du pouvoir judiciaire indépendant et du pouvoir de jugement en dernier ressort. Les systèmes sociaux et économiques ainsi que le mode de vie actuellement en vigueur à Hongkong resteront inchangés et son statut de port libre, de territoire comportant des droits de douane indépendants, de centre financier international, ainsi que l'indépendance de ses finances seront conservés. La région administrative spéciale pourra établir des relations économiques mutuellement avantageuses avec les pays étrangers, et, en se servant du nom « Hongkong, Chine », elle pourra, par elle-même, maintenir et développer des relations économiques et culturelles et signer des accords dans ces domaines avec des pays, territoires et organisations internationales intéressés et elle sera responsable du maintien de l'ordre public de la région.

IV. Organe compétent pour la décision de la décentralisation et procédure légale de cette décision.

La décision de la décentralisation émane de l'Assemblée populaire nationale, qui est à la fois organe du pouvoir suprême d'Etat, organe législatif et organe constituant. La décision de la décentralisation est produite par la promulgation de la Constitution, l'élaboration des lois et l'adoption des résolutions. Des articles du Chapitre III de la Constitution délimitent les pouvoirs appartenant aux organes locaux du pouvoir d'Etat aux différents échelons et à leurs exécutifs, et l'article 62 stipule clairement que l'Assemblée populaire nationale « ratifie l'institution des provinces, des régions autonomes et des municipalités relevant directement de l'autorité centrale », « décide de l'établissement des régions administratives spéciales et de leurs systèmes ». Selon les dispositions de la Constitution, le Conseil des Affaires d'Etat ne peut que délimiter les compétences des exécutifs des organes du pouvoir d'Etat aux différents échelons, et non ceux de ces derniers ; il approuve la délimitation territoriale des provinces, des régions autonomes et des municipalités relevant directement de l'autorité centrale ainsi que la création et la délimitation territoriale des départements autonomes, des districts, des districts autonomes et des municipalités.

En ce qui concerne la création et la délimitation territoriale des régions autonomes à minorités nationales, les représentants des minorités nationales concernées ont le droit de donner leur avis et les organes supérieurs du pouvoir d'Etat doivent en tenir compte. L'article 14 de la Loi sur l'autonomie des régions à minorités nationales stipule:« La création, la délimitation territoriale et l'appellation des zones autonomes à minorités nationales sont décidées préalablement par l'organe supérieur du pouvoir d'Etat et par les organes locaux du pouvoir d'Etat des zones intéressées, après avis des représentants des minorités nationales, et soumises ensuite à approbation selon une procédure définie par la loi. Quand la délimitation territoriale des zones autonomes à minorités nationales est fixée, elle ne peut pas changer de manière non fondée. Si un tel changement s'avère nécessaire, il doit être décidé préalablement par les départements compétents de l'organe supérieur du pouvoir d'Etat et les organes d'administration autonome après consultation entre eux, et cette décision doit être soumise à l'approbation du Conseil des Affaires d'Etat».

La procédure que doit suivre l'Assemblée populaire nationale pour décider de la décentralisation au moment de la révision de la Constitution, de l'élaboration de la loi et de l'adoption des résolutions est la même que celle suivie pour la révision de la Constitution et l'adoption de la loi, à savoir: un amendement à la Constitution est adopté à la majorité des deux tiers au moins des députés de l'Assemblée populaire nationale, sur proposition du Comité permanent de ladite Assemblée ou d'un cinquième au moins des députés; les lois et les arrêtés sont adoptés à la simple majorité des députés de l'Assemblée populaire nationale.

Comme le système juridictionnel et la cour constitutionnelle n'existent pas en Chine et que les tribunaux chinois ne sont pas habilités à juger du caractère constitutionnel des lois ni de celui de la décision de décentralisation, la Constitution stipule que la compétence d'appréciation de la conformité des lois à la Constitution appartient à l'Assemblée populaire nationale et à son Comité permanent et que le contrôle de la conformité constitutionnelle des décisions sur la décentralisation est aussi exercé par ces derniers. L'Assemblée populaire nationale et son Comité permanent sont aussi compétents pour apprécier la conformité des décisions émanant du Conseil des Affaires d'Etat sur les attributions des provinces, des régions autonomes et des municipalités relevant directement de l'autorité centrale. Voilà une des différences entre la Chine et les autres pays dans le domaine de l'appréciation de la conformité des lois et arrêtés à la Constitution.

En un mot, du fait de la différence des circonstances historiques, politiques et économiques, la pratique de la décentralisation en Chine, malgré des points communs avec les autres pays, présente ses propres caractéristiques.